南京市溧水区地方志编纂委员会办公室
南京市溧水区档案馆 整理

〔乾隆〕
溧水县志

【清】凌世御 修

【清】方性存 吴鹤龄 纂

傅章伟 点校

凤凰出版社

图书在版编目（ＣＩＰ）数据

乾隆溧水县志 / （清）凌世御修 ；（清）方性存，
（清）吴鹤龄纂 ；傅章伟点校. -- 南京 ：凤凰出版社，
2020.11
ISBN 978-7-5506-3291-2

Ⅰ. ①乾… Ⅱ. ①凌… ②方… ③吴… ④傅… Ⅲ.
①溧水县－地方志－清代 Ⅳ. ①K295.34

中国版本图书馆CIP数据核字(2020)第214717号

书　　　名	乾隆溧水县志
著　　　者	(清)凌世御 修　(清)方性存 吴鹤龄 纂　傅章伟　点校
责 任 编 辑	王淳航
装 帧 设 计	徐　慧
出 版 发 行	凤凰出版社(原江苏古籍出版社)
	发行部电话025-83223462
出版社地址	南京市中央路165号,邮编:210009
出版社网址	http://www.fhcbs.com
照　　　排	南京凯建文化发展有限公司
印　　　刷	江苏凤凰通达印刷有限公司
	江苏省南京市六合区冶山镇,邮编:211523
开　　　本	718毫米×1005毫米　1/16
印　　　张	29.25
字　　　数	406千字
版　　　次	2020年11月第1版
印　　　次	2020年11月第1次印刷
标 准 书 号	ISBN 978-7-5506-3291-2
定　　　价	160.00元

(本书凡印装错误可向承印厂调换,电话:025-57572508)

［乾隆］溧水县志整理工作组

组　长

高明芳

副组长

朱　芸　经贺军

点　校

傅章伟

编　务

韦　静　武春萌

审　订

承　载

目　录

整理前言

　　乾隆一朝长达六十年,是大清帝国最为鼎盛的时期,四境宁静,天下太平;人口繁衍,府库充盈。乾隆皇帝深受汉文化的熏陶,稽古右文,在文化构建上颇多建树,他不仅主持完成了中国古代最大的文化工程——《四库全书》的纂辑,又下令编写了内容最为丰富的全国地理总志——《大清一统志》。清王朝在纂辑全国总志的同时,也反复督促地方政府分别修志,因此,天下郡县,无远弗届,莫不有志。当然,溧水县也不例外,乾隆年间完成了县志的又一次大修。

一

　　《[乾隆]溧水县志》(以下简称《乾隆志》),乾隆四十二年(1777)纂修,这是溧水在清代继顺治、康熙朝以后的第三次修志。虽说是太平盛世,而《乾隆志》的问世却颇费周折。

　　乾隆十三年(1748),浙江上虞人曹江来溧水任县令,自乾隆十六年(1751)起便开始重修溧水县志,但直到乾隆十九年(1754)曹江离任也未成书。"至乾隆十六年,曹[江]任新志,民赋一门全未编纂,至今及卅载,卷案遗逸,更无从考核"(《乾隆志》卷五《额赋》)。这个烂尾工程,历经十任县令,前后达二十多年,其间几次重新开工,每次都花费一大笔钱,但均无果而终。

　　乾隆三十九年(1774),上级移文,再一次敦促溧水重修县志,县令凌世御知道事关重大而不敢怠慢。但当他动员乡绅捐款时,乡绅们群情激愤,说,"宁愿县志残缺,也不再拿银子。"原来修志迄无成功,是管理不善,监管缺位,修志的银子被人贪污挪用。凌世御反复劝谕,乡绅就是不肯出钱。筹措不到修志经费,凌世御只好作罢。

郑璇,溧水县教谕;陆献,邑人(居石湫赤岗村),两人都参与了《乾隆志》的纂修工作。郑璇在《陆去非墓志铭》中说:"翁讳献,字去非,号芸斋,世居溧西之赤岗。……溧水县志百年未修,屡开馆纂辑,动费千金,终未脱稿。甲午(乾隆三十九年,1774)复奉文举修,而合乡绅士捐资不应,皆曰,'必陆某董事乃可,否则,听其残缺耳! 不能为他人饱私囊也。'"(世德堂《陆氏宗谱》卷之七)。

乾隆四十一年(1776)春天,江宁知府章攀桂来溧水视察,检查县志的修纂情况,而此时溧水仍按兵不动,便对县令凌世御说,重修县志这是溧水的当务之急。于是,凌世御与教谕郑璇、训导宋浤,再次召集乡绅会议,重新商讨纂修县志一事。为取得乡绅支持,凌世御带头"倾廉俸",以表示自己对修志的诚意。在他苦口婆心的劝说与捐款带动下,乡绅才纷纷解囊。听取了大家的意见以后,凌世御重新组建了纂修队伍,"延名宿主其事,择邑之老成有学行者分任采访"(《凌世御序》);为了加强了管理,凌世御亲临赤岗村,恭请陆献进城经理志局(见方性存《陆氏宗谱·沛霖公传》),负责"监刊校阅"。乾隆四十一年,设局高平书院西舍,溧水县志的修纂重新开工,聘请举人方性存、贡生吴鹤龄主笔纂修。

在凌世御主持下,上有江宁知府章攀桂督修,下有陆献监理,重修县志耗时一年,于乾隆四十二年(1777)初夏脱稿。书稿送到江宁府审核,知府章攀桂审阅后也表示满意,欣然为新志作序,称其"洵吾邑志中佳构也"。接下来顺理成章的是雕版刊印,新版《乾隆志》眼看就要大功告成了。孰料,凌世御恰恰在这时被罢免了,凌世御的修志工作竟然又是功亏一篑。

乾隆四十二年夏,凌世御黯然离开溧水,回浙江老家。河北人贾文兴来溧水继任县令,"甫下车,以风土人情询之,绅士父老并备悉修志梗概,越日以缮本重问序于余"(《贾文兴序》)。幸运的是,贾文兴认为《乾隆志》的刊印是自己义不容辞的职责,并且是莅任溧水的首要任务。是年秋,《乾隆志》付梓,估计次年出版成书。千呼万唤,一波三折,《乾隆志》终于问世。

二

《乾隆志》全书十六卷,记载内容分为天官、舆地、官师、民赋、学校、选举、庙祀、人物、列女、艺文、古迹、撼拾等共计十二个门类,另有卷首一卷,是一部纂辑门类比较齐全、收录内容比较详备的县志。

卷首,收录资料有四:一、序,新志序文三篇、旧志序文七篇;二、图,县境图、圩图、城垣图、学宫图、城隍庙图、衙署图及"中山八景"图;三、新修县志职衔姓名;四、本志凡例。

卷一,记载门类为天官,即《天文志》,有星野、庶征二目。《星野》,胪列了吴越天文分野资料;《庶征》,记载溧水历年灾异发生的情况。

卷二、卷三,记载门类为舆地,即本县《地理志》。这两卷内容庞杂,虽曰"志舆地",但不囿于山川疆界,还包含沿革、城池、兵事、风俗、建置,等等。其内容大致可分为四部分:一、溧水的自然地理及行政区划,如疆域、山川、圩堤、村保、坊巷;二、溧水的变迁及发展历程,如《沿革》记载溧水区域的历史变化,而《营制·兵事》则是记载溧水的军政武备及发生在溧水的战事。三、县内公共设施,如坊表、公署、仓廒、养济院、育婴堂、乡约所、桥梁、堰坝等等。四、溧水风俗。

卷四,《官师志》,记载历代在溧水任职的官员。古人认为官员有对老百姓抚养、教育的职责,所以称官为民之父母、民之师长。官师,即官员。本卷有设官名目、官师表、驻防、封爵、宦迹,五个子目,其中最重要的部分为《官师表》与《宦迹》两目。《官师表》是历代任职于溧水的官员一览表;《宦迹》也即《名宦传》,是在溧水作了贡献、被邑人怀念的官员传略。

卷五,《民赋志》,分蠲赈、户口、田制、赋额、盐政、物产,计六目,记载溧水农耕时代的经济状况。《蠲赈》记载历代在受灾的年份朝廷对溧水租税的减免与赈济情况。《户口》记录自宋景定到清乾隆年间的家庭户数、人丁数量的增减变化。《田制》记载溧水的田、地、山塘、沟坝、溪濠、池潭的面积。《赋额》记载乾隆四十年溧水按照田亩、人口向朝廷缴纳的赋税、承担的徭役及各项苛捐杂派的数额。《盐政》记载溧水人所食的淮盐运输、销售情况。《物产》，记载溧水的土产、特产。

卷六，《学校志》，分学宫、祀典、祭器、书籍、学额、学田、书院，计七目。本卷记载的内容与教育有关，可分为两部分：一、有关社会道德、礼仪教育。其中学宫（文庙）及两庑，祭祀孔子及历代圣贤；名宦祠、乡贤祠、忠孝节义祠，祭祀溧水名宦、乡贤及道德楷模。学宫，可视为古代的道德教育基地。古人认为祭祀是进行道德礼仪教育的有效方式，而《祀典》《祭器》都与道德礼仪教育有关。二、有关学校教育。古代溧水官办的学校是县学，或曰儒学，这才是对诸生教授学业的场所，明伦堂、萃英堂是诸生进修的教室。而《书籍》《学额》《学田》《书院》都和学校教育有关。但书院也不全为讲学而建，其功用纪念先贤与传道授业兼而有之。

卷七，《选举志》，分征辟表、科目表、武科表、仕籍，封赠、恩荫，计六目。选举，即选拔、举荐人才。本卷记载自宋代以来通过不同途径走向官场的溧水人：《征辟表》登载的是经人举荐、由朝廷征召做官的人。《科目表》《武科表》登载的是通过科举考试做官的人，《科目表》登载的是文人，《武科表》登载的是武人。除了征辟、科举，由其它途径步入官场的全部归入《仕籍》，"仕籍者，别乎征辟、选取而言也"，这类人员多为花钱援例而获取当官资格，也有因军功，或因某种特殊才能技艺。《封赠》记载受朝廷赏赐而获得官衔、爵位的人，生前获得为封，死后获得为赠。《恩荫》记载的是父祖为官或身殉国难，其子孙受到朝廷恩荫的人，或世袭做官，或入太学读书。

卷八，《庙祀志》，有坛祠、寺庙二目。《坛祠》所志为当时县里举行公祭与典礼的场所，分坛、庙、祠三类。坛，如社稷坛、先农坛、邑厉坛，祭祀的是山川神灵及境内的无主鬼魂；庙，如关圣庙、刘猛将军庙、火神庙、城隍庙，祭祀的是保佑一方平安的神祇；祠，如表忠祠、徐公祠、朱公祠、陈公祠，祭祀的是为溧水做出贡献的、为老百姓所怀念的人。《寺庙》记载的是民间祭祀与佛道活动的场所，如东岳庙、三官庙、五显庙、崇庆寺、开福寺、观音庵，这些庙宇名目繁多，遍布全县城乡各地。

第九至第十一卷，《人物志》，记载的是本县历史上"特立独行，矫然出众"的各类男性人物。

卷九,有忠义、孝友、乡贤、乡宦,计四目。《忠义》记载的是大义凛然为国捐躯的忠臣事迹,《孝友》是历代孝子的传记,《乡贤》记载的是砥砺名节、足为楷模的本地贤达,《乡宦》记载的是宦迹显著、籍贯是溧水的官员。

卷十,有文学、尚义、流寓、隐逸、方技、仙释,计六目。《文学》所传是有文学才华、道德文章令人称颂的人。《尚义》所传是急公好义克己奉公,慷慨解囊乐善好施的人。《流寓》记载的是客居溧水的外地名人。《隐逸》记载的是溧水的隐士,这些人有才能但不愿出仕,或杜门不出,或隐遁山林。《方技》里收录的是有特殊才能技艺的人物,有医生、画家、书法家、风水先生。《仙释》记载的在溧水参禅悟道的方外人士,有和尚、道士、仙人。

卷十一,《列女志》,记载堪为闺范的各类女性人物。分孝女、孝妇、贞女、烈妇、节妇,计五目。已婚为妇,未婚称女。本卷所记载的妇女,不论何种类型,其命运都是悲惨的:贞女、节妇,或订婚未嫁,或新婚燕尔,而夫婿突然亡故,有的以身殉情,其余则终身守寡;孝女、孝妇,遭遇厄运,亲人病危,她们亲侍汤药,或割肝疗父母,或刲股救姑舅;烈妇,面对强暴欺凌,她们不愿屈从,不甘凌辱,而以死抗争。

第十二至十四卷,《艺文志》,收录了历代与溧水相关的文学作品。其中不乏名家名篇。这些文学作品最能生动而又具体地展现溧水深厚的历史文化底蕴,是溧水的文艺瑰宝。

卷十二为《艺文·上》,收录散文 40 篇,其中宋代 3 篇,明代 27 篇,清代 10 篇。卷十三为《艺文·中》,收录散文 52 篇,其中唐代 1 篇,宋代 7 篇,元代 2 篇,明代 29 篇,清代 13 篇。两卷共收录散文 92 篇。这些文章记载了溧水的重要人物,记叙了发生在溧水的重大事件,描绘了溧水境内的名胜古迹,记录了重要建筑的兴造修缮。

卷十四为《艺文·下》,共收录自唐至清,历代韵文 196 篇。诗词歌赋,体裁兼备;记叙议论、写景抒情,手法多样。而涉及的内容非常丰富:有登高临远,山川壮美的歌唱;有摩挲碑碣,怀古伤今的咏叹;有触景生情,送别怀人的悲吟;有对酒当歌,壮志未酬的抒怀……,不论是途经溧水的匆匆过客，还是土生土长的溧水人，他们留在这里的篇章共同赞颂了溧水的山川之美、建筑之美、人情之美。

卷十五，《古迹志》，分遗迹、碑碣、坟墓，计三目。记载的是溧水的文化遗踪、名胜古迹。《遗迹》中所记载的，如严子陵结庐处、孙钟瓜田、黄初平牧羊洞、韩熙载读书台、二君子堂，等等，大多今天仍可寻访。而《碑碣》中收录的，如颜鲁公送刘太冲断碑、宋敕封广惠侯碑、元招云亭碑、罗汉碑，大多不知去向。《坟墓》记载名人墓葬，自春秋战国，经汉、晋、唐、宋、元、明、清，历代都有，大多可考，但也有的真伪莫辨，如荆将军墓，可能是传说；如梁州刺史甘公墓，应该在江宁。

卷十六，《摭拾》，辑录社会上流传的奇闻轶事。这部分内容，大致可分两类，一种是长期的民间传说，大都不能当真，只是茶余饭后的谈资。有的还充满了浓重的迷信色彩，如《洪蓝埠都土地神降乩文》，说什么洪蓝埠的得名是因有个木材商名字叫洪蓝，这便是毫无根据的瞎话。再民间传说明初李新开凿胭脂河时曾虐待民工，经后世查考《明实录》中的相关记载，全无此事。

另有一种，属于事出有因而缺乏可靠依据，又很难归入各个专志的事情，但往往可为后世探索前代史实提供一些模糊的线索。如韩滉为其女除蛊毒的传说表明，溧水在唐代时曾有过可以治病的温泉。白居易为其叔父白季康所撰的墓志铭，应该也有可信之处，否则就很难解释溧水县民为何将白季康奉为城隍神的事实了。

三

《乾隆志》的主修人是凌世御。凌世御，字书巢，浙江钱塘人。乾隆二十五年（1760）恩科举人，三十六年（1771）恩科进士，三十八年（1773）任溧水县令，四十二年（1777）罢官。

章攀桂说"书巢固循吏而能文者"，《［光绪］溧水县志》（以下简称《光绪志》）称他"善吏治，能文章"，这个评价是中肯的。凌世御任溧水县令达六年之久,是位恪尽职守、关心民生疾苦的"循吏"。乾隆四十一年(1776)江南大旱,溧水多丘陵山区,秋收稻谷不到两成,凌世御据实情禀报,争取到省府的赈恤钱谷,并及时发放到灾民手中。又考虑到冬春之际仍有人艰于度日,于是动员全县士绅,根据各自的财力捐钱捐谷,用以救济全县穷困。乾隆四十二年,春节一过,凌世御就在县内设粥厂两处,迄四月结束。"糜粥而遍给,推举老成练达者经纪其事,男女别区,老幼异处。有不愿食于厂者,或给以米以钱,各惟所便。日聚食不下万余人,无喧嚷杂遝之扰,饱餐果腹若里中会食"(凌世御《丙申赈粥记》)。由于凌世御的精心安排,乾隆四十一年的旱灾,溧水"野无饿殍,室鲜饥人"。因此,来年的春耕生产也未受影响,夏季二麦丰收,农民顺利度过了饥荒。对老百姓的疾苦能如此尽心尽职,凌世御这位县令还是称职的。

凌世御重视教育,注重人才的培养。自康熙朝以后,溧水的学校教育质量下降,几十年培养不出一个进士(雍正朝甲科无一人;乾隆朝进士仅两人,而都是在外地就读的:李英,宜兴县籍;叶继雯,汉阳县籍),他认为这个责任在县令,"顾转移变化,权在长吏,如其簿书是急,筐篚是务,惮于图始,教无由兴,……遂令城阙亡弦颂之声,黉序鲜英俊之彦,良可慨也"(凌世御《高平书院记》)。溧水城内旧有赵公书院,建于康熙五十九年,而屋宇颓废。乾隆四十年(1775),凌世御募款对其修缮改造,易名为高平书院。"暇则与诸生讲艺其中",他一有空闲就到高平书院讲课,给诸生传授八股文写作技巧。嗣后,他又动员"城乡绅士捐银三千余两,捐地一百九十六亩有零",以每年的租息收入作为书院的活动经费。用这笔钱"敦延名宿,朔望考校",请名师来书院讲学,并每月对学生进行两次考试;"拔其尤者,优其廪给,使之敬业乐群,相观而善"。修建书院、筹集经费、聘请名师、奖掖学子,凌世御关心教育不做表面文章,而是有实实在在的举措。

凌世御是个"循吏",办事认真负责。乾隆四十年,他清查了溧水户口,给溧水留下了一份珍贵的人口资料。他又是个"能文者",注重文化传承。在溧水主政期间,重修了先农坛、刘猛将军庙,改建了高平书院,调整了县内的祠祀。明代兵部尚书齐泰墓,"历久倾颓,命其后人培护丘垄,并为之建墓碑,禁樵牧"。左山深处的兴善寺,有凌世御题字的碑碣;骆山顶上的镜湖书院,有凌世御撰写的记文。当然,在文化上,凌世御最大的功绩是留下了一部《乾隆志》,然而,他没有夸饰,却谦虚的说,"惟是梼昧寡识,深惭淹雅,且囿于方隅,稽考未备,虽籍手诸君幸而成书,其幸也乃适所以滋愧也欤"(《凌世御序》)。不自居有功,不掠人之美,凌世御做人很低调。

《光绪志》卷五有《凌世御传》,全文如下:

> 凌世御,浙江钱塘人。乾隆三十八年由进士知溧水县。善吏治,能文章。邑旧有赵公书院,废坠失修,世御集邑绅筹捐,为之改建,易今名曰高平书院。暇则与诸生讲艺其中,优其饩廪,士风以振。招知名士纂修县志,首自捐廉为一邑劝,征文考献,至今赖之。齐忠愍公墓历久倾颓,命其后人培护丘垄,并为之建墓碑,禁樵牧。凡所以为溧民劝者,皆此类也。

《乾隆志》的其他三位纂修人是贾文兴、方性存、吴鹤龄。贾文兴是《乾隆志》印刷出版的负责人,方性存和吴鹤龄是《乾隆志》纂辑的主笔。

贾文兴,直隶新河(今属河北省)人。监生,乾隆四十二年任溧水县令,乾隆四十五年(1780)离任。《乾隆志》字体娟秀,雕工精良,版面清晰,贾文兴功不可没。

方性存,安徽桐城人,乾隆二十七年(1762)举人。方性存与石湫赤岗陆氏过从甚密,曾为陆献的父亲陆沛霖作传,传文载《陆氏宗谱》。《陆沛霖传》中,充满了方性存对陆氏父子的敬佩与感激之情。方氏被溧水聘为《乾隆志》主笔,很可能是由陆氏父子的举荐。

吴鹤龄,安徽休宁人,乾隆三十年(1765)拔贡,后一直在溧水做私塾教师。袁枚在《子不语·状元不能拔贡》中说:"状元黄轩自言,作秀才时屡试高等。乙酉年,上江学使梁瑶峰爱其才,以拔贡许之。临试之日,头晕目眩,握笔一字不能下,梁不得已,以休宁生员吴鹤龄代之。及榜出后,病乃霍然,从此灰心功名,后三年竟连捷以至廷试第一。而吴鹤龄远馆溧水,以伤寒病终,终于贡生。"《子不语》所志多怪力乱神,但此条应该实有其事。袁枚曾任溧水县令,他说的"吴鹤龄远馆溧水,以伤寒病终,终于贡生",应该不假。

四

自康熙十五年(1676)《康熙溧水县志》(以下简称《康熙志》)梓行,到乾隆四十二年(1777)《乾隆志》纂修,整整过去了一百年,这百年之内,清王朝发生了许多重大事件,而溧水的建置、田赋、官员、科举等等,也都在变化之中。在前修县志的基础上,《乾隆志》增补了大量史料,记载了这些变化,不但内容翔实丰富,又根据体例的调整,增添了新的内容,在结构上也更趋合理。与旧志相比,有如下不同:

一是根据朝廷规定,增设纂辑门类;结合地方特色,添加景观插图。

首先,《乾隆志》增加了《天官志》(即《天文志》)。万历、顺治、康熙前朝修的溧水县志中均无《天文志》,不载分野、分星(即"星野")。《[万历]溧水县志》(以下简称《万历志》)主笔黄汝金认为,"分野而至一邑甚微渺矣,人顾欲聚古今而讼之,又从而折衷焉,得无诞乎?"而乾隆年间成书的《大清一统志·凡例》规定:"所属诸县系焉,皆首分野、次建置沿革、次形势、次风俗、次城池、次学校、次户口、次田赋、次山川、次古迹、次关隘、次津梁、次堤堰、次陵墓、次寺观、次名宦、次人物、次流寓、次列女、次仙释、次土产。"根据《大清一统志》编写要求,《乾隆志》新增志天官一门,且辑为第一卷。此卷不仅有《星野》,而且还有《庶征》。溧水区域太小,谁也说不清这里对应天宫的哪一个星区,《星野》便胪列了天文书籍中关于吴越分星的记载,因为溧水在吴越范围内。而又把溧水历次发生的灾异编辑为《庶征》,收录在《天文志》中,表明灾异是上天的垂示与警戒。

其次,增设了"物产"条目。

前修溧水志书皆不载物产,黄汝金的理由是,"食货在溧无专产也,即有之,亦非为治者所急,况可无而强为之说乎!"这是他将"物产"片面理解为"特产"的缘故。根据《大清一统志·凡例》要求,《乾隆志》在卷五《民赋志》中新增了"物产"条目,记载了溧水当时的农林作物、水产等,溧水虽无专产,但这类物产都关乎民生,是朝廷和地方政府都必须掌握的,自然不可或缺。这一传统延续至今,仍是新编地方志必须反映的重要内容之一。

为各门类具体内容前添加"叙言",是《乾隆志》改变此前数部旧志的形式的又一方面。编纂《万历志》的黄汝金认为,"余览他志,事分门类必叙起首,遣词属意多涉雷同,私甚病之,余故概勿作叙。"因此,《万历志》《顺治溧水县志》(以下简称《顺治志》)《康熙志》的各门类正文前,都无叙言。其实,叙言的设置,并非仅是形式,不但有总领要点的作用,有时还穿插一点纂修者的"微言大义",起到提示性作用。而所谓"遣词属意多涉雷同",大约只是写作手段不高,史识低下者的所为。因此,从《乾隆志》起,悉依方志写作格式,在各门类前均弁以叙言,不仅体例上更符合官修志书的统一规范,而且也便于阅读者提纲挈领了解主要内容。

在卷首插图中,新增本地著名的自然景观图,也是《乾隆志》体例的一个特色。

明代以来的地方志书中,均有记述本地风景名胜的专门内容,但将其重要者用绘图形式加以突出,则并不多见。不过,这一时期的木刻雕版技术已相当成熟,雕版插图也成为各类图书用以吸引读者常见手段。《乾隆志》借鉴了这种形式,卷首除了收录《县境图》《城垣图》《衙署图》《学宫图》等方志中的固定内容外,又收录了一组本地著名、周边公认的风景胜迹图画。这就是由邑人甘清涟于乾隆四十一年绘制的《中山八景》。这组风景图,在表现手法上,完全不同于以往方志中常有的地形、地貌等舆图的刻板单调,而是按照传统山水画的构图布局,乃至笔法加以呈现。画家甘清涟,有诗名,"画山水得云林大意"。将山水风光图载入县志作为舆图的补充,自《乾隆志》始,溧水旧志均无此内容。此画后来又为《光绪志》续载,《中山八景》美名,也因此得以广泛流布。

二是合理调整篇章结构,凸显方志内容的资政作用。

与前修县志相比,《乾隆志》的结构、布局有很大的变化。《乾隆志》的主笔在谋篇布局上是费了心思的,全书的编排顺序是首天文,次地理,再次人事,而人事又作为全书的主体。在这个主体中,官师、民赋、学校作为核心;然后是选举、祭祀,然后再是其它内容。《乾隆志》在结构上作如此安排,其目的是为了体现县志在治理中的资政作用。

前修县志首卷均为《邑纪》。《邑纪》是记载自春秋以来的溧水历史,浓缩了近三千年间在溧水发生的各类重大事件。不过,这部分内容由于叙述极简,同一内容又往往在下文中并无具体记述,所以许多重要史实或语焉不详,甚至就此湮灭。《乾隆志》不设《邑纪》,而是将本属《邑纪》的内容一一分拆,分门别类重新剪辑,辑为庶征、沿革、蠲赈、兵事等四个板块。《庶征》是历年灾异记录,载《天官志》,告诫人们敬畏上天;《沿革》是溧水的发展变化的历史,载《舆地志》,表明溧水历史文化的悠久;《蠲赈》是历朝赈灾情况的记载,载《民赋志》,以表示统治者对民生的关注;《兵事》是历代战争记录,附在《营制》后,告诫人们居安思危,武备不可或缺。这样编排,意图很清楚,即旨在以史为鉴,为资政提供参考。

对本地的历代建置,也做了分散记载。《建置志》是方志最主要的内容之一,前修县志将"建置"作为单独一门,独立成卷,集中记载县内的公共设施及各类建筑,而《乾隆志》并非如此。《乾隆志》不单独设建置门,而是把《建置志》所应包含的内容分别登载在其它各门、各卷中。具体的说,就是把建筑设施按照功能与类别,分载《舆地志》《学校志》和《庙祀志》中。其中公共设施类建筑,如城池、坊表、公署、仓廒、邮递、养济院等,载《舆地志·上》;水利类设施,如圩堤、桥梁、堰坝,载《舆地志·下》。教育类建筑,如学宫、儒学、书院,载《学校志》;祭祀类建筑,如坛祠、寺庙,载《庙祀志》。这样划分门类,叙述各种功能的建筑设施,非但条理比较清楚,其逻辑的合理性也是显而易见的。

另外,有些在前志收录于《艺文志》中的文章,也剥离出来,附在各门类记叙对象的后面。如陈祖仁的《节义传》、章旷的《赠宁海施先生叙》,从《艺文志》移至《人物志》,分别附在《赵龙泽传》《施一鳌传》下;陈振孙的《华胜寺记》、曹国的《罗汉碑记》,从《艺文志》移至《庙祀志》,附在《华胜寺》下;焦竑的《徐家桥记》、王象坤的《对阳桥记》、谢文运的《重建永昌桥碑记》、萧秉晋的《芝山记》,从《艺文志》移至《舆地志》,分别附在《徐家桥》《对阳桥》《永昌桥》《芝山》下。文随事类,使所记载的人、事、物合为一体,便于读者全面认知。

三是对旧志内容进行较为合理的取舍,力求在确保体例完备的前提下,去芜存菁,充实史料。

乾隆时期《大清一统志》的问世,给基层社会编纂地方志书确定了统一体例,《乾隆志》自然也脱不了这一影响。因此,《乾隆志·凡例》批评《康熙志》的新内容较少,"全窃乳山本(即乳山老人林古度纂辑的《顺治志》),而续纂无多"。在内容上,《乾隆志》不仅致力于新增续纂,即使采用旧志内容,也不是照搬照抄,而是多有删改。

《乾隆志》对旧志删改的标准有三:一是由于乾隆时期大兴"文字狱"的政治高压,对有"违碍"之嫌的文字均加删改。如县令罗佳士蒙冤被杀的记载,原文为"寻奏罗以失守典法。是月,瑞雪六出盈尺"。《顺治志》的编者用"瑞雪六出",暗中为罗佳士鸣冤,《乾隆志》删去了"是月,瑞雪六出盈尺"句。又如明朝大学士吴甡于甲申(1644)秋所作的《重修寿国寺记》,原文为"当斯丧乱之时,而能复兴东庐。""丧乱之时",即明朝灭亡,清兵入主中原之时,《乾隆志》将"丧乱之时"改为"震旦之灵",显然是怕得罪当朝。二是编者认为旧志中的有些内容枝蔓过多,影响篇幅,因此果断删去。《乾隆志》中多篇人物传记的内容被删减压缩,如孝子《周家庆传》原文 300 多字,删掉 250 多字,收录到《乾隆志》中仅剩下 55 字;贞女《武艾传》原文 250 多字,被压缩成 67 字。除人物传略外,其他各门类的内容也多有删改、压缩。三是编者尽量在原有条目中增加新内容。如《顺治志》卷五《山川志》的"腊山(即骆山)"条下,对周遭环境有一段描写:"烟波万顷,一望无际,遥见西北诸山皆作远黛,正不减西子孤山之胜。可并与芝山诸洞推为溧邑两绝。"这段文字,尽管优美生动,但志书毕竟不同于文学作品,其目的是存史而非描述。所以,编者删去了这段文字,改记乾隆四十一年本邑监生杨志铉、杨绍勤兄弟在此处出资重修"文峰庵",添建"文武阁"、"观澜亭"的史实,又记载了杨氏兄弟在此辟筑"镜湖书屋","延师教子","招四方好学士群萃讲习",使远离县城"六十余里"的湖滨僻壤,书声朗朗,文风大盛。《乾隆志》编纂者的这一做法,固有削弱志书可读性之嫌,但却充实了史料,达到了存史的目的。今天,湖山依旧,庵、阁、亭、屋在焉,虽非当年旧景原物,但《乾隆志》中的这段记载,为后人到此怀古咏新提供了可靠的依据。此外,《乾隆志》编纂者认为旧志记载有误的地方,也进行了改动。如山名,"腊山"改为"骆山";村名,"解塘"改为"蟹塘";坊表名"清琐谏臣坊"改为"青琐谏臣坊",等等,在此不一一列举。

当然,《乾隆志》也并非十全十美,不足与硬伤在所难免。

《乾隆志》对旧志的修改很多,如前述将"丧乱之时"改成"震旦之灵",这是受到了当时大兴"文字狱"的影响。因为《乾隆志》纂修的那一年,朝廷还在清查违禁书刊、"违碍"文字,作如是修改,虽属情非得已,但内容的真实性却因此失去。将人物传记中的故事情节全部去掉,将细节描写全部删除,篇幅固然有所精简,但围绕人物所发生的事情,也因此仅存干巴巴的简单过程,失去了丰富多彩的细节,实际上,这也在一定程度上影响了史实的完整性。

至于对溧水得名由来的片面阐释,也许是《乾隆志》在内容方面的最大失误。《乾隆志》舍弃了旧志《邑纪》中探讨溧水邑名的内容,将上千字的珍贵资料全部删除,仅简单地说"溧水,源出溧山,(高淳县安兴乡),……隋名县以此。"溧水的得名,来由源远流长,其衍变内涵丰富,前人对此作过深入的探讨研究,虽无定论,但比较符合或接近历史真相。而高淳境内那座名不见经传的小山,因山形似栗,故一名栗山,即使在高淳县内也不出名,在《嘉靖高淳县志》中尚查找不到栗山(溧山)之名。《乾隆志》说"隋名县以此",并无依据。溧水得名源于溧山的说法,最初见于明《溧阳县志》,黄汝金在《万历志·邑名》中曾予否定:"考南湖亦未尝有水从溧山来者,即有之,必湖中一细流耳,何足取以名县,而为诸家代称之?"《乾隆志》对溧水邑名未作深入研究,在没有任何史料支撑的情况下,拾人牙慧,得出的结论不仅浅陋,也是不可信的。

还有,《乾隆志》将"清琐谏臣坊"改为"青琐谏臣坊"(见《舆地上·坊表》),也是毫无依据的。清琐谏臣坊,是明朝万历初年为邑人武尚耕建立的,最早载于《万历志》。《万历志》记载的正确与否,没有谁比武尚耕更清楚。《万历志》辑成后,请武尚耕审阅作序,如果记错了,武尚耕能不发现?

能不改正？钦赐牌坊是武家莫大的荣耀，牌坊就竖在武尚耕的老家桑园蒲，武家人谁不清楚那上面斗大的四个字写的是"清琐谏臣"还是"青琐谏臣"？而武尚耕的父亲武扃，堂兄弟武尚严、武尚宾，妹夫王守素都参与了《万历志》的编写，如果《万历志》记载错了，他们都视而不见，或者发现了都缄口不言？《顺治志》的纂辑者林古度所居住的乳山，紧邻桑园蒲，也是桑园蒲的常客，他应见过这座牌坊，更何况武氏后裔武令绪也参与了《顺治志》的编写，如果《万历志》记载错了，他们能不在《顺治志》中予以更正？《乾隆志》编者想当然，轻率地对"清琐谏臣坊"的名字加以改动，实在不够慎重。

梁启超在《中国近三百年学术史》一书中梳理有清一代方志学发展的脉络时认为，明代而至清初康雍两朝，学术界地方志的认知仍相当模糊，甚至不乏"幼稚误谬"，其重要的原因，就在于分不清"著述"与"著述资料"的区别。就方志功能来看，无疑应以保存"著述资料"为要务，因此，不应夹杂过多的描述、议论、考订、研究文字。随着《大清一统志》的完成，朝廷对地方志重视程度倍增，对其编纂也有较为严格的要求，学术界"注意方志之编纂方法，实自乾隆中叶始"。《乾隆志》对前志内容的承袭沿用、删改增补、调整分拆，尽管既有硬伤，也有不足，但总体来看，符合当时朝廷对基层社会地方志的编纂要求，尤其是在编纂方法上，相对前志而言，有了较明显的提高。而这一方法，对百余年后的《光绪志》的成书，也提供了不可或缺的借鉴。

南京市溧水区地方志编纂委员会办公室

[乾隆]溧水县志整理工作组

2020 年 8 月

整理凡例

一、《［乾隆］溧水县志》（下称"本志"）全书十六卷，凌世御修，方性存、吴鹤龄纂。2014 年 10 月，南京出版社将本志列为《金陵全书》之一，据南京图书馆藏缩微胶卷影印出版，此次整理工作，即以此为底本。

二、本志原目，未合今时出版规范，现经调整后重新编制，俾便阅读查检。

三、本志初刻于清乾隆四十二年（1777）。据《中国地方志联合目录》记载，该志刻本在今国家图书馆、故宫博物院图书馆、上海图书馆、天津图书馆（存卷一，卷四至卷十六）、四川省图书馆等皆有馆藏，南京图书馆所藏本志缩微胶卷本及抄本。

四、本志是现存溧水古县志的第四部方志。现将其点校整理出版，一为传播地方历史，弘扬传统文化；二是有效保存史料，便于研究利用。本志整理中采用现代汉语标点，适当划分段落，以简体横排形式，加以出版。

五、出版简体本，既以普及为主，故点校时除人名、地名等专用名词一仍其旧外，其余尽量改用规范用字，便于今人阅读。因雕版习惯而产生的别字、避讳字等，径改。

六、本志在整理过程中，对原书内容的差错及文字残缺、漫漶不清、编次颠倒等现象，凡经整理查核落实者，均以页下注予以标示。凡影响内容理解的错字，均用"（ ）"标出，后加"［ ］"，补入改正后的字；原书中的漏字，直接在文中以"［ ］"填入补字。依据后志补充原文之缺漏者，均用"【 】"，并加页下注说明出处。

七、旧志修纂，盖以标准难于划一，体例各有所本，内容互有参差。以此之故，今时整理出版，殊多不易，挂一漏万，在所难免，尚祈方家高明不吝指正为感！

[卷首]

序一
章攀桂

《传》曰：“志者，记也。所以积记其事也。”《周礼》，“邦国之志，小史掌之，而地图方志则土训诵训，诏观焉。”汉班固初志地理，其析之为一方也，自山谦之之南徐、沈怀文之南越始，厥后作者流传虽多，而善本绝少。夫县令职在一邑，即此百里之内必使古今疆索之殊、山川民物之宜、度数损益之故贯串于中，而后举措设施，各职于理，则方志者固参赞裁成之一事也。

余以轻材于乙未秋膺简命调守是邦，今三载矣。间有稽览，访周应合《景定建康志》、张铉《金陵新志》于储书家，不可得，存者惟康熙丁未所修一志，距今百余年，文献无征，每欲重加搜辑，卒以未果。未几，溧水令凌君书巢以志事请，余惟郡志所载，皆州县事也，州县修明，而郡志亦易于后事矣。书巢固循吏而能文者，允其请。复告之曰：“溧水当会城左掖，于古为吴楚分域，隋开皇前与溧阳合，明弘治前与高淳合，其中新旧邑之分管，今昔制之异宜，掌故纷如，纪述匪易。至康熙丁已刘令一书，今所传者，未足以为据也。”未一载，书成，缮本以来，问序于余。阅之，为门十者二，卷十有六，发凡起例，纲举而目张，文直而事核，觉宋春明之《长安志》、罗鄂州之《新安志》犹得，见其矩矱，洵吾邑志中之佳构也。

抑余闻之，古者州郡图志，唐时三年一上，宋则闰年一上。皇上稽古右文，乾隆乙酉岁允臣工请，重修《大清一统志》，癸巳复开四库馆，举凡通都大邑以及山陬海澨，皆得以书奏御用，备西清、东观之储。《诗》曰：“芃芃棫朴,薪之樀之。"又曰:"倬彼云汉,为章于天。"说者谓棫者白桵,朴者枹木,皆丛生之小者,然析而薪之,燎而祭之,光亦炳于天焉。则是书虽志一邑,他日形方土训,轺轩所及,上之阙廷,得知吾郡宰百里者有能被饰,文具如宋均、仇览、刘梁、范宁其人在焉,为长吏者与有荣施,又不特为踵修府志之一助也。

　　乾隆丁酉孟夏,特授朝议大夫、知江苏江宁府事、前护理江安徽宁池太卢凤淮扬颍徐滁和广六泗海通督粮道章攀桂撰。

序二

凌世御

成周职方氏掌舆图,而以外史、小史领邦国四方之志,故十五国之风得上闻于天子。自汉儒撰地理、风俗诸编,而郡县始各为志,志之由来尚已。

圣朝文教聿兴,《一统志》焕然垂休金石,举梯航履戴之区,俗尚土宜了如指掌,际昌期而膺长民之责者,安可不尽厥心耶！世御以猥陋承乏溧水,维此一方密迩省会,习六代之文献,沐累世之休和,山川、人物、风土、规为,苟无纪载,其何以备朝廷之采问？且重有负各上宪嘉惠地方之至意。用是,当兢兢焉。

考邑志凡四修,今所传者,康熙十六年刘君登科本也。乾隆十六年,曹君江奉檄修辑,迄无成功,盖自刘君纂辑后至今,已百年矣,乌可缓哉！丙申春,太守章公勤民问俗,维励士风,索溧志阅之,谓世御"是亦当务之亟者"。

爰与学博郑君、宋君,会绅士集议,咸踊跃听命。设局高平书院西舍,延名宿主其事,择邑之老成有学行者分任采访。其间,参旧志以归折衷,验闻见以求真确,分类十二,为如干卷。谨缮牍诠帙,请于太守厘正,而后付梓。

惟是梼昧寡识,深渐淹雅,且囿于方隅,稽考未备,虽藉手诸君幸而成书,其幸也乃适所以滋愧也欤！

乾隆四十二年岁次丁酉孟夏月,知溧水县事钱塘凌世御谨序。

序三

贾文兴

窃惟国家藉以正人心而维风化者，首先征诸文献，文献弗征，则遇事无所折衷焉。故古人之资以信今而传后者，必有纪年、纪事之书也。我皇上统一寰区，崇治右文，前修《大清一统志》，复命廷臣广搜博采，凡山陬海澨、古［往］今来片词萃艺可备顾问者，荟萃成书，充之四库，焕垂金石。猗欤，盛哉！

溧水旧隶吴楚分界，壤接金陵，山川人物、俗尚淳朴，亦江左名区也。旧志无传，得前邑令刘君登科续修，迄又百有余岁矣。其间，赋役沿改与夫忠孝节义足以彰瘅劝惩者，已多废坠。

会前令书巢凌君来宰斯邑，心切念之，抚字之余，延邑之老成耆宿悉心访采，且首倾廉俸为一邑劝，溧之人士踊跃乐从，续补前此文献之缺，良盛事也。缮本成，请序于太守章公，凌君复叙其首，将付剞劂，惜因公解组，未竟厥功。

丁酉夏，余膺简命莅兹土。甫下车，以风土人情询之，绅士父老并备悉修志梗概，越日以缮本重问序于余。不佞无文，何敢贻续貂之诮哉！第凌君悯旧至凋残，殚心瘁虑，余弗汲汲先务焉，不惟泯前人之苦心，举凡信今传后者仍必残坠而莫稽，所谓正人心而维风化者将何所资乎？是则余牧民者之责也，又乌容辞！

取其书而读之，别卷分门，发凡起例，网举目张，文直事核，百余年来之残缺废坠，莫不循其制而毕具，无锱黍毫发之或遗，详矣！备矣！斯真可以信今而传后矣！复何事余之赘赘也。爰授梓人用志其事于编末云尔。若谓继媲前休，则吾岂敢！

乾隆四十二年岁次丁酉季秋月，知溧水县事、古冀贾文与谨志。

嘉靖四年县志序

范　祺

嘉靖四年春三月，襄阳王侯来视溧水事，下车之初，除弊政，新化理，民即安之。及是，喟然叹曰："偏州下邑且有志，溧水密迩南畿，为首善之地，我皇明奄有海内百五十年来，尝修于余干陈君宪，今又阔略矣，非司民牧者之责乎？"即属之学博方君彦、邑士夫黄公志达辈，相与检阅雠校，而笔削之惟谨。志成将寿之梓，侯不予鄙，俾序诸首。予虽老且拙，何敢以不文辞！

夫舆地有志，尚矣！粤稽诸古，黄帝画野分州，大禹任土作贡，职方掌于大司马，小戴记王制之详，皆帝王政务攸寓，而太史氏之所重也。姬辙不西，降为春秋、战国，诸侯方务去其籍，而帝王经世之大经大法隐矣。继是而马、班执笔，始有志、有纪、有传、有表，后世祖述之。今邑志之作，盖亦史氏记事之体尔，视郡志当加详焉。

予次第观之，其山川、人物、风俗、城郭、公署、学校、选举、户口、贡赋，与夫老释之庐、鸟兽草木之名、文人墨客之所著述，有（神）［裨］于治道者无乎不志。详而不泛，正而不迂，事核而理明，足以信今而传后，是谓之志，固非藻饰附会，以崇虚文应故事而已也。呜呼！续百年之旷典，足一邑之文献，使后人考究而推行者有所据，岂不快哉！

嘉靖四年县志后序
黄志达

古史废于秦，而志兴焉。志乃史之流裔，岂直稽建置沿革之由、山川形胜之迹之类斯已乎？要之，综名实，垂鉴戒，有感人心挽世运者存是，故识治体者先之。

溧志故本虽再厘于编集，间或未详于考订。襄阳王公以硕德宏猷视予邑事，搜遗举坠罔不究心。顾本邑之志未详，乃酌舆论，咨儒绅，芟繁剔疑，补阙阐幽，分列若干卷，绣梓以永其传，诚一邑之令典也。噫！昭圣代舆图之盛，启将来感会之机，此则贤侯文教之功之不可诬者。予惭衰朽，滥竽纂辑之末，跋此以识岁月云。

万历七年县志序

武尚耕

余邑故有志，自嘉靖乙酉迄于今，阙而弗修逾五十年所，其间政体、民风、物力、人文、气运之变月异岁增，当入之掌故者何限。他勿论，即余有识以来所睹记，如建城垣、迁黉序，如平税、履亩、条差诸法，又如巨水浸城、旱蝗洊被、倭寇绎骚诸灾警之类，关乎一邑最巨且夥，胜书乎？弗胜也。顾远不过传之父老，近仅习之牒檄要束已耳，安所收而辑之？旧莅吾土者，亟欲考政问俗而措之理，辄称阙略无稽，扼腕有余憾焉。嗟嗟，因仍久之，将不沦佚殆尽乎！此岂直邑政之缺，邑之生今学礼者咸病之，矧异日又何以备太史采录哉？

邑侯涌澜吴君，奉上檄来试吾邑，既下车，精神计虑罔不在闾阎疾苦。三载，刑清蠹剔，士劝民义，盖久任树立者章章矣。当六事暇，慨然有意于斯，爰聘山人黄汝金氏搜罗故实，续而成帙；润色属之邑博高君辈，乃君侯亲为裁正焉。将登梓，则走札旴江分署委余叙。余唯君侯所重在志，不在余词章文不文也，安敢逆远命。

窃谓郡邑有志，方诸古列国史无二。挽近类有作者，体裁人人殊，总之不离于核实传信，足垂不朽者为当。国朝有《一统志》，诸藩有总志、通志，乃郡志之外属邑每每自志之，各成一家言，相轧而争雄。岂不以省郡第挈其大者，纤细曲折，隐括不遗，宜莫详于邑，邑之志可少缺耶！应天旧有《金陵志》，大司徒少泉汪公尹京兆，苦其弗备，檄征诸邑遗亡，重茸之为府志，君侯因念邑志纲领在是也。溧之志残缺几废，矧兹纲领振矣，一举而新之何难？又念不习为吏问已成事，志固官方寓焉，不续则轨鉴安在？受直之谓何？是以续之不容后也。君侯之识旷达深远矣哉！

余得其所谓原志而数四诵之，大都不尚张大，笔削唯详。事类弗（编）［遍］叙，从简也；分野弗概述，阙疑也；置形胜、食货勿次，薙支蔓也；弗轻议官师臧否，褒贬慎也；孝烈虽幽潜必载，教化崇也。夫笔削详，吾知其体必严;不尚张大,吾知其事必核。将来劝惩可无爽,而考索为有征,传信方永赖焉,又何沦佚之足患?即未及捧全书而披览之,我君侯良史之才,余窃从此窥一班矣。

嗟嗟,二百余年之往迹,一旦续而新之,灿然布诸方策,俾后之考政、学礼者欲定古今、综名实,无巨细隐显咸在目前,吾不知伊谁之力?举一邑将坠之旷典,成诸贤侯未竟之美意,其在斯乎!其在斯乎!是为序。

万历七年县志序
吴仕诠

余居尝睹昔人聚米画形、借箸陈状,津津焉谭往事不啻指掌,岂一一睫瞩而拇跦之哉? 盖按籍可以论世,据(程)[裎]可以镜往,此镂心扬攉者孜孜然唯志之讨也。

余治濑逾四稔,其于山川、赋役、人物、风俗知之稍悉,辄欲搜辑成志,为此邦文献作不朽计。邦人语余曰:"濑故有志,两矣。其一盖创于余干陈公宪,其一则襄阳王公从善所纂修也。"余亟取读之,两者举无足述焉。何所病之? 病其以简而漏、以详而复、以夸而赝也。姑无论,两志即自襄阳公(诇)[距]今所,又冉冉五十余祀,其间沿革、消长、隆污至不可胜纪,必欲株守前志,悖之悖矣!

于是一意志事,东向而揖黄山人汝金,因以稿属焉。山人固此中耆宿,谙于掌故者也。山人曰:"志,易言哉! 自迁、固、任、陆以还,志舆地者无虑数十家,只词少鳌,君子犹敝帚视之。乃金何人斯? 敢以蚊负耶!"余谓山人曰:"不榖虑簿书弗给,以故欲得分任于君。君职其详,余职其要,恶乎不可? 且也千金之裘不成于一狐之腋,君无让矣!"山人唯唯。退而屏居萧寺中,博集群书,肆力参订,历数月草乃贝。余复为之拾其遗,汰其冗,厘其讹,间以评品附焉,凡浃岁而后报成事。即不敢妄意有加于前,顾漏也复也赝也或庶几哉免。

夫志既成,复进山人与语曰:"君知郡邑有志即国有史乎? 史以备一代彰瘅,志以备一邑劝惩,为功均也。兹志一出,后之宦于斯、生于斯者,披卷而悟,惕然而奋,指某为仕也贤,吾将肖之;指某为乡也贤,吾将肖之,嗣是裨治理,表风教,以景行无穷,斯志实为之嚆矢矣。如徒以文尔也,语云'玉卮无当,即美弗宝',观者亦且敝帚弃之,而竟何足述焉。"山人又唯唯。

是刻也,余业已请邑人金宪公之言弁诸首,而复赘数言于次简云。

万历七年县志小引

黄汝金

溧水故无志,国朝正德己巳余干陈侯宪来视邑事,曰:“邑无志,国无史也,往迹奚稽?”乃索于掌故氏,得抄本,并坊郭野史残断无次者,略为裒益,邑人范臬佥公实董其成。越十有六年,为嘉靖乙酉,襄阳王侯从善来视邑事,曰:“有志而略,犹无也。”乃采访遗事,择诸生中饱于闻见者为之纂辑,而侯手加校雠焉,视前志稍加详矣。

嗣后寥阔五十余年,归安吴侯仕诠来莅吾邑。万历丙子,大京兆汪公重修金陵志,檄侯摭拾邑中遗佚以报。侯命山人汝金讨论之,诸博士弟子因以志请,侯曰:“未也,余视事日浅,民心未同,安敢议此?”越二年戊寅,侯约己裕民,百度咸举,诸弟子复以志请,侯始折柬报汝金曰:“邑务稍暇,欲与子议志事。”汝金以寡昧辞,侯曰:“志贵核耳,非徒以文也。顾子鬓眉且白,庶几乎邑之宿儒哉,舍子奚属!”汝金始敢诺。凡所纂辑,一本于正嘉两志、金陵新志及邻郡邑诸志,吾溧曾属隶焉者悉取参阅焉,或此详而彼略,则互证之;或彼有而此阙,则摘入之。五易朔而始呈草于侯,侯从簿书之隙斤斤焉殚思厘正,力追古雅,逾年而志始就。

汝金诚无知,然窃谓文直事核,稽肆阐幽,则他邑志或不及也。初,汝金具草时,客有索观而讥其陋者,汝金曰:“子未知筑室之道乎?工师之为巨室,岂木木而亲斫哉?必使匠人先为之朴,若仑奂之美,工师事也。吾所示子者朴焉耳,吾犹有工师在焉。”客笑而退。志入梓且竣事,聊附数语于末简。

顺治十二年县志序

闵派鲁

夫郡邑之有志,岂徒矜美炫丽,夸示四方哉?凡以纪政俗、叙形胜、综事变,使采风者得以察盛衰,司牧者得以剂匡饬,服先畴、念曾矩者得以企兴而振拔焉。其助宣德教,扬激风流,功用与国史等,罔可阙也。

顾前人作焉,后人继之,百世相承,无失其职,亦何至伤闻见之阔略、传述之乖讹哉?然修志之难实倍于修史。彼芸局兰台置诸近禁,起居编撰职在清班,妙选英髦优之岁月:有专地,有专官,才足以胜之,时足以营之,此史事之所兼也,而尚有头白汗青之叹,矧无一于此者乎?且夫志仅一郡一邑之事,既不专责之守令,又不属之乡士大夫。即责之守令,彼固抚循征敛之是勤,则不暇为;即属之乡士大夫,彼且驰骋皇途贤劳四国,而不及为,是以志之弗辑动越数十年,或远至百年。后之事此者非有班马之综博,张蔡之淹通,无从讨故实而笔削之,故曰难也。

溧水昔隶旧京,今为支邑,土瘠而赋繁,民贫而俗愿。其君子耻车马之豪奢,其小人乐耕桑之素业,虽比近都会,独不染乎轻华。先世代有名贤,于今蔚然辈望,不必侈物华挹神秀,而观风采谣斯焉,最矣。

派鲁承乏兹土,视篆之初即索邑志而考镜焉,则犹七十余年之故帙耳。至于明季四朝典法之损益、户口之耗蕃,与夫吏治民风,缺然莫问,况经迁革之余,益荒落矣。派鲁窃有志纂修,而涉事日浅,实有弗遑兹。

顺治乙未,豫章李公督学江南,既遴拔俊尤,广国家作人之化,复仰体今上崇文右治德意维殷,爰檄下郡邑,俾亟修辑志书,以备观采,以光文治,盛举也。派鲁用是益自黾勉,且快始愿之有成。顾自度弇陋,莫克胜任,因集邑之献老而敬咨焉,复召学之秀髦分行而周访焉。搜罗放失,幽隐不遗,志(才)[材]具矣。复虑缀次之无人也,适乳山林叟古度策筇过访,遂以属之。

叟淹雅老成,诗坛推祭酒,著述一承乎家学,其于志事犹之典午谈迁、卯金政骏也。溧之故令如豫章徐若谷、潼川张月沙诸公,游好尤深。晚岁卜筑乳山，见闻益悉，以故叟亦慨然自任。屏居道院，阅冬春而告成事。补前志之缺略，续曩籍以简严，既展三长，爰成善本。

若夫节要芟繁，不加论序而义例昭然，则派鲁窃有取焉。将备史官之采择，翌圣代之经猷，彰阐陋幽，省恤凋劫，镜古烝才，斟时濯俗，咸于是乎在。派鲁不敏，岂敢攘诸君子之功哉！冀藉手以告无罪云尔。

康熙十五年县志序

刘登科

中山，僻壤也。癸丑夏，予承乏兹土，其城垣颓圮，其石河淤塞不通，无商贾会集之利；其田多洼圩，苦水涝者过半；其民贫，其俗俭，称素封侈绮丽者盖寥寥焉。特其士子好学，家无储石，不辍弦诵声，此国家定鼎以来涵濡培植之所致也。初下车，即留心抚字，兢兢覆悚是虞，每遇重务，辄过学宫质诸明达而后行。

司铎程君之望一日以邑乘进，谓旧刻所未载及年久残脱者，当续而新之。予曰："古有小史掌邦国之志，而邑之有志昉焉。萃百里千百载之故实于方尺简策之中，俾观风图治者有所考镜，任岂轻哉！至岁月弥积，事与俱增，或前志有阙，于后有俟，故近数十年，远百年，必更缉而附益之，亦宜也已。"寅佐张君联芳、丁君文耀佥曰然。乃属邑之荐绅博雅共襄斯举，任编辑者有人，任参订者有人，而笔削大义则予窃效颦焉。其间若山川疆域，若城池赋税，若仙人古迹，悉仍旧志；而事物灾祥、孝义节烈、隐居高士及游玩诗章不无增损；至于官师之贤者、能者，与夫乡先生之崇理学、尚忠贞、懋勋业者，前志所载固指不胜屈，而继此数十年间某也功而惠，某也清而才，核其实而书之，皆足以流馨今古，炳炳麟麟，于前志为有光焉。

今书已寿梓，适与修城大工同时告竣，绅衿耆老为之加额，予览之而犹有不敢即安者。

夫职司民牧，必曰宣上德达下情，而使户日以滋，田日以辟，教日以兴耳。兹邑生齿之日繁也，籍宜有加矣，而犹故焉。其或不能悉拊而长养之，使穷崖绝涯有不尽被吾君之泽，而瘁以瘠者乎？人才之众也，蔚然秀起矣，何能作而成之，与古之贤哲者侔，而充王家之柱石也乎？其他川浍之浚导、市廛之规画，又安能尽得其详，而一一以协之理乎？前之官于此而有德于民者，既尸而祝之，载而传之不朽矣，予其则法焉，以追其烈于今乎！

此志所褒美者，皆昔人之遗泽，见流风善政之不衰也。后之视今，亦犹今之视昔，其可以虚文塞责而已哉！书此以告来者，行自勉也。

县境名图

舆图

七乡圩图

城垣图

学宫图

城隍庙图

衙署图

江寧縣界
上元縣界
當塗縣界
烏刹橋
尚義田
大人山
崇賢鄉
汛塘柘
秦淮河
烏山
烏舖
西橫山
銅山
獨山
思鶴鄉
左山
汛橋令楊
永壽寺
武居
沙河
靈龜山
塘西舖
博望鎮汛
鳳待尚
教龍寺
埋殿社
天生橋
開福寺
明覺寺
埃東舖
小茅山
山陽鄉
高淳界
長流嘴汛
河西
洪藍埠
洪藍河
渰橋
洪東埠
石白湖
軍山
鳳樓山
獅子山
駱山

輿圖

句容
縣界

歸政鄉　上店舖

塘縣三　求山　　望湖崗

　　　麻山　　浮山

　　　豐慶鄉　麗山　　白石山

愛長壽鄉　景山　　　　　鷄籠山

三眼井　新安舖　汎山　即山龍　　峒岘山

城隍廟東嶽廟　岐山　　　東廬山　竹雲山　落步山

　　文廟言院　赤烏龍山　東廬山　白鹿鄉

　　農壇　土地廟　上原鄉　麗子山

　　教場

縣　兩門　溧南門　大陳門　　　　　漂陽縣界

　漂水縣　　　　　縣前舖　　　　　分界山汎

　　　　　尚舖　汎塘舖　官塘舖　　白馬橋　　分界山汎

　　　　　清洪山　三山　　　　　東㘭山　漂陽溧接方山

贊賀鄉　川壩　中山　無想寺　　　仙壇鄉　仙杏山　雲駕山

石堆舖　石廟壩舖　馬鞍山　　部村鎮　　　　　長山

儀鳳鄉　蒲塘橋

　三角舖　東栴巷

　　孔鎮舖　　織雲山

界縣淳高　上山舖　望玉山　　　　　芝山

　　毛公舖

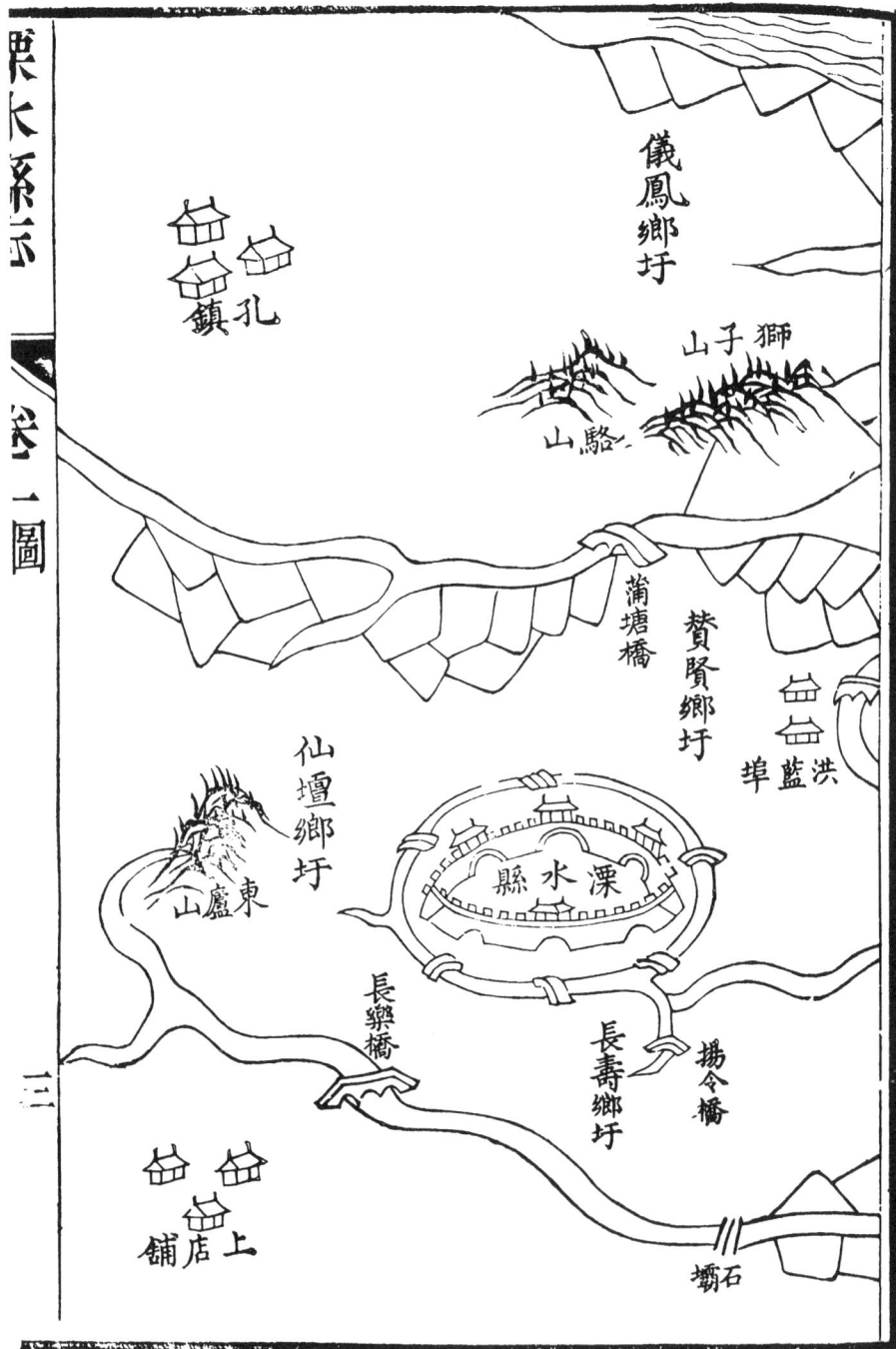

溧水系示 卷一圖

三

儀鳳鄉圩

鎮孔

山子獅

山駱

蒲塘橋

贊賢鄉圩

埠藍洪

仙壇鄉圩

山廬東

縣水溧

長樂橋

長壽鄉圩

揚令橋

鋪店上

壩石

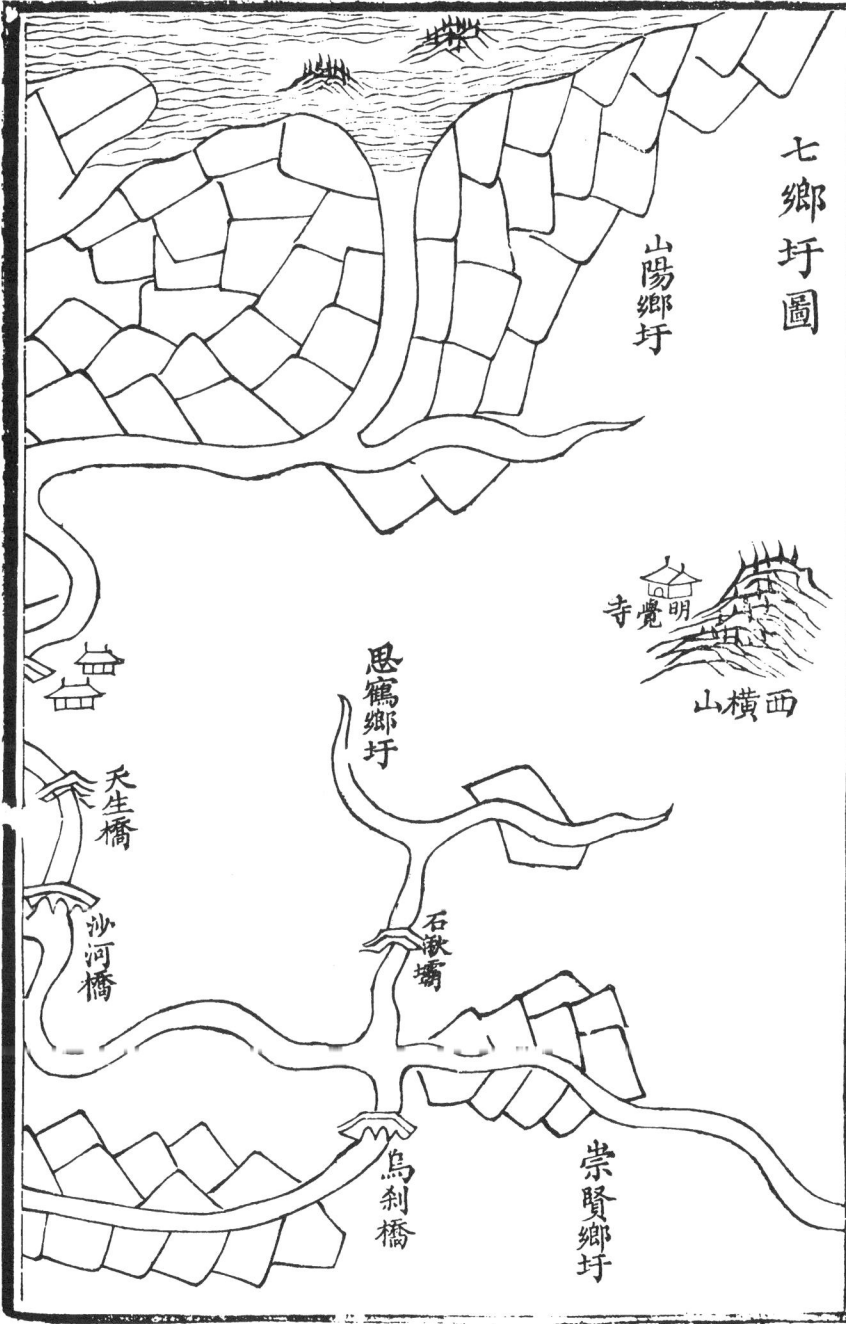

七鄉圩圖

山陽鄉圩

西橫山

明覺寺

思鶴鄉圩

天生橋

沙河橋

石瀲壩

崇賢鄉圩

烏剎橋

陳昌齡繪

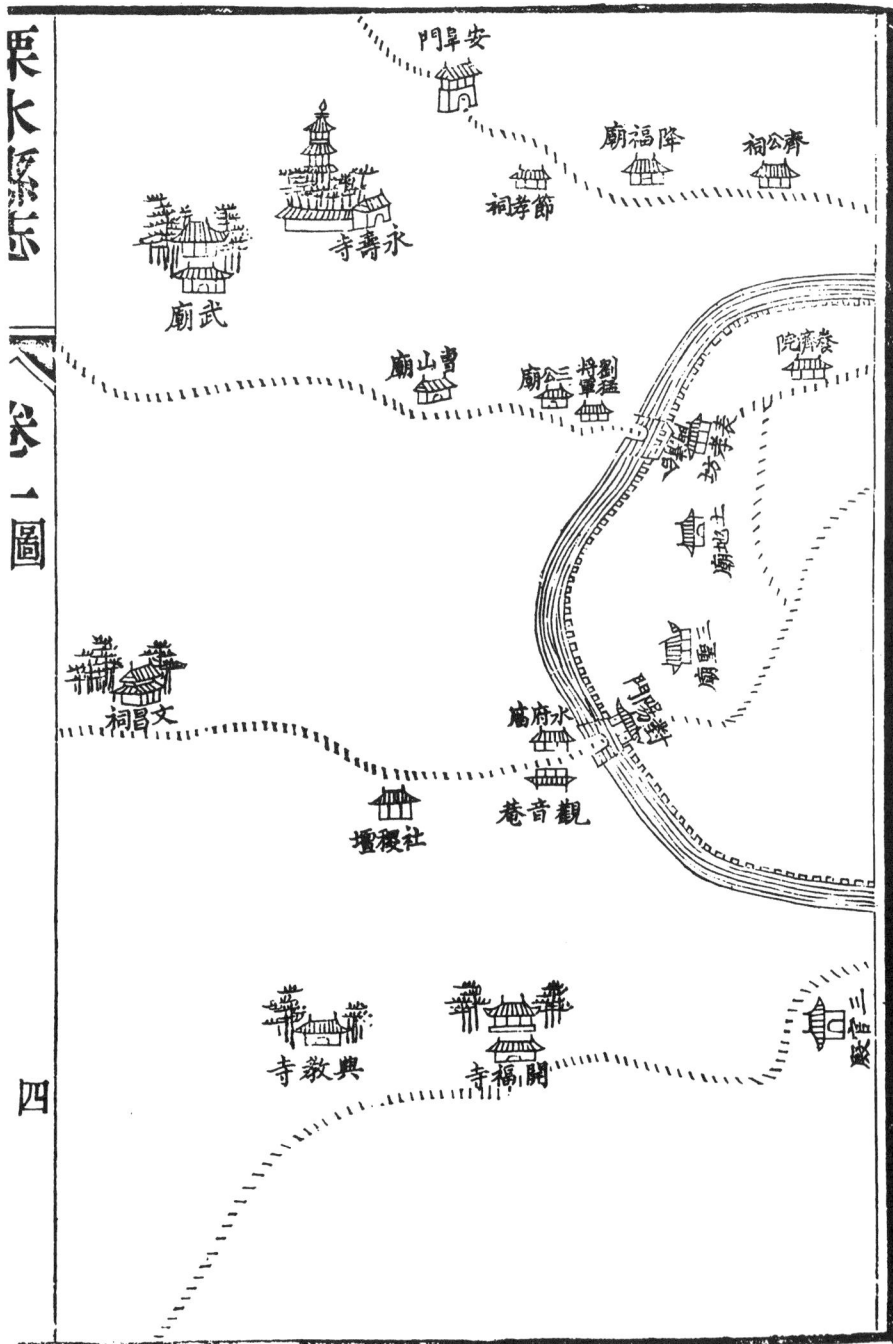

安阜門

降福廟　齊公祠

節孝祠

永壽寺

武廟

書山廟　三公廟　劉將軍壇　養濟院

表孝坊

土地廟

三聖廟

文昌祠

水府廟

觀音巷

社稷壇

粹陽門

興教寺　關福寺

巡司廳

栗水縣志　卷一　圖

四

城垣圖

三眼井

眼香廟

城隍廟

東嶽廟

儒學

文廟

魁星閣

文閣

狀元坊

春井

香山觀

縣署

衙署

警署

先農壇

迎賓館

救恤廟

文明門

顯廟

永賴倉

魁星閣

川山

華勝寺

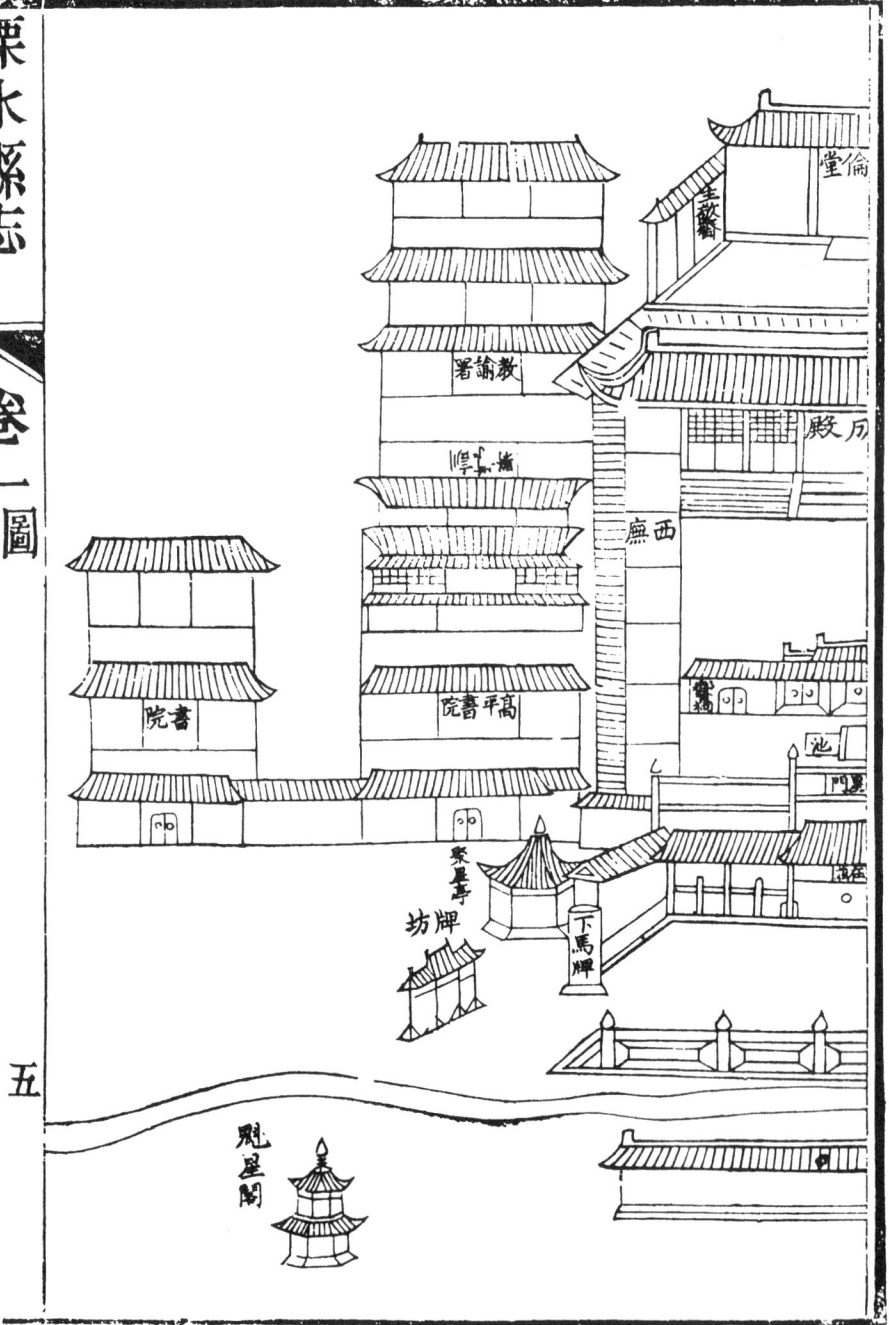

溧水大系志 卷一图

五

倫堂

圭敬

教諭署

西廡

歷殿

曙埠

高平書院

書院

聚星亭

牌坊

下馬牌

閱星閣

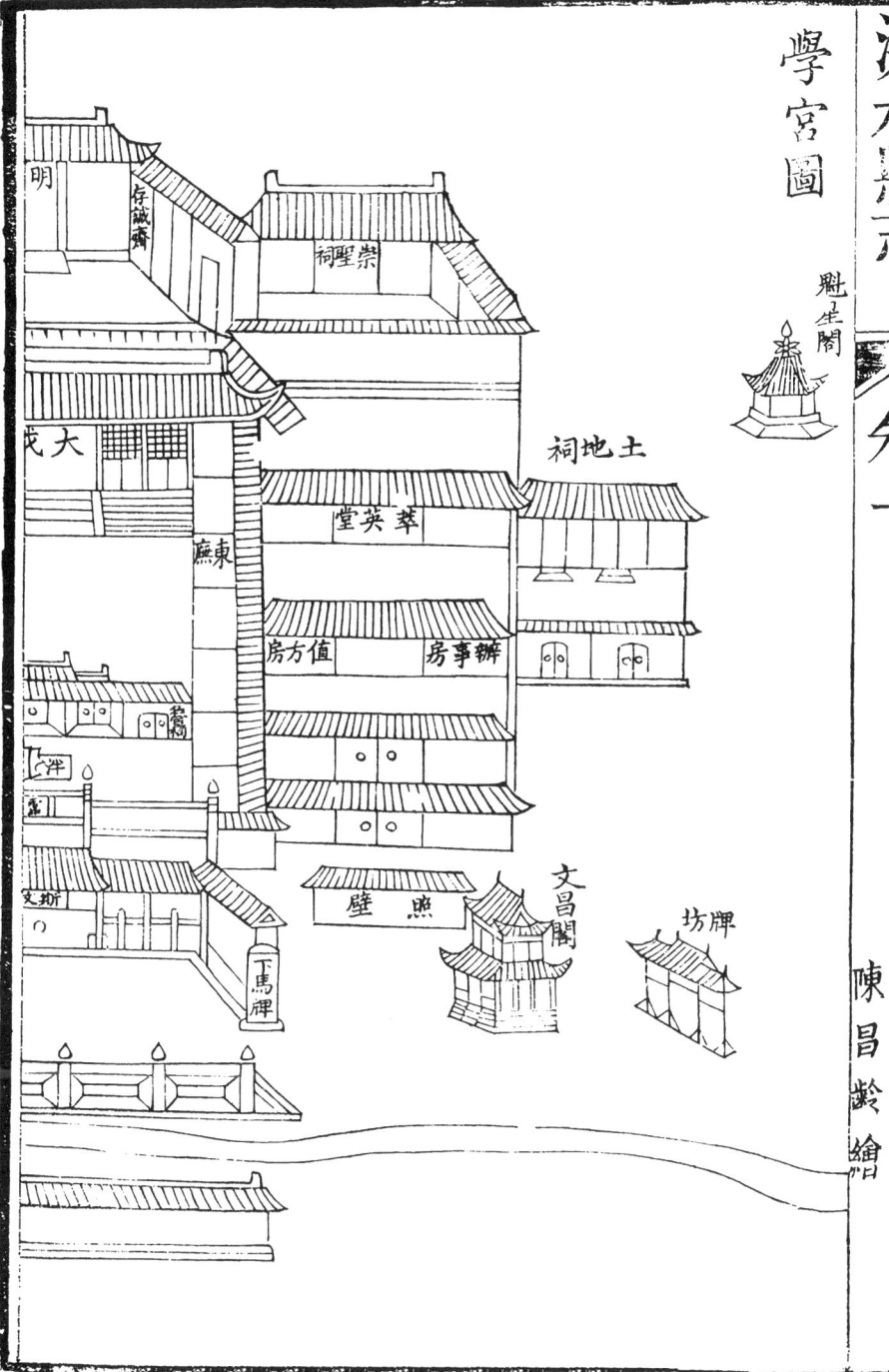

学宫图

魁星阁

崇圣祠

土地祠

明

存诚斋

大戌

东庑

萃英堂

值方房　办事房

熙壁

文斯

下马牌

文昌阁

牌坊

陈昌龄绘

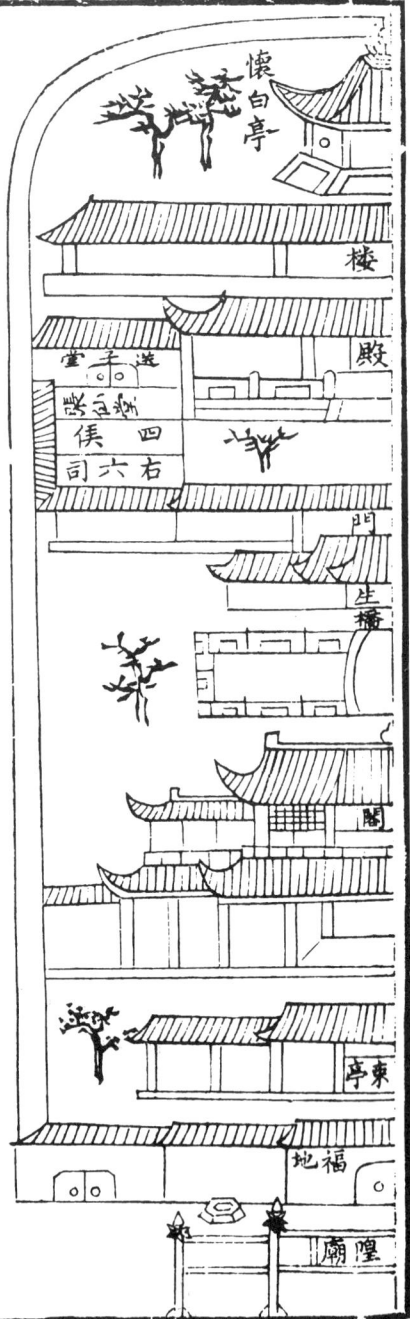

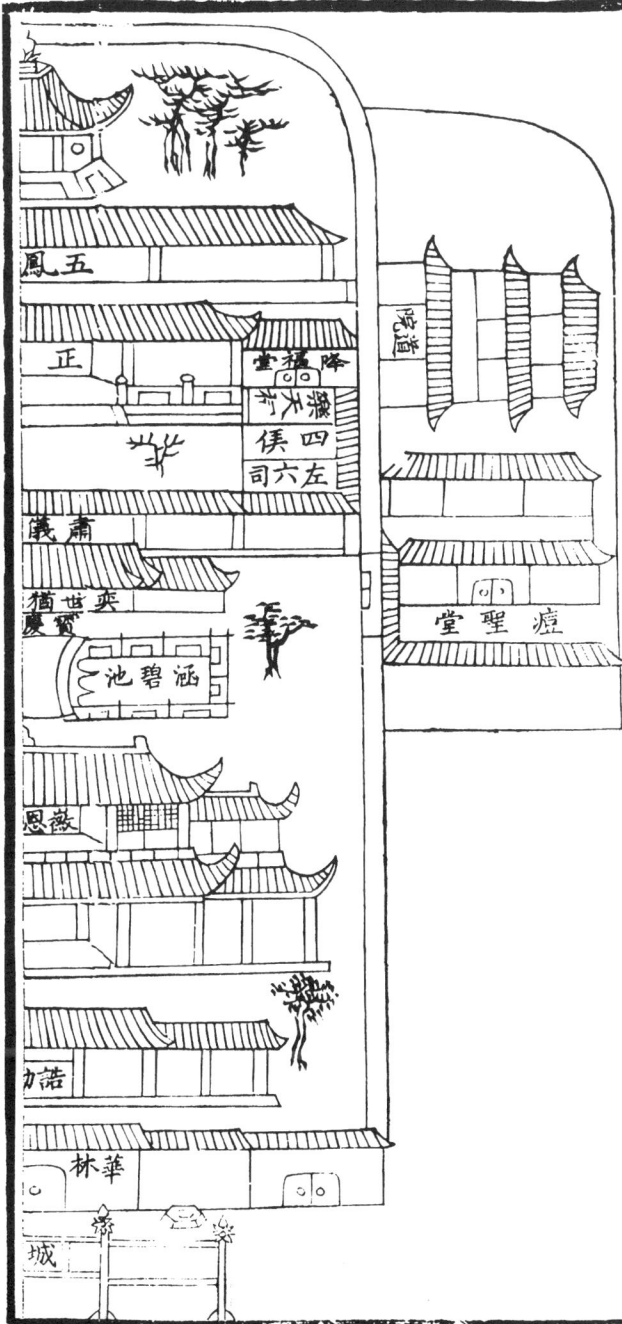

城隍廟圖

五鳳

正

降福堂

四左六

俟司

肅儀

奕世

寶猶慶

洒碧池

恩薇

諸功

華林

城

痘聖堂

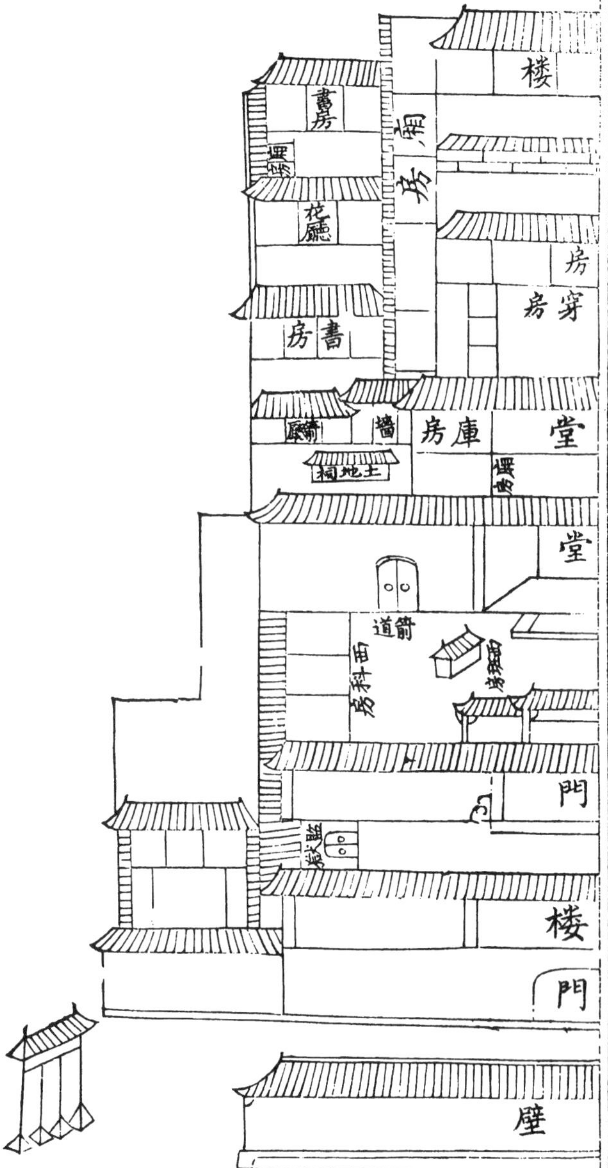
樓
書房
廂房
花廳
房
穿房
書房
庫房
堂
土地祠
堂
箭道
西科房
監獄
門
樓
門
壁

衙署圖

五間　房廂　上建新　二房書　茶房　大　二　儀　鼓　頭　照

花廳　月　堂二　房廂　大堂　頭門　捕衙照壁　井　土地祠

中山八景

琛岭神灯

芝山石燕

观峰耸翠

龙潭烟雨

金井涌泉

洞壁琴音

东庐叠巇

白湖渔歌

修纂人员名录

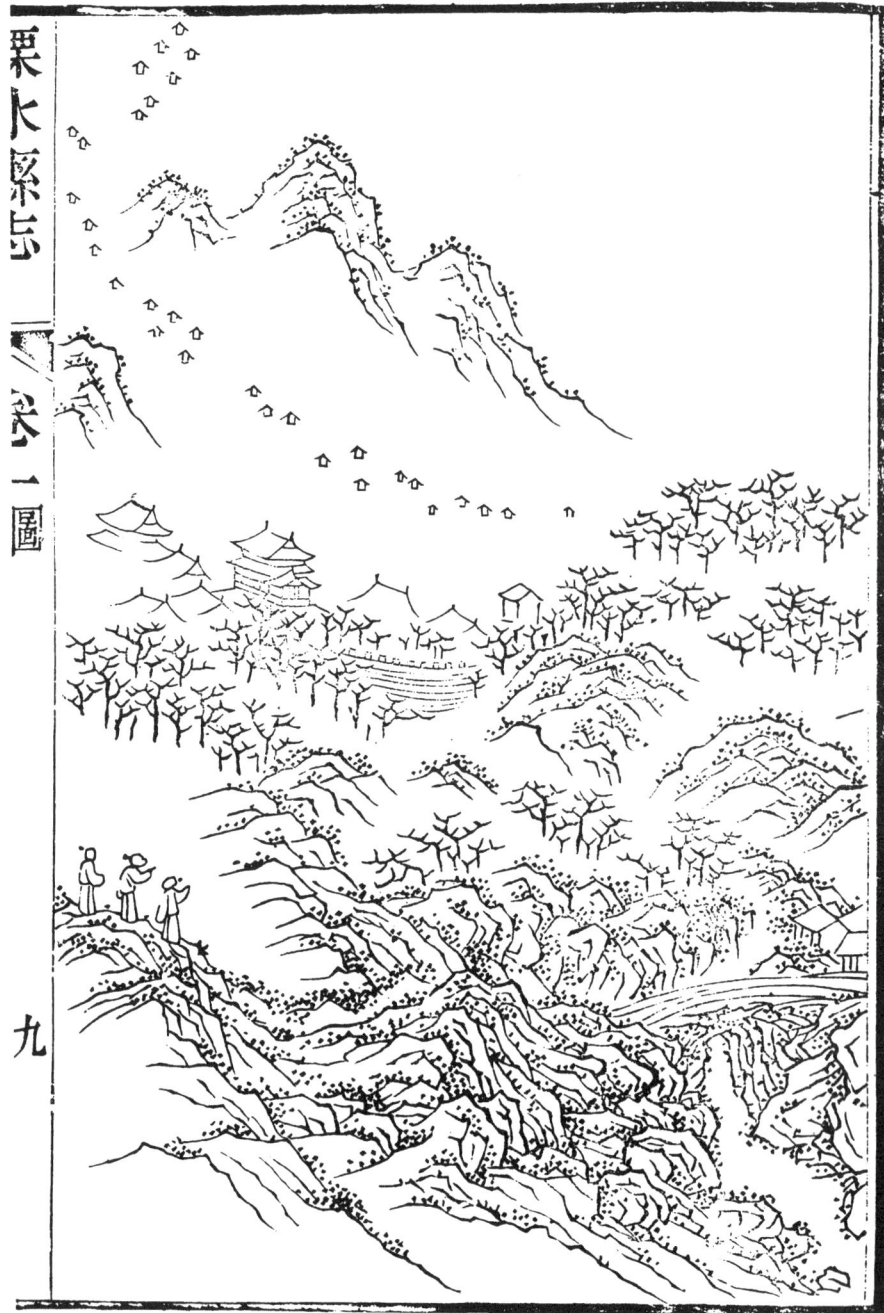

琛嶺神燈

芝山石燕

溧水縣志

卷一圖

十

觀峯聳翠

龍潭烟雨

金井湧泉

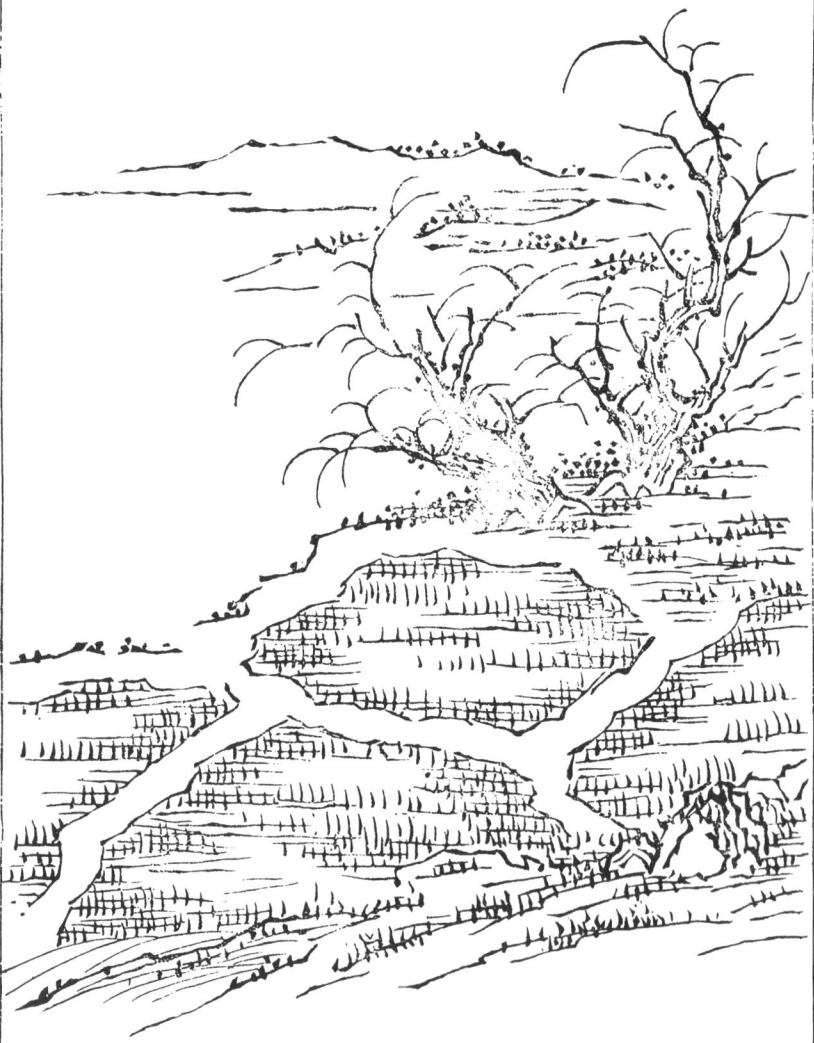

溧水縣志　卷一圖

十三

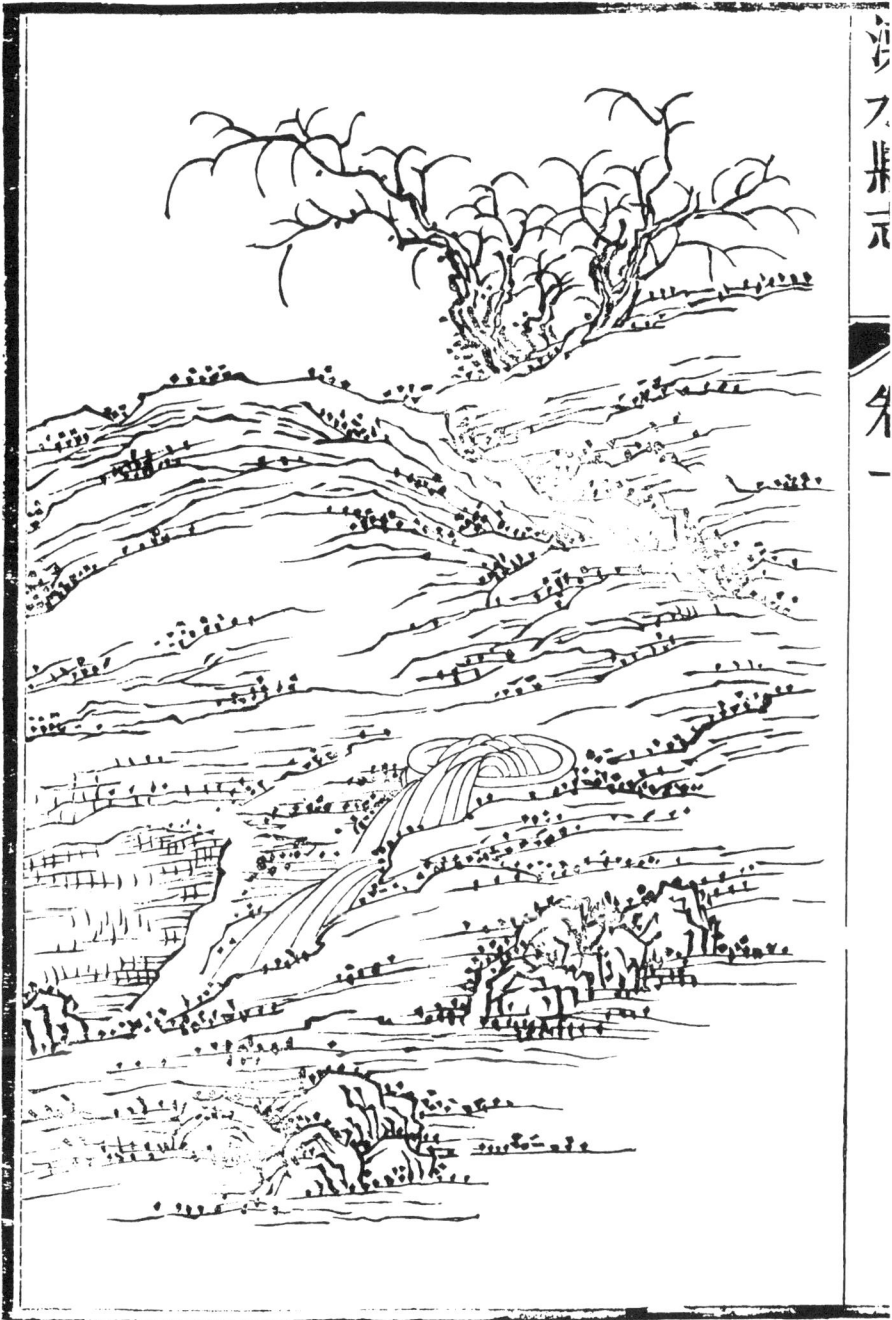

洞壁琴音

溧水縣志

圖一卷

酉

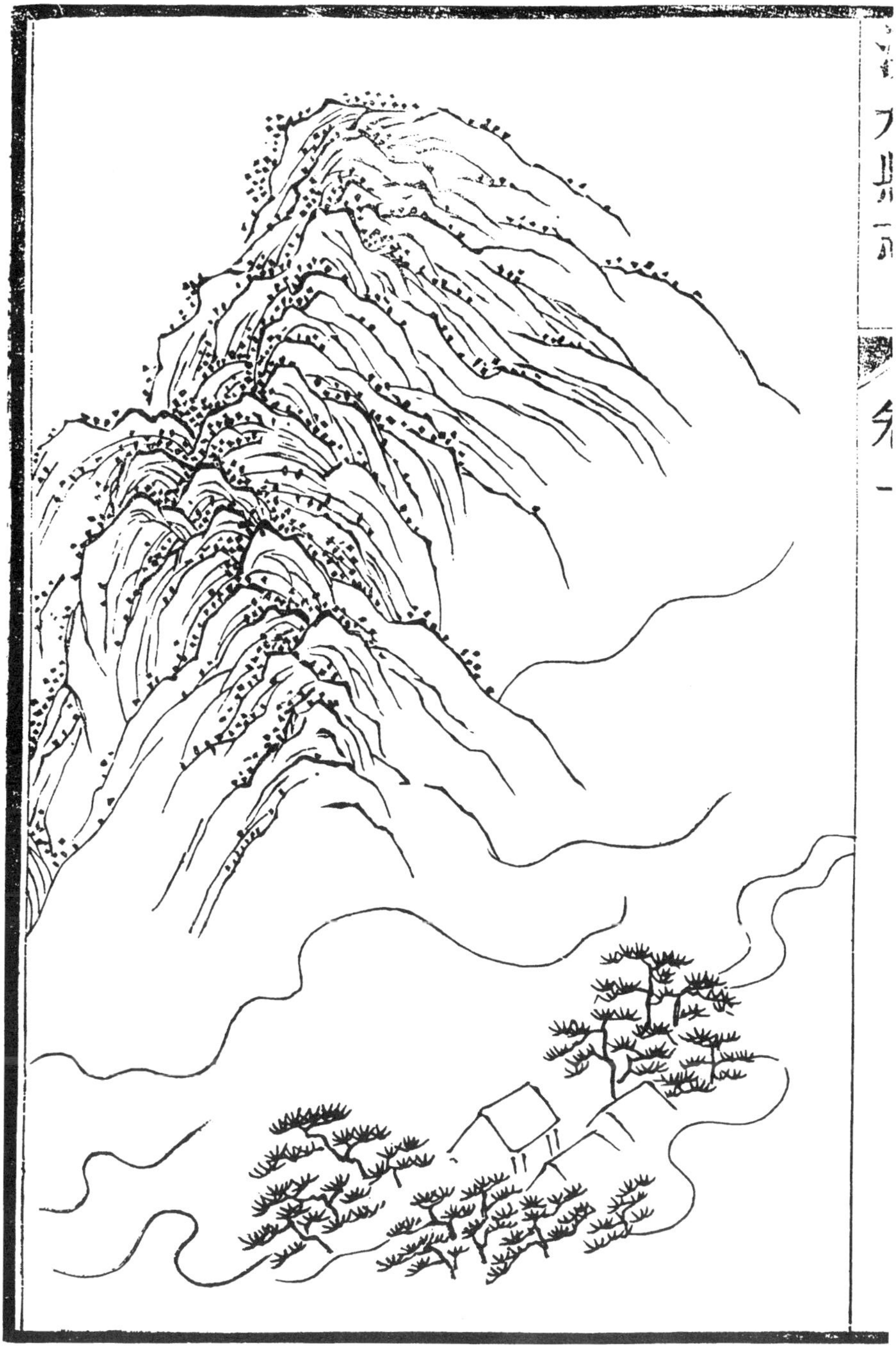

東盧疊巘

溧水县志

督修

江宁府知府章攀桂

纂修

知县凌世御

贾文兴

壬午举人方性存桐城人　　　　　　乙酉拔贡吴鹤龄休宁人

同修

教谕郑　璇　　　　　　训导宋　浤

分辑

员外郎萧克峙　　　内府中书李　式　　　守备邵定国

武举吴上达　　　拔贡周仪凤　　　岁贡高　华

附贡严肇万　　　生员司徒枢　　　尹世清

王复燕　　　　王　譔　　　　武自厚

采访

廪生刘于庠　　　章　芝　　　徐秉澄

王简在　　　徐步瀛　　　生员俞晚成

王　佐　　　陈　伟　　　刘文献

杨云官　　　汤谟烈　　　监生杨　渊

姚继洛　　　韩正麟

校字

刘际昌　　　韦绥邦　　　张锡兰

徐　崐

监刻

典史张　发

赞理

陆　献　　　萧亮和　　　萧　法

萧　霆

凡　例

一、溧邑志，余干、襄阳所修，皆无存本。万历吴志，亦已残缺。顺治十二年乳山山人辑本，邑之旧家尚有藏者。惟康熙十五年刘志，镌有成书，板尚完善，但全窃乳山本，而续纂无多。乾隆十六年，曹君江修辑未竣，稿亦多漏略。世御仰体上宪问俗勤民之至意，详请重修，以备采择。

一、康熙十五年迄今已及百年，各类多有增益。十五年以前仍取蓝旧本，其中增删分合间有不同，非敢立异，一以列全书之眉目，一以期考核之精详。

一、本邑在隋以前与溧阳合，明弘治以前与高淳合，其间事迹理宜兼采。至府志为一郡之纲领，上元、江宁壤地相错，旁稽互证亦悉从甄录，以期免于疏略之诮。

一、采访搜辑，非确有见闻者不敢滥入。成书之后敦请老成博洽，设局书院，公同考订，录呈上宪酌定，然后付梓。

一、全书分卷十六。首《天官》，治道求端于天也。次《舆地》，重封守也。分土建官，以养以教，故《官师》《民赋》《学校》次之。学校兴而人才出，《选举》又次之。至若尊神驱厉，礼亦近古；忠义孝节，所以维风，《庙祀》《人物》《列女》又次之。文辞足觇士风，往迹皆关尚论，《艺文》《古迹》又次之。他如异闻杂记亦资博采，故以《摭拾》终焉。

一、绘图著于篇首，俾封圻、城郭、学校、官署之制了如指掌。若搜奇、揽胜、问俗者每致流连，并绘八景附于后。

一、生存者不录，但载爵位，俟论定也。旧志中已有列传者，家传俱从删节。其现送局之传、赞、碑、铭俱节录于《人物》，各类不滥列入，盖志非为一家作也。

一、节孝已奉旌表者备载无遗。其或年例已符，未经呈请，及苦节奇节足炳千秋者，亦采访登载，以表幽光。

一、艺文限于卷幅，惟有关于地方政事与夫名贤志胜言以人重者，选择录载，余俱不能尽收。

一、文以类从，诗赋则次以时代，取便览观，不嫌盍各。

卷一

天　官

星野　庶征

　　自古帝王之治，莫先钦若。《易》曰："法象莫大乎天地。"天人感召之，故亦微矣哉！列国分星肇于《周礼》，历代测景、设仪、置象诸法，实有不爽者。史家自汉以后咸志五行，其源出于《洪范·庶征》，而《春秋》纪异，纪灾，皆敬天之大者也。志天官。

星　野

　　黄帝分星，次斗十一度至婺女七度，曰须女，又曰星纪。于辰为丑，谓之赤奋若。于律为黄钟。

　　《周礼》保章氏注："星纪，吴越也。"

　　刘歆《三统历》："自斗十二度至婺女七度，为星纪。"

　　费直《说周易》："自斗十度至女五度，为星纪。"

　　蔡邕《月令章句》："自斗六度至女二度，为星纪。"

　　北魏李业兴《正光历》："自斗一度至牛五度，为星纪。"

　　唐一行《大衍历》："自斗九度余千四十二抄[①]十三太至女四度，为星纪。"

　　宋皇居卿《元祐观天历》："自斗九度至女六度，为星纪。"

　　南宋杨宗辅《绍熙统天历》："自斗四度三十五分九十二抄[②]至女二度

---

①②　抄，《光绪溧水县志》均作"秒"。

九十五分七抄①，为星纪。"

元耶律楚材《西征庚午元历》："自斗四度三十六分六十六抄②至女二度九十一分九十一抄③，为星纪。"

元许衡、郭守敬《授时历》："自斗二度七十六分八十五抄④至女二度六分三十八抄⑤，为星纪。"

《明清类天文分野书》："自斗三度至女一度，为星纪。"

《史记·天官书》："吴楚之疆，候在荧惑。"又曰："二十八舍主十二州，斗秉兼之。"又曰："吴楚之疆，占于鸟衡。"

《星经》："荧惑主扬州"。又曰："北斗第六星主扬州，以五巳日候之，辛巳为丹阳。"

《春秋文耀钩》："徐扬二州属权星。"

《晋书·天文志》："北斗七星四主吴。"

《宋史·天文志》："北斗第四星曰权，其分为吴。"又曰："天市垣二十二星，在氐、房、心、尾、斗内宫之内，其东藩十一星，六曰吴越。"

考溧水天文星纪，统于吴越，极度高卑，领于郡治。虽天官幽渺，而悬象灿如，未可以一隅之见测也。今采诸家之说，胪陈于右，而不敢妄加臆断，博雅君子庶乎不以矫诬见讥焉耳。

庶　征

晋咸和五年，无麦禾，大饥。

太和六年，大水。

太元六年，饥。

十四年，木冰。

义熙五年，夏五月癸巳，雨雹。

宋元嘉八年，旱。

九年，春雨雹，伤人畜。

①②③④⑤　抄，《光绪溧水县志》均作"秒"。

十二年,大水。

二十四年,大水。疫疠。

至道三年,大旱。

元丰元年,春旱。

宝庆三年,秋涝。

咸淳二年,夏霪雨连月。

元至元二年,思鹤乡麦秀两歧。

至(大)[正]二年,夏六月蝗。

明洪武三年,夏六月旱。

八年,大旱。

十八年,五色云见。

永乐十三年,秋九月大水。

宣德九年,大旱。

景泰元年,大水平地三尺。

八年,水。

天顺八年,大水。

成化四年,夏大旱。

六年,夏四月大水。

二十一年,秋大旱。

(宏)[弘]治元年,大旱。

七年,夏大水。秋九月大风,屋瓦俱落。

正德三年,夏旱。

四年,夏六月空中有声自北来,如数万甲兵,逾月乃止。冬大雪,树多枯死。

五年,大水。

嘉靖二年,大旱。人相食。

三年,赞贤乡麦秀两歧。夏大疫。

十年,大水没民居。

十一年,夏、秋蝗。

十七年,马鞍、东庐诸山蛟出。

二十三年,大旱。

二十四年,大旱。

三十八年,洪水溃圩,荡民居。

万历七年,大有年,米一升钱三文。

十五年,旱。

十六年,大饥,人相食。

十八年,春三月雨丝絮。秋七月旱。冬十月既望,桃李华。

二十三年,春正月上旬,儒学桂树华。夏六月蛟出,溃诸圩。

二十六年,旱、蝗。秋七月,中山枯樟复荣。

三十四年,春正月夜,邑西北隅有赤光一道,直抵东南。

三十六年,大水荡民居,圩尽溃,岁大饥。

三十九年,冬十月既望,地震。

四十二年,大有年,米一升钱五文。

四十五年,秋八月既望,五色云见。

天启四年,夏五月蛟出,荡民居。

五年,春二月十九日地震。夏五月十七日大风雨,昼晦。秋旱。冬十一月二十五夜,地震有声。

六年,旱。

崇祯二年,夏五月三日,大风拔木。

三年,夏四月二十七日,雨冰雹。

五年,秋旱。

八年,夏四月七日,雨冰雹,伤麦。

十年,冬十一月二十九日地震。

十一年,旱。蝗。

十二年,大饥。

十三年,大饥。冬十月十二日夜,地震有声。

十四年,蝗飞蔽野,大疫。秋八月十九日,雨冰雹。

十六年,冬十月大雨,雷电。十二月十一日寅时,地震。有声自西北来,移晷乃止。

国朝

顺治二年,瑞雪盈尺。

六年,山阳乡蒲村武姓家仓稻飞出如聚蛟,农夫格而收之。

七年,夏四月麦秀双穗,间有三穗者。

八年,夏四月十二日,雨冰雹,伤麦。五月峒岘山蒋姓家有牛产一犊,腹生肉足。

九年,旱。

康熙七年,夏六月十七日戌时,地震。

八年,水。

九年,水。

十年,旱。蝗。

十二年,有虎患。

十八年,旱。

十九年,水。疫。有虎患。

三十二年,旱。

四十六年,有虎患,一日得五虎,乃息。

四十七年,秋七月初八日大雨,蛟发东庐山,秦淮河水涨没民居,诸圩尽圮。

四十八年,旱。疫。

四十九年,夏水。

五十年,秋旱。

五十二年,东郊有虎患。

五十三年,旱。

五十五年,秋旱。

五十八年,夏蛟出,城南荆塘诸山水没民居。

六十年,秋旱,复大雨,水没民居。

六十一年,秋旱,飞蝗自东庐山来,害禾苗。

雍正四年,水。

七年,春二月至夏四月雨不止,害麦苗。

十二年,夏水。

十三年,春归政乡家边村卢姓田内麦秀双歧,计数十余亩。

乾隆元年,邑西北有蝗。自五月逮秋七月,霪雨,圩田尽没,有螟。

三年,旱。

四年,春三月白鹿乡有蝗,不为灾。

八年,夏五月大雷雨,蛟出,圩田淹没,有螟。

十一年,禾大稔。穄生黑粒,实如大豆。

十四年,疫。

十六年,旱。自五月至八月不雨。

二十年,有螟,饥。

二十一年,疫。

二十九年,五月二十八日未时,地震。

三十……(缺)

三十二年,大水。

三十三年,旱。

三十四年,大水。饥。冬十二月戊寅卯时,地震。

三十五年,春正月二十九日未时,地震。夏疫。

三十八年,岁大稔。

四十年,秋旱。

四十一年,岁大稔。

卷二

舆地上

沿革　疆域　城池　风俗　坊巷　坊表　公署　旧署　乡约所
仓廒　养济院　育婴堂　狱租　邮递　义阡　营制兵事附

按《周礼》："司徒为教官之长首，日以天下土地之图，周知九州之地域，辨其山川名物与其邦国都鄙之数。"《王制》："量地以制邑，度地以居民，则司空之职也。"地治之重如此。溧水附近金陵，称东南巨邑，山川、道路、市井、桑麻因其风俗而裁成之，实守土者之责也。志舆地。

沿革表

周景王四年	吴		濑渚邑
五年	吴		陵平
十六年	楚		平陵
敬王三十四年	吴		平陵邑
元王三年	越		平陵邑
显王三十七年	楚		平陵邑
秦始皇二十六年		鄣郡	溧阳
汉高帝七年	荆国	鄣郡	溧阳
十二年	吴国	鄣郡	溧阳
景帝三年	江都国	鄣郡	溧阳

续表

武帝元狩二年	广陵国	鄣郡	溧阳
元封二年	扬州	丹阳郡	溧阳
元帝建昭元年	扬州	丹阳郡	溧阳侯国
光武建武元年		丹阳郡	永安
后汉吴宝鼎元年①		吴兴郡	永安
晋武帝		义兴郡	永世
惠帝永兴六年		义兴郡	永世、平陵
怀帝永嘉元年	扬州	丹阳郡	溧阳
四年		义兴郡	永世平陵
宋高祖永初元年	扬州	丹阳郡	溧阳
齐太祖建元元年	扬州	丹阳郡	溧阳
梁高祖天监元年	扬州	丹阳郡	溧阳
陈高宗大[太]建元年	扬州	丹阳郡	溧阳
隋文帝开皇九年		蒋州	溧阳
十一年		蒋州	溧水
大业四年		丹阳郡	溧水
唐高祖武德三年	东南道	扬州	溧水
七年		蒋州	溧水
八年		扬州	溧水
九年		宣州	溧水
(元)[玄]宗天宝元载		宣城郡	溧水
肃宗至德二载	江西东道	江宁郡	溧水
乾元元年	江西东道	升州	溧水

① 后汉与吴为两个时代。

续表

上元二年		宣州	溧水
昭宗大顺元年	江南道	升州	溧水
吴宣王武义二年		升州	溧水
睿王天祚二年		金陵府	溧水
三年	齐国	江宁府	溧水
南唐烈祖升元二年		江宁府	溧水
周世宗显德六年		江宁府	溧水
宋太祖开宝八年		升州	溧水
真宗天禧二年		江宁府	溧水
高宗建炎三年		建康府	溧水
端宗景炎二年	江东道	建康路	溧水
元成宗元贞元年	江东道	建康路	溧水州
文宗天历二年	江浙行省	集庆路	溧水州
顺帝至正十五年			溧水州
十六年		应天府	溧水州
明太祖洪武元年	京师	应天府	溧水州
二年		应天府	溧水
成祖永乐十九年	南京	应天府	溧水
国朝世祖顺治二年	江南省	江宁府	溧水

《禹贡》九州、周《职方》，俱属扬州之域。

春秋属吴，筑固城，为濑渚邑。楚灵王攻陷之，吴迁于陵平山下，名曰陵平。楚将苏遫败吴，取陵平，更名平陵。伍员以吴兵破楚，仍属吴。越灭吴，属越。楚败越，尽取吴地，属楚。

秦始皇二十六年，以平陵置溧阳县，属鄣郡。

汉属丹阳郡，武帝元封二年割溧阳之东为永平县。

东汉建武元年,改永平为永安。

三国吴宝鼎元年,以永安隶吴兴郡。

晋武帝太康元年,改永安为永世。怀帝永嘉四年,又分永世为平陵,隶义兴郡。

南北朝刘宋,溧阳、永世隶丹阳郡。

隋改隶蒋州。开皇十一年,析溧阳西为溧水。县之始。仍隶蒋州。

十八年,并溧阳入溧水。

唐高祖武德三年,复析溧水之东为溧阳。自后溧水、溧阳不复合矣。等溧水为上。

九年,溧水改隶宣州。今宁国府。

(元)〔玄〕宗天宝元载,改宣州为宣城郡。溧水隶如故。

肃宗至德二载,以江宁县置江宁郡。乾元元年,改江宁郡为升州。溧水隶之。上元二年,升州废。溧水改隶宣州。

昭宗大顺元年,复升州,领县如故。

吴睿王天祚二年,改升州为金陵府,领县如故。

天祚三年,徐知诰改金陵为江宁府,领县如故。

宋开宝八年,隶升州。天禧二年,隶江宁府。建炎三年,隶建康。等为次畿。

元至元十四年,隶建康路。成宗元贞元年,升溧水为州,等为中。至正十五年,徐达取溧水州。十六年,隶应天府。

明洪武二年,改为县。

孝宗(宏)〔弘〕治四年,析溧水西南境置高淳县。

国朝顺治二年,定江南。改应天府为江宁府,属县仍旧。溧水,源出溧山,高淳县安兴乡。入固城湖。前汉《地理志》应劭注云:"溧水所出,南湖即固城湖也。"隋名县以此。旧志以吴音讹濑为溧,力辨应注之非,殊为穿凿。《春秋》曰陵平,曰平陵,原因山而名之。至为永平,为永安,为高平,废置不常,于义无所取也。高平之名见于旧志,其沿革无考。

疆 域

县在江宁府东南一百四十里,东西相距九十里,南北相距一百一十五里,袤延二百里。至京师陆路二千五百四十里,水程三千二百六十六里。

东至白鹿乡分界山四十五里,界溧阳县。

西至山阳乡博望镇四十五里,界安徽当涂县。

南至仪凤乡寻镇铺七十里,界高淳县。

北至归政乡望湖冈四十五里,界句容县。

东北至丰庆乡浮山四十五里,界句容县。

东南至白鹿乡方山五十里,界溧阳县。

西南至山阳乡明觉寺四十里,界当涂县。

西北至崇贤乡乌刹桥五十里,界江宁县。

城 池

考旧志,高淳之开化城,乃溧水故城也。至隋始改筑今所,周回五里七步,东曰爱景,南曰永安,西曰临淮,北曰望京,东曰寻仙。绍定中,知县史弥巩重修。明初,知州邓鉴重筑,周回七百三十丈,大东门、小东门、大西门、小西门、南门、北门。洪武间,知县郭云重建,正德间知县陈铭甃以砖,寻毁。次年,知县陈宪因址筑土城。嘉靖四年,知县王从善以文庙逼在东北一隅,乃东扩二十八丈,建石桥以泄水。十年,水败东南隅,知县张问行复完之。十七年,蛟起东南,诸山水横至,城尽圮。三十七年,知县曾震始建为石城,高三丈,广如旧,四十年知县陈文谟嗣成焉,门仍之。义民丁钥、章德广、陈灌、汤昱董工,内犹土也。万历二十二年,城西隅圮六丈有奇,知县喻言兴请官帑修之。四十三年,知县董懋中详请,捐俸重修。四十七年,知县张锡命督修崩圮二十丈,及周回颓坏并朵头窝铺等处。濠有东西之分,水从庐山来者,濠于东南;从南渡桥、荆塘山来者,濠于西南。南无濠,以城之地脉自南而来,龙势所趋,不得掘而濠也。崇祯辛巳年,知县俞厥成,以流贼猖甚,惧有侵犯,令民开城南濠,仅存一二丈地。形家言于县多不利,时民居多损,究无所济焉。

国朝康熙十三年,知县刘登科重修。乾隆三十七年,知县崔方韩估修,周回长七百二十六丈,计四里一分;高一丈五尺至一丈七尺不等;原设六门,仍旧。署知县孙思庭领帑承修,三十九年春工竣,共准销银一万九千六百三十九两九钱零。

风　俗

《金陵志》曰:"溧水有山林川泽之饶,民勤稼穑,鱼稻果茹,随给粗足。虽无千金之家,亦罕冻馁之民。不信巫鬼,不重淫祠。畏法奉公,各守其分,安业重迁。尤好文学,承平时儒风蔼然,为诸邑冠。"

《正德志》曰:"民勤力稼,士重多介,山林硕老,乐于恬退,有童而野处,华颠未识公署者。市廛衣冠萃止,而有朴素之风。里社春秋有祭,会饮有誓。"

《嘉靖志》曰:"民淳讼简,钱谷易完。"

《万历志》吴仕诠曰:"溧之民朴而啬施,狷而寡合,盖庶几称善俗焉。邑叟云,溧民素惮官府,隆、万以后渐有斗讦者,是风气之日流也。"

《万历志》黄汝金曰:"妇女不出户,力勤纺绩;寒士不耻恶衣恶食,富者行街坊不乘舆马;士大夫不听无籍投售为奴仆。栋宇不作斗栱施绘彩,衣服不慕纨绮,饮食不求珍异,此则优于他邑者也。然冠昏丧祭未尽合礼,俳优演剧耽乐废时,在司化者抑扬之耳。"

《江宁府志》曰:"溧水朴茂,视溧阳而嚣健为少减"。

婚嫁重门户,纳采、纳币、请期皆遵古,贫者荆布不以为陋。近年俗渐增华,有以粧奁舆从相夸耀者。

丧礼无定制,大约讣吊及亲党而止,亦有用浮屠以妥尸送柩者。

建宗祠、置祭田,秋冬令节萃子姓举事,祭毕则馂,老幼咸在,尊卑秩然。

大姓聚族而居,重世系,异姓不得入谱,犯窃盗者宗谱削其名,断断如也。

乡里淳朴之氓不见外事,安于畎亩衣食,务本劝农,稼穑惟宝。殷户运米谷,营什一之利;中赀之家业药材于各州县;至三吴之为贸易者,大率皆业手艺之徒也。

县十二乡,计一百有八里。每年钱粮急公者,四十余里。茶头、排首设茶会催,有(蒂)[滞]欠者罚之,首先报完给予花红,其余亦呈簿奖励,先公后私,饶有古谊。所望合邑推而行之,无差摘追呼之扰,不更美欤!"乐只君子,民之父母",催科云乎哉!

坊　巷

东隅	西隅	南隅	北隅	东北厢
西北厢	东南厢	西南厢		

以上八坊厢,俱在县治内外,一坊视在乡之一里。

大东门名寅宾。

寻仙街城外,通演武场溧阳大路。			仙境街	南街
湾子口	正街	井巷	学街	仓巷
管家巷	阴阳巷	县前		

小东门名会景。

正街	后巷	坛基	井巷	荷花塘巷
骆家巷	城外牛场口街		庙巷通句容大路。	
城隍庙街	北街通茅山。			

南门名文明。

永安街	永安巷	三圣庙巷	茆家巷	唐子巷
县前敬安坊大中街		唐朝巷	胜子街	里仁坊
城外正街	寺桥巷	万寿街	毓秀街通高淳大路。	

大西门名对阳。

正街	花园巷	角尺湾	姜妃巷	白酒巷
澄清街通太平大路。		小花刘巷	小柴巷	臧家巷

小西门名合清。

正街	西安间

北门_{名拱极。}

通济街　　　碾砣巷　　　吕家巷　　　城外望京街　史家巷

降福庙巷　　西巷　　　东巷　　　丰乐门

安阜门_{通省大路。}

坊　表

畿南首镇坊_{旧曰"山邑弦歌"，在县东。}

江左雄邦坊_{旧曰"江城雨露"，在县西。}

泮宫坊

洙泗源流坊

腾蛟、起凤二坊_{皆在旧学前。以上各坊俱废。}

敬安、诚求二坊_{在县署左右。康熙八年，典史丁文耀捐资重建，后知县杨塤修，乾}隆三十八年知县凌世御重修。

状元坊_{为俞栗立，在大中街。乾隆三十九年生员俞晚成等合族人具呈捐资重修。}

状元坊_{为吴潜立，在拱极街。}

表孝坊_{在小西门，为宋孝子伊小乙立。}

表忠坊_{在望京街，为齐泰立。}

登瀛坊_{为任兰立。}

绣衣坊_{在北门外，为茆钦立。}

冠英坊_{为朱杲立，}

进士坊_{四：一为王鲁立，一为范祺立，一为丁沂立，一为黄志达立。}

阅武坊_{在演武场。}

尚义坊_{在蒲塘镇，为义民赵琪立。}

最闲坊_{在兴教寺。}

双凤鸣阳坊_{为孙玙、徐守正立。}

乡贡坊_{为张儒立。}

青琐谏臣坊_{为武尚耕立。}

兄弟同科坊_{为武尚训、武尚宾立。}

登云坊为张璠立。

文魁坊为武昝立。

鹏搏坊为王希仁立。

亚魁坊建在山口村，为刘鳌立。

义民坊在北门内，为任义立。

贞烈坊七:经之泰妻萧氏　　　　戴重庆妻章氏

颜守翰妻谢氏　　　　王国瑗妻俞氏

萧枝馪妻姚氏　　　　谢公美妻管氏

王　章妻尹氏

孝子坊为汤学绅立。

天齐宫坊在东岳庙前。

礼元坊在香山观前。

城隍庙坊在城隍庙前。

奕世犹生坊在城隍庙。

长春坊在开福寺前。

公 署

县署，置于隋，其址未详。唐时故址，今城隍庙也。元和间，奉白侯为城隍之神，改县为庙，移县治于庙西数十武。至元升为州，而址仍其旧。明洪武元年，知州顾登始创于今所。次年复为县，知县郭云重建。

县正堂五间，顺治二年，堂毁于火，十一年，知县闵派鲁重建。戒石亭，明知县王从善建。仪门六房及承发、税粮、马政、驿传、铺舍五科，土地祠、寅宾馆，明万历五年知县吴仕诠、县丞胡行谦同建。狱十六间，明嘉靖间知县曾震修，万历七年吴仕诠重修女狱三间。谯楼三间，即县门，前明天顺间知县萧通修，嘉靖间王从善重修，置钟撰铭。川堂夹以二库，左曰册库，右曰银库，明正德间县丞周礼建。后为后堂，明万历七年知县吴仕诠修，并增堂外垣，顺治二年毁于火，十一年知县闵派鲁重建。又后而左为县宅，明天启元年知县张锡命建，有园亭。亭右楼桑馆三间，顺治十一年建。

夹县门之外左右二亭,曰申明,曰旌善。左右二坊曰承流,曰宣化。宣化坊右有藏恕亭,今俱废。

县治正房,自顺治十一年知县闵派鲁鼎建,今仍旧贯,惟左右屋多有倾圮。兹备录修建年月,以存昔人创造之制。其现在房屋间数,另载于后。将来或随时捐修,或请项动修,是在后人之不以传舍视官署者。

鼓楼三间　仪门五间东一间改作仓房。西一间改作提牢房。

土地祠三间　监狱共房十三间　披三间半　大堂五间　卷篷三间　两廊房科共十四间　班房二间　戒石亭一座　二堂五间东一间作书房,西一间作内库。　左右厢房六间三十九年知县凌世御俱重修。　二堂后小房五间知县凌世御新建。　三堂五间　上房楼五间　左右厢房八间　西书房六间　又书房二间　又书房三间　花厅三间　三堂东院北房三间　后小房二间　厨房三间　神庙二间　箭厅三间　三义阁一间三十九年毁于火。

典史署,在县堂东。头门三间,大堂三间,两廊科房四间,二堂三间,东西厢房十间,花厅三间,内室四间,厨房一间,马房一间。乾隆四十一年典史张发重修。

城守营署,驻在大东门内,计房十间。系安公祠借。

旧　署

察院,旧址在大西门内。明洪武间知县高谦甫建,成化二十一年知县宁贤移建城隍庙西,(宏)[弘]治三年知县李文盛增修,顺治十二年知县闵派鲁重修。内有古桂,一本九干,花甚茂。今尽圮,桂亦无存。查基地,系帝字区六百六十五号。

西察院,在北门外望京街。明嘉靖间知县包桐建,今废。查基地,系鳞字区一百五十九号、一百六十号。

京兆馆,在城隍庙东。景泰间户部侍郎周忱建,成化乙未知县燕寿修,后毁于兵。查基地,系帝字区一百五十九号。

县丞署,在县署左。乾隆十二年裁革,房屋俱废。

主簿署,在县署右。缺久,裁其地,收入县宅内。

阴阳学,旧在澄清坊北。明洪武二十四年训术翟源建,嘉靖四年知县王从善徙创县治东南八十步。地为义民陈谦捐。今无考。

医学,旧在永安街西。明洪武十七年训术柳全建,嘉靖四年知县王从善徙创县治东南八十步。地亦义民陈谦捐。今无考。

僧会司,旧建专司,在开福寺。明洪武十五年僧会司道源建,正德八年县丞许芳修,嘉靖间僧会善迁重建。今废。

道会司,在香山观。洪武十五年道会王成建。随道房为司事,无专设。

乡约所

明初,每里设乡约堂一所,奉太祖谕牌,集里人讲解之。设木铎循行道路,以教万民。岁久法弛,嘉靖间,知县王从善行之,后罢。万历间,知县傅应祯复行之,每乡设乡约堂一所,立约长副,置二簿记善恶,间行劝惩。崇祯戊寅年,知县陈汝益再行之。我国朝尤重其事,于旧建约所外,复添十七处。

上原乡一所	思鹤乡一所
赞贤乡一所	白鹿乡一所
丰庆乡一所	归政乡一所
崇贤乡一所	长寿乡一所
山阳乡一所	仙坛乡一所
仪凤乡一所	在城一所

以上十二约所,俱明万历间知县傅应祯建。

在城会景门外城隍庙一所

在城文明门外开福寺一所

县东乡官塘圆通庵一所

县西乡桑园蒲关帝庙一所

县南乡邰村关帝庙一所

县北乡柘塘观音庵一所

以上六约所,俱国朝雍正八年添设。

赞贤乡洪蓝埠一所

此一所,乾隆十年监生管望等捐赀建。

仓　廒

永赖仓,即常平仓,在文明门内,雍正十年,知县吴湘皋造,仓房二十八间。乾隆八年知县杨塤添造仓房二十间。现在收贮常平稻谷。

社谷,自雍正十一年,知县吴湘皋奉拨常平仓民捐谷一千三百八石八斗五升六抄七撮,作社仓本谷;续于乾隆五年知县杨塤劝捐谷一千六百九十九石五斗六升作社仓本谷,至乾隆十一年知县蔡书绅详请,动支社仓息谷,变价交社长经理,建社仓。

上原、思鹤、赞贤、在城四乡,认修理捕衙署前旧仓五间,收贮四乡社谷。今废。

东乡建造社仓二间,在涧北村。

南乡建造社仓三间,在涧西村。

北乡建造社仓三间,在牌楼庄柘塘镇。

西乡建造社仓二间,在明觉寺。

以上四乡,共贮谷六千六百石一斗七升九勺。

溧邑漕粮原征本色,明初建粮廒于水阳,在石臼湖之南,离县一百二十里。隆庆间移建于梅梁渡,今名新仓门。万历间移置洪蓝埠,顺治十五年因漕粮永折,仓廒倒塌无存。

先斯仓,在县署正堂右。明嘉靖间知县王从善建,贮孤老月粮。今废。

县东南预备仓

柘塘惠民仓

邰村惠民仓

周士仓

以上俱废。

养济院

养济院,在小西门内,西仓址也。按,明永乐间知县廖以仁建在县治东,成化十九年知县宁贤建大西门内,嘉靖间知县曾震移建今所。居孤老之贫而无告者,额定八十六名。岁给粮银,详存留数内。

育婴堂

育婴堂,在北门内,本朱公身修祠也,雍正十年改设。旧无乳字之资,是以中废。广而育之,有望于后之慈幼者。

狱　租

狱田之设,国家所以矜恤罪囚也。日有给,月有廪,岁终上其数而奏报核实焉。至于疾病予以医药,冬夏体其燠凉,解审递给车船口粮,楚囚无对泣之人,夏台鲜沉冤之鬼,法外深仁最隆且厚。以至贯索常空,圜扉草满,岂无自哉! 溧邑狱田起自何时,不可考矣! 乾隆三年,知县萧泳清厘查丈,共田五十四亩七分二厘二毫,每年额租五十三石七斗。

操字区田,二十四亩七分四厘零,白鹿十二图东庐山凹。

佃户颜兆,丰租谷二十石。

弟同二区田,二十三亩三分八厘零,白鹿五图尤墙村。

佃户尤序龙,租谷二十五石。

李重芥三区田,六亩五分九厘零,在城五图大桥。

佃户王云侯,租谷八石七斗。

乾隆四十一年奉文,每名日给米八合三勺。

邮　递

县前总铺北门外三眼井北。首房一间,潜字区十九号地,五厘四毫四丝七忽。乾隆十二年已故铺兵吕升将庙巷住房私换,卖与滕兆生,得价五十两。今兆生子监生滕曜,具呈捐出,仍归总铺居住,以资办公。好义足尚,并详志之。

胜水铺,在县北十五里。清字区一百七十九号地,八分四厘三毫三丝。

乌山铺，在县北三十里。盛字区九百三十四号地，七分一厘三毫。

柘塘铺，在县北四十五里。县字区五百三十七号地，六分一厘四毫。

尚书铺，在县东十里。吊字区三百九十七号地，四分六厘六毫九丝。

茭塘铺，在县东二十里。有字区九百五十九号地，二分八厘五毫三丝。

段家铺，在县东三十里。廉字区七百七十六号地，一亩三分七厘九毫九丝四忽。

杨塘铺，在县东四十五里。郁字区一百九十九号地，四分六厘七毫。

庙塘铺，在县南十里。可字区一千一百八十七号地，九分三厘九毫。

石堆铺，在县南二十里。器字区九百二十号地，五分七厘六丝六忽。

三角铺，在县南三十里。近字区六百九十四号地，七分八厘二毫。

孔镇铺，在县南四十里。土字区八十四号地，六分六厘四毫一丝。

土山铺，在县南五十里。勉字区六十八号地，四分八毫七丝九忽。

毛公铺，在县南六十里。黜字区四十号地，五分。

塘西铺，在县西二十里。平字区五百号地，五厘四毫八忽。

埭东铺，在县西四十里。来字区九百六十七号地，一亩五厘。

新安铺，在县北十五里。星字区一千七十八号地，一亩二分四厘五毫。

上店铺，在县北三十里。鼓字区七百二十三号地，一亩二分四厘五毫。

以上十八铺，俱明正德间知县何东莱建。每铺置一坊，书路之远近。嘉靖间知县张问行修，万历五年知县吴仕诠修，国朝顺治十年知县闵派鲁重修。

义阡六区

小东门外陈家园，帝字区五百十六号实山，九亩六分二厘五毫。南六十六号，西四十号，东三十号。现业东至杨姓坟山，南至徐学俊地，西至徐正文塘，北至徐大元田。管阡人陈鼎。

南门外马家塘，号字区四百七号实山，十亩九分六厘九毫六丝。南一百二十一号，西九号，东四十七号。现业东至施姓地，南至孙姓山，西至史宏士、陈贤珍地，北至杨坤浩、郭彩文地。管阡人陈育叙。

大西门外大凤冈，淡字区七百二十六号实山，三亩五分八厘四毫。南二十九弓,西五十一弓。

淡字区七百三十七号实山,十三亩六厘八毫。南一百三十三号,西五十三弓,东三十弓,北一百三号。

淡字区七百三十八号实山,九亩七分四厘六毫五丝六忽。南九十五弓,西、东六十八号,北一百二十号。

淡字区七百四十号实山,八亩四分四厘八毫。南三十号,西二十号,东七十六号,北三十三号。现业东至甘姓田、萧姓地,南至孙姓地,西至杨姓坟、陈姓坟,北至甘姓、萧姓田。以上四区,管阡人许安。

营制兵事附

溧邑在春秋时为吴楚战争地。唐武德间,杜伏威屯兵于溧,故县南有杜城山及古战场。明时,倭酋常突至县北桂花树村、近城之募军桥,而东南观山亦间为贼薮。国初土寇窃发,海患继起,溧受其害,谁谓武备可隳废哉?今车书一统,刁斗不惊,止戈之化比隆三代,而军政武备不以太平而稍有玩弛。欧阳修云:"百年之间穆然,徒见山高而水清,欲问其事,而遗老尽矣!"以今视古,诚有同情也。

明以前兵制无考。

国朝顺治初年,土寇啸聚无常,设游击防御一员,客兵五百名。嗣知县安应晔请撤去官兵,设练总一员,副练一员,以土著之有将材者充之;令保甲中各出壮丁,自备器械,按期操演,知县、典史统之。十二乡各立练长,法亦如之。至雍正七年,始设外委千总一员,与溧阳经制千总分防阳、溧二县,归溧阳营管辖。县则设民壮二十六名,协同防守城池、仓库,奉文随营操练鸟枪兵民,安堵无患,诚善制也。

马兵二名。

战兵二名。

守兵二十七名。

县北杨令桥汛,营房三间。

县北柘塘汛,营房六间。

县东官塘汛,营房三间。

县东北山口汛,营房三间。

每汛瞭高楼一座,烟墩三个,共岁修银三两六钱。

演武场,在寻仙门外。明正德时在东南五里,嘉靖四年知县王从善移今所。正堂三间,后堂三间,旗台一,阅武坊一,俱废。旁有迎春馆一间,今存。檄县丞孙禄建。考功郎丰坊记。顺治八年知县安应晖重为鼎新,练习乡勇于此。教场系奈字四十四号,共地十五亩零。

附:历朝兵事

周景王七年癸亥,楚伐吴,灭赖。即濑。赖子舆榇从之,灵王以其臣椒举言释焉。遂迁赖于鄢,迁许于赖。将城之,会水至,始罢。赖既灭,吴迁其邑于陵平山下,名曰陵平。

十六年壬申,楚子弃疾遣苏遮为将,败吴军,取陵平,更名平陵。

敬王十四年乙未,吴以伍员伐楚,烧固城,其地复属吴。

元王三年戊辰,越灭吴,有其地。

显王三十七年乙丑,楚灭吴,有其地,复属楚。

晋成帝咸和四年己丑,将军王允之战获苏逸于溧阳。

明帝泰始二年丙午,永世令孔景宣叛,溧阳令刘休文攻景宣别砦,斩其党史览之等十五人。

唐高祖武德二年,李子通攻京口,丹阳诸郡俱降,杜伏威遣辅公祐击之,克丹阳,进屯溧水。

昭宗二年辛亥,孙孺攻宣州,军屯溧水。时杨行密领宁国军,遣将李福拒之,夜袭孺军,胜之。

宋太祖开宝八年乙亥,正月,大将曹彬遣部下田钦祚败江南军于溧水。

高宗建炎三年,十一月金人犯建康,陷溧水,尉潘振死之。

恭帝德祐元年乙亥,元兵克建康,溧水降。十月,阿刺罕由西道趋溧水,破东坝而进。十一月,铜关将贝宝、胡岩起同攻溧水,死之。

元至正十三年壬辰,江淮盗起,陷溧水,蔓延他邑,也先帖木儿帅兵复之。

十五年巳未,六月明兵克太平,徐达取溧水州,义民杨宠等劝铁同知以全城降。

嘉靖三十四年乙卯,倭犯溧水,城几陷,勇士李佛保、丁遵死之。倭至崇贤乡陈家井,壮士陈廷(塤)[瑄]持汲水轮,骇退之。

崇祯间,有盗匿于县之观山,知县邝洪炤擒斩之。

国朝顺治二年乙酉,大兵渡江南,溧水知县王观瀛弃官去,典史方至道率民众以全城降。

征南大将军豫王札知县罗佳士,谕民薙发。免设镇兵,民德之。

冬十二月,土贼乘夜逾城,焚毁县堂及库。义士刘虔战死,知县罗佳士挈印驰省请兵援剿,内院大学士洪遣兵复之。即札参将彭永琦来镇,署印知县萧谱元守焉。寻奏罗以失守典法。土贼王聘征哨聚县东南观山,彭永琦斩之。

七年庚寅,知县安应晔请撤镇兵,行团练乡勇法,贼众潜消,民甚便之。

十六年,海贼寇江宁,分掠旁县,自石湖逼县城,知县车辂拒守。会有通贼者城陷缚辂,夺其印。寻省贼败,遂遁去。穷治失印及迎贼状,将尽置之法。辂与典史朱育恩独任其罪,不牵连一民,竟受刑死,百姓至今哀之。

卷三

輿地下

山川　圩堤　村保

山　川

山

荆塘山城南五里。高三十七丈,周二十里。以形家言,系县基少祖,永禁开凿。

小茅山城西南三里,一名玦山。山下有庵,知县闵派鲁颜以扁曰"玦山庵"。

冈

由寺冈城南一里。　　　　　南亭冈城南二里。

曹家冈小东门外。

河

城河源有二:一东南出庐山,由学宫前达惠政桥、通济桥绕城。一西南出荆塘山,由南渡桥达万寿、对阳、秦淮诸桥绕城,合流入秦淮河。

塘

曾家塘城东二里,地出西瓜。

魏家塘小西门内。

荷花塘香山观前。

峡塘南仓侧。

大塘先农坛前。

池

涵碧池在城隍庙。广、阔十丈,深二丈。四方,石砌。跨以石桥,名曰宝庆。

潭

丁家潭在演武场后。内有涌泉,大旱不涸。

井

县署井在内宅院中,今已湮塞。旧志云:"顺治十一年井生二鱼,游泳水面;其地无竹,忽又生翠竹一枝。人以为惠政之瑞云。"

城南井南门外,一名四眼井。

官井北门外,即三眼井。

明受井县治前,嘉靖间知县王从善开。

双眼井县东,曹家冈下。

西门井小西门外。泉甘,久旱不绝。

醴泉井元坛庙后。水甘,可酿醋。

双井在城隍庙前,一左一右。其井深大,石阑皆前代物也。

圣宫井在文庙丹墀右。

学舍井在学舍内。

桥

惠政桥东门外,即临淮桥。嘉靖间圮,知县曾震以筑城余工重修。崇祯十六年,邑民马继桂倡建。

○知县邝洪炤记曰:邑凡六门,各有桥,唯东门一桥地当东南诸水之汇,河流较诸门濠广数倍,澜射湍激,易为颓败。先是,嘉靖十七年,前令曾公筑城毕,借工培固,迄万历中,令董公详建未果,因循至今,圮坏益甚。民马继桂慨思重建,因请于余,余命道会徐时周持簿募资,邑多响应,得五百金而赢。于是鸠工伐石,始事于本年之三月,落成于十二月。募资不足,继桂则捐资以益之,盖费金以八百云。余既喜民之不病涉,而嘉马与徐之能勤其事,以底于成也。不忍没其义绩,爰为记以纪之。

秦淮桥小西门外。旧志作临淮桥,误。

万寿桥南门外西街,一名万岁桥。皇祐间邑人刘应之建石桥,僧从雅有碑记,今无考。乾隆间陈长明重建。

○知县杨墳记曰:尝谓善量无穷,惟视乎好善者之量之所际。初无论大小广狭,苟有以济于民物,即有以惬乎性天。至若福田利益,不足以撄其抱;美誉令名,亦未尝设是想,而一意孤行,不烦佐佑,雨雪寒暑,不求息肩,而借手以告成功,适若行所无事。如是而始见

其好善者,诚斯其人为不可及。溧邑南关外,右行不数十步当万寿街前,有万寿桥焉。高
踞河干,流水萦纡,树木荫翳,望之如披画图。奈自宋迄今岁月既久,桥脚倾圮,过者生畏。
余亦尝谓此桥非重建不可,叹身其任者之无其人,而好善之士之不数觏也。余于乾隆十年
正月来开福寺,与邑缙绅人士共祝圣诞毕,有逸者陈君长明,告余有重建万寿桥之志,且愿
解囊中金,独力经营,以奏厥绩。余时深为之嘉许,而又窃虑成功之未易易也。是年冬,陈
君呈请给示,选石鸠工,而经始营建。岁丁卯十月,邑之绅耆寄书于余曰,"万寿桥已告竣,
较之从前,其石坚,其功勤,其费巨。"乞余数言以为之记,且将勒石以垂诸不朽。余于是知
此桥之告成,有以大慰吾之夙愿,因不禁遥瞻远瞩,而乐为之称道于勿衰焉。

嗟嗟,吾见夫世之拥厚资、号素封者不少矣! 谁肯轻掷一钱者? 而陈君以千金之家
业,独慨然为是举,纪其数不下五百余金,绝无德色,是岂易及者哉! 且余素知陈君其人,
惆惆如也。醇厚朴质,性好施与,为邑人所称颂者有年。苟非其好善诚根于性,而善量所
际浩浩无垠,何以莫或强之,而大功竟成于指顾间耶? 试问陈君,将图福报乎? 将收名声
乎? 陈君未尝有一于是。且以愧夫世之不能博施而辄以善士自居者,以视陈君其大小广
狭,何如也?

通济桥北门外。嘉靖戊戌年圮于水,知县陈光华倡义民武瀋重建。崇祯十六年又
圮,邑人出资,姚宗显、甘继龙督建。

唐家桥县治西,宋时建。

通京桥南门外,疑即南渡桥,宋高宗时建。

寅宾桥大东门外。

对阳桥大西门外。

○邑人王象坤记曰:吾邑肘近金陵,旧故无城,创始于嘉靖倭警时。而环城有隍,则浚
秦淮之水以入,六关外各有桥,以通利涉,合古制,顺民情,与一邑之大政相为表里,期以垂
之永久者也。而吾西关外,则上通姑孰,以达楚豫,皆由于此,桥以年久寖圮不治。

岁己酉,东莞李公来莅兹土,民隐毕达,庶务关心,首阅城垣,慨焉厘正,桥梁道路将次
增修。西关父老萧君退庵、谢君景明暨博士弟子魏君圣先诸人,乃昌言曰:"桥以济,方舟
轮蹄所不及,将朝夕视攸往之利焉。吾侪聚族于此者其谓之何? 而忍以烦吾侯清虑为?"
于是有张子君朗,虽居邑南,顾以埠桥之余共切赞襄,而张子养之、王子乾初遂择日鸠工,
经营罔斁。经始于庚戌之仲夏,落成于是岁之初冬。其间任转输、董工筑者甘子化辈,
各有司存。我独贤劳则葛子君一、许子君重为尤最。而执简清出入之会计者,则王子苾臣
也。桥视旧制高尺有咫,广半倍之。仿佛有初月出云、长虹饮涧之概,而坚致牢实,长为一
邑巨观矣。

时西城之楼堞方新，上下焕映，相与置酒其上，不佞撎颐西爽，乐观有成。顾愧年事日衰，无能效一筹代劝，而里社诸君猥敦齿让，属余执笔记其事。关内外余与陈君介翁差长，余年七十有五，介翁则已九十。环视爽然，诚不意星移物换，阅历有年，而发白齿童乃复观斯壮图盛举也。

夫梵宇、道宫喜施者众，然不切于民务，而属公卣未有肯同家室视之者。是役也，不费官帑，不烦募于四方，而告成独早，于李父母有先事承志之义焉。自是往来济济，各无病涉，吾见诸君子之功德与斯桥俱永永无替也。其他出财、董役尚各有人，则并为之详列于后云。

望京桥在望京街。

陈沛桥寻仙门外二里，正德间邑民朱用文重建。

栖贤桥在南门外。

马家桥演武场前。

永昌桥永寿寺侧。万历间邑民萧济监造，康熙间重造。

〇邑人谢文运记曰：邑西北永昌桥，是轮蹄之所辐辏、舳舻之所往来也。建于前朝万历间，邑民萧济之所监造，至本朝定鼎初，桥因兵毁。民病于涉，水涨时岁有溺者。

顺治十年，岁在敦牂，大梁闵侯尹兹邑，欲重建而未果，盖方以城垣、学舍为亟亟，而不欲数兴工筑重劳民也。越四年，邑之义民朱国臣、尤可进等十数人，募赀而董其役。永寿之高僧永泰、商珍师弟以福田利益之说，破十方之悭心，而诱以向义。费赀七百金有奇，而飞虹蜿蜒之势，横亘于湍澜曲流之中矣。顾以工用弗给，桥之上石版未叠，车马之踯躅者可念；左右之栏楯未坚，风雨之剥蚀者可虞；且桥之东西道仅盈咫，首尾未完，便目前而弗便经久；桥之四角未护以石，而沮洳者易圮塌于蚁穴，数者似若可缓，实皆足为桥异时之患。邑之慕义者张子明心、张子司颐、王子日亨，以是岁竣邑南洪蓝之桥，复忾然曰："兹永昌桥，非邑之轨道哉！舍今日弗谋，则曩绩以垂成而易隳。"乃捐橐以倡之，复募镪以足之。采石叠其上，而车马之踯躅者无虞；筑石垣其左右，而风雨之剥蚀者无虑；扩桥首尾之址，东西相望如康庄，可以驰骤而无忧于窘步；葺桥之四角，巩其基而室其隙，泛溢之势以遏，漱啮之患以御，无畏其历久而易敝。视前制高逾六尺，广八十四步，衺九步。费赀五百金有奇，五阅月而功成。至朝夕稽匠役之勤怠者，尤子可进之功居多。

工将竣，请记于余，余唯《周礼》，合方氏掌天下之道路，郑注曰："达天下之道路，津桥相辏，不得陷绝也。"又，"夏令九月除道，十月成梁。"《国语》："道茀不治，川弗梁，以知其政之弊。"然则，王制之于津梁，如此其重且亟也。今是役也，便于行旅商贾之征迈，无复有褰裳寻筏之苦，一也。卒前人未竟之绪，俾不至于成而速毁，二也。且形势家言，兹地为邑之下游,赖兹桥扼其奔注,而流为之停蓄,大有造于吾邑,三也。一举而三善备,余故乐为详其始末以示后之人焉。且兹桥之成,为邑之大尹东莞李侯下车之始,新政犁然,民心式忨,将见邑之诸废有具举之机,而斯桥为之权舆也已。

小桥大东门外三里。

利涉桥北三里,俗呼为虎捍桥。

齐家桥东二里,为齐司马庄居,故名。万历四十一年圮,邑民王涵重建。又圮,涵侄懋梧复倡建。

砧杵桥小东门外,学宫前。

以上在城乡

山

中山县东一十一里。高一十丈,周五里。山形特立,故名中山。周邦彦《插竹亭记》指中山为溧水之胜,则知其名著于宋《图经》。

浊山县东一十里。高十丈,周五里。《金陵志》曰:"其北浊水出焉。"《舆地志》:"溧水县有浊山,即秦淮源。"旧志名独山,盖浊字之讹。

百亩山东二十五里。

黄山县东南一十五里。高九丈,周回一十里。

三山县东南二十里。高九丈,周回一十里。以三峰得名。

芦塘山东南二十三里。梁大同二年采铜于此。

清洪山县东南三十里。上有石龙潭,士人尝采石于此。顺治十二年,邑人韦炳以形家言,县治来脉,勿宜斩凿,请示严禁。乾隆十二年,匠户私开,经邑令蔡查勘,山归学宫,立泮林户,其钱粮本县捐输,永禁开凿。

鸾山县东南二十五里。顶有育德泉,清湛一窟,冬夏不竭,泉味甘(冽)[冽],中有蜥蜴。士人逢旱取水,祈雨辄应,因下建龙霖庵。山足左有堰塘,光澄如潭,山影倒映。两翼飞舞,状如青鸾。

冈

石子冈县东二十里。

塘

清水塘县东南二十里。

竹塘_{县东南二十里。}

双峰塘_{县南二十五里。}

土塘_{东南二十五里。}

大塘_{在刘墟山下。}

坝

余先坝_{在韩胡村后。}

中坝_{在韩胡村左。}

潭

石龙潭_{县南九里。源出清洪山，北流入秦淮河。}

泉

育德泉_{在鸢山前。}

井

韩胡井_{县东南十五里。}

吴家井_{南二十五里。}

桥

倪村桥_{县东南二十五里。嘉靖间邑人汤永亨重建。}

大桥_{县东七里。}

尚书桥_{东十里。以齐尚书有庄于此得名。}

大觉桥_{东南八里。旧名六和桥。}

刘李桥_{东三里。以二姓合造名。}

韩胡桥_{东南十五里。}

义兴桥_{县东南十二里。乾隆三年臧忠如等倡建。}

继志桥_{旧名和尚桥。后圮，邑民韩云卿欲修未果，其子圣明捐金修之，名曰继志桥。}

许村涧桥_{县东八里。}

中山不易桥

以上上原乡

山

琛山县西十五里。旧志云,"尝产玉,因名。"土人建三茅真君祠于顶上,俗呼为小茅山。

雀垒山县西二十里。内有岐山、灵龟诸山。

丁公山县西十二里。山顶石上有宋潘并勒曰"乙亥之年,潘并过旺竹岩看山望马"十四字。

亭山县西十里。

禀邱山西三十里。上有泉及禀邱寺基。唐太和中寺废,有石龛方丈存。

石山县西三十里。

华山县西十五里。

冶山县西三十里。

象山县西南二十五里,北天生桥东,新桥南。五村桥水俱从山下峡口合流入湖,形如象,得名。形家称,其峙于邑之右,乾隆十二年经邑令蔡查勘,永禁开凿。

铜山西北三十五里。府志载昔产铜。

独山西三十里。旧志称东独山,以在横山之东,独起一山,不与众山为伍,故名。犹夫庐山在县之东,称东庐耳。今土人呼为独山,或曰独山寨。故老相传,隋时曾屯兵于此。旧志云"中山,一名独山"者,误。

冈

大凤冈县西五里。故老相传,春秋时有凤凰自荆山飞至此冈,故名。旧志以"大"作"待"字,误。

胭脂冈即天生桥冈。

塔平冈县西北二十里。

赵龙冈县西九里。

墩

佛子墩县西南十二里。

松墩西二十五里,石湫坝下。

水

横山水县西三十五里。其流两源,东会于望湖山下,至石湫坝入秦淮大河。

河

胭脂河县西十里。明初崇山侯李新焚石凿河，石皆赤，故名。余详《天生桥》。

涧

丁公涧县西南二十里。源出丁公山，入胭脂河。

塘

解塘县西三十里。

尚书塘西十五里，琛山北。周数十亩，渊深莫测，虽大旱亦不涸，可灌田百顷。

芮塘县西南十里。

鲁塘县西北十里。

坝

石漱坝西二十五里。坝以石为坎，西乡诸山水出处。水喷石上，流溅空中，响若轰雷，色如卷雪，急赴淮河，本名原濑。涉夏则落漈，惟冬则缩湍，通金陵津口。

泉

禀邱泉在禀邱山顶。

井

上方井县西二十里上方寺。井上有刻字"唐贞元元年记"，世传孙钟种瓜井也。

宋家井县西十五里琛山北。泉水涌出，一日夜能救枯苗三百亩，土人取以酿酒，味甚甘。

孟家井西二十五里王瑢村。见《古迹》。

九女井县西十五里。

六保井西二十五里，在梅梁村中。

西村井

桥

胜水桥县北十五里，胜水铺。

杨林桥县北五里。通省大路。

破军桥县北三里。一名募军桥，明嘉靖间李佛保与倭战死于桥上，因名。

天生桥西十里。旧有南北二桥，今所存者北桥也。明洪武二十五年，太祖命崇山侯李新凿河通苏浙运道，桥因势而成，故名天生。父老相传云，李新尝私于民家，舍平陆，焚石凿之,役而死者万人。太祖微行至,立诛之,以报役死者。嘉靖间义士武潘、武浚重修。

○邑人黄志达记曰:溧水西出郊关数里,曰胭脂河,有桥二座,并跨河流,名天生桥。盖因山骨成于斫伐者,两厓壁立数十仞,傍皆巨石雄蹲。说者谓,国初议疏石臼、固城三湖之水,循秦淮朝宗钟山皇陵,而治水者即戕山脉,肇兹险阻之迹。

然路本崎岖,兼之重冈叠阜,高下峻绝,行者病之。山阳有丈者武君钟,慨然欲出赀平治之,未就而卒。厥嗣曰潘、曰浚者,成父之志,自关西抵上方寺,凡二十里,率成大道,而行者无复告艰矣。

嘉靖戊子春,天生南桥(或)[忽]①崩摧,盖岁受风雨剥蚀,抑轮蹄踩蹋之久且众也。独北桥仅存,二君虞其复罹南桥之患,仍伐石磬砌,护以栏楯。开冈路二百余步,深八尺,广三丈许,叠石障两岸以防崩塞。桥之西构观音堂三楹,以栖道流;东构亭三楹,以息行旅,给渴浆焉。董其事者,在城善民吴君澍也。

圩东桥县西三十五里。

六家桥西三十里。邑民王实造。

沙河桥县西七里。万历间邑民萧济等造。

五安桥县西七里。

永安桥西南二十五里。芮起渭等造。

○司训程之望记曰:予承乏溧庠,初下车,见其野墅萧条,白叟黄童咨嗟半菽者,比比也。迨五历寒暑,鼎建尊经大阁,十二乡踊跃,急公若子趋父事,为之嘉叹焉。此邦风俗淳厚,固如斯欤,抑遭时之幸而然欤?

未几,有二三父老前而请曰:"新造永安桥成,愿乞一言以为记。"问其地,去城南二十五里。桥跨大河,河接湖水,绕丙丘山而顺流,乃徽宁广大及浙省通衢也。问其桥所由来,襄时以木为之,风雨摧折,往往车覆几坠深渊,今易之以石,仍分三泓,庶可历久无虞,永安之名以此。问其首事者谁,芮子起渭实捐赀以倡,芮子起瀛、芮子起滨相与解囊佐之,四方乐助者接踵而至;其营度始基则卞子大麟、芮子邦谊为最;伐石鸠工,朝夕董视则陈子国辅、陈子国定,暨山僧性智皆与有劳焉。予谓,"物力弥艰,何成功之易易也?"曰:"自东莞李侯来莅兹士,恩被涸辙已及二稔,今刘侯福星南降,惠政诞敷,嗷嗷赤子骨复肉矣!前有召父,后有杜母,此桥之所以刻日而成也。"予欣然曰:"有是哉!事之修举存乎民之丰乐,民之丰乐存乎令之廉明。邑宰之所系,岂浅鲜哉!"

尝与诸子衿纵谈世务,闻人一善辄(榆)[揄]扬之不已,况其有关治迹者耶?予不敏,

---

① 据《顺治溧水县志》改。

惟是大河水溢，危桥急湍，触目惊心，一旦筑此舆梁，使辇者、负者如履康庄，行旅之所愉快也，宜书。小民之家一丝一粒皆出自艰难辛苦中，芮子辈慨然以公务为己任，此古君子之所为也，宜书。溧邑本无素封，迩者耕耨之暇咸知慕义，洵二侯德教之深且远也，宜书。猗欤！政通人和，天休涤至，将见岁歌康阜而百度维新矣！以今视昔，诚所遇之时异也夫。遂援笔书之，为后来者告。康熙癸丑孟冬月朔日，外史星源程之望题。

孟桥即陆家桥。

独山桥西三十里。

潘村桥县西二十五里。

万安桥县西二十里，张宏位造。

寺桥县西二十里，张税堂造。

积善桥西十五里。

长安桥邑庠王旒重建。

普济桥西十五里。

七亩桥邑人王泽被重建。

万春桥邑人傅子厚建。

德桥

新桥

小坟桥

鲤鱼桥

渡

梅梁渡西南二十五里。陈姓设。

周家渡西北十五里。

孙家渡西北十八里。

王家庄渡西北二十里。

以上思鹤乡

山

马鞍山县东南十二里。高二十五丈，周七里一百步，一名溧阳山。

竹涧山县东南十八里。高十二丈,周回八里。

石城山县东南二十五里。旧有石城院、冷水亭,今废。

西山县南三十里,一名竹丝山。

平安山县南十二里。上坦平可数十亩,僧结庐于其巅。

半山县南十二里。上有仙鹤亭,今废。

杜城山县南十二里。隋大业间杜伏威屯兵于此,筑石城,故名。旧有庙基及战场。崇祯初有僧结庐其巅,名巢云庵。林木幽荫,甘泉渍涌,溧之胜地。

无想山县南十五里。山形环抱,与杜城诸山相连。中有唐建禅寂寺及南唐韩熙载读书台址、大士石像、古柏、银杏皆唐宋间植。有元谢瑛招云亭碑记。山顶有泉,下注岩石间,明嘉靖时知县王从善凿石题曰"凤泉",构亭其侧,今废。游人题咏最多,俱载《艺文志》。

璃山西南五里。土人呼为竹山,有庵,即以竹山名。旧志谓为块山,误。

鼍船山县南十二里。一名感泉山。《一统志》云:"山阴有青丝洞,泉脉泓澄,四时不竭。"南有张、沈二士读书堂遗地及井臼,不知何时人。

唐家山县东南三十五里。旧志,西,误。

冈

八里冈县南八里。

洞

青丝洞县南十二里。齐尚书墓在其前。

涧

冷水涧县南二十里。源出荆山塘,西流入石白湖。

石湖涧西南三十里。源出琛山,入石白湖。

塘

蒲塘县南三十里。

南塘县东南二十五里。

池

白莲池县南十八里,无想寺中。顺治十年凿。

泉

凤泉南十八里,无想山(土)[中]。知县王从善凿。

井

戴桥井县南五里。水香(冽)[洌]，可疗疾。

龙潜井在洪蓝埠龙潜庵旁。

桥

尚义桥县南二十五里桥。凡九泓，为一邑冠。初为蒲塘渡，桥成即名蒲塘桥。邑人赵琪兄弟独建，县令陈宪义之，为更名。萧必禧、赵时莳等重修。

○知县陈宪记曰：溧水南有大路，通徽州、宁国、广德、建平、高淳、浙之湖、衢诸郡邑，车盖之士暨商旅，凡有公私往来必由之。去县治三十里许有蒲塘河，水自溧阳界来，经石臼湖，通(杨)[扬]子江，逶迤不竭，旧有石桥，行者便之。永乐间桥废，有司以丁夫操舟济人，春夏水湍激，秋冬水落，旁石巉险，辄坏舟，行者于是乎告艰矣。苟且越百余年，宏治间巡抚侣公道经之，命有司劝邑之富民并力复桥，未果。

河之东有居民赵琪，自先世作善兴家，赀产丰腴。琪读书晓义利重轻，遣子萱补邑庠弟子员，积学有待。一旦，进诸弟曰瓒、曰琼、曰璈者，谕之曰："蒲塘河不可无桥，方今官府多事，恐不遑及此。揣吾力足以胜之，吾请自造，何如？"诸弟亦皆知义者，佥曰宜。乃白于官，请于巡抚魏公、巡按姜公，俱许之。遂捐所积蓄，购石募工匠。经始于正德戊辰春二月，先以桩木绝河而下之，次以石固其两崖，河之中累石为趾，分九泓，水去无滞。上以版石通磴，两旁栏干石壁立，其长四十丈，广二丈五尺。屹然跨河东西，若长虹驾空然。行者虽车马成列，无妨也。又造小河桥，以便居民，亦如其规。俱于正德壬午冬十月落成。所费无虑三千金，皆出自己囊，无一毫取诸他。

於戏，是非尚义而轻利者，能之乎？世有一毫不拔锱铢必较者，独何心哉！巡按洗公、邝公、张公闻而嘉之，咸移檄奖劳，复其家，树坊牌表厥行焉。庠生萱请予记，并名其桥以额诸坊牌，予嘉其尚义，乃以是名之，而因记其颠末云。

俞初桥县南十里，旧名余母桥。

戴公桥县南十里。

竹塘桥西南十八里。

祠润桥南十五里。

洪济桥洪蓝埠。初为渡，后建桥，国朝康熙间重修。

柯润桥南五里，邑民任孚重造。

常熟桥张允年建。

严家桥洪蓝埠西二里。明崇祯三年节妇周氏创，国朝康熙五十八年氏曾孙严时泰重建。

仍济桥_{洪蓝埠河西大坝口}。通各郡要道，国初汤上理创建，原名新桥。后圮，乾隆十四年本里监生张允贤、管望重建，易名仍济。

义成桥

五里排桥

以上赞贤乡

山

庐山_{县东二十里}。高六十八丈，周回二十里。有水源三：一自山西入秦淮，一自山西入马沉港，一自山东吴漕入石臼湖。旧名东庐山，按《隋史》止曰庐山，邱谦之《丹阳记》云"县东有庐山"，后遂冒以"东"字。《寰宇记》云，"严陵尝结庐于此。"或又云以形似庐，故名。

乌龙山_{县东二十五里}。有乌龙庙，祷雨辄应。

李墅山_{东三十里}。高二十丈，周十六里，接茅山。

落步山_{县东四十五里}，顶有仙人迹。

母山_{县东十五里}，庐山左侧，三峰低小者是。土人尝望其云起，以为雨验。

张古山_{县东二十五里}。

电山_{县东十五里}，庐山南。顶有天生池，四面石嵌，若人力所为。

分界山_{县东五十里}。其山之脊乃溧水与溧阳分界处。

马占山_{县东南三十五里}。高十八丈，周卜二里。梁时采铜于此。

回峰山_{东南四十里}。上有龙池，下有龙泉，东有水注平陆。

箬帽山_{东南四十五里}。形如箬帽，故名。

官塘山_{县东二十五里}。高十一丈，周回十五里，下有堰塪。

水

吴王漕水_{东南四十里}。源出东庐山，南流入吴漕，归石臼湖。

港

还步港_{东南三十五里}。源出方山，入石臼湖。

堰

官塘堰_{县东二十五里}，计三十六亩。

塘

金山塘县东二十五里。

白水塘东南三十五里。

杨塘县东四十里。

菱塘东南二十里。

百亩塘杜行村前。

新作塘回峰山下。

池

龙池在回峰山顶。

泉

龙泉在回峰山下。

井

海泉井在前汤村。乾隆乙未大旱,他井俱涸,数村争汲,此井济活千余户,共惊以为泉通海,故名。

神仙井在杜行村前。古传有仙饮水,故名。

桥

九涧桥县东三十五里。以九涧之水俱会此,故名。

白马桥东四十里。

贾经桥东四十里,邑民周金、薛道宏、陈冕建。

黄坡桥县东四十里。

曹涧桥县东南四十里。

神龙桥东四十五里。旧名神靖,宋知县李朝正易今名。相传昔有女子洗菜,与龙交有孕,后产一小蛇,惧弃之水中,遂成龙。后妇临水,龙辄来附,女大骇,投之以刃,伤其尾,乃跃去。龙去时顾恋其母,每一折则成一湾,凡四十九湾,俗名望娘湾。母死溪畔,迄今清明前数日溪率暴有鱼,居人操罾罾取之,皆云龙自湖来祭母,故鱼从之。桥以此得名云。

坝

俞家坝

新坝在白马桥。

新坝杜行村前。

以上白鹿乡

山

鹿子山县东十五里。高十丈，周九里，接峒岘山。

峒岘山县东二十里。高十丈，周八里。

赤虎山县东十八里。高十八丈，长三里，广一里。有白龙王庙。

荆山东三十里，浮山相连。上有荆山古刹，与东南荆山不同。县盖有两荆山云。

浮山东三十七里。高三十丈，周二十里，接茅山。上有洞名曰朝阳，内有泉，传云葛仙翁修道于此。崇祯辛巳岁大饥，上人尝于其上掘白土充饥，名曰观音粉。

阴烛山东二十五里。高十二丈，长五里，广一丈。中有伴君堂，平旷可半亩许。相传宋徽宗微行至此，烛偶阴，山神呵护作伴，故名。

冈

栗树冈县东三十里。

北麓冈县东北三十里。

花塘冈县东三里。

薛家冈县东北八里。

洞

朝阳洞在浮山。

塘

张公塘县东十五里。

石人塘县东十五里。

竹竿塘县东五里。

井

葛家井三亩场村。

高家井县东十里。

桥

午干桥县东三十里，午干村。

段亭桥_{县东六里。}

板阁桥_{县东二十五里。}

青龙桥_{东二十五里。}

长时桥_{在涧东,离城二十五里。岁久倾圮,雍正四年邑庠武维扬、武尔斌倡建,乾隆}辛巳武大彦重修。

石桥_{县东五里。}

窑塘桥

二家边桥

以上丰庆乡

山

卧龙山_{县北二十三里。顶有古松,有窃伐者右锯则左长,土人名曰灵树。}

麻山_{县北三十里。}

丽山_{县东北三十里。}

爱景山_{县北二十五里。}

南山_{县北二十五里。}

腊梨山_{县北二十里。}

享堂山_{北十八里,产山子石,有黄白二色。}

长山_{县北十八里,产兰最胜。}

莲花山_{县北二十五里。}

岐山_{县北十五里。}

冈

楼子冈_{县东北五里。}

梁山冈_{县东北十里。}

张家冈_{县北二十里。}

上塘冈_{县东北十八里。}

墩

上店墩_{县东北三十里。}

洋桃墩_{柿树桥东。}

石榴墩_{柿树桥西。}

凤凰墩_{县北十八里。}

河

支河_{东庐山南面水归沙河，北面水与浮山、丽山水合流，归长乐桥石坝，入秦淮。河}内产蟹。

潭

芦潭_{县东北二十里。大旱不竭。}

塘

徐塘_{县东北十里。}

白石塘_{北十九里。底皆白石，故名。}

剥皮塘_{北二十里，卧龙山下。}

丁塘_{县北三十里。}

池

大池_{在山口村前。周百余丈。}

坝

横山坝_{东北十里。中有泉，大旱不竭。}

上、中、下三坝_{东北十五里，东庐山中，面水聚孔家冈。南一支流入沙河，北一支归}山口，绕南山、卧龙山脚，达长乐桥石坝。

石狮坝_{东北十二里。中有巨石，形如狮踞，故名。其旁石永禁开凿。上有桥，李琪}生建。

双塘坝_{东北十里。河阔数丈，李承弼捐筑。上有桥，亦承弼建。}

桥

长乐桥_{县东北二十五里，邑民刘济独修，刘政重修。}

油坊桥_{县东北十五里。}

贩车桥_{县东北三里，万历间邑民姚守元重修。}

官桥_{县北十五里，雍正甲辰山口刘锜独造。}

柿树桥_{县东北十里。}

石坝桥_{县北二十四里,山口刘峤独建。}

清水坝桥_{县北二十五里。}

永安老桥_{县北十八里。}

余剩桥_{北二十里,乾隆十四年邑民卢廷玉倡建。}

以上归政乡

山

上义山_{县西北四十里。}

梅山_{县西北二十五里。}

塔山_{县西北四十里。}

冈

白水塘冈_{县北二十里。}

蟠龙冈_{在大山庙后。}

墩

相公墩_{在大山庙左。有唐礼部侍郎刘太真墓。}

河

秦淮河_{县北。}秦始皇时,望气者言金陵有天子气,乃凿山埋金,以断地脉。其源有二:一出句容华山,一出溧水庐山,合流至通济门,西入大江。朱状元《金陵图考》云,"水自方山西北,巨流环绕,至石头达于江,后人名曰秦淮"。秦所开者,方山西渎,属土山,三十里正其处。

堰

乌刹堰_{县北四十五里。长一里,阔一丈五尺。}

塘

傅塘_{县北三十里。}

众塘_{县北三十里。}

嵇塘_{县北三十里。}

柘塘_{县北三十五里。}

坝

自关门坝_{在崇贤义成圩。}

井

陈家井北四十五里,桂树村。嘉靖间,壮士陈廷瑄轮汲水器骇退倭寇十八人,即此处。

河边井在蔡家庄前。其井水每逢岁除则涸,元旦复盈,俗谓朝宗于海云。

桥

乌刹桥县北四十五里,康熙六十一年叶允公、陈通甫倡首重造。

碑亭桥上有碑亭,故名。今亭圮,元花山节妇尽节于此桥,在前方山侧。

渡

毛家渡县北二十里。

黄家渡县北二十五里。

何庄渡县西北四十五里。

梁村渡县西北三十五里。

塔山渡县西北四十五里。

地墟渡县西北四十里,今建桥。

高家渡县西北三十里。

以上崇贤乡

山

白石山县北二十里。

乌山县西北二十五里。与葛山相对,峰峦突兀,上有大石横出,下可藏百人,石面有洼如船舱形,斜亘山腰,约十余丈,呼为仙人石船,一名贵人峰。又有来凤坡、寿鼎岩、双龙冈、香炉峰。

秀山北三十里。旧名秃山。

鸡笼山县北三十里。

圆山县北十里。

大人山北三十五里。系县治后屏障,又两河合襟,阻塞水口,禁止开凿。

赤龙山县北三十五里。

峣山北二十五里。山陡峻,因名。

葛山西北二十五里。峰顶有古松三株，枝荫数十亩，百里之外皆可望见，人以为神树。山顶有巨人足迹，一拇指宛然。蟾山亦有之，与此相应。

夹山县北三十里。

六姑山县北三十里。

敬山县北十八里。

巉山县北十里。

蟾山县北三十里，以形似蟾，故名。旧名钱山，误。山极东高阜处石上旧有履迹，二拇踵宛然。相传为仙迹，今为采石者凿去。邑人章耀奎《蟾山辨说》云：蟾山距溧城北三十里，踞秦淮上流，与大人山东西对峙。无大冈垄，不甚奇特，无嘉木异卉台观。因其形迤逦三足，有似乎蟾，故名曰蟾山。四围皆平畴，西南凸起；惟东麓最低洿，当水之冲，夏雨暴涨，则一望汪洋，山半没于洪涛之内，俨如蟾蹲伏状。

今人有称为"前"或"钱"者，曰山居村落之前，故名前山；至顺治时修邑乘，误为钱山，村后吾宗续修族谱，遂书为钱山章氏矣。夫"蟾"与"前"与"钱"皆同韵，世俗相沿已非一日，故特为辨之，后之游兹山者，将有考于斯。

冈

三十里冈县东北三十里。

史家冈县北十五里。

会场冈

塘

五谷塘县东北三十里。

荠母塘县北二十五里。又名藕花塘。

洛公塘县北二十里。

石湖塘县北十八里。

潵塘在开泰村。

九莲塘北二十五里。回绕大松窠山。

神塘北十九里。周二十余亩。

莲窝塘北三十里。周十余亩。

上流塘北十八里。周里许。

中流塘与上流塘连。周二里许，纳陈家山、萧鲁山诸水。

下流塘与中流塘连。周三十余亩，接上、中二流塘水，由坝直注秦淮。

井

冬六泉井县北二十五里，在大孙村。石栏遗铭"冬六泉"。

双泉井县北三十里。

五石井

桥

张墅桥县东北三十里。

徐家桥县北三十五里，大人山侧。邑人章五成、徐锡满重修。

○焦竑记曰：凡物各有主，而名必核实。倘遗其主而失其实，几何而不没人之善哉！窃睹是桥创自徐氏，而迄今谓之陈家桥者，何也？缘曩有陈姓者筑室于斯，时名其河为陈家渡，实未有桥。至某年，崇贤乡八图居民徐辅、徐弼贤伯仲也，见其处有冯河而毙者，乃恻然呼诸子而筹之，曰："吾人作善，奚必远有慕哉？即此葬鱼腹者，孰非吾同类也？免此，非桥不可。今吾欲云云，尔行善行爱行孝行义，听之。"皆应曰："诺。"于是遂鸠工伐石，垂两祺而桥成焉。费皆出辅、弼之囊，于他人秋毫无与也。

夫作者美矣，使莫为之后，虽盛焉弗传。维万历某岁，桥因水而崩圮者十之二三，有孙成乐、成章辄往修之，曰："吾安忍祖绪之中替也？"则视昔有更新矣！

夫由前而观，难为祖创之者，徐也；由后而观，难为孙修之者，亦徐也，顾不徐其桥而陈其桥，不几于遗其主而没其人之善耶？余故表而出之曰徐家桥。徐之后其昌大乎！是为记。

蟾山桥在东山脚下。(宏)[弘]治十八年邑绅十章恺、章琦建。

开泰桥县北二十五里。旧系木桥，邑民章泮改建石桥，故又名泮六桥。

大港石桥康熙间邑人章姓建。

聚源桥邑人韩华圣重建。

李墅桥

以上长寿乡

山

望湖山县西三十里。登巅可望石臼湖，故名。

横山县西三十里。高百余丈，周百里，跨上元县界。内寺院凡数十处。在邑境者仅白莲、茅莲诸山。

白莲山县西三十里。接乳山再起，名雨山。上有石庙，祀东岳，祈雨辄应。

茅莲山县西三十里。来自横山，接乳山。

乳山县西三十里。从横山来，二峰竦峙，形如乳，故名。明洪武九年，僧智公海岩筑静室其间。下有泉，渊而不流，味甚甘，名曰玉乳，万历初吴运嘉书"玉乳泉"三字勒石。闽处士林古度隐居于此。

丁公山县西三十五里。

左山县西四十里。其下有东、西黄母塘。又有仙官山、奇石山、古坟山。

石羊山县西三十七里。旧志云名金华山。黄初平叱石羊处，有牧羊洞。

仙官山山下有王母塘。

洞

牧羊洞县西三十七里，石羊山。相传即黄初平叱羊处也。

湖

丹阳湖县西七十里。周回百九十五里，深三丈。湖中流界于当涂。《春（狄）［秋］左氏传》："哀公十（九）［五］年，楚子西、子（朝）［期］伐吴及桐汭。"杜预注云："宣城广德县西南桐水，出白石山，入丹阳湖。"今白石之水冲突，则丹阳、石臼、固城三湖泛溢。此水本由五堰，自宜兴入太湖，昔已埋塞。故老云，当时虑后人复开此道，则苏常之间必被水患，遂塞五堰路，又浇铁以锢石。明洪武二十五年间，开通河道，以达苏浙粮。后准溧阳民陈嵩九疏，永乐间以苏松故，筑坝设官。今河道断绝，官亦裁革。唐李白尝游此，张帆载酒，纵意往来，有诗。又有《溧水道哭王炎》诗三首，统载《艺文志》。

港

花溪港县西南四十里。发源左山，入石臼湖。

池

活泉池在乳山。阔二丈，深八尺。砌成圭梁以石。澄清可鉴，冬夏不涸。

泉

玉乳泉在乳山石岩下。味甘洁。吴门吴运嘉勒石于上，曰"玉乳泉"。

井

雨前井在秦墰村。

桥

汤桥_{县西四十里,邑民黄善十造。}

双桥_{县西四十里,乾隆三年黄鸣先等建。}

石洛桥_{县西三十五里,知县包桐建。}

遇仙桥_{县西三十五里,赵坚四、赵坚六造。}

花溪桥_{县西四十五里。}

望湖桥_{邑人武宏建。}

前保桥_{诸贞如建。}

白马桥_{吴盛先建。}

寡妇桥

岳圣桥_{县西四十里。}

墅西桥_{徐荣滋等建。}

墅东桥_{孙光荣倡建,徐姓重修。}

墅南桥_{徐文滨等建。}

北溪桥_{王九州造,王云昭修。西四十里。}

南村桥_{西四十里,黄鸿瑞倡造。}

渡

青墅渡_{县南四十里。}

以上山阳乡

山

观山_{东南五十里。山形陡峻,中有唐建寺基,又有石屋可容数十人。上有池,四时}不涸。

○观山,灵境也,亦盗薮也。四面陡峭险峻,中广大宽平,深藏不露,旧有弥陀禅寺。明末有巨魁盘踞山巅,县尹邝公击斩之。至癸未、甲申间,王聘征复啸聚其上,筑石为垒,夺寺为巢,蚕食一方,民咸苦之。国家定鼎之二年,始遣副总兵彭永年统师剿灭之。陈继先《观山记》。

仙杏山_{东南四十三里。《一统志》云,"巅有杏林及仙人迹。"旧志云,"有仙坛三所及}丹井,一名仙坛山。下有清泉,流入丹阳湖。"

赭山东南五十里。载《隋史》。

东破山县东南五十里。梁大同二年采铜于此。《正德志》作东坡山，误。

灵岳山县东南六十里。高二十一丈，周二十五里。

方山县东南六十五里。有乌龙洞，与芝山接，半在溧阳界。

荆山县东南七十里。旧志云，"即卞和获玉处。"

芝山县东南七十里。高三十九丈，周四十里，跨溧阳境。《建康志》云，"山尝产芝草，故名。"洞凡数十，田颖之乱邑人避兵于此。

○邑人萧秉晋记曰：芝山在邑治东南七十里，跨溧阳境。远视之，隆然数阜也。山多怪石，皆黝色，鳞次叠叠成波纹，大者如狮象，如马牛；小者如猿狖，如禽鸟，巇崎变态，起伏横侧，疑神工鬼斧刊刻以成。

每巨石聚处，即隐洞穴，旧谓有三十六洞云，今可寻者仅六七耳。非土人导之弗克入，入必令一人执松火而前，初入之如坠深井，暗若长夜。先后踵顶相接而下，暗中有石级可循。忽至坦处，可容数十百人，石色绀赤，光绚骇目，即震泽石不过也，所称古燕洞，亦名堆霞。入穴数十武，忽排空矗起丈余，转数武又变一状，每一折，旁引一门。平坦可数十武，中有石台，平起如席，如几，云是仙子棋枰。游者至此得以憩焉。仰视之，螺旋而上，火光渐弱，憾不能窥其顶也。石燕见人辄惊飞，鸣声殷雷，久之潜入窦穴，昔黄山人所谓"仍落为石"者是也。旁列三门，亦渐狭，委蛇陡峻，其尽处一水如带，阔可五六尺，深浅莫测，遥望若有岸相对，人莫敢逾，所谓仙凡隔处，端在此矣。

黄龙洞仅如窦，数折而下，有巨石悬覆如板，广三四丈，其色白，作龙蟠形，皆石液所凝，宛如刻画者。又一窦直上，有大士像县石壁间，名观音洞。

梅仙洞，初入险陡如锯锋，客横行其上，作蟹状，手攀东则足抵西。下视深暗如无底，而坦处又堪坐卧。

天井洞，景独外露，不类他洞。峰石叠赘，如崩如堕。忽一坦处方几亩，仰视高三四丈，如天井，故名。旁有穴，两折而下，不甚深，平如屋，风雨不及，可陈几榻。

凡此数洞，皆在邑界，跨溧阳境者，不悉志。大略此山洞皆通连，或为榛莽所封，或为乱石壅塞，安得游人如谢康乐之好事、柳子厚之于马退诸山，则灵迹异境必标而出之，不致隐晦为幽壤耳。

又洞中最异者，山泉洳湿，泥水滴沥，疑污人衣履，然入者苟不言，则不稍染。又绝无蚊蚋虺蝎之属，诚一邑之奇观。惜地界僻左，名流罕至，故莫纪其胜也。晋悼山灵之不幸，从所睹而率记之。

云鹤山_{县南六十里。山形类鹤,故名。}

剑山_{与云鹤山连。}

大山_{县东南七十里。}

李家山_{县南四十里。}

紫云山_{县南六十里。}

圣游山_{县南六十里。旧志云,孔子适楚经此。有石坛,旧名游子山。}

长山_{县南六十里。}

段家山_{县南六十里。}

东叠山_{县南六十五里。}

冈

神树冈_{县东南四十五里。}

段家山冈_{县东南六十里。}

墩

桃花墩_{县南六十里。}

洞

乌龙洞_{县东南六十里,方山间。}

李子洞_{县东南七十里,芝山内。泉出沸涌。}

燕洞_{芝山内。有石燕类蝙蝠。古志云,遇雨则飞,晴则仍落为石。}

梅仙洞_{芝山内。汉梅福尝隐于此,明崇祯间新安郑重亦卜居山下。}

天井洞_{芝山内。}

黄龙洞_{芝山内。一名观音洞,内有石龙、石观音,故名。}

水

大山水_{县南六十里。其源出固城湖,《图经》云,"经五堰,东入溧阳三塔港。"}

港

马沉港_{县东南三十七里。源出分界山,西流入石臼湖。}

塘

孤塘_{县东南七十里。}

草塘_{县东南七十五里。}

泉

长山泉县南六十里。其味清淡,四时不绝。

井

丹井在仙杏山。

金井仙坛乡。其泉可溉。

龙眼井县东南六十里,在大城村。自生石井两口,其水不绝。

丁家井

桥

马沉桥县南三十里。

吴村桥县东南四十五里,在吴村渡。

新桥县东南三十里,路达仙杏山。

大沛桥县南七十里,段家山东。

杨家桥县南六十里。

赭山桥县东南五十里。

长安桥在甘戴村。云鹤山赵姓建,有碑。

石狮桥县东南五十里。

徐家桥县南三十五里,一名木桥。

渡

刘家渡县东南四十里。今建桥。

吴村渡县东南四十五里。今建桥。

张家渡县南三十五里。

以上仙坛乡

山

澳洞山县西南二十五里,一名狮子山。《金陵志》云,"下有白龙潭"。邑人卞绍宏记曰:邑南三十里,由蒲塘镇折而西,滨石湖湖之岸,有山雄峙,厥名曰狮。其上怪石突怒,高数十仞,由麓仰观,如猛兽蹲坐,曳尾伸项,屈膝昂首,前人象形而名,信不诬矣。

山之半有石洞,深广近一丈,石势开张似张牙轩唇,松涛入洞时作怒吼声,土人因傅会而称为狮子口也。山之麓有潭,深不可测,广百余亩,传有白龙潜伏,名白龙潭,久旱祷雨辄应。

登巅而望,远则众岫竞爽,如屏如障;近则千畦错落,如绣如绮。晨炊方起,村烟漠漠;返照初红,余霞闪闪。樵歌互答,声和松风;渔火微明,晖映皓月。

所惜僻处湖滨,名人游咏不及,效灵献巧几千万年,无或售者,则长为斯山太息矣。宏授徒山寺,自春徂冬,习山也久,于是纪其名胜,并摹其十景,各赋以诗,藏诸僧舍。

骆山县西南六十里,滨石臼湖。东接凤栖,西朝雀垒,上有文峰庵,乾隆四十一年监生杨志铉、绍勤重修,添建文武阁、镜湖书屋。旧作腊山,误。知县凌世御记曰:余尝过邑之骆山,见上有小庵,土人谓旧建文峰庵云。庵甚卑隘,不称厥名。

越岁,再经其地,峻宇崇墉,轩豁呈露,湖光山色若增而奇,询之,知杨君绍勤偕其兄志铉建。阁三层,上奉梓潼神勇二帝,周遭建屋,颜曰"镜湖",为延师教子地,且招四方好学士群萃讲习,俨乡塾焉。阁外古松十余株,风涛振耳。西南数十步,石池深丈余,水黑色,四时澄净,可比右军墨地。环山村落殷繁,山临石臼湖,日暮渔舟争集,鼓枻声与诵读声相和。登阁临窗,烟波万顷,隔湖诸山星拱环向,日夕万状。阁后随山高下筑石墙,多植山花竹木,复饶怪石。就石起亭,曰观澜。

绍勤兄弟居乡醇谨,不预外事。绍勤子崇德,好读书,从卢抱经学士于钟山书院,文峰之兆,庶其在此乎! 余乐观其成,且嘉是乡山水之秀,爰为之记。

凤栖山县西南七十里,临石臼湖。旧志云,有凤栖山巅,故名。

土山县南五十里。

塔子山石臼湖中。

军山石臼湖中。

金山石臼湖中。

马头山石臼湖中,以形似,故名。

冈

孔家冈县南五十里。

墩

戏墩县南八十里。

朱砂墩县南六十里。

船墩在蛾眉坝上,以形似船,故名。

水

溧水东南九十里。源出栗山，至沛桥下成河，由西南六七里合东坝水，名曰双港；再五六里即濑渚，又名小南湖。楚筑固城于开化，城之西今名固城湖，隋以溧水名县，因此。

湖

石臼湖西南四十里。纵五十里，横四十里。其源有二：一自瓦屋山南，至曹山、方山之水皆会聚于还步港，至山下港；其一自方山南麓，至芝山、荆山、大山诸水会于吴村桥西十里，至山下港，又会邰村、长山、仙游山诸水，会于山下港，合东北瓦屋山诸源之水，至枣树巷，为蒲塘河，由新仓口入。南有军山、灰堆山、马头山、雀垒山。明初，自洪蓝埠北开胭脂河，入秦淮。又，由苏常泄水入海。

砂湖县南六十五里。今开堰，周回五十六亩。

潭

白龙潭西南三十里。南通石臼湖，北入胭脂河。祷雨有应。

港

蒲塘港县南二十里。源出方山，西流入石臼湖。

堰

砂塘堰

藕丝堰南与高淳连。界内有罗城等九圩六埂四堰。旧有土坝，数为水浸没，崇祯间，生员孙良翰、韩绍叔等请于抚按两台，共造石闸，春闭秋开，永无水患，乡民赖之。

塘

乌飞塘县西南三十五里。

郭塘县南三十五里。

两重塘县南四十五里。

桥

土山桥县南五十里，邑民茆珏造。

积庆桥县南三角铺，旧名自家桥，顺治八年邑民萧士经重建。高淳令崔抢奇过而义之，改名曰积庆。乾隆二年士经孙枝馘、枝靠，曾孙克昆重造。

甘村桥康熙三十三年甘继忠、甘上禄等倡建。

建贵桥孙建侯、夏贵之募建。

渡

赵庄渡_{县南三十五里。}

钱家渡_{县南四十里。}

以上仪凤乡

圩　堤

溧邑大半皆山，冈阜陂陀随高下耕耘播种，各有池塘沟坝潴水，以资灌溉之利。北乡滨秦淮河，南乡临石臼湖，其间支港交通，潮汐往来。两岸围而为田，计九十有八圩，大者万余亩，小者千余。建立涵洞，以备旱潦蓄泄。每年堤岸按田出夫，业食佃力，修筑完固，农田水利两有裨益矣。

赞贤乡

张保圩	许家圩	仓口新圩	永福圩	西保圩
太平圩	黄鸟圩	万家圩	原赞圩	常熟圩
石家圩	上下保圩	兔鼻圩		

仪凤乡

凤贤圩	陈家门前圩	卞家门前圩	郭塘圩	包家圩
戴家圩	刘家圩	新建圩	保成圩	保兴圩
保宁圩	罗成圩	和义圩	蛾眉圩	陈新圩
继成圩	长熟圩	朱家圩	永丰圩	后池圩
南埠圩	北埠圩	盖头圩	盘石圩	
后成圩_{俞木、俞灯七捐筑。}		上天堂圩	下天堂圩	金坑圩
张家圩	塘埂圩			

山阳乡

天保圩	查家圩	韩家圩	猪槽圩	歌舞圩
昌福圩	三益圩	诸家圩	新义圩	花溪圩
菜花圩	保宁圩	大圩	上新圩	韩新圩

思鹤乡

竹塘圩	保义圩	合义圩	上新圩	林庄圩

青溪圩	解塘圩	陈家圩	石龟圩	杨方圩

仙坛乡

宝托圩	陡门圩	保熟圩	池沟圩	富财圩
黄干圩	张村圩			

长寿乡

刘中圩	潘田下圩	萧建圩	姪姑圩	陈家圩
林庆圩	潘田上圩	旦升圩	经家圩	开泰圩
前山圩	白玉圩			

崇贤乡

竹墩圩	临金圩	陈化圩	圩方圩	新丰圩
三丫圩	步冈圩	鸦得圩	丫头圩	陈家圩
良周圩				

村　保

上原乡

程家村	胡家村	彭家村	经家村	毕家村
刘家村	钱家村	姜家村	杜家村	李家村
赤土冈村	竹塘冲	虞村	沟沿村	道士冈
韩胡井村	官庄村	清水塘	双尖村	黄山宕
周家村	浑塘村	山东村	田冲村	小清水塘
潘家村	庄家村	杨家村	洪家边	汤家庄
草屋里	独山铺	颜家庄	西保村	西冈村
三间屋	独山村	土巷口	周村	严笆村
前臧村	烧山村	后臧村	东冈村	井头村
南庄村	谢井村	吴家边	宋家边	枝子冈
陈朗村	郑巷村	涧东村	老新屋村	北庄村
尹家边	俞塘冲	刘李桥	梁家边	萧家庄
大桥村	凉篷村	马蹄冈	徐家冈	南冲村

| 冈北村 | 胡家边 | 小胡家边 | 坦冲村 | 倪村桥 |
| 丁家边 | 张家村 | 石滩村 | 前巷村 | 三山村 |

思鹤乡

双塘口	坝心村	杨家村	端家村	吴家村
任家庄	荷花塘	谭山冲	长冈陈村	长冈前彭村
后彭村	小河口	王家村	坟园村	南山村
施家村	鲁塘村	小文村	塘沿村	王家庄
上冈村	前后保赵村	戴家冈	孙家圩	周家圩
毛家圩	前村	后村	店塘头	竹丝冈
梨园村	西园村	周家庄	东袁村	朱家宕村
袁家边	官窑村	沙河村	登头村	马家村
姚家村	张家村	葛家园	马家村	张家庄
萧家村	甘家庄	徐家庄	芮家村	贺家村
双庙庵	篱笆村	辽园村	下思桥	孙家边
五庵桥	孙家庄	曹家村	西坛村	凤凰井
甘家庄	尚家碾	经家庄	朱家庄	缸窑村
石涧口	郭塘村	在凤李村	小曹村	华山村
端相村	塔平冈	东村	梅家村	潘家村
闷水村	小圩东	大圩东	蟹塘村	丰塘村
草塘冈	马庄	庵头村	石湫坝李村	老坟村
葫芦坝	社坛村	柿树下	上方寺张村	王许村
长冲村	寺庄村	杨家村	西冈村	陈墙村
姚家庄	石湫坝	石湫坝端家村	赤冈村	小罗村
新庄村	下埠村	石山村	官塘村	塘窦村
塘冈村	坟头村	井泉山口	庙基村	任李村
田家村	蚕墩村	彭村	山南村	王子寿村
后赵村	前赵村	塘东西村	塘西铺	古楼村
黄家村	旧坊村	赵家庄	石家村	刘山冈

| 圩墙村 | 周前村 | 仓口 | 史家庄 | 魏家村 |

赞贤乡

吴园村	郭家巷	华胜寺	五里牌	柳家庄
周家庄	吴家庄	七里店	张家村	庙塘铺
半山村	石堆子	南冈村	旧宅村	石堆铺
蒲塘街	李村	潘村	杨古坦村	黄鸟圩
木桥村	港口村	大赵村	薛家嘴	上庄村
后曹村	周庄村	后李村	神山薛	马家村
傅家边	傅家边俞村	汤村	吕家边	杨家村
任家村	盛村	涧东村	谈村	涧沿村
沈家村	沈家庄	杜戴村	张塘角村	东山村
竹涧村	杜村	小周村	马鞍山	缪庄
罗家巷村	西旺村	金塘山	粪基圈	萧家庄
河涧桥	吴家村	施家庄	萧家庄	梅家冈
白莲冈	花园村	南保村	张家碾村	仪塘村
戴家桥	老庄村	草鞋山	萧家山	新庄村
陈章村保	李家庄	大山保村	周家边	大国寺
王筲村	姑塘村	王山头	泥巷村	长里冈
八里冈	甘家庄	杨韦村	塔山宝	毛家山宋村
宋家村	石巷村	毛家山张村	唐家庵	孙家村
严家村	西宋村	东宋村	山南村	邵村
朱夏村	陶家村	瑶塘冲	庙上村	张村
朱筲村	经刘山	朱村	由寺冈	茆家坝
戴家场	油榨村	丁家井	许家窑	马家村
杨家井	上竹山村	严家岙	中竹山	下竹山
华塘村	天生桥	胡村	洪蓝埠河东	洪蓝埠河西
沈庄村	马塘坝	芮家村	翟村	沙板村
王家庄	钱家村	任家园	冯村	薛村

汤村	滕村	上仓口村	下仓口村	水西前毛村
水西后村	老观山	陶村井	夏巷村	尹家村
杨柳塘	曹郭村	陶井村	石牛保	和尚庄
杨神保				

白鹿乡

李家边	丁家边	梅家边	九涧桥	曹冈村
尤赘村	尤陈边	缪家边	缪家边下	安山冲
石头会村	冈窑村	张家边	巷上村	冈巷村
李巷村	南曹村	曹涧桥	武家桥	杨家边
经家冈	大树村	朱冈村	毕家山	周家山
于巷村	环步村	碧山村	碧山冈	陈村
高家边	西冈村	老庄村	黄连树村	王郎村
欧山	茭塘村	上方村	张家山	上杨村
段家铺	赵家村	神龙桥	涧湾村	贺龙冈
汤家边	上七里冈	庄头村	白水塘	北宋村
后杨塘	杨塘	杨塘头	前上杜村	后上杜村
分界山	杜巷上	东营村	白马桥周家村	新背冈
马答村	吴家边	贾家边	俞家嘴	宗家冈
谭家村	段家山	方家边	东杨村	西杨村
上陈答村	葛家边	下陈答村	段涧桥	南宋村
茅答村	蒋家村	经巷村	张家冈	毕家房
二冈村	下连步冈	上连步冈	刘家边	小茅园
大茅村	丁家边	张家井	谢冈村	夏庄村
尹庄村	汤家边	石家边	贺家村	万家村
王家边	侯家边	店豆村	涧东村	神墩村
吕家山	夏塘冲	交河村	周家边	秦涧湾
朱涧湾	桥涧湾	尹家边	朱家边	尹巷村
新郎头	上庄村	方庄村	罗郎头	下七里冈

西方村	前方村	墩头村	南葛村	袁村
张巷村	上张村	吴墙村	许家边	王村
上葛村	店上村	王母冈	西杨村	港头村
胡家宕	贯庄村	北葛村	二塘村	老鸦涧
东汤村	前后汤村	官塘		

丰庆乡

马家园	杨家园	陶家园	丿家团	郎塘口
花塘冈	大桥村	陈家村	许村	长冈村
吕家村	许村涧	王家村	倪村	张公塘
山脚村	小方边	峒岘方	小方边徐村	王家山
栗树村	青龙桥	士庄村	二家边	田冲里
后村	李墙村	上聂村	午杆桥	小桥头
段庄村	后段村	西村	后谢村	巷南村
建山村	涧东村	大方边	方边陈村	下王李村
上王村	后村头	丁家边	冈下村	赵庄村
于家边	丰安寺陈俞村	上桥村	十五里牌	王武村
刘家庄	松顶冈	李家窑	曹家巷	谢家井
石家寨	萧家庄	俞家边	心乐村	南冈村
成墩村	卢家庄	曾家塘	葛卞村	萧家庄
五里墩	谢家庄	周家后村	石板村	三亩场
竹棚里	杨家闸	水荆树	毛家庄	段林桥
鹿山低陈张村	梅神冈	颜家庄	十里排	杨家村
高家村	涂家村	老邵庄	竹竿塘	姚家庄
新邵庄	徐塘庵	北里村	火稍场	卢家边
长山村	山口华村	倪前村	前段村	公塘村
东丁村	上段村	南丁村	黄塘桥	东西冈
前巷村	涧北村	北山村	后吕村	高塘村
北麓冈	许家边	西胡村	汗塘村	小东冈村

鹅塘村	卢村	邵王村	南里村	钱家边
大丰庆村	倪家宕	邱家庄	小丰庆村	窑塘村
中丰庆村	芮家村	三板桥	官山嘴	马家村
倪家村	新庄村	陈家园	新店村	黄家庄

归政乡

施家场	徐家园	窑上陈	马常村	庙前李
孔家村	三家屋	施家庄	朱家村	周家村
蔡家庄	大韩村	韩家巷	新庄村	章家庄
熊家庄	李家村	王家村	前彭村	中彭村
路华村	蒲塘甘家村	芮家村	刘家村	田家村
涧西村	瑶边庄	牌楼庄	北塘凹	徐杆村
老三房	山口中村	山口北村	桥头村	凉篷村
污子里	大树下	蒲杆村	后方村	李家边
上李村	戴家边	喜家边	东周村	夏家边
萧塘村	经家边	上店铺	王家村	西谢村
西丁村	赵巷村	下头店	南北丁	官塘村
上瑶村	东刘村	麻山头	孔家边	老庄村
大树下	家边村	西姜村	脚方村	孙家边
陈子冈	涧湾村	梁山冈	西边庄	山茶花村
大通寺	丁家庄	兰家嘴	桥子头	薛家冈
燕窝里	张村前	易家村	龙爪树	谢家庄
章家庄	王家冲			

崇贤乡

山头村	山头陈村	王山村	高家渡	梁村
梁津渡	南庄村	郑家村	茆家村	方墟村
陈家边	谢凌冈	排楼村	吴家村	李家边
章家村	柘塘镇	塔山渡	陈庄陶村	桂花树村
成庄村	乌刹桥	老观嘴	东堪村	西堪村

生铁圩	艾庄谢村	艾园前后村	后方村	㵲水邱
安山桥村	富塘村	地起村	地墟村	下旺村
广严寺前村	广严寺徐村	广严寺张村	张巷村	戴家渡
徐墓蔡村	徐墓村	徐墓村后社	徐墓村章社	中社村
西社村	杨墙村	葛家边	毛公渡	大范前村
大范后村	吴家边	方家巷	蔡墙村	蔡家庄
河庄村	黄溪村	石罗冈	杜家边	塘下村
西梁村王	东头巷	下圩庄	周家边	西冈村
塘头村	石腊村			

长寿乡

周村	东冈村	前村	后村	上李村
牌冈上	六房村	三房村	田俞村	伍石井
老庄村	张塘冲	大俞庄	草保庄	魏家庄
开泰村	魏家庄	何村	杨家边	信西村
朱骆村	山西何村	山北村	楼下村	上山村
连屋塘	谢王村	东徐村	南徐村	圩墙村
夏家边	五谷塘	大路村	塘坊前村	塘坊后村
大巷村	小巷村	朱塘村	袁家铺	下骆家边
上骆家边	徐母塘	东吕庄	乌山镇	戴家边
西杨家边	蟾山村	毛公渡	庙头村	庙头庄
张家边	河南庄	太尉庄	孙家边	茆家边
塘北头	曹家边	东杨家边	上赵家边	下赵家边
高家边前村	高家边后村	小孙家边	濑泥塘	李园村
砚瓦桥	油榨村	塘西村	西韩村	东韩前村
东韩后村	前韩村	巉山村	段山冲	

山阳乡

| 秦墙村 | 端家庄 | 张家店 | 李家店 | 陈严村 |
| 王而山 | 朱村 | 桑园蒲 | 井泉村 | 望湖村 |

东蒲村	枣树冈	坟庵村	杨田冲	油榨村
武墙村	三家村	旮塘村	沟西村	杨店村
下沟西	客家村	郗家村	城塘村	臧村
汤庄张村	汤庄王村	官塘角	任师村	王匠村
马庄场	洪曹村	翟村	泥塘村	甘皮塘
祖山保	王家庄	甘村	王石冈	上店村
大后村	明觉寺	排头村	南村	汤村头
罗村	冲天保	西庄村	花湾孙村	赵村
邹塔村	石场村	黄塔村	南冈村	谢塔村
赵华村	孟冈村	大谢塔村	茅村	东旺墙
西旺墙	栗树下	华村	龙塃陈村	龙塃朱村
龙塃汤村	前保村	后保村	吴家庄	前庄村
杨公村	李家圩	淶东庄	焦李村	代通铺
新庄村	油榨里	何林坊	方家村	王母庄
丁师村	陆墙村	丁家村	庙东村	青圩
牌冈村	新庄村			

仙坛乡

山下村	浮桥村	黄家庄	枣树巷	陡门圩
圩角村	傅家村	朱耳村	后胡村	前胡村
邰家庄	广西村	高家庄	胡家村	姜吕村
南史村	吴村桥	陈村耿	邰村镇	河塘村
司徒村	下堡村	上堡村	曹庄村	后邰魏村
姚家庄	马家庄	南祝村	周家边	贾张村
陈郭村	龙塘村	七里埝	小王埝	横山村
横冈村	汤村	戴丝冈	圩西埂	李家山
破山村	东庄村	小周村	老圩村	新桥村
观前村	西夏村	破屋村	葛家村	刘家渡
下刘家渡	小朱村	马村	芮家村	吴家井

小曹村	大曹村	石山下	周王村	周王陈村
周王后村	黄干村	倪家村	东刘村	东刘曹村
庄家边	下桥村	西店村	曹旺村	北朱村
北朱后村	尤村	枫香岭村	枫香岭下村	北庄村
南经巷	赭山村	前孔村	道场冈	上芝山
下芝山	南戴村	甘戴村	荆山口陆村	吴家村
何家村	下昌村	仙坛村	高塘村	张千户村
旋风山村	老吴村	李杭村	观后村	姑塘村
史家村	云鹤村	龙冈村	汤涧村	朱家村
下韩村	塘南村	任宅村	东张村	店塘村
石狮桥	石狮桥丁村	杭村保	杭村李	大城汤村
大城宋村	戴思冈	韩家圩	小周村	何家村
山下冈	殷墙村	孔镇	王家村	

仪凤乡

杨家庄	大山村	大陈村	卞村	前井村
塘埂村	郭塘村	东冲村	夏家村	杨五村
姜村	西赵村	后傅村	前傅村	刘家村
昌塘村	毛家村	史家村	拔茅冈	乌飞塘
井头村	新庄魏村	新庄张村	后许村	北杨村
东李村	后李村	中杨村	东刘村	巷口张村
许家村	南杨村	西刘村	南刘村	戴家村
贾家村	周家村	经家村	邢顾村	大梅村
陶梅村	魏家陇	嵇村	大沟村	大沟孙村
东山村	甘家园	石家山	西沈村	山北村
路家村	大圩埂	夏家村	铺头村	埠泽村
店西村	破墙俞村	土山铺	王家庙	巷头村
上宋村	上宋顾村	上宋胡村	上宋曹村	丁家村
西瑶村	后西瑶	金坑圩	骆山村	湖头村

湖头魏村	东张村	贾村	罗山村	巷口村
仙墟村	石街夏村	周家村	石街孙村	塘下村
南保村	姚家园	甘村	耿家村	同家村
南徐黄村	南聚夏村	庵后村	庵墩村	大虞村
小虞村	古墅村	古墅史村	古墅沈村	戏墩村
张山下村	唐邵村	唐邵施村	张家保	松园村
庙下保村	吴巷村	丁村	丁村诸	丁村俞
毛公铺	毛公铺强村	后家村	阙家村	桥西俞村
桥西罗村	上罗村	桥西刘村	桥西沈村	桥西魏村
桥西方陈村	沙塘村	沙塘下保	坝头村	虞村
骆山陈村	戈村	东保村	骆驼桥	丁村倪
丁村孔	山南宋村	山南吴村	山南徐村	船桥罗村
船桥黄村	船桥刘村	嘴头虞村	殷家桥	

　　高淳县本溧之高淳镇,广通镇即古之中江故道也。自明分七乡,设高淳县,而邑之幅员遂狭。然东西南北相距各百里而遥,其中村保数逾千计,兹以乾隆四十年编查保甲册为定,较之旧志更无遗漏矣。

卷四

官　师

考汉制，县令下有丞、尉，盖一邑之治非一人所能独理也。学博古无专官，大抵职兼于司牧，故自汉迄宋，成均而外未逮郡邑。元世祖始置州县儒学官，至今因之。溧水为州为县，代有因革，建官亦因之。要之，官斯土者皆有父母师长之责，里居世籍详，而官方从可稽矣。若防汛之设，所以资捍卫，亦乌可不备！志官师。

设官名目

设官分职之制，隋以前考核不能详备，故官职之制自唐始。

唐

县令一，从六品，秩田五顷，岁给俸八十五石。

县丞一，从八品，秩田三顷，岁给俸六十四石五斗。

主簿一，正九品，秩田二顷五十亩，岁给俸四十九石五斗。

县尉一，从九品，秩同主簿。

学置长史一

宋

知县一，秩田六顷，俸二十千。

县丞一，秩田四顷，俸十五千。

主簿一，秩田三顷，俸十二千。

县尉一,秩俸同主簿。

主学一,秩同主簿。

添差武尉一,绍兴元年增,四年裁。

元

达鲁花赤一员,秩田二顷,月俸钞十八两。

县尹一,秩田二顷,月俸钞十八两。

县丞一,秩田一顷五十亩,月俸钞十三两。

主簿一,秩田一顷,俸钞十二两。

县尉一,月俸米八石、钞十两。

教谕一,月俸米二石、钞十两。

元贞元年升为州。

达鲁花赤一员。

知州一。

州同一。

州判一。

提控案牍一员。

都目一员。

儒学教授一。

大学训导一。

小学训导一。

蒙古字学教授一。

明

知县一,正七品,月俸米七石五斗。

县丞一,正八品,月俸米六石五斗。

主簿三,正九品,月俸米五石五斗。桑枣主簿,洪武间裁。管马主簿,嘉靖间裁。

典史一,未入流,月俸米三石。

儒学教谕一,未入流,月俸米三石。

训导二,未入流,月俸米三石。

税课局大使一,隆庆二年裁。

河泊所官一,隆庆三年裁。

批验盐引东坝巡检司一,洪武二十七年置,寻裁。

国朝

知县一,正七品,俸银四十五两。

县丞一,正八品,俸银四十两。乾隆十二年裁。

典史一,未入流,俸银三十二两五钱二分。

儒学教谕一,正八品,俸银四十两。

训导一,从八品,俸银四十两。

阴阳学训术一。

医学训科一。

僧会司僧会一。

道会司道会一。俱未入流,无俸。

汉

潘乾 为溧阳长。

赵勋 为溧阳丞。

西晋

伏滔 为永世令。

陆晔 为永世令。

东晋

王舒 为溧阳令。

阮裕 为溧阳令。

南宋

江秉之 为永世令。

羊元保 为永世令。

孔景宣 为永世令,叛。

刘休文 为溧阳令。攻孔景宣,斩其党史览之等十五人。

南齐

萧鸾 为溧阳令，即明帝。

褚球 为溧阳令。

杜谦能 为溧阳令。

乐豫 为永世令。

南梁

陆元感 为溧阳令。

官师表上

隋以前年世久远，考证未广，仅据《江宁府志》《溧阳志》所载者查核编载，故令、丞、簿、尉立表自唐始。

唐	县令	县丞	主簿	县尉
	岑仲林[①]邓州人，祀名宦，有传。			
	王通 长寿间任，有传。			敬沆
	窦叔向 大历初任，祀名宦，有传。			
	白季康 太原人，元和间任，祀名宦，有传。			
	陆该 祀名宦，有传。			崔致远 鸡林人，乾符年任。

宋	知县	县丞	主簿	县尉
熙宁	关起 二年任，有传。			李东
元丰	周邠 四年任，有传。			
元祐	周邦彦 八年任，有传。			
大观	张革 二年任，有传。			

---

① 有误，应为岑仲，字休。

续表

建炎			潘振金人攻建康,陷溧水,死之。有传。
绍兴	李朝正元年任,有传。		
	章籍十年任,有传。		喻仲远即得校官碑于固城湖滨者。
	姚耆宗十五年任,有传。		
	苏楷二十九年任,有传。		
隆兴	李衡元年任,有传。		
乾道	陈嘉善四年任。		
淳熙	司马僖三年任,有传。		
	王衍九年任。		
	吴友闻十六年任,有传。		
庆元		戴援	
嘉定	汤诜二年任,有传。		傅泰清孟州济源人,由进士擢任。
宝庆		祖大武五年任。	
绍定	史弥巩元年任,祀名宦,有传。		尤端
	卫社四年任,有传。	王公立	
嘉熙	王俦		
咸淳	周成之		
	虞国庆	赵杰之	

元	达鲁花赤	县尹	县丞	主簿	县尉
至元		张遂良十二年任。			张定十二年任。

元	达鲁花赤	县尹	县丞	主簿	县尉
	忙古歹十三年任。	郝麟十三年任。			
			米逸名。十四年任。	马显祖十四年任。	庞义十四年任。
		王谦十六年任。			
	高文秀十七年任。		田章十七年任。		
			程云翼十七年任。	夏逸名。	高岳
	脱登哥十九年任。	卫成大十九年任。			
	曲烈十九年任。				
		王忙古歹二十年任。	赵仲章二十年任。		
				杨公佐二十二年任。	马逸名。
			杨宪文二十三年任。	艾去病二十三年任。	高逸名。
		王度二十五年任。			
			唐逸名二十七年任。	许甫二十七年任。	管逸名。
		王维二十九年任。			
元贞元年升溧水为州		赵衍元年任。是年升为州，补同知。			

续表

	达鲁花赤	知州	州同知	州判	提控案牍吏目
		仪武义元年任,有传。	赵衍元年任。	答失蛮元年任。	
				杜昶元年任。	
				贺庆元年任。	
			阿剌温二年任。		
大德	苦思丁元年任。			王国宾元年任。	
	干脱思不花三年任。	赵铎三年任。	粘合安童三年任。	康塔不歹三年任。	
			李真三年任。		
			庞元良五年任。	朱梦泽五年任。	
		郭敬六年任。	贾锷六年任。		
				李俨七年任。	
			李世荣八年任。	袁祐八年任。	
			思丁十年任。	张斌十年任。	
		高渊十一年任。			
			田晟十二年任。		
至大	博蛮歹元年任。			刘珪元年任。	
	阿叔元年任。				
			张绍祖二年任。	暗都剌二年任。	
		王处约三年任。			
皇庆			倪显元年任。	顾忠元年任。	
	阔阔帖木儿二年任。	赵唐速二年任。			

延祐				李济元年任。	
			门答瞻二年任。	程也先不花二年任。	
		卢克治三年任。	脱脱三年任。		
				冯荣祖四年任。	
				李德元四年任。	
			不花五年任。		
		石抹进六年任。	婆南把六年任。		
				刘洪裕七年任。	
至治	廉玉居石海牙				
	长寿				
泰定	阿剌忒纳元年任。		赛音不花元年任。	郭文进元年任。	
			马毅二年任。		
	乞思监三年任。			朱继善三年任。	
		朱绶四年任。	罗里四年任。	思恭四年任。	
				吴僖四年任。	
天历			王照元年任。		
	吴只哥二年任。				
至顺	哈剌歹元年任。	王招孙元年任。	廉阿息力海牙元年任。	赵一锐元年任。	
				赵元善元年任。	
			李彬二年任。		
元统				崔秃满儿元年任。	

续表

至元					
至元		李衡元年任，有传。	干出八的斤元年任。	胡克让元年任。	
			康廷瑾元年任。	汤振孙元年任。	
				马训二年任。	
				范政二年任。	
		孙邃三年任。		周翰三年任。	
				陈聚三年任。	

明	知州	州同	州判	吏目
洪武	邓鉴			
	顾登元年任。			
	郭云二年任。擢南阳卫指挥，有传。			
二年改县	知县	县丞	主簿	典史
	段成初			
	张复礼			
	王仲彰	吕秀山	柯原立	
	高谦甫平阳人。五年任，有传。		黄铨句容人，由楷书。	
	赵文振三十年任。			
	吴裕为溧水令有声，上作《褒贤颂》送之，见王祎《造邦勋贤录》。			
建文	陈宗铭浙江云和人。由贤良。			
永乐	贾贞广平人。三年任，有传。			

续表

	朱必暄九年任。			
	郑仲源十年任,有传。			
	廖以仁			
宣德	钟孚			
	侯康			
	王宾			
正统	陈成	韦忠	杨禧贤	
			李斌	
	王怿山阴人。	张智	杜篪	姜渭
	欧阳凤	袁方	卓兴	
景泰	张昱广东人。			
	张健正定人。			
天顺	萧通泰和人。	白琛	郭昶	姚伯良
	张瑾	杨海	马聪	
成化	夏环丰城人,由进士。	王臣	潘珍	
			王诚	
			白玘	
	燕寿咸宁人。由举人,有传。	张春	李鉴	彭贵
			韩伯聚	
			杨杰	
	王弼黄岩人。由进士,十一年任,终知府。祀名宦,有传。	周弁	刘凤	胡玺
			焦雄	
			李芳	

续表

			杨隆昌	徐明
	宁贤 通州人。由进士,十六年任。	李源	刘仕宏	
（宏）[弘]治	张熊 德兴人。由进士,元年任。		史英	
	李文盛 卢龙人。由举人,二年任。		白玺	李贤
				曾应祯
	曹玉 嘉祥人。由进士,四年任,擢御史。	张璲 霸州人,有传。	邢勉	邵裕 邵阳人。由举人,先任训导,谪典史。
	陶煦 秀水人。由进士,九年任,擢御史。	王鹤	尚达	王采
	胡玥 襄阳人。由进士,十三年任,擢给事中,有传。		王堂	李长
			高魁	
正德	张锡 霸州人。由进士,元年任,升知州,有传。	赵骏	余峦	叶昌
		许芳	张懿	
			李逵	
	陈铭 会稽人。由进士,四年任,升知州。	姚阳	武福	李贵
			阴豸	
			卢悦	
	陈宪 余干人。由进士,八年任,擢佥事,有传。	朱政	王宗仁	宋得山

		张依仁		
	何东莱泸州人。由举人，十二年任，升府同知。	周礼十二年任。		陈大纶
嘉靖	王从善湖广襄阳人。由进士，三年任，擢吏部主事。祀名宦，有传。	孙麓澄城人，由例贡。	黄旻丰城人，由例贡。	
	高翀江西新淦人。由进士，七年任，历官至副都御史。有传。	王选浙江鄞县人。由例贡，七年任。	胡宁大嵩卫人，由例贡。	王增蒲圻人，由吏员。
	张问行内黄人。由进士，九年任，历官至都御史。有传。		童久仁广信人，由知印。	
		梅时用星子人。由例贡，十年任。		
	胡凤黄梅人。由进士，十一年任，历官至宪副。有传。		弭宦章邱人，由例贡。	谌焰丰城人，由吏员。
	杜朝聘东阿人。由进士，十三年任，终主事。		郭铭由例贡。	
		江绍奉化人。由岁贡，十四年任。		
	陈光华莆田人。由进士，十五年任，官至按察使。		饶琪由例贡。	林允施闽县人，由吏员。
		陈阳蓬州人。由例贡，十七年任。		

续表

谢廷蒩_{四川人。由进}士，二十年任，至佥事致仕。有传。	张仁_{四川人。}由例贡，二十年任。	刘继儒_{汝阳}人，由例贡。	
陈公升_{闽县人。由进}士，二十一年任，官至副使。		李宾_{由例贡。}	谭元吉_{衡阳人，由}吏员。
邓巍_{浏阳人。由进}士，二十二年任，擢御史。	俞慎_{仁和人。}由吏员，二十二年任。	郑宗武_{由例}贡。	吴升_{南昌人，由}吏员。
包桐_{鄞县人。由举}人，二十六年任。		萧露濡_{汝宁}人，由例贡。	林文景_{闽县人，由}吏员。
		马时中_{由例}贡。	
	乔世祯_{莱阳}人。由选贡，二十九年任。		
栾尚约_{胶州人。由进}士，三十年任，官至监察御史。祀名宦，有传。		刘润_{高密人，}由例贡。	
		周堂_{鹿邑人，}由例贡。	张惟涵_{余姚人，由}吏员。
	曾凤仪_{和平}人。由岁贡，三十二年任。		
	赵珠臣_{莆江}人，由岁贡，三十四年任，致仕。		
曾震_{四川合江人。由}进士，三十五年任，历官布政使参议。		姜从周_{即墨}人。由选贡。升县丞。	屠大音_{鄞县人，由}吏员。

		李文通缙宁人。由吏员，三十七年任。	孙禄通州人。由例贡。升县丞。	
		聂延芳清江人。由例贡，三十八年任，升卫经历。		
	周之屏湖广湘潭人。由进士，三十九年任，升南京吏部主事。		郑周永定人，由例贡。	
			陈邦言建德人。由吏员。升县丞。	
	陈文谟浙江慈溪人。由进士，四十一年任，升刑部主事。祀名宦，有传。		杜藻济阳人。由例贡。升卫知事。	王璔新城人，由吏员。
			邹木浙江余姚人，[由]承差。	
		余大诏顺昌人。由例贡，四十二年任，年老去。		
	贺一桂江西庐陵人。由进士，四十五年任，擢御史。	田自能博野人。由岁贡，四十五年任。致仕。	刘涞湖广麻城人。由例贡。升县丞。	
			申铠山东肥县人，由例贡。	
隆庆		王之纲夷陵人。由举人，二年任。升知县。	马麟山西大同左卫人。由岁贡。升纪善。	

续表

		程大器确山人。由岁贡，二年任。		
	刘应雷江西万安人。由进士，三年任。行取入京，卒于途。祀名宦，有传。	王南山密云人，由监生。	陈洧真阳人，由岁贡。	王璟齐东人，由吏员。
			马应龙云南阿迷州人。由岁贡。升奉祀。	
万历		郭一奎安远人。由岁贡，元年任，升典宝。		
	傅应（贞）[祯]江西安福人。由进士，二年任，擢御史。祀名宦。			王应麒山阴人，由吏员。
	吴仕诠浙江归安人。由进士，三年任，升南京兵部职方司主事，转车驾郎中。有传。	吴行谦蕲水人。由恩贡，三年任。升知县。	邓霈浙江仁和人。由例贡。升县丞。	
			娄爱浙江会稽人。由例贡，四年任。	周点鄞县人。由承差，四年任。
		戴士克鄞县人。由例贡，五年任。		
		傅湟定兴人。由恩贡，八年任。	陈镐罗山人。由岁贡，八年任。	钱应山余姚人。由吏员，八年任。
	陈子贞江西南昌人。由进士，九年任，擢湖广道御史。有传。	袁时行广东博罗人。由恩贡，九年任，升王府宝正。		

		邵绅_{浙江武义}人。由监生，十二年任。	魏尧文_{福建莆田}人。由吏员，十二年任。
		阎守仁_{直隶易州}人。由岁贡，十二年任。	
	王春泽_{河南商水}人。由恩贡，十四年任，升顺天三河县知县。		
			何文升_{浙江钱塘}人。由吏员，十五年任。
杜允继_{顺天霸州}人。由进士，十六年任。		徐性成_{浙江上虞}人。由例贡，十六年任。	
		曾一传_{湖广蕲水}人。由例贡，十八年任。	
	朱紫云_{浙江秀水}人。由监生授鸿胪寺序班，十九年升任。		林迟君_{福建莆田}人。由吏员，十九年任。
喻言兴_{江西南昌}人。由进士，二十年任。			
	何复清_{广东南海}人。由吏员，二十五年任。		

续表

徐必达浙江嘉兴人。由进士,二十六年任,升南京验封司主事。祀名宦,有传。		陈腆福建海澄人。由吏员,二十六年任。	陈德炫福建连江人。由吏员,二十六年任。
		蒋元勋江西太和人。由吏员,二十七年任。	
余士奇广东东莞人。由进士,二十九年任。		王文潜浙江永康人。由吏员,二十九年任。	王敷福建平和人。由吏员,二十九年任。
王德坤浙江乌程人。由进士,三十年任。	孙应俸浙江嘉兴人。由监生,三十年任。		
徐良彦江西新建人。由进士,三十一年任,历官侍郎。有传。			熊仁江西南昌人。由吏员,三十一年任。
	陈善道浙江山阴人。由吏员,三十四年任。		
			林汝福建海澄人。由吏员,三十五年任。
朱身修江西进贤人。由进士,三十六年任,升礼部主事,至左布政。有传。	文炳四川石泉人。由选贡,三十六年任。	赵应和江西南昌人。由吏员,三十六年任。	
		朱元佩浙江会稽人。由吏员,三十六年任。	

			郑希朝福建古田人。由吏员，三十八年任。
董懋中浙江山阴人。由进士，四十一年任，调武进，终尚宝卿。	罗达湖广汉阳人。由岁贡，四十一年任。	周书浙江崇德人。由吏员，四十一年任。	王文明江西南昌人。由吏员，四十一年任。
	杨彩凤湖广城步人。由恩贡，四十三年任。		
			杨仲鼎江西乐平人。由吏员，四十四年任。
洪赞宇晋江人。由进士，四十五年任。		姚时俊浙江兰溪人。由知印，四十五年任。	
张锡命四川潼川人。由进士，四十七年任，历官至盐院。有传。	王淘四川泸州人。由选贡，四十七年任。		
泰昌		李孔珍邯郸人。由监生，元年任。	何应麟浙江临海人。由吏员，元年任。
天启 李可埴湖广善化人。由进士，二年任，终知府。有传。	王景文浙江分水人，由监生，二年任。	叶祥云江西广信人。由监生，二年任。	
			马尚锦浙江山阴人，三年任。
		何仁天四年任。	

续表

		赵建猷陕西西安人。由选贡,六年任,升知县。		俞应辉浙江绍兴人。由吏员,六年任。
	曾就义江西赣州人。由进士,七年任,后选入翰林。有传。		刘京生江西南安人,七年任。	
崇祯		董三槐北直人。由选贡,元年任。		
			高腾浙江平湖人,由吏员,二年任。	
	龚士骧浙江义乌人。由进士,三年任。	葛明臣浙江仁和人。由吏员,三年任。		潘国栋浙江山阴人。由吏员,三年任。
	杨邦翰广东南海人。由进士,四年任,升南京工部主事,终知府。			
		陈士珍云南普安州人。由廪监,五年任。	吴士祯浙江平湖人。由吏员,五年任。	林崇起福建龙溪人,五年任。
	陈汝益浙江温州人。由举人,七年任。	刘文允浙江钱塘人。由副榜,七年任。	汪翼震福建晋江人。由吏员,七年任。	林起凤福建福清人。由吏员,七年任。
	余厥成浙江鄞县人。由举人,十年任。	钱大仪浙江余姚人。由贡生,十年任。		
		袁之澄浙江乌程人。由廪监,十一年任。	周家珍浙江山阴人。由吏员,十一年任。	伍金柏浙江于潜人,十一年任。
		吴邦储湖广兴国人,十四年任。		

续表

		王宗楷十五年任。	陈文乔江西靖安人,由吏员。
邝洪焰广东南海人。由举人,十六年任。	陈尧文浙江山阴人。由监生,十六年任。		
	陈登济福建人。		
王观瀛浙江山阴人。由进士,乙酉年任。未两月,弃城去。			

国朝	知县	县丞	主簿裁	典史
顺治	罗佳士直隶新安人。由贡生,三年任。有传。	陈瑞图山东临清人。由监生,二年任。		方志道二年任。
	杨国祯奉天人。由贡生,三年任,历官至广信道。有传。			
	王鼎(颍)[颖]山东淄川人。由进士,四年任。有传。			
				潘国栋五年任。
	安应(晖)[晖]奉天人。由生员,六年任。祀名宦,有传。			
		段袗山西太原人。由岁贡,九年任。		
	闵派鲁河南祥符人。由拔贡,十年任。有传。			万国守十年任。

续表

		于昌禧浙江余姚人。由吏员,十二年任。		张呆直隶安肃人。由吏员,十二年任。
	车辖直隶沧州人。由举人,十六年任。有传。			朱育恩十六年任。
	饶应元湖广蕲水人。由举人,十六年任。有传。			
				李元敬十七年任。
		刘维运陕西人。由岁贡,十八年任。		
康熙	冯泰运直隶抚宁人。由生员,二年任。			
		张联芳山西临汾人。由例贡,七年任。		丁文耀直隶大兴人,七年任。
	李作楫广东东莞人。由进士,八年任。	饶于琼		王国黉
		邵逸名。		刘祺
		宋师郊		
	刘登科奉天人。由举人,十二年任。	耿绪祚		
		潘世铨浙江钱塘人。		
	赵世臣奉天镶红旗人。世袭阿思尼哈哈番。十六年任。祀名宦,有传。			

	刘蔚 文本全州人,二十年任。	张拱枢 山西临汾人。		
		袁昌		
	徐杰 奉天人,二十三年任。			
	王毓美 奉天人,二十六年任。			
	陈六谦 浙江仁和人。由监生,二十八年任。			
	周师望 奉天人,三十三年任。			
	谈宇济 奉天人,四十二年任。			
	刘企向 陕西咸阳人。由监生,四十六年任。			
	阎坊 河南鹿邑人。由监生,五十一年任。			
				冯继仕 浙江人。由吏员,五十七年任。
	赵向奎 山西闻喜人。由举人,六十一年任。			
雍正	王士镛 奉天人,二年任。			
	孔毓洙 山东曲阜人。由举人,三年任。	黄一琼 顺天宛平人。由例贡,三年任。		

续表

	孔毓珠山东汶上人。由贡生,四年任。			
	张思闳浙江海宁人。由贡生,六年任。			
	周大律河南人。由进士,七年任。			
	吴廷贤广东人。由举人,九年任。	陈和志直隶栾城人。由拔贡,九年任,升震泽县知县。		
	吴湘皋江西会昌人。由举人,十年任。			
	萧泳福建南平人。由举人,十三年任。			甘彪云南会泽人,十三年任。
乾隆		何志倬湖广道州人。由拔贡,四年任。		
	杨塤山东朝城人。由贡生,五年任。			
	蔡书绅浙江德清人。由进士,十一年任。			
		乾隆十二年奉文裁汰县丞。		葛大业浙江上虞人。由吏员,十二年任。
	曹江浙江上虞人,十三年任。			
	陈征贵州安平人。由进士,十九年任。			

续表

周天柱_{广西西隆人。}由进士，二十年任。			赵光辉_{陕西大荔人。}由吏员，二十年任。
敬华南_{四川华阳人。}由翰林改授，二十三年任。			
高九思_{陕西米脂人。}由举人，二十五年任。			
赵海_{陕西华阴人，}三十二年任。			
刘志_{四川璧山人。}由进士，三十二年任。			聂连登_{河南（荣）}［荣］阳人，由监生，三十二年任。
李汝臻_{陕西华阴人。}由举人，三十四年任。			陈鸣埧_{浙江会稽}人。由监生，三十四年任。
戴第业_{山西太平人。}由进士，三十五年任。			
崔方韩_{直隶献县人。}由举人，三十六年任。			
凌世御_{浙江钱塘人。}由进士，三十八年任。			秦森_{浙江慈溪人。}由供事，三十八年任。
			张发_{浙江钱塘人。}由监生，三十九年任。
贾文兴_{直隶新河人。}由监生，四十二年任。			

官师表下

隋唐以前无考,故自宋始。

	宋教授	
	吴茂成绍兴年任。	
	陈振孙	
	袁乔咸淳间任。	
	元教授	
	宋升至元元年任。	
	刘建行元贞初任。	
明		
	教谕	训导
洪武	姚崇文华亭人,二年任。	朱闰祖邑人,二年任。
	蔡中	朱芾
永乐	王遁	
正统	张良彦江西丰城人。	吴复福建闽县人。
景泰		刘钊江西泰和人。
天顺	杨澄	周珣江西吉水人。
	韩和江西铅山人。祀名宦,有传。	陈载宏江西吉水人。
		陈睿江西安福人,由贡生。
		陈安福建闽县人,由举人。
成化	林挺福建人。	邱野江西临川人,由举人。
	徐绶河南杞县人。	郭铉浙江嘉兴人,由举人。
	安静河南武安人。	薛暄福建闽县人,由举人。
	潘垫广西桂林人,由举人。	吴世溥浙江天台人,由举人。
(宏)[弘]治	张居敬浙江新昌人,由举人。	许洪浙江临海人,由贡生。

	曾宪江西泰和人,由举人。升知县。	翁珅浙江新昌人,由贡生。按,郡志作翁绅。
		徐爵四川大竹人,由举人。
		刘宗文河南汝州人,由举人。
		邹江浙江余姚人,由举人。
		王钢浙江慈溪人,由贡生。
正德	龚棠广西全州人,由举人。	卢珊山东蓬莱人,由举人。
	于朴北直隶河间人。由举人。升汶上县知县。	冯万浓广东海阳人,由举人。
	唐世卿浙江海宁人。由举人。祀名宦,有传。	谷仁湖广邵阳人。
		杜钧湖广江夏人,由贡生。
	杜钧训导升。	杨凤江西泰和人,由举人。
	方彦福建莆田人,由举人。	杨觐四川新繁人,由贡生。
嘉靖	李旦湖广永兴人。由举人,五年任。历官户部郎中。	王庠浙江遂昌人,由岁贡。
	陈诰福建漳浦人,由岁贡。	彭璜江西浮梁人,由岁贡。
	曾嘉诰湖广麻城人。由举人。升知县。	王瑞峡江人,由岁贡。
	刘蒯北直隶任邱人。由岁贡,十六年任。	何昇浙江丽水人,由选贡。
	李梓芳江西丰城人。由举人。升知县。	施大本浙江德清人,由岁贡。
	王良翰山西应州人。由岁贡。升涪府教授。	陈策福建同安人,由岁贡。
	吴应隆贵州铜仁籍,江西金溪人。由举人。升知县。	张司直五河人,由岁贡。

续表

	沈琪浙江德清人。由岁贡。升教授。	何如芳浙江建德人，由岁贡。
	吴会江西高安人。由岁贡。升教授。	张瑄福建平和人。由岁贡。升教谕。
	叶露新福建闽县人。由举人。升知县。	黄积庆江西金溪人。由岁贡。升教谕。
	张世华浙江建德人。由岁贡。升学正。	林雨浙江平湖人。由岁贡。升代府教授。
	杨文富福建归化人。由岁贡。升益府教授。	辛缵浙江兰溪人。由岁贡。升宁州学正。
		陈良佐四川新宁人。由岁贡。升教谕。
		张思明江西高安人，由岁贡。
		甘应魁福建侯官人。由岁贡。升教谕。
		姚仁辽东益州人。由岁贡。升衡府教授。
隆庆	丁永晓湖广武陵人。由举人。升知县。	唐惟恂湖广东安人。由岁贡。升知县。
		宋天朴北直隶滑县人，由岁贡。
万历	朱大愚华亭人，由岁贡。	
		阮化浙江于潜人。由岁贡，二年任。升教谕。
		敖琇江西新俞人。由岁贡，四年任。
	高汝梅浙江仁和人。由举人，五年任。升繁昌县知县。	
	王立道长洲人。由举人，八年任。	吕光品浙江新昌人。由岁贡，八年任。按，郡志作光器。
		潘聚嘉定人。由选贡，十年任。

续表

	庞尚龙 广东南海人。由举人,十一年任。	
		张衷 福建甄宁人。由选贡,十三年任。
	傅恕 浙江慈溪人。由选贡,十五年任。	李大经 昆山人。由选贡,十五年任。
	冯应元 东流人。由举人,十八年任。	
		陈宗器 江西奉新人。由选贡,十九年任。
	唐逸名。	张希文
		赵汝恒
	宗贤 宁国人,二十四年任。	岑凤鸣
		任宷
	孙承禄 苏州人。由举人,二十七年任。	王应聘
	吴炜 由举人,三十年任。	罗应唐 贵州人。
		蒋之英 昆山人。
	衷允元 江西人。由举人,三十四年任。	贾宗禄 徐州人,由贡生。
		吴憬 淮安人,由贡生。
		陈迈 武进人。
	傅时勉 无为州人。由举人,四十年任。	李应台 太平人,由贡生。
		李天佑 辽阳人。
	汤景明 云南人。由举人,四十三年任。中丙辰进士,入翰林。	陈而志 江西太和人。
		骆似麟 江西人。

续表

	蒋应昌云南人,四十四年任。	杨淳四川人。
天启	许用卿宜兴人。由举人,三年任。	陈明德四川人。
崇祯	吴世济浙江归安人。由举人,元年任。有传。	吴孝可当涂人,由贡生。
		倪自治桐城人,由贡生。
	赵三荐广西全州人,庚午解元。七年任,升知县。	吴来缙湖广辰州人,由贡生。
	杨应渐怀宁人。由举人,十年任,升知州。	程士荣太平人,由贡生。
	钱中选宣城人。由贡生,十三年任。	
		戴金章宿迁人。由贡生,十四年任。
		王奇安庆人。由贡生,十五年任。
		何应选宣城人,由贡生。
	徐沾山阴人。由举人,十七年任。	冯泰交丹徒人,由贡生。
国朝		
	教谕	训导
顺治	刘成性奉天人。由贡生,二年任。	程名达仪征人,由贡生。
	王应期直隶安肃人。由选贡,五年任,升新喻县知县。	陈绍思太平人,由贡生。
	吴鼎玫武进人。由举人,十一年任。	纪甲第砀山人。由岁贡,十一年任。
		刘有声泗州人,十五年任。
	朱宏宪全椒人。由举人,十六年任。	
康熙		陆经顺天大兴人。由教习。升知县。

		张克遇潜山人。由贡生。升县丞。
		程之望婺源人。由贡生。升教谕。
	张新杼山阳人。由举人,十六年任。	
		吴愉长洲人。由贡生,十七年任。
	汤震丹徒人。由贡生,二十四年任,升户部主事。	
		冲之伟由贡生,二十七年任。
		刘朝阳由贡生,二十七年任。
		焦梦虬由贡生,三十一年任。
		沈德泰由贡生,三十五年任。
		卜大生由贡生,三十五年任。
		桂纯由贡生,三十九年任。
	佘山江都人。由贡生,四十三年任。教授升海宁知县。	
		韩学爽望江人。由贡生,四十四年任。
		陈熊长洲人。由贡生,四十七年任。
	张廷琪桐城人。由贡生,五十七年任,升知县。	
雍正	于伟烈金坛人,由拔贡,三年任。	陈灏睢宁人。由贡生,三年任。
		徐大业吴县人,由贡生,七年任。
乾隆		张永彩怀宁人,由贡生。
	蒋辉慈怀宁人。由举人,七年任。	苏纶石埭人。由岁贡,七年任。
	陶熺南陵人。由举人,八年任,升顺义县知县。	
	黄长龄山阳人,由举人,二十年任。	

续表

		马国龙全椒人。由岁贡,二十二年任。
		张必芳潜山人。由岁贡,二十六年任。
郑璇吴县人。由举人,二十七年任。		
姚霞举贵池人。由拔贡,四十三年任。		宋浤芜湖人。由举人,四十一年任。
姚志鹄贵池人。由廪贡,四十四年任。		张于陶通洲人。由岁贡,四十二年任。

驻　防

国朝雍正七年设千总一员,巡防汛地。兼辖溧阳。

周必昌高淳人,雍正七年任。

马义上元人,乾隆八年任。

汪国琏上元人,乾隆十四年任。

樊国泰上元人,乾隆二十年任。

董天如上元人,乾隆二十六年任。

米蕴舟上元人,乾隆三十一年任。

顾起上元人,乾隆三十四年任。

戴恩丹徒人,乾隆三十七年任。

张纯如句容人,乾隆四十年任。

陈天宿仪征人,四十二年任。

税课大使附载

唐　海	赵　濂	李　珍	郭永阳	邱　扬
刘廷相	宋　隆	崔　相	陈　鳌隆庆二年裁。	

河泊所官附载

孟　德	博　秀	郜　仪	都　伸	王　聪
李廷珪	刘　宝	卢　后	刘　儒	任尚学

韦大信　　陈宗仁　　雷子华　　　寇天衢

刘大良_{万历二年裁。}

明初设有桑枣主簿一员。境内桑二十万七千七十三株,枣二十五万六千九百一十八株。后寻革。见《万历志》。

封　爵

西汉

刘钦_{梁敬王子,元帝时封溧阳侯。}

刘异_{钦子,袭封。}

东汉

史崇_{建武中封溧阳侯。}

史颢_{崇子,袭封。}

史茅_{颢子,袭封。除尚书,迁侍中,转镇西将军、雍州牧,谥曰项。}

史洽_{茅子,袭封。}

史泽_{洽子,袭封。}

陶谦_{以破黄巾功,封溧阳侯。}

吴

朱然_{以败蜀汉,封永安侯。}

潘璋_{孙权司马。以袭蜀汉,封溧阳侯。}

芮元_{拜奋武中郎将,封溧阳侯。}

何蒋_{孙皓母弟。永安六年封溧阳侯。}

孙洪_{封永平侯。}

孙谦_{封永安侯。}

晋

王俊_{封永世侯。}

东晋

王隐_{太兴初,以平王敦功,赐爵平陵乡侯。}

梁

杜毚以破侯景功,封溧阳侯。

陈

钱道义以平张彪功,封永安侯。

宋

魏良臣参知政事,封建康侯。

吴渊以观文殿大学士,封金陵侯。

吴潜嘉熙三年封县开国男,淳祐四年进封子,七年进金陵侯,十一年进封公,开庆元年进崇国、庆国,改许国。

元

赵鉴追封句容男。

宦　迹

唐

岑仲林,邓州人,中书令文本之孙。为令有政绩,时兄羲令金坛,仲翔令长洲,皆有声。宰相宗楚客嘱监察御史曰"勿遗江东三岑"。仲林居溧水尤见表树,不愧家风。

王通,字玄览。长寿间任,增益户口,以清勤名。

窦叔向,金城人。以左拾遗知溧水,优于治,善属文。其子常、牟、群、庠、巩五人,咸秉训诲,成显宦。而叔向之政独著世,以五窦称,叔向实先之。

白季康,太原人。父麟,为扬州录事。母梦感白蛇而孕生。其先,秦武安君起,数传至公。生而温恭信厚,为官贞白严重。始任华州下邽尉,及历宦溧水,已四为令矣,而竟卒于官。邑民思而俎豆之不衰,遂为神,即本邑城隍是也。迄今禳祷辄应,邑民尊崇之,视他邑特异焉。公之生平详于从子居易墓志,有云,"公才不偶时,道屈于位,命矣!"曷知其怏怏未试之志,犹炳烺千禩而不灭哉。

陆该,吴县人,象先孙也。为令倬有时誉。

宋

关起,字蔚宗。熙宁二年以太子中允出知溧水县,机务整饬,肇兴学校。任满,擢广西太守。

周邠,字开祖。元丰四年任,节俭爱民,民德之。

李衡,字彦平,江都人。绍兴中进士,隆兴元年任,博学能文,操笔立就。专以诚意化民,注情学校,诸生向风。累官至副御史,改起居郎,以秘书修撰致仕。

周邦彦,字美成,钱塘人。元祐八年任,雅娴于文词,一时称为才吏。在县作《萧闲堂》《插竹亭》《题名》诸记,及他什甚富,而不妨于政。其为人落魄不羁,多涉经史。先是,元丰中献《汴都赋》万余言,多用古文奇字,神宗异之,自诸生召为太学正。后至徽猷阁待制,知顺昌府。有文集二十四卷行于世。

张革,大观二年任。才而有操,以强明清白称。

潘振,建炎间任为尉。会金人攻建康,陷溧水,振独死之。

李朝正,字治表。由太学登第,历敕令所删订官,绍兴间出知溧水县。有异政,秩满民泣留。叶梦得荐于朝,高宗曰,"近时县令以政绩被荐,辄别除差遣,莫若进秩久任之,庶几民安其政。"乃召对,迁一官,赐五品服,遣还。陛辞,乞易所得章服封母,从之。户部侍郎王鈇复荐之,言"朝正昨任溧水县,曾措置均税,简易不扰,至今并无词诉。"除太府寺簿,累官至户部侍郎,奉祀,调知平江府。卒年六十,官至朝奉大夫。

章籍,浦城人,枢密衡之孙。绍兴间任,为政清勤且平易,而法不挠,民颂之。

姚耆宗,绍兴十五年任。爱民戢吏,详明不苛,邑称大治。

苏楷,字彦平。隆兴元年任,强明有吏术。诸司列荐,召知江阴军。

司马僖,字季和,温公光之后。淳熙三年任,明敏有才,为政不苛。

吴友闻,淳熙十六年任。清勤详察,狱折片言。

汤谠,字伯行,丞相思退之孙。嘉定二年任,存心仁恕,民共戴之,见于途歌。

史弥巩，字南叔。鄞县人，嘉定进士。丞相浩之从子，丞相弥远之从弟。绍定元年任，为人好学强记，性刚介而政精明，人服之。首严庠序。累官提点江东刑狱，岁大旱，活饥民百余万。后知婺州，卒年八十。真德秀尝称其"皭然不污"。

卫社，绍定四年任。清而仁，民悦之。

元

仪武义，元贞初任溧水州。修建学校，易斋扁，铸祭器，焕然一新。

李衡，至元元年任溧水州。政务既举，乃修学宫，益生徒，建尊道、明德二堂，以诱后进。

明

郭云，随州人。洪武二年任溧水州，寻改知县。会兵燹之后，邑甚凋敝，云至力任之。建置县署，百废具兴，而益持以廉，士民咸悦。后以膂力、谋略被召，改为南阳卫指挥，抚绥军民，俾以乐业。子孙世袭其职。

高谦甫，温州人。洪武五年任，征收不扰，差役均平，以廉能称。

贾贞，广平人。永乐年任，廉明守已，莅政有方。

郑仲源，临海人。永乐十年任，公勤处事，谦让自持，有明敏才，而退然不居。

燕寿，字本仁，咸宁人。成化间由举人任，临下以庄，退居无惰容，簿书秩然。政平讼理，吏不能欺，民鲜不法。后丁艰去，众深惜之。

韩和，字介之。江西铅山人，天顺间由举人任教谕。尝倡新学宫，置祭器；上官委以定徭赋，众皆服，议者谓韩先生又优于吏如此。后致仕去。

王弼，字存敬，黄岩人。成化十一年任，有操守，富于学。催科以期，而民无后之者。历兴化太守。

张璲，顺天府霸州人。（宏）［弘］治间由吏员任县丞，倜傥有大志，而守甚介。或讽云，"世方用人以格，君何自苦为也？"应之曰："格能限璲官耳，能限璲乎！"后升州同，不及赴而卒。萧然遗一囊也，官为之殓。尝建泮宫坊、永丰仓。后有张令名锡者，其族子也。

胡玗，字朝重，襄阳人。由进士，（宏）［弘］治十三年任。恺悌得民，惠政足纪。

张锡,字惟范。由进士,正德元年任。宽猛相济,人民畏爱。

陈宪,字伯度,余干人。由进士,正德八年任。公明宽恕,操洁廉平。曾修溧水志。

王从善,字承吉,襄阳人。由进士,嘉靖三年任。蔼然爱民,而老于吏治,夙富文词,政举其要。首请忠节祠,祀齐节愍公。建先斯仓,以备赈济。公暇则过兴教寺,翛然自适,不为俗务所拘,颜寺中堂曰"又得",义取"又得浮生半日间"也,每有讼,民即寺听断,视若无事,盖超超若世外者。于诸生多所嘘拂,士人向风依恋。省荒劝农,多得古法。纂修邑志,今垂旧闻。

高翀,江西新淦人,湖广安陆籍。由进士,嘉靖七年任。廉明而威,民无咎者。

张问行,字子书,内黄人。由进士,以御史言事被谪,嘉靖九年任。善察,屡摘民间阴事,呼为神明宰。

胡凤,字文明。嘉靖年任,廉而果敢。

谢廷蒫,四川富顺人。由进士,以给事中,嘉靖二十年言事谪云南尉,寻调至。裁抑冗滥,济以廉明,去而民怀之。

栾尚约,胶州人。由进士,嘉靖三十年任。在官多惠政,百姓怀之。凡所修葺,迄今皆指为栾公遗泽,爱比甘棠。有《县宰题名记》。

陈文谟,字仲谋,别号仰潭,浙江慈溪人。由进士,嘉靖四十一年任。端方正直,不阿不抗,事上敢言;御下明朗,使民通晓,催征得宜,加以劝慰,人尽输纳恐后。听讼务使两得其平,词无滥受,罪弗苛求,民悉怀之,建祠尸祝,至今称之。顺治十二年春奉主入名宦,其里已祀乡贤。若公者,可谓恭茂无愧者也。仕终刑部郎。

刘应雷,江西万安人。由进士,隆庆三年任。时傍邑有以粮数千石幸嫁溧水者,公力争,当道以胜气临之,执益坚,事竟直。又,丈量田亩无尺寸漏,因高下制赋克当,见于歌谣。被召去,卒于涂。民怀厥德,立祠祀之,并入名宦。事详傅御史应祯记。

徐必达,字德夫,别号玄仗,浙江嘉兴府秀水人。万历壬辰进士,初授太湖县,多惠政,以丁内艰,服阕补溧水。甫下车,问民疾苦,举最重者莫如田亩丈量之务。先是,明永乐初,溧居苏常上游,吴下每受湖水之患,因筑东坝以塞湖水,为吴都利,则溧害生。南湖之漂没泛滥,十万余亩化为汪洋,不可问粮税矣。前令陈子贞不得已,以每亩加钞弓一分有奇,以充前数,则李代桃僵,民不堪命;且丁、条二项悉重于他县,而协济银尚三千余两措办尤艰,公心恻之。比例高淳改折,以苏民困,代邑民张晓等草疏,使叩阍以请。公后历迁至应天府尹、操江都御史,始终以溧为意,每与诸当道激切言之,卒获改折,皆公之力也。征催有法,弗事烦刑,不经胥役,民自投柜登名,因以验其轻重,民乐输早完,岁无逋欠。听讼虚公,使各尽其词,随以片言折之,无一冤者。又宽镯赎,公移内开填百不及十。与士子课文讲艺,建图南书院,有期有礼,士彬彬以兴,置学田以赡贫生。凡各上官经过,供亿之烦往往取办坊长,公恤其苦,乃于衙舍旷地蓄鸡豚、置蔬菜以备陈献,累不及民,上官亦习闻其贤而无有苛责。县民杨保元、骆应鹏等坐齐泰族党,编成军四十五户,泰子孙蒙赦还而族党远戍者犹故,公为力请豁籍,且请恤录裔孙以慰忠魂。他若恤马户,佃草场,修圩埂,治街道,兴利除害不可胜纪。以行取去任,后历升至南京应天府尹。长江故有牵挽水手,岁计工食银二千四百余两,实则江帆风便,无事此役,公为裁革,以抵各属县夫马、驿递之应增者。赔偿之条款井井,抚按允行,勒石著为永规。又捐俸三百余两为溧水增置学田,凡可以为溧计者,莫不留意焉。溧民至今颂之不衰。位至南京兵部侍郎。

吴仕诠,字公择,浙江湖州府归安县人。万历初举进士,令溧水与寻常令异。视溧之剧者为简,变令之俗者为雅,动以文章饰吏治。首崇学校,作《学记》勒于学宫,作《训民四箴》立于堂壁,士之为文者以之风,民之违法者以之劝。政暇一意于山川文物,虚贤下士。以邑志为国史,独重其事,考正德、嘉靖二志而重新之,聘山人黄汝金纂辑以成,而自序焉。有功于溧者,德惠不可枚举,至今人思之。公实于万历以后为溧令者有观感云。

陈子贞,字怀云。江西南昌人,万历十六年进士。令溧水以实心为政,爱民如子,待士若师。劝善简讼,讲学课文,不矜清俭,不尚虚文。在任相安,有恩无怨,邑祠祀之。行取御史去,旋督学江南。巡试诸郡,道出濑上,登徽恩阁,赋诗题扁,如归故乡。犹询民疾苦,有长者风,称为召父杜母。官至福建巡抚,所在有祠,永思无斁。

徐良彦,字季良,别号若谷,江西新建县人。登万历戊戌进士,初授婺源县知县,丁内艰去。服阕,改补溧水县。公才学政事动皆过人,下车首权其邑之要务,莫大于便民杜害。应天八邑俱有解京皇砖之役,岁佥富户转解,赔累甚重,多至破家,大为民害。公心忧之,因请于田粮少增分毫,不令偏累富户。议令各县共出其费,悉付苏州府惯烧砖式匠作总解,以免驳换之苦,议行而民便。凡上官经临,一切供应什物皆借办于坊长,临期仓卒,多致失误不周,往往吏民相诿,失礼上官。公设处官置,立为定则,不使贻累坊长,上下相安。每年会计必清算申明,不使胥吏得一毫影借。听讼不形喜怒,使民情得以上达,而奸猾者悉无以自施其巧。罪罚惟轻,赎锾多免,一意保护群黎。公素知堪舆之理,每叹溧水形势有不足而易消长,视东南诸水直泻无情,西北风气不聚,倡义民建塔以塞水口,于是民多丰饶,士咸文秀。万历丙午分校南闱,多收名士。居溧五载,所行多仿前令徐公,人称溧有二徐焉。行取御史台,直言抗疏,以忤魏珰,被谪。崇祯初起大理寺卿,寻升工部侍郎,予告归。有《焚余草》诗六卷行于世。

朱身修,字安伯,江西进贤人。由万历丁未进士任溧水。爱民为心,不滥受词,以农桑是劝。吏胥左右无敢有犯者,公不威而民畏,有礼而士亲。未期年,而邑之利弊了然,搜剔殆尽,称为神明。擢南礼部主事,转南吏部考功司郎中,终于福建布政使。邑有祠焉。

张锡命,号月沙,四川潼川州人。登万历丙辰进士,授溧水令。公眇一目,邑人相戒,百凡言语书字俱慎之,公略无拘忌,久之民亦相忘。公之聪察纤毫不爽,若有四目之明,至论文阅试,具特识,拔秀异焉。邑有改折田粮事,前令历历申请未获报可,公曰,"此已有成议,不难。"力请于上,而为民慰。时值嘉兴徐公任大京兆,公取邑民张晓前疏,申而行之,京兆公曰,"适获我心。"力恳抚按题请,得改折如高淳例,合邑欢呼动地。竭二十年之力,赖公克收其成。其他善政不能备纪。后擢南台御史。

李可埴，字夔龙，湖广善化人。由进士，天启二年任。赋性淳良，不为察察，与民相安。五年以兵饷，欲借改折暂征，公为伸免，文移甫行，而丁艰去。服阕，补他县，惠政亦如在溧焉。后擢户部，升凤阳知府。时楚寇乱，不能归，以遗爱在溧水，遂家焉。

曾就义，字双南，江西赣州人。由乙丑进士，天启七年任。居官多善政，尤以摘奸为精敏。市徒夜聚赌博，至明则勾摄已在门矣，赌风一杜自公始。民有吓骗良善者，不遂其欲辄以无名状阴告，各上司差役下乡如虎狼，经年不决。公廉得其状，必请于府，且奋髯而起曰："不活磔此辈，无以安良民。"乃以丁艰去，犹以未尽除此害为憾。当公之时，市棍莫不欲戕。崇祯间破格甄用，选入翰林，然用掩其长矣。

吴世济，字楫侯，天启丁卯举人。崇祯元年任教谕，遇士有礼，久而不懈。曾署县篆，洁白有操，不令人目为代庖者。升太和县去，邑有祠焉。

国朝

罗佳士，北京人。由贡生，顺治二年任。时以新制，各县俱欲设镇兵以防土贼，公深察溧民淳良，既已归服，可无用兵马，恐骚动百姓，力申上勿烦设镇，从之，民大欢戴。乙酉冬，适邻境土贼煽乱，公加防守，甫欲申报上，而贼忽焚掠而去。公挟印造府，亲道所由，各上台俱察非其过，独操台有苛责，下狱经年，意有他也。公付之不（辨）［辩］，终置于法，民尽悲之。然却兵安民之心自昭日月也。

杨国祯，辽东景州人。顺治三年任，为人廉明爽直，兼长武略。视事快便，据案批驳，无弗中节。兑运漕粮亲临仓所，与运官、运役争执，升合不得亏损粮长，十二乡莫不感戴。无何，擢去，官至监司。

王鼎胤，字六符，山东淄川人。由进士，顺治四年任。初履任即有神明之誉。时值丈量，向之以产相授受者率思借为讼端。公概置不理，民获以安。邑之财赋积年为奸胥侵蠹，莫可稽核，公严为清算，纤毫无容欺隐，继此者得不受蒙蔽，其贻后人之利多矣。

安应晔，字玉吾，辽东人。由生员，顺治六年任。在官勤敏平和。时分防兵肆虐，民苦之，至有杀人以祭马神庙者，公力请于上，徙去之。自立乡勇,亲以操练,贼不敢窥。且虚贤下士。逢丁祭,必斋宿循礼。旱祷则徒跣吁神,立应雨泽。以劳瘁致病,九年正月卒于官,民建祠祀焉。

闵派鲁,字伯宗,河南祥符人。顺治十年任溧水令,敦儒礼士,尤精人伦鉴。治溧六年,多善政。先是,里粮多寡不齐,每遇徭役,照里分派,民苦不均。派鲁编审,力为剂平,誓于神前勒成一书曰《均里平徭册》,溧民获苏。县西南滨湖田啮于水者十万余亩,民苦虚赋累,万历、天启间曾两经改折,后复征本色,民力益不支。顺治十二年,乡耆萧有宏等以复折吁,派鲁慨然身任,申请具题,邀恩永折,著有《复折全书》。丁艰服阕,补苏州崇明令,会遘疾,未任卒。

车辂,直隶沧州人。顺治十六年授溧水令,莅任甫三月海贼起,假故明名号,招集乌合,巨魁屯江宁,分其党掠旁县。事起仓卒,蚩蚩之氓但求缓须臾无死,或望氛奔逃,亦有迫于势而相率逐队者。以故,贼得长驱,自石湖直逼城下,公即怀印登城,集绅士勉以大义,筹所以拒守者。而孤城危弱,势不能支,贼乃得缚公,劫夺其印。会屯省之巨魁败,贼惧释之,而辂之冤遂从此诬而不能自明矣。寇平,吏以失印咎公,更穷治迎贼之众,必尽置之法。公毅然起,谓司捕朱育恩曰:“民实有罪,第我与若为此邦父母,坐视一邑人尽遭诛戮,诚不忍也!但有所罪,俱身承之,毋牵一民。”庭鞫之下倍极惨烈,而公与朱竟立毙于刑拷矣。夫愚民罔知顺逆,惶惧于贼之追胁,诚不能幸免诛殛。公引咎于身,为民脱纲,不惜一死以救万众,百年来邑之生民非公之再造乎!乾隆四十一年,得公遗像于僧舍,为置主,与前明贺、徐诸令合祀高平书院,而以朱育恩配,亦可以报公于地下,而慰溧民之心矣!

饶应元,字善仙,湖广蕲水人。崇祯庚午举人,顺治十七年任溧水令。天资长厚而事有扶持。有妖妇曹氏,自他方来,以邪教愚民,从者如狂,应元摘其奸,申请歼之,邪教顿息。初,民间户役不均,应元审编,定三十八石为一排,两石为一丁,从此无偏重偏轻之弊。丁内艰去。

赵世臣,字奕庵,三韩人。莅溧水时当康熙戊午、己未间,兵革未息,荒旱洊臻。世臣苦心调剂,吁蠲劝赈,民赖以苏。又疫疠继作,延医市药,躬自捡誊,不辞劳瘁,获全活无算。合邑士民建祠置田崇祀,名赵公书院。

　　韩昌黎《罗池庙碑》云:"柳侯生而泽其民,死能惊动祸福之,以食其土,可谓灵也矣!"太原白公季康,为溧水令,有惠政,殁即为城隍之神,血食历千有余禩。朱邑有言,"子孙祀我,不如桐乡之民懿哉",信矣!考邑令之祀名宦者十五人,专祠者十四人,而徐公必达有五祠,安公应眸二祠,岂民之私于此十数公哉?遗爱在人,久而不忘也。夫委土可以为师保,后之守土之吏尚其鉴诸!

卷五

民 赋

赒赈　户口　田制　赋额　盐政　物产

《禹贡》，视田之上中下，定九州贡法，是田与赋相表里也。田赋定，而衣食之源裕，朝廷恩意频施，复有赒赈之旷典，所以休养生息之者，德至矣，大矣。溧水自分析以后，生齿日繁，抚绥之责，长民者宜加之意焉。若鹾政，亦关会计物产，可验土宜。各厘为如干卷。志民赋。

赒 赈

两汉以来赒租赐复无考，今从旧志，自晋始。

晋咸和四年，诏复租税。

咸康元年，饥。遣使赈之。

元嘉二十四年，疫疠。遣使给以医药。

大明七年，孝武帝南巡，减所经田租。

齐永明五年，诏丹阳属县，永明三年以前逋欠田租非中赀者，悉原停。

隋、唐皆无考。

宋至道三年，旱。免秋粮。

天圣元年，罢溧水采丹砂，从王钦若议也。

宣和七年，知府事卢襄请罢石臼、固城、丹阳三湖为圩田。

宝佑五年，减溧水酒息额钱。

景定四年，蠲[溧]水苗税。

咸淳二年,夏霪雨。遣赈之。

元至元二十年,蠲今年田赋十之二。

二十四年,罢溧水淘金户役。

元统二年,敕免今年田税之半。

明洪武三年,诏免今年租税。

五年,诏免今年秋粮。

九年,诏免今年二税。

十一年,诏免秋粮。

十二年,诏免田税。

十四年,诏今年秋粮,减官田之半,民田蠲免。

十五年,赐学田,免今年夏秋税粮。

十六年,诏免今年税。

十九年,诏民年八十以上赐爵里士,九十以上赐爵社士,皆与有司为礼。复其家。

二十三年,设各县预备仓,遣老人赍钞收籴。

二十七年,令以预备仓粮贷贫民。

二十八年,免今年秋粮。

二十九年,免今年秋粮。

成化六年,大水,免税。

正德五年,大水,蠲租。

嘉靖二年,大旱,南北流移,遣待郎席书赈之。

隆庆二年,革溧水税课局,除种马三百五十匹。

万历十六年,岁大饥。知县杜允继申请,准动帑筑凤贤圩各埂,饥民赖之。

崇祯元年,知县曾就义奏筑狮子山下圩埂三千余丈。十三年,大饥。诏自十二年以前民所逋欠租粮,悉行蠲免。

国朝顺治二年,诏赦明季逋欠粮税不征外,仍蠲今年二课十之七。

四年,诏免今年逋欠,已征在官者解。

十四年,钦颁《赋役全书》。

十五年戊戌,三月奉旨,改折溧水漕粮。

康熙十年,旱,蝗。知县李作楫捐俸建粥厂,以赈饥民。

二十六年,诏全蠲康熙二十七年地丁。

三十三年,诏免康熙三十三年以前积欠地丁。

三十八年,诏免康熙三十八年以前积欠地丁。

四十年,诏全蠲康熙四十一年地丁。

四十七年,秋水。诏给赈,蠲免钱粮。

四十八年,秋旱。诏给赈,蠲免钱粮。

五十一年,诏全蠲康熙五十二年地丁。

五十三年,秋旱。诏给赈,蠲免钱粮。

五十五年,秋旱。诏给赈,蠲免钱粮。

五十七年,诏普免康熙五十七年以前地丁、漕项钱粮。

六十年,秋旱。诏给赈,蠲免钱粮。

六十一年,秋旱。诏给赈,蠲免钱粮。

雍正四年,秋水。诏给赈,蠲免钱粮。

十二年,秋水。诏给赈,蠲免钱粮。

十三年,诏免十二年被灾新粮。溧邑每正银一两验派蠲免一分八厘六毫零,并免雍正十三年旧欠,并从前清查案内役蚀银两。

乾隆元年,秋水。诏给赈,蠲免钱粮。

二年,秋水。诏给赈,蠲免钱粮。

三年,秋旱。诏给赈,蠲免钱粮。

四年,诏蠲免本年钱粮一万两。经督、抚酌议,将五钱以下小户全行蠲免,五钱以上至五两之中户,计全免小户之外,将所余之银统计酌量均匀分数蠲免;其五两以上之大户,毋庸并蠲。奉朱批俞允,钦遵。

六年,秋旱。诏给赈,蠲免钱粮。

八年,秋水。诏给赈,蠲免钱粮。

十年,诏全蠲十一年地丁新赋。

十三年,诏免雍正十三年积欠钱粮。查溧邑并无前项积欠,士民一体具结,题请谢恩。

二十年,诏免乾隆元年至十年一切地、漕本折钱粮。查溧邑并无前项未完,士民一体具结,详请谢恩。

二十一年,因二十年秋成歉薄,知县周天柱劝谕城乡士民捐赈煮粥,至麦熟停止。

二十一年,诏免乾隆二十一年以前地丁银两。查溧邑有乾隆二十　年未完地丁,又十六年未完地丁,又陈下村乾隆七年起至二十一年新升地丁,一并详奉豁免。

三十一年,诏轮蠲三十三年漕粮。溧邑漕粮系改征折色,援请一体豁免。

三十二年,秋水。诏给赈,蠲免钱粮。

三十四年,秋水。诏给赈,蠲免钱粮。

三十五年,诏轮蠲三十六年地丁钱粮。

四十年,秋旱。诏给赈,蠲免钱粮。

四十一年,因四十年秋旱,蠲赈并施。知县凌世御详奉上宪,劝谕城乡绅士捐米煮粥,至麦熟停止。

户　口

前代《丹阳郡志》户口有数,而管隶地界与今不同,且亦非县志所得载,今与田赋俱断自南宋始。

宋景定间,户二万四千七百六十一,口五万三千一百二十五。

元至元间,户五万七千八百九十六,口三十一万六千四百二十五。

明洪武二十四年,户三万三千八百六十二,口二十三万二千九十五。

永乐十年,户三万四千三百五十二,口二十一万七千三百二十五。

宏［弘］治四年,分析高淳县。

嘉靖元年,户一万七千六百二十一,口男丁八万四千五百六十八。嘉靖十六年,人丁五万九千六百四十。

万历三年,人丁二万二百八十一。

国朝顺治六年,人丁一万九千八百五十一。每丁照例一律派征银二钱,内除优免人丁五百九十七丁。续奉文:吏承不免,乡绅、举贡、生员止免本身一丁,实免人丁三百五丁。实充饷、当差二项,人丁一万九千五百四十六。

顺治十四年,人丁二万五百九十六。

康熙元年,人丁二万五百九十七。四年,人丁二万八百零九。十一年,人丁二万八百一十二。十五年,人丁二万八百三十九。二十年,人丁二万九百九十四。二十五年,人丁二万一千。三十年,人丁二万一千一百十三。三十五年,人丁二万一千二百六十四。四十年,人丁二万一千三百六十五。四十五年,人丁二万一千四百七十。五十年,人丁二万一千四百八十一。五十二年钦奉恩诏:以后丁银统以此数为定,日后滋生人丁系盛世滋生,永不加赋。五十五年,人丁二万一千六百一十五。六十年,人丁二万一千六百三十。

雍正四年,人丁二万一千六百四十二。六年奉文:将前项丁银摊入田地征输,分款解司,拨解充饷。以完额人丁,每丁征银二钱,该银四千二百九十六两二钱五分。九年,人丁二万一千六百四十三。

乾隆元年,人丁二万一千六百四十四。因丁随田办,于三年清理寄庄田地。案内高淳县划归应增征银四分三厘,共征银四千二百九十六两二钱九分三厘,内除划还高淳县田地,应减征银三十七两八钱三分二厘,实征银四千二百五十八两四钱六分一厘。六年,人丁二万一千六百四十四。十一年,人丁二万一千八百六十。十六年,人丁二万一千八百六十四。二十一年,人丁二万一千八百七十七。二十六年,人丁二万一千八百九十九。三十一年,人丁二万一千九百四十。三十六年,人丁二万一千九百九十三,三十七年,人丁二万二千零五。奉旨,五年编审永行停止,统归岁编户口册内增除。四十年,奉旨饬查确实民数,上之于朝。知县凌世御清查溧水县烟户,五万八千六百十户。男妇大小丁口,二十三万六百一十八丁口。内男丁,一十四万四千一百六十七丁。内原额办赋人丁,二万一千四百八十一丁。钦遵康熙五十二年恩诏,永不加赋。实在滋生人丁,一十二万二千六百八十五丁。

田　制

隋唐无考。

宋景定间，官民田地八十四万七千六百五十三亩四角八十七步半。

元至元间，官民田土一万六千九百八十五顷九十六亩九厘。

明洪武二十四年，官民田地、山塘、池坝、墩沟，一万七千八百五十一顷五十亩八厘九毫九丝。

永乐十年，官民田地、山塘、沟墩　万八千二百四十六顷九十六亩九分七毫。

嘉靖十六年，官民田地、山塘、沟坝共一百五万七千九百八十一亩七厘一毫。抚臣欧阳铎题定：熟田，五十八万四千九百五十二亩七厘。熟地，一十五万四十五百三亩六分四厘八毫。山塘，三十一万五千三十三亩八分五厘三毫。沟坝，三千四百九十一亩五分。

隆庆五年，知县刘应雷丈量田地，亏折熟田八万九千八百六十一亩六分九厘八毫，熟地一千六百八十一亩七分一厘二毫八忽五微。实在熟田四十九万三千四百九十四亩八分七厘二毫，荒田九千三百八十七亩七分九厘五毫六丝四忽，废田四千七百六十八亩一分二厘三毫七丝四忽，草场一千五百七十四亩八分三厘五毫九丝，熟地一十五万二千八百二十一亩九分三厘五毫九丝一忽五微，荒地八千四百五十亩二毫一丝五忽，山塘五十一万九千四百一十六亩二厘二毫三丝五忽二微，沟坝、圩濠、池潭五千七百五十七亩八分七厘七毫一丝。

国朝顺治五年，知县王鼎颖丈量田地，亏折原额熟田九万二千四十三亩八分四毫五丝四忽，熟地一万一千一百三十八亩四分八厘三毫二丝一忽，荒田一千四百八十五亩八里六毫二丝二忽，废田二百七十九亩五分七厘四毫六忽。丈出湖滩草场四百二十六亩四分四厘三毫二丝七忽。实在：

熟田，四十九万二千九百一十二亩二分六厘五毫四丝六忽。每亩科平米六升三合八勺八抄五撮五圭七粟八粒，外加虚粮田一分三厘三毫七丝九忽四微四纤，以足会计。

熟地，一十四万三千三百六十五亩一分六厘四毫七丝九忽。每亩科平米二升七勺一抄九撮三圭，外加虚粮地三厘七毫五丝五忽九纤，以足会计。

荒田,一万七千九百三十九亩三分四厘三毫。每亩科荒米六升三合八勺八抄。外加虚粮田八厘二毫七丝八忽三微八纤,以足会计。

废田,四千四百五十亩二分六厘三毫九丝四忽。每亩科荒米二升一合三勺二抄,外加虚粮田七厘九毫八忽八微五纤。

山塘,三十一万五千七十一亩五分二厘八毫。每亩科平米五合七勺七抄一撮二圭五粟七粒一颗。

沟坝,三千五百八十四亩四分五厘四毫。每亩科平米二升八合八勺八抄五撮六土二粟八粒五颗五黍。

湖滩草场,一千七十三亩九分八毫二丝七忽。每亩科荒米一升二合八勺。

按,明万历二十八年,本邑以广通镇筑坝淹没腴田,赔纳虚粮,邑民张晓、熊子成等具疏叩阍,请比高淳永折事例,遂得俞旨,直至四十六年以军兴需饷,改为半折,四十七年复征全漕。天启二年,邑民戴思清、诸守义等控告抚按两院,当蒙抚院王、按院易会题,得旨:"这溧水漕粮准与复折,他处不得为例。"方幸稍免耗羡之累。至天启五年,天下改折地方借征本色,后遂相沿征漕。至崇祯十七年,乡官杨公翰、赵体元等特疏复折,又得俞旨:"照旧永折,不许更改。"户部遵守复折。未几鼎革,仍旧征漕。顺治八年,高淳已准永折。本邑于十二年,知县闵派鲁据合邑绅衿里民李蔚、萧秉乾、胡文美等条陈包赔虚粮之苦,申详诸上台。蒙抚院张公缮疏会题,下部议覆,于十五年三月奉旨:"依议,准照高淳一例改折。"

田制,自康熙十六年至乾隆四十一年,年逾百载,卷册大半无存,源委难以稽考。谨查现在详报定制,详悉载明。

乾隆四十年,本县田地、山塘、沟坝、滩荡,一万九百三十顷二十五亩一分二厘。内分七则:六升三合八勺八抄六撮起科田,五千四百四十一顷二亩六分九厘。二升七勺二抄起科地,一千四百七十四顷三十七亩七分七厘。五合七勺七抄二撮起科山塘,三千二百二十四顷五十五亩九分八厘。二合八勺八抄六撮起科沟坝,六十六顷五十六亩五分七厘。一升三勺六抄起科荒地,五十五顷三十七亩一分二厘。一分六厘起科荒田,一百七十二顷五亩二分五厘。三厘七毫起科荒废湖滩等,三百九十六顷二十九亩七分四厘。查废田、湖滩科银系属一则,科米系分二则。

额　赋粮

隋唐宋元俱无考。明洪武以后悉载康熙十五年《刘志》,以非现行款目,俱节去不录,以归简易而省混淆。至乾隆十六年,曹任新志,民赋一门全未编纂,至今几及卅载,卷案遗佚,更无从考核矣。兹按乾隆四十年奏销定额,开载于左,庶信今传后,永垂令甲云。

熟田,五十五万六千二百八十九亩一分六厘,每亩科平米六升三合八勺八抄五撮五圭七粟八颗,旧志尾系八粒,今更正。外加虚粮田一分三厘三毫九丝九忽四微四纤,以足会计,共科平米三万五千五百三十八石八斗五升四合六勺。

熟地,一十四万八千六百一十五亩九分三厘,每亩科平米二升七勺一抄九撮三圭,外加虚粮地三厘七毫五丝五忽九纤,以足会计,共科平米三千七十九石二斗一升八合。

荒田,一万八千四百四十九亩三分一厘,每亩科荒米六升三合八勺八抄,外加虚粮田八厘二毫七丝八忽三微八纤,以足会计,共科荒米一千一百七十八石五斗四升一合四勺。

荒地,五千八百七亩二分六厘,每亩科荒米一升三勺五抄九撮六圭五粟,共科平米六十石一斗六升一合一勺。旧志无,今查照《全书》补入。

废田,四千四百二十亩三分八厘,每亩科荒米二升一合三勺二抄,加虚粮田七厘九毫八忽八微五纤,共科荒米九十四石二斗四升二合五勺。

山塘,三十三万八千六百二十四亩一分五厘,每亩科平米五合七勺七抄一撮二圭五粟七颗一粒,旧志载七粒一颗,今改正。共科平米一千九百五十四石二斗八升七合。

沟坝,一万九千七百四十亩一厘,每亩科平米二合八勺八抄五撮六圭二粟八颗五粒五黍,共科平米五十六石九斗六升二合四勺。旧志载每亩科平米二升八合八勺八抄五撮六圭二粟八粒五颗五黍,今照《全书》更正。

湖滩、草场,一千五十二亩九分九厘,每亩科征荒米一升二合八勺,共科荒米一十三石四斗七升八合四勺。

又高淳县划来田，一十二亩八分六厘，每亩科征平米八升六合，带荒七合九勺四抄，共科平米一石一斗五合八勺。又荒米一斗二合一勺。

熟地，九分六厘，每亩科平米二升五合，该平米二升四合。

山塘、坝，共五分二厘，每亩科平米四合，共米二合一勺。按，顺治十五年以后，至乾隆三年清查寄庄，案内划归高淳寄庄及高淳划归溧水寄庄田地，并历年升科转则以增抵除外，计实增熟田六万三千三百七十六亩八分九厘，熟地五千二百五十亩七分七厘，荒田五百九亩九分七厘，荒地五千八百七亩二分六厘，山塘二万三千五百五十二亩六分三厘，沟坝一万六千一百五十五亩五分六厘。　又减除废田转升熟田二十九亩八分八厘，湖滩草场一千二十亩九分二厘，以通县十一则不等，共科平米四万六百九十石六斗一升五合。　荒白米一千二百八十六石三斗六升四合四勺。内：

一，本县八则田地不等，共科熟平米四万六百八十九石四斗八升三合一勺。照依起存钱粮实数验派，每平米一石，派征本色米八升一合五抄五撮八圭五粟一颗五粒五稷，共该米五千二百九十八石一斗二升七勺。　派征豆一升三合二勺八抄三撮八圭四粟二颗八粒七黍，共该豆五百四十石五斗一升二合七勺。　派征折色起存银一两二钱八分五厘一毫三忽八微八纤九沙六尘五渺八漠，共该银五万二千二百九十二两二钱一分三厘。　遇闰年，每本色米一石加征米七合七勺五抄三撮二粟一颗二粒八黍八稷，共该米二十五石五斗七升四勺。　每两加征折色银七厘六毫四丝一忽二微三纤八沙七尘一渺五漠，共该银三百九十九两五钱六分二厘。　又，荒白米一千二百八十六石二斗六升二合三勺。照依起存钱粮实数验派，每荒白米一石派征荒白银二钱五分，共该银三百二十一两五钱六分五厘。　又，按通共起存折色并荒白银两验算，每正银一两应摊人丁银八分九毫四丝三微九纤三沙二尘三渺二漠，共该银四千二百五十八两四钱一分八厘。　摊征匠班银二毫三丝一忽二微二沙九尘八渺二漠，共银一十二两一钱六分四厘。均编药材银三毫九丝七忽九微三纤三沙七尘九渺四漠，共该银二十两九钱三分六厘。

一，高淳县划归三则田地不等，共平米一石一斗三升一合九勺。照依起存钱粮实数验派，每平米一石派征本色米二升八合五勺七抄五撮九粟六颗四粒六黍一稷，共该米三升二合三勺。　派征豆一升八合六抄三撮三圭九粟九黍六稷，共该豆二升四勺。　派征折色起存银一两一分六厘八毫七丝四忽二微八纤二沙一尘八渺，共该银一两一钱五分一厘。　应摊丁银三分六厘八毫七丝九忽七微三纤九沙七尘五渺九漠，共该银四分三厘。　应摊匠班银八毫八丝三忽四微七纤二尘七渺一漠，共该银一厘。　遇闰年，每本色米一石加征米六合一勺九抄一撮九圭五粟四粒四黍四稷，共该[米]二勺。　每石加征银六厘七丝六忽三微八纤八沙八尘八渺八漠，共该银七厘。　又，荒白米一斗二合一勺，每米一石派征地漕银二钱五分，共该银二分六厘。

一，杂办

草场田地、山塘，四千七百五十亩九厘，共征银八十九两五钱一分五厘。水脚银八钱九分五厘。查旧志，原额马场五十一处，计草场田地、山塘一万五千四百二十二亩八分五厘。旧志失载，今补入。征租银四十三两二钱二分九厘，水脚银四钱三分二厘。今增银四十六两二钱八分六厘，水脚银四钱六分三厘。查系康熙五年于各场丈出。原不起科草场田、地、山一千八百五十六亩六分，该租银三十一两二钱四分五厘。

又，于"国赋有自然之例等事"案内，清丈出草场八千八百三十八亩四分一厘，增租银一十五两一钱四分四厘。又，康熙四十年民人张春等认垦草场八亩九分五厘，增租银一钱四分五厘。　又，乾隆三十年民人郑万成认垦草场山地一十三亩三分，增租银二钱一分三厘，水脚银二厘。　实共草场田地、山塘二万六千一百四十亩一分一厘，内除原不起科场一万六百九十五亩一厘，应实起科一万五千四百四十五亩一分。核之新、旧《全书》，仅载起科四千七百五十亩九厘，计缺草场一万六百九十五亩一厘。查核各科，较对现在征解各数，均属相符。其所缺草场，似系《全书》原额有错，应俟大丈清理，附此稽之。前项实征草场各科不等，内：

五分起科田，二百一十五亩五分二厘，共征银一十两七钱七分六厘，水脚银一钱八厘。

三分三厘起科地，三百六十三亩八分五厘，共征银一十二两七厘，水脚银一钱二分。

一分六厘起科山,四千一十三亩八分一厘,共征银六十四两二钱二分一厘,水脚银六钱四分二厘。

一分六厘起科场,一百五十六亩九分一厘,共征银二两五钱一分一厘,水脚银二分五厘。

学田,四百七十九亩六分四厘,共征租银六十二两九分九厘。

通班二十七名,每名征银四钱五分,共银一十二两一钱五分,水脚银一钱二分二厘,共银一十二两二钱七分二厘。内除乾隆三年互划寄庄田地案内应归高淳县田地项下摊征匠班银一钱八厘外,实该银一十二两一钱六分四厘。查此匠班银两,业于"援例详请等事"案内题准,于雍正七年为始统归田地摊征。

渔课出之渔户轮输

白麻折色银,二十四两五钱一分。遇闰加征银六钱八分二厘。

麻胶银,一百二十两八钱一分九厘。遇闰加征银三两四钱六分八厘。

渔课钞银,五两二钱五分八厘。　遇闰加征银四钱三分八厘。此项旧志载系青墅渡徐遇付渡课银抵解。以上三项,共银一百五十两五钱八分七厘,闰月银四两五钱八分八厘。系遵康熙十二年题定价值征输。其旧志原载黄麻等名色,概无可考。除匠班外,草场、学租、白麻、麻胶、渔课钞五项,共征银三百三两九分六厘。

闰月银,四两五钱八分八厘。

以上通县丁田、杂办共征本色米,三千二百九十八石一斗五升三合。

遇闰加征米,二十五石五斗七升六勺。　本色豆,五百四十石五斗三升三合一勺。　折色银,五万七千一百八十六两六钱七分七厘。　又均编药材银,二十两九钱三分六厘。　共银五万七千二百七两六钱一分三厘。

闰月加征银,四百四两一钱五分七厘。

解支各衙门

一,本色

起运项下:

解江安粮道衙门漕项行月米,二千九百七十一石三斗八合一勺。内:行米,一千三百二十三石二斗五升,每石折征银一两九分九毫。月米,一千六百四十八石五升八合一勺,每石折征银九钱九厘九丝。

解南兵粮米，八十石七斗一升二合九勺。每石折征银一两九分九毫。历奉派拨，均买本色解交。不敷价值，官为赔补。

解南黑豆，五百四十石五斗三升三合一勺。每石折征银一两一钱。解缴每石正耗一两二钱，余存一分小耗解府充公。以上米豆，即旧志内载之神宫各卫四门酒醋供用等各名色改编。因事历年远，如何更变无可稽考。今照现纂《全书》列明。

孤贫八十六名口，原每名岁给米三石六斗，共米三百九石六斗。遇闰加征米二十五石八斗。于乾隆二年奉文，通省均给，按年均支，余剩归入南粮。米六十三石四斗六升八合。又寄庄案内，划还高淳寄庄田粮闰月米，二斗二升九合六勺。高淳归来闰月米二勺。实支恤米，二百四十六石一斗三升二合。　闰月米，二十五石五斗七升六勺。旧志载，原编折色口粮银一百八十五两七钱六分，续改纂本色。但溧邑现在每石系折征正银九钱九厘九丝，放给正耗银一两，以大概推之，溧邑本系折色，未能以恤孤一项而改征本色，故仍以银折给。其数仿照《全书》考定。

折色项下：

布政司衙门

起运并本色办科，共银四万二百一十九两九分三厘。内：漕粮正兑正米一万二千三百四十二石，每石折银七钱。该永折银八千六百三十九两四钱；改兑正米三千四百九十九石，每石折银六钱。该永折银二千九十九两四钱，二共折解银一万七百三十八两八钱。　又均编药材银，二十一两五分二厘。又，渔户出办麻胶银，一百五十两五钱八分七厘。　又，草场租并丈增，共银八十九两三钱八厘。　又，匠班银，一十二两一钱五分。　共银四万四百九十二两一钱九分。

闰月银，三两六钱七分。　又，渔户出办闰月银，四两五钱八分八厘。共闰月银，八两二钱五分八厘。

额编兵饷银，三千七百九十九两九钱四分一厘。闰月银，六十四两。

乾隆三年考订，原续裁扣充饷，除加增民壮工食并添给教官俸银外，该银二千六百二十八两一钱二分四厘。内有丈增解费银二两八钱八厘，闰月银一百六十一两六钱七分三厘，奉裁驿站充饷银五百两，闰月银四十一两六钱六分七厘。

改征优免人丁银，五十八两四钱。田粮银，八十四两九钱一分二厘。

本色绢匹水脚银，一十一两一钱二分。

各年审增人丁［银］，三百八十七两五分。

丈升增银，八十八两六钱六分九厘。

各年升转田地充饷银，二十六两一钱七分六厘。草场租银一钱四分三厘。

乾隆三年高淳县划还寄庄田地应征银，一两二钱二分一厘，闰月银七厘。

又，乾隆十二年，于一件"钦奉上谕事"案内，裁汰县丞俸工银七十六两，闰月银三两。又，于一件"敬陈管见事"案内，裁减民壮工食器械银三十二两。

又乾隆十三年，奉裁俸工项下原编文庙、坛祠香烛归入地丁银，一百二十二两七钱。

又，乾隆二十七年奉裁龙江关、递运所、都税司三大使俸工银，四十五两九钱三分六厘。

又，乾隆二十六年，奉文裁汰江宁镇巡检弓兵工食银，一十八两，闰月银一两五钱。

又，乾隆三十三年，于一件"恳请改拨等事"案内，减编抚院轿伞夫工食改归长洲县编支银，七十一两三钱八分，闰月银五两九钱四分八厘。

又，乾隆三十四年，于一件"繁剧要区等事"案内，抽拨东台县库子工食银六两，闰月银五钱。

又，乾隆二十八年，于一件"河银归司等事"案内，奉文归入地丁银一千五百二十八两五钱八分八厘。

乾隆五年至三十三年，转则升科充饷银，二百五两九钱一分，内有草场租银二钱一分五厘。

以上起存、地丁、杂办、原续、裁扣、新升等项，共银五万一百八十四两四钱七分三厘，内除划还高淳县寄庄田地应征银五百三两五钱九分五厘，又均给孤贫不敷柴布银二十五两二钱三分五厘，又均编文庙、坛祠祭祀香烛等银，六十九两二钱八分五厘，又额拨漕项银二百三十两四钱归入江安粮道项下开列外,实该解司银四万九千三百五十五两九钱五分八厘。闰月银二百八十六两五钱五分三厘,内除划还高淳县寄庄田地应征银三两五钱八分八厘,又均编文庙香烛银六分,又均给恤孤不敷柴布银二两六钱九分一厘,实该银二百八十两二钱一分四厘。其正银内每年径拨关帝祭品银六十两,理合注明备考。

起运地丁水脚银,三百三十七两四钱二分。　又,丈增草场租银二两一钱四分七厘。　匠班银一钱二分二厘。　又均编药材银七分。

以上,共银三百三十九两七钱五分九厘。

漕项项下:

江安粮道衙门

随漕轻赍、席、木、板,折银四百一十九两八钱四分八厘。

内:

轻赍银,一百一十八两八钱五分六厘。

篷缆银,一百五十八两四钱一分。

易米银,三十四两九钱九分。

芦席十分全折银,七十九两二钱五厘。

楞木银,三两三钱九分四厘。

松板银,二十四两九钱九分三厘。

过江六升米折银,五百七十两二钱七分六厘。

解费银,一十两五钱二分四厘。

漕折银,三千九百八十一两九钱九分九厘。

额拨漕项银,二百三十两四钱。

协济安庆府仓米折正银,三十七两八钱八分一厘。

水脚银,三钱七分九厘。查此款,原编米六十五石八斗八升,每石银五钱七分五厘,共折全数,于俸工款内拨出。但此项原志奉拨龙驿,其如何改解粮道衙门,无案可稽。

以上,自轻赍起至安庆米折止,共银五千二百五十一两三钱七厘。以上各款,较与旧志概不符合,年远无考。今仿照《全书》注定。

河库道衙门

旧额河工银,一百二十三两四钱二分。

改派河工车盘银,一千二百三两七钱七分四厘。

河夫工食银,一百五十八两四钱一分。

解费水脚银,四十二两九钱八分四厘。

以上,自河工起至解费止,共银一千五百二十八两五钱八分八厘。查此河工银两,于乾隆二十八年奉文动支司库,地丁照额汇解河库兑收支放,所有前项原编银两统归地丁项下,解司充饷在案。此条较核旧志,惟溜夫工食一项相同,其余概不符合,无案可考。今照《全书》核定。

存留项下

各衙门官役俸工并祭祀杂支等银,二千六百三十六两二钱四分五厘。内除裁汰改编俸工银四百三十二两一分六厘,实该银二千二百四两三钱二分九厘。又均给恤孤柴布不敷银,二十五两二钱三分五厘。又均编文庙香烛银,六十九两二钱八分五厘,共该银二千二百九十八两八钱四分九厘。内除安庆府仓米折银,三十八两二钱六分归入江安粮道项下外,实该银二千二百六十两五钱八分九厘。闰月银一百三十二两一钱四分。内除裁汰改编俸工银,十两九钱四分八厘,实该银一百二十一两一钱九分二厘。又均给恤孤不敷柴布银,二两六钱九分一厘,又均编文庙银六分,共该银一百二十三两九钱四分三厘。内:

一各衙门官役俸工等银一千八百四十七两七钱九分五厘。闰月银,一百一十二两二钱九分二厘。查各项俸工,较核旧志,迥不相符实。缘年远无案可考,今照《赋役全书》注定。内:

本府知府员下:禁卒二名,每名工食银六两,共银十二两。闰月银一两。查,禁卒尚有加给工食银两,系雍正九年奉文,在于各役工食内抽扣加给。铺兵二名,每名工食银七两二钱,共银一十四两四钱。闰月银一两二钱。

以上,知府员下岁给工食银二十六两四钱。闰月银二两二钱。

本府南北二通判员下:轿伞扇夫各七名,共十四名,每名工食银六两,共银八十四两。闰月银七两。

本府经历员下:俸银二十三两七钱九分五厘。

皂隶四名,每名工食银六两,共银二十四两。闰月银二两。

以上,经历员下岁给俸工银四十七两七钱九分五厘。闰月银二两。

本府照磨员下:俸银一十九两五钱二分。

本府检校员下:俸银一十九两五钱二分。

本府聚宝宣课司、龙江宣课司、茶引所大使三员下:俸银四十五两九钱三分六厘。

本府江东、秣陵、江淮三司巡检员下:俸银二十二两。江东司弓兵四名,每名工食银三两六钱,共银十四两四钱。闰月银一两二钱。秣陵镇弓兵四名,每名工食银三两六钱,共银十四两四钱。闰月银一两二钱。江淮司弓兵六名,每名工食银三两六钱,共银二十一两六钱。闰月银一两八钱。

以上,江东等三巡司员下岁给俸工银七十二两四钱。闰月银四两二钱。

本县知县员下:俸银四十五两。门子二名,每名工食银六两,共银一十二两。闰月银二两。　皂隶十六名,每名工食银六两,共银九十六两。闰月银八两。内:雍正七年奉文,酌裁二名工食,抵给作作,在案。马快八名,每名工食并草料银一十六两八钱,共银一百三十四两四钱。闰月银一十一两二钱。　民壮二十六名,每名工食并器械银八两,共银二百八两。　禁卒八名,每名工食银六两,共银四十八两。闰月银四两。查,禁卒尚有加给工食银两,系于雍正九年奉文,于各役工食内抽扣加给。库子三名,每名工食银六两,共银一十八两。闰月银一两五钱。　斗级四名,每名工食银六两,共银二十四两。闰月银二两。　轿伞扇夫七名,每名工食银六两,共银四十二两。闰月银三两五钱。　县前、庙塘等铺铺兵三十九名,每名工食银九两一钱四分四厘,共银三百五十六两六钱二分六厘。闰月银二十九两七钱一分八厘。　胜水等铺铺兵二十七名,每名工食银八两三钱四分四厘,共银二百二十五两二钱八分八厘。闰月银一十八两七钱七分四厘。　修理监仓银五两。

以上,知县员下岁给俸工等银一千二百一十四两三钱四厘。闰月银七十九两六钱九分二厘。

本县典史:俸银三十二两五钱二分。　门子一名,工食银六两,闰月银五钱。　皂隶四名,每名工食银六两,共银二十四两。闰月银二两。　马夫一名,工食银六两。闰月银五钱。

以上,典史员下岁给俸工银六十七两五钱二分。闰月银三两。

本县儒学教谕、训导二员:俸银三十一两五钱二分,又增给编俸四十八两四钱八分,共银八十两。

斋夫三名,每名工食银一十二两,共三十六两。闰月银三两。门斗二名,每名工食银七两二钱,共银一十四两四钱。闰月银一两二钱。廪生二十名,每名廪粮银四两,共银八十两。闰月银六两六钱六分七厘。膳夫二名,每名工食银二十两,共银四十两。闰月银三两三钱三分三厘。查乾隆三年《全书》登注,案准户部咨,开膳夫每学二名,共银四十两,经费开载甚明。此指县学廪生二十名而言也,至于教官从无支膳银之例,难以准从。等因,查该学膳夫名数相同,相应注明。

以上,教官员下岁共支给俸工廪膳银二百五十两四钱。闰月银一十四两二钱。

文庙各坛祠祭祀香烛等银,六十九两二钱八分五厘。闰月银六分。内:

文庙春秋祭祀银,四十八两一钱二厘。

文庙春秋祭祀香烛共银,二两五钱七分四厘。闰月银六分。

社稷等坛春秋祭祀银,一十两九钱四分七厘。

厉坛三祭银,三两二钱八分四厘。

炎帝庙常雩礼祭银,二两一钱八分九厘。

专祠祭银,二两二钱八分九厘。

外有地丁项下径拨关帝祭品银,六十两。查乾隆三年《全书》登注此款,于雍正八年特奉添备,于地丁银内径拨。

一杂文各款共银二百八十一两四钱一分。闰月银一十二两五钱九分一厘。内:

科场银,一十二两二钱五厘。

武场供应银,二两八分三厘。

科场誊录、弥封、对读生员银,五两八钱三分三厘。

乡饮酒席银,八两。

旧举人会试盘缠银,三十五两二钱五分四厘。查乾隆三年《全书》登注,于雍正九年奉文,照广督鄂奏定,以各州县三年均编之银,于会试之年按通省赴试文武举人名数统算,均匀验派支给。

走递皂隶二十名,每名工食银四两八钱,共银九十六两。闰月银八两。

察院并府公馆门子二名,每名工食银三两,共银六两。闰月银五钱。

本府阴阳生一名,工食银四两八钱。闰月银四钱。

本县孤贫八十六名,每名柴布银一两二钱九分三厘四毫二丝五忽,共银一百一十一两二钱三分五厘。闰月银二两六钱九分一厘。

不在丁田项下:

学租银,六十二两九分九厘。

杂税项下:

额征牙税银,四十七两三钱七分八厘。照乾隆元年定额,司牙完纳。

典税,每典完税五两五分。代步每帖完税一两一分。以现典纳税,因增闭不一,并无额定。

田房税,无额,尽收尽解。

牛税、猪税,额定正损二十两二钱。溧邑僻处山乡,并无关隘,故无落地税名目。

芦课银,三十两二钱七分一厘。查,系沿湖居民照各执坵段输纳。

河泊所银,一十二两。查,系官房、官基民间租赁输纳。

以上俱解江宁布政使司衙门。

盐　政

溧水县例食淮盐,定额每年销淮南食盐八千一百引。自国朝世宗宪皇帝恩加定额,每引运盐三百四十四斤。嗣因蒲草歉产,包索减轻,盐斤易致亏折。于乾隆十三年二月二十日,奉旨著加恩,"于引额之外每引增给十斤,俾商本不致亏折,民食永资利益,钦此"。每引计运盐三百五十四斤。

乾隆十六年二月十六日,钦奉上谕:"着将两淮纲食引盐于定额外,每引赏加十斤,不在原定成本之内,俾得永远沾受实惠,钦此。"每引应运盐三百六十四斤。历系商人按照成本,随时销售。

物　产

谷

| 糯稻 | 籼稻 | 晚稻 | 大麦 | 小麦 |

服

| 棉花 | 棉布 | 毰毸 |

货

| 烟叶 | 靛花 |

蔬

| 莴苣 | 山药 | 百合 |

酒

| 老酒 | 坛酒 | 白酒 |

药

| 苍术 | 益母草 | 金银花 |

竹

| 紫竹 | 桂竹 |

木

| 松 | 柏 | 桑 | 梧桐 |

草

| 龙须 | 凤尾 | 翠云 | 芦蕉 |

花

| 玫瑰 | 春兰 | 葵 |

果

| 桃 | 菱 | 香橼 | 木瓜 |

禽

| 鸬燕 | 布谷 | 鸳鸯 | 翡翠 |

兽

玉兔　　　　豪猪

鳞

鲫鱼　　　　银鱼

介

蟹　　　　　蚌

虫

莎鸡　　　　螳螂

卷六

学　校

学宫　祀典　祭器　书籍　学额　学田　书院

　　三代设庠序校以为教，此后世州县学所由昉也。然读《思乐》之诗未及宫宇之制，而咏《閟宫》者亦未及泮水，岂详于彼而略于此欤？抑兴废自人欤？溧水有学，自唐武德间始，而修建迁移屡易其地，不可得详矣。夫重胶庠，所以广教泽也。凡有造于学校者，巨细皆宜书。志学校。

学　宫

　　学宫，考旧志，唐武德元年建在旧县治东，即今之城隍庙东也。宋熙宁间，知县关起移建于大东门内，今之香山观地也。历元及明，修者再，而基址如故。嘉靖十七年，知县陈光华因水患迁于京兆馆东，旧香山观地，知县谢廷蕗续成之。以地基逼隘，于三十九年复迁今大西门内旧朝元观地，知县曾震、教谕叶露新创，推官程学颜、知县周之屏继成之。国朝顺治十三年，知县闵派鲁同教谕吴鼎玫、训导纪甲第重新之。雍正十二年，以大成殿东向，且地基低下每苦积潦，知县吴湘皋、教谕于伟烈、训导徐大业迁至今所。显敞高阜，基址宽廓，为大成殿五楹。东庑十八间，中九间祀先贤，南二间盥洗所，北一间乐器库，最北六间碑亭，俱西向。西庑十八间，中九间祀先贤，南二间酒尊所，北一间祭器库，最北六间碑亭，俱东向。戟门五楹。门东名宦祠三间，门西乡贤祠三间。门外横方石桥，桥上左右石栏。又前为门三：中大成，东金声，西玉振，皆石柱。门外木坊，额曰"天下文枢"。右聚星亭，东泮宫坊，左道冠古今坊，右德配天地坊。南临河为泮池，围以石栏，外立照壁，东南隅魁光阁。东北旧有文昌阁，形家言方位不利，乾隆四十年知县凌世御劝绅士捐赀，庠生萧亮和督工，移建于学宫前之东。又建奎星阁于东城上，地踞巽巳，取象文峰，泂堪辅翼胶庠，发扬佳气矣。儒学大门三间。东平房三层，共七间。仪门三间。仪门后三间，为学书办事之所。萃英堂三间，大成殿后明伦堂五间。堂东主敬斋三间，堂西存诚斋三间，堂左崇圣祠三间。殿外书房四间，后厨房一间。萃英堂之东土地祠三间，忠义祠三间。教谕署在大成殿西，头门四间，厅堂四间，楼房四间，后房六间，俱南向。训导与教谕署对，北向，头门五间，厅堂五间，厅后东厢房二间，西厢房二间，后楼五间。

　　溧水县《学志》载，建于唐武德七年，此必后人修志时据《纲目》所书而撮抄者也。《纲目》于七年二月书置州县乡学，是时江南尚未平定，三月方书赵郡王孝恭克丹阳，斩辅公（祐）[祏]，分注始载"江南皆平"。溧水距金陵石头城一百三十里耳，当武德七年春，公（祐）[祏]尚据石头，值此干戈扰攘之后，未必遽能置学。《本纪》，"贞观四年，诏州县皆作孔子庙"，咸亨元年又"诏州县皆营孔子庙"，开元二十六年"令天下州县里皆置学"，自武德讫于咸亨，三奉诏旨矣，天下州县尚未尽置学也，于是又令"皆置学"，而后庠序满天下，故《纲目》复特书以嘉之。又按《江南通志》，江宁府学北宋置于钟山之麓，上元学创建于宋景定二年，江宁县学建于景定四年，句容县学建于南唐。溧水隋开皇十一年析溧阳地置为县，学则建于宋淳化间。溧水为江宁府属邑，而建邑又后于溧阳，建学未必先于府学。遍考《通志》，江苏各府学无有建于武德间者，则溧水学不建于武德明矣；纵有之，或在贞观开元之间。溧水碑版残阙，无从取征，故旧志考核未详，《通志》新修，止仍其旧耳。纪事者仍旧志，而置说于此，以俟后之博闻者订正焉。

祀　典

春秋二仲，上丁日祭文庙，祭之日先致祭于崇圣祠、裕圣王、诒圣王、肇圣王、昌圣王、启圣王。

配以先贤颜氏无繇、曾氏点、孔氏鲤、孟孙氏、先儒周辅成、程珦、张迪、朱松、蔡元定。

祭至圣先师孔子于大成殿，配以复圣颜子、宗圣曾子、述圣子思子、亚圣孟子。

次祭十二哲

东哲　先贤闵子、先贤冉子、先贤端木子、先贤仲子、先贤卜子、先贤有子。

西哲　先贤冉子、先贤宰子、先贤冉子、先贤言子、先贤颛孙子、先贤朱子。

次祭两庑

东庑　先贤蘧瑗、先贤淡台灭明、先贤原宪、先贤南宫适、先贤商瞿、先贤漆雕开、先贤司马耕、先贤梁鳣、先贤冉孺、先贤伯虔、先贤冉季、先贤漆雕徒父、先贤漆雕哆、先贤公西赤、先贤叔仲会、先贤任不齐、先贤公西舆如、先贤原亢、先贤公良孺、先贤公肩定、先贤鄡单、先贤罕父黑、先贤荣旂、先贤左人郢、先贤郑国、先贤廉洁、先贤邦巽、先贤陈亢、先贤琴张、先贤步叔乘、先贤秦非、先贤颜哙、先贤颜何、先贤县亶、先贤乐正克、先贤万章、先贤周敦颐、先贤程颢、先贤邵雍、先儒穀梁赤、先儒伏胜、先儒后苍、先儒董仲舒、先儒杜子春、先儒范宁、先儒韩愈、先儒范仲淹、先儒胡瑗、先儒杨时、先儒罗从彦、先儒李侗、先儒张栻、先儒黄干、先儒真德秀、先儒何基、先儒赵复、先儒吴澄、先儒许谦、先儒王守仁、先儒薛瑄、先儒罗钦顺、先儒陆陇其。

西庑　先贤林放、先贤宓不齐、先贤公冶长、先贤公晳哀、先贤高柴、先贤樊须、先贤商泽、先贤巫马施、先贤颜辛、先贤曹恤、先贤公孙龙、先贤秦商、先贤颜高、先贤壤驷赤、先贤石作蜀、先贤公夏首、先贤后处、先贤奚容蒧、先贤颜祖、先贤句井疆、先贤秦祖、先贤县成、先贤公祖句兹、先贤燕伋、先贤乐欬、先贤狄黑、先贤孔忠、先贤公西蒇、先贤颜之仆、先贤施之常、先贤申枨、先贤左邱明、先贤秦冉、先贤牧皮、先贤公都子、先贤公孙丑、先贤张载、先贤程颐、先儒公羊高、先儒孔安国、先儒毛苌、先儒高堂生、先儒郑康成、先儒诸葛亮、先儒王通、先儒司马光、先儒欧阳修、先儒胡安国、先儒尹焞、先儒吕祖谦、先儒蔡沈、先儒陆九渊、先儒陈淳、先儒魏了翁、先儒王柏、先儒许衡、先儒金履祥、先儒陈献章、先儒陈澔、先儒胡居仁、先儒蔡清。

次祭　名宦祠

唐

县令岑仲林、县令窦叔向、县令白季康。

宋

县令史弥巩、县令李朝正。

明

县令王弼、教谕韩和、县令王从善、县令刘应雷、县令傅应祯、县令栾尚约、县令陈文谟、县令徐必达、都御史周起元、教谕唐世卿。

国朝

总督傅腊塔、于成龙、麻勒吉、董讷、郎廷佐、阿山、范承勋、郎廷极、马国柱、赵廷臣、李卫,总漕施世纶,总河陈鹏年,江苏巡抚徐士林、陈大受,安徽巡抚佟国佐,常州府升任巡抚包括,学院邵嗣尧、邵嘉、张榕端、余正健、张泰交、许汝霖、张元臣、简上,都御史张伯行,江南布政使司马如京、刘汉祚,江苏按察使司李馥,安徽布政使司龚佳育,江安粮道王绪祖、张顾行,江宁织造曹玺、曹寅,江宁府王光谟,江南戊午科正主试熊一潇,太子太保兵部尚书马鸣佩,应天府丞赠吏部左侍郎张玮,提督南畿学政监察御史陈起龙,提督敏庄公梁化凤,学道李来泰,知县安应眸、赵世臣。

次祭　乡贤祠

宋

兵部尚书俞栗、赠光禄大夫参知政事魏良臣、太师正肃公吴柔胜、参知政事吴渊、左丞相吴潜。

明

兵部尚书齐泰、左通政使赵本、翰林端木孝思、翰林端木孝文、太朴寺寺丞武晔、嘉议大夫右副都御史丁沂、赠中宪大夫四川布政司右参政武冔、中奉大夫湖广左布政司使武尚耕、中宪大夫直隶保定府知府王名登。

次祭　文昌梓潼帝君

次祭　土地祠

次祭　忠孝祠_{附义士、义民}

忠臣

宋

浏阳令朱虑。

元

教谕赵龙泽。

明

兵部尚书齐泰

○邑令王从善祭曰：维公绝世奇才，少魁南服。先帝眷倚，表树赫赫。托孤寄命，丹心报国。死轻鸿毛，劲节不屈。天子褒嘉，优礼殊渥。禋祀千秋，是荷百禄。

赠太仆寺丞武晔

○嘉靖三十七年谕祭，敕云："惟灵忠义所激，御贼前驱，卓立战功，竟殒锋镝。以死勤事，祀典攸宜。

孝子

宋

谢千九、伊小乙、刘兴祖、严晃、郑云龙、夏孝子_{逸名}、陈孝子_{逸名}。

明

虞周、梅洪、丁溁、周什一、翟凤鸣、傅哀、虞钦、黄枨、周家庆、赵鸣皋、袁文化、萧泮、扬振新、章宪文、徐学忠、任超。

国朝

汤学绅、黄明诏、张镛、钱文象、张问道、任师琦、谢允纲、谢之庶。

义士

元

汤大有。

明

魏泽、陈文懋、龚廷机、任义、萧济、袁愉、陈文心、陈景福、杨鉴、王应祯、王可举、李应科、端木彬。

国朝

刘虔、李仲勋、萧有宏、萧秉乾、张守望、谢燦、姚光礼。

义民

明

赵琪、杨宠、张晓、丁遵、吴钊、张整、熊子成、吴澍、武钟、谢揆、汤铣、陈谱、陈应科、刘济、武潘、陈溁、汤凤冈、吴应举、萧渡、陈灌、李佛保、陈廷瑄、孙爆、萧溧、刘凤池。

国朝

马自骧、萧士经。

次祭　节孝祠，安阜门内。乾隆四十一年，知县凌世御重修。

祀　楚贞义女史氏。

宋

节妇余氏、夏孝女、李孝女、谢孝女、赵孝女。

元

赵雷泽妻衡氏、赵楷妻刘氏、赵栋妻夏氏、容国夫人萨法礼、张和妻黄氏、花山妇、曹子英妻尤氏、王容妻陈氏妾汪氏、袁孝女。

明

王仕妻陈氏、甘如桂妻俞氏、黄志远妻任氏、周辂妻俞氏、王崇妻刘氏、丁可辅妻杨氏、丁可弼妻徐氏、许根善妻杨氏、许点妻张氏、经国猷妻管氏、毛邦久妻张氏、徐思毅妻薛氏、陈文心妻王氏、徐时亨妻俞氏、严国辅妻周氏、丁檀妻端木氏、武尚训妻王氏、颜守翰妻谢氏、芮元化妻张氏、端木烈妇逸其氏、章时献妻吴氏、魏枢妻陶氏、陈云鹍妻丁氏、茆康宇妻傅氏、庠生茆康年妻胡氏、茆康衢妻陈氏妾尹氏、王懋柯妻赵氏、陈彦玺妻朱氏、邰道升妻俞氏。

国朝

郜绍盛妻汪氏、王若骥妻章氏、钱化龙妻陈氏、俞熊妻周氏、王仲举妻朱氏、程天民女、汪绍祖女、许梦明女、乌山陈烈女、武可偮女、王章妻尹氏、戴重庆妻章氏、甘月卿妻丁氏、诸纯仁妻汤氏、萧必寿妻谢氏、袁国柱妻陈氏、萧士纶妻李氏、王宏冶妻陈氏、王宏恒妻孙氏、俞嘉景妻经氏、许一唯妻梅氏、陈时才妻施氏、谢允铨妻汤氏、夏之益妻孙氏、周初鬲妻曹氏、陈良弼妻周氏、谢允绶妻汤氏、葛之文妻王氏、周尚贞妻袁氏、李模妻靳氏、周天奇妻袁氏、陆思瓛妻翟氏、汤仁鼒妻朱氏、张应鼎妻李氏、司徒国章妻王氏、朱懋恩妻马氏、汤之俊妻陈氏、王国瑗妻俞氏、傅可顺妻毛氏、司徒宓妻赵氏、章之咸妻吴氏、郜用闻妻李氏、薛维勋妻吴氏、卞豫经妻杨氏、陈元绍妻张氏、张绍业妻胡氏、俞生沛妻马氏、芮日祥妻叶氏、谢公美妻管氏、李常源妻徐氏、薛道五妻杨氏、周朝聘妻于氏、萧枝馩妻姚氏、周世峃妻严氏、曹明礼妻吴氏、赵开宏妻张氏、经之泰妻萧氏、俞成旦妻卞氏、司徒人文妻郜氏、赵尚诒妻吕氏、戴道公妻刘氏、武驷妻沈氏、叶宏忠妻谢氏、谢昶妻陈氏、刘嘉荫妻齐氏、司徒右文妻赵氏、卞豫铎妻胡氏、许应举妻耿氏、戴德庆妻刘氏、朱昌祚妻严氏、俞时得妻梅氏、俞时正妻周氏、徐彦质妻张氏、傅宏基妻陈氏、武湘妻梁氏、吴廷梅妻庄氏、傅立正妻张氏。

祭 器

文庙祭器：笾，一百六十五件内残缺二十三件，重三百八十六斤。

铜簋，七十五件内损五件，重二百六十二斤。

铜香炉，一座，重四十斤。

铜花瓶，一对内损一只，重七十斤。

铜牛樽，五个。

铜豆，一百八十七件内损二十二件，重三百六十斤。

铜簠，七十七件内损七件，重二百二十六斤。

铜杓，五把内损一把，重三斤。

铜中香炉，六座内损三座，重六十三斤。

铜酒爵,一百四十八只內大爵损三只,小爵损二十三只,重一百十三斤。

铜雷樽,一个有盖,重十四斤。

铜狮樽,一个有盖,重六斤。

铜钟,一口,重二十斤。

铜八字磬板,一块,重七斤。

黄绢幔,一。

红绢幔,四。

书　籍

《春秋》四套,四十八本。

《诗经》四套,四十八本。

《书经》四套,四十八本。

《孝经衍义》八套,六十四本。

《性理》二套,十本。

《周易折中》四套,二十四本。

《四书》四套,二十四本。

《朱子全书》八套,六十四本。

乾隆四年四月,内奉御颁十三经:

《周易疏》一套,四本。

《尚书疏》一套,八本。

《周礼疏》上下二套,十二本。

《毛诗疏》上下二套,十六本。

《仪礼疏》上下二套,十二本。

《论语疏》《孟子疏》一套,十本。《论语》四本。《孟子》六本。

《尔雅疏》《孝经疏》一套,四本。《尔雅》三本。《孝经》一本。

《春秋疏》上下二套,二十本。

《公羊疏》一套,八本。

《穀梁疏》一套,六本。

《礼记疏》上下二套,二十本。

《上谕》二套。

乾隆五年三月,内奉御颁二十一史:

《史记》上下二套,二十本。

《前汉》上下二套,二十四本。

《后汉》上下二套,二十本。

《三国·魏史》一套,十二本。

《南史》上下二套,二十本。

《北史》上中下三套,三十本。

《魏书》上下二套,二十四本。

《晋书》四套,三十八本。

《宋书》二套,二十四本。

《南齐》一套,十本。

《北齐》一套,八本。

《梁书》一套,八本。

《陈书》一套,四本。

《隋书》二套,二十本。

《唐书》四套,四十四本。

《周书》一套,四本。

《五代史》一套,二十本。

《宋史》十套,一百本。

《金史》二套,二十本。

《辽史》一套,八本。

《元史》五套,五十本。

乾隆七年五月,内奉御颁经书传说:

《诗经传说》二套,二十本。

《书经》二套,十六本。

《春秋》二套,二十四本。

《周易折中》二套，十二本。

《朱子全书》四套，三十二本。

《性理精义》一套，五本。

《四书解义》二套，十二本。

《孝经衍义》二部八套，共六十四本。

《御制大学朱子全书》八本。

《御制训饬士子文》一道。

乾隆八年六月，内奉颁《上谕》一套，十本。

《钦定四书文》四套，四十四本。

乾隆九年，奉颁《学政全书》一套，八本。

《御制盛京赋》二本。

乾隆十年，奉颁《明史》十二套，共一百一十二本。

乾隆十四年五月，内奉颁《通鉴纲目》二部十六套，共一百六十本。

乾隆十五年二月，内奉颁《上谕》一道。

乾隆十九年八月，内奉颁《条例》二本。

乾隆二十二年四月，内奉颁《学政全书》一部，二本。

乾隆二十二年五月，内奉颁《御纂三礼义疏》一部，一百二十八本。

乾隆二十六年五月，内奉颁《御制乐善堂书》二套，共三十六本。

乾隆二十二年六月，内奉颁《闱墨》二部，共四本。

乾隆二十六年十月，内奉颁《御选唐宋诗醇》二套，共二十本。

乾隆三十年十二月，奉颁《大清续纂律例》一本。

乾隆三十一年四月，内奉颁《御纂周易述义》二部，计八本。

《诗义折中》二部，计十六本。

《春秋直解》二部，计二本。

乾隆三十二年十月，内奉颁《御制文初集》二部，计十六本。

《御制诗初集》二部，计九十六本。

乾隆三十八年二月，内奉颁《南巡盛典》八套，计四十八本。

乾隆三十八年九月，内奉颁《钦定清汉对音字式》计一本。

学　额

教谕、训导俸银八十两,各四十两。

斋夫银三十六两,各十八两。

廪生额设二十名,应领廪粮银八十两。

膳夫银四十两,每名二两。

增生,额设二十名。

附生,每逢科岁额进二十名。

武生,每逢岁考额进十二名。

学　田

上原乡田,一百九十八亩二分五厘。

地,二十三亩六分。

塘,五亩。

思鹤乡田,七十六亩一分九厘七毫八丝。

地,十三亩七分四厘一丝。

山,七十七亩一分。

塘,一亩八分。

赞(乡贤)[贤乡]田,一百五十一亩一分。

地,十亩九分五厘。

白鹿乡田,六十四亩七分一厘。

地,三亩九分九厘。

丰庆乡田,一百三十九亩九分四厘六毫。

地,十亩六分四厘六毫。

山,十六亩一厘一毫。

塘,一分一厘。

归政乡田,二亩。

地,一亩五分。

崇贤乡田,一亩八分四厘。

长寿乡田,七亩九厘一毫。

山阳乡田,四亩。

仙坛乡田,十二亩五分。

地,二亩。

在城乡田,十七亩一分六厘。

地,五亩五分。

山,十亩。

以上共田,六百七十四亩七分九厘四毫八丝;地,七十一亩九分二厘二毫一丝;山,一百三亩一分一厘一毫;塘,七亩七分四毫。其租皆以给士之砥行而贫者,诸有司勿与焉。一应杂办差徭尽从蠲免。

书　院

学宫西旧有安公应畮祠,年久营兵占住,嗣知县吴湘皋清查,劝谕绅士捐赀清还,祀徐公良彦、朱公身修并安公为三贤祠,日久倾塌。祠西为赵公书院,康熙五十九年建,祀县令赵公世臣,屋宇亦渐颓废。乾隆四十年,知县凌世御集绅士捐金,改建高平书院,仍祀三公于后楼。又考明县令贺公一桂、傅公应桢、吴公仕诠、刘公应雷、陈公子贞、徐公必达、张公锡命、董公懋中,国朝县令车公辂,明学博宗公贤、吴公世济祠宇俱废;车公则湛身狴狱,虽无专祠,邑之耆老痛公死非其罪,岁时仍有为位而祭者,县尉朱育恩与公同死事,并为置主合祀于书院,以永昭循良之报,且俾守土之吏有所矜式焉。

书院大门五间,讲堂三间,左右各一间。厢房左右两间;后楼五间,下为掌教居室。楼左多隙地,周列垣墉,错置花石,辟小窗相对,以为藏修游息之助。又东外,平房十间,为诸生肄业所。赵公书院本二层,共六间,后添建三间,厢房二间。后有池,池之右为旧京兆馆地。垣外邑庙,徽恩阁重窗洞开,高标辉映,草树葱郁,揽结巾佩读书寻味之子,咸于此得文心之觌矣。

书院经费

城乡绅士捐银三千余两;捐田地一百九十六亩有零,每年租息所入,搏节办理,事属创举,简陋不免。所望继自今守土之官与地方好义之士念始事之维艰,乘乐成之较易,踊跃奋兴,踵前规而振起,俾书院永永无斁焉。诗云"中心藏之,何日忘之"。

中山书院,县令王公从善建祀齐司马,即表忠祠也。后因屋宇倾废,移祀于徐公良彦祠,祀徐公于安公祠,与朱公并号三贤。自是,中山书院竟荡为菜圃,不可问矣。

图南书院,县令徐公必达以修学羡金,构书院于学宫之右,徐公自有记。康熙十五年志云"已废,惟址存",前志云"今址亦不可考矣"。

三贤书院,在柘塘镇,本惠民仓也。万历间乡民建以贮谷。又因本邑漕粮改折,始终其事者为县令徐必达、徐良彦、张锡命三公,并肖像以祀焉。共屋十一间,惟左侧四间稍倾圮,余尚完整。缮而新之,是在后之君子。

赵公书院,今归入高平书院。

卷七

选 举

征辟表　科目表　武科表　仕籍　封赠　恩荫

《周礼》："大司徒以乡三物教万民，其有贤能者则宾兴之，以进于朝。"盖学校设，而选举兴也。三代后汉制最为近古，唐宋始重科目，名臣贤相多出其中，至今因之。溧水分钟山之秀，科名仕宦代有其人，纪年分类，蔚然奋天池而腾皇路。《易》曰"观国之光，利用，宾于王"，有志之士可以踵武而兴矣。志选举。

选举表一

征 辟

宋

司徒吉字甫祥。高宗建炎二年以荐辟，任建康知府，遂居溧水。有传。

王景云字仲庆。咸淳间以荐辟，任清流簿。有传。

元

刘应昂由人材，任大司马。

陈森由人材，任县尉。

明

洪武

魏泽以荐辟，历官刑部尚书。有传。

赵本居仁。由人材,历官左通政。祀乡贤,有传。

端木以善由荐辟,历官刑部尚书。有传。

夏璇由经明行修,任浙江嘉兴府知府。

姚敬重克仁。由儒士,任都御史。有传。

王良善之。由人材,任浙江按察司。有传。

甘霖由人材,历官左布政。

陈永由人材,任福建建宁府推官,升刑部郎中。

汪拳由人材,任浙江湖州府知府。

曹文庆由人材,任山东东昌府知府。

严与声由儒士,任知州。

汤良臣由明经,任四川大足县知县。

黄养性由儒士,任知县。

薛伯文由人材,任知县。

宋原由人材,任福建清流县县丞。

张天禄由儒士,任江西龙泉县主簿。

严伯修由儒士,任教谕。

朱润祖由明经,任本县训导。

姚行本达。由儒士,任户科给事中,历官湖广左参政。有传。

魏资敬由通经,历官监察御史。有传。

吴原颐以荐辟,任宣城县训导,历官国子监博士。

杨愿礼由人材,任户部宝钞提举使。

萧叔裕由人材,任四川夔州府经历。有传。

袁丽融由明经,任知县。

萧文举叔裕孙,名钧,以字行。由太学,任翰林院孔目。

永乐

吴伯坚由人材,任顺天府检校。

端木孝文以善子。由儒士,任翰林院待诏。祀乡贤,有传。

端木孝思以善子。由儒士,任兵部员外郎兼翰林院侍书。祀乡贤,有传。

黄鉴_{由人材,任州判。}

严恪_{由儒士,任助教。}

桂子渊_{由楷书,任陕西岐山县县丞。}

黄恒_{由人材,任知县。}

李錦_{由人材,任江西赣州府照磨。}

骆元礼_{由人材,任县丞。}

陈福_{由人材,任广东雷州府知事。}

张景宣_{由人材,任知县。}

国朝

雍正

甘峄_{以征苗军功,赠奉直大夫。}

旧志有施可行、马采臣、萧枝酚。三人俱膺荐,未就。今不没其名,附书于后,俾邑之人士有所考信云。

选举表二

	进士	举人	贡生
宋			
天圣	俞遵良弼。宋郊榜。武昌军节度推官,试秘书省校书郎。		
天禧	俞达良佐。王整榜。广西参政。		
	俞珹汝佩。冯京榜。连州知州。		
	俞珏汝璧。冯京榜。河南府知府。		
	俞仲翁张衡榜。兵科给事。		
元祐	俞彻恒若。许将榜。南阳府邓州内乡县尹。	刘泳浙江行省乡试第二十名。	

续表

熙宁	俞栗祗若。以上舍赐进士第一,官至述古殿直学士、兵部尚书。祀乡贤。		
	俞逢颐迎。张蹈榜。翰林侍读。		
	俞宣陟布。毕渐榜。刑部主事。		
	俞乔自升。河涣榜。监察御史。		
	魏良臣道弼。何涣榜。祀乡贤。		
政和	朱虑官左从事郎、潭州浏阳令。见《忠节》。		
绍兴	王纶德言。官资政大学士。		
	赵震廷发。官翰林编修。		
	魏思逊良翰。王佐榜。金书枢密院。		
淳熙	吴柔胜胜之。黄由榜。祀乡贤。		
嘉定	吴渊道甫,柔胜子。袁畊榜。祀乡贤。		
	吴潜毅甫,柔胜季子。丁丑状元。祀乡贤。		
	姚大成官中书。		

续表

咸淳	司徒孟三榜名宜。戊辰陈文龙榜。官筠州知府。		
	张琦		
元			
大德	文古	秦国鼎解元。	
		甘普化任判官。	
		袁艮所丁酉。	
明			
洪武		胡桐甲子。刑部主事。	姚文重王府教授。
		刘文甲子。任知府。	
		沃浚甲子。任评事。	
		朱胜丁卯。辽府伴读。	
		齐德丁卯。解元。	
		栾凤丁卯。任经历。	
		王士惟丁卯。	
	齐德更名泰。戊辰任亨泰榜。兵部尚书。祀乡贤，有传。		
		谈允庚午。左都御史。	
		房义庚午。	
		杭浚癸酉。任御史。	
		王性癸酉。任给事。	
		赵昱丙子。任教谕。	
		梅哲丙子。任经历。	
建文		张礼己卯。王府教授。	

		经纶己卯。陕西宁夏中护卫经历。	
		朱旭己卯。任通判。	
		夏廉己卯。任教谕。	
		汤茂己卯。任知县。	
		宋镐己卯。江西按察司经历。	
		孙让己卯。	
	孙让庚辰胡靖榜。		
		徐昱壬午。任训导。	
		张宗直壬午。任教授。	
永乐		张豫乙酉。	刘彦宣任教谕。
		张彦声乙酉。	朱震任御史。
	王琮丙戌林环榜。		张清芝任县丞。
		傅安辛卯。刑部主事。	李应庚任都给事,升永州府知府。
		魏祖辛卯。任主簿。	
		夏源甲午。任经历。	叶茂成都卫经历。
	许英戊戌李骐榜。任知县。		夏泰任经历。
		陈纪癸卯。任纪善。	陈瓒龙虎卫经历。
宣德			杨度新淦县知县。
			任静广西都司经历。
			陈俊广东都司经历。
正统			张恺任御史。
			李志恭任知县。

续表

			朱苇陕西三原县知县。
			王让都督府经历。
			张纪任县丞,升知县。
景泰		徐淦庚午。	
		丁钊庚午。沾化县知县。	
		王鲁庚午。	
	王鲁甲戌孙贤榜。浙江兰溪县知县。		
天顺		任兰己卯。顺天洛阳县知县。	夏斌任经历。
			孙豫任兵马司指挥。
			王瓒任知县。
			魏宁任训导。
			丁钟任知事。
			葛宁任知县。
			黄本巴东县训导。
			孔敏任训导。
			谷泰任知事。
			张琏
			赵渊
成化		张孺辛卯。	朱瑜王府典仪
		茆钦辛卯。	端楷黄梅县知县。
		陈理辛卯。	蔡荣
		范祺辛卯。	方玘嵊县县丞。

	陈理壬辰吴宽榜。任知县。直隶德州卫官籍。		夏华固城县教谕。
			郭浚萧山县县丞。
	茆钦戊戌曾彦榜。直隶永平府卢龙县民籍。大理寺卿。		臧志（沇）〔杭〕州卫经历。
			夏宇任经历。
			朱琦任经历。
		朱杲庚子。福建连城县知县。	虞周祁阳县知县,升贵阳府知府。
		乔衍庚子。	袁济易州判官。
			李茂本姓齐。石门县训导。
弘治		夏辑己酉。曲江县知县。	杨诜天津县训导。
	范祺癸丑毛澄榜。按察司金事。祀乡贤。		夏翀
			章华遇例。冠带。
		张镇乙卯。	李杲南城县训导。
		丁沂辛酉。	傅寿
		黄志达辛酉。	方楠任都司断事。
	丁沂壬戌康海榜。南京刑部主事,历官右副都御史、巡抚四川。祀乡贤。		俞钺
			黄铎云南石屏州吏目。
			翟瑞云南姚州吏目。
			蔡文昌
		茆世昌甲子。茆钦子。	刘嵩零陵县知县。

续表

年号			
正德		张璠丁卯。湖广华容县知。	张时举仙居县县丞。
			王澄天津卫经历。
		江府丁卯。	张廷芳景宁县教谕。
		甘永昂丁卯。江西临江府通判,升湖广武昌府知府。	经明
			俞哲崇义县教谕。
	黄志达戊辰吕柟榜。刑部员外。		章潼江西宁州州同。
			尹廷瑞任主簿。
		武崟癸酉。任浙江嵊县教谕。	曹镶任知县。
			施崇义任县丞。
		王希成癸酉。贵州籍。卫辉府通判。	
嘉靖		杨振文壬午。贵州籍。临洮府同知。	甘永晟嘉靖元年拔贡。任陕西庆阳府推官。
		刘骜壬午。广东石城县知县。	丁昌
			吴纶
		茆世亨癸卯。顺天。任长史。	诸相
		张邦谟己酉。任知州。	陈敕
		孙玤戊午。漳浦县知县。	徐钥任教官。
		徐守正戊午。	茆世亨见《举人》。
		许根善辛酉。任知县。	章棐任知县。

		武尚训_{甲子。顺天。}	黄堂_{任知县。}
		武尚宾_{甲子。建宁府推官，升南康府同知。}	王道明_{任知县。}
			刘楠_{任经历。}
			朱恩
			丁继孝。
			范僎。
			范渠。
			章湖_{任训导。}
			范演_{任主簿。}
			张渠_{任县丞。}
			丁继文_{任知县。}
			周元绶_{任县丞。}
			邰泗_{浙江平阳县训导，升山东平阴县教谕。}
			张崇德_{任县丞。}
			孙玕_{见《举人》。}
			陈𪩘
			章柔_{任通判。}
			陈诵_{任教授。}
			章梯_{任教授。}
隆庆		徐一凤_{丁卯。}	陈谟
		武尚耕_{庚午。}	武尚耕_{见《进士》。}
		王守素_{庚午。}	陈凤占_{任县丞。}
		薛维翰_{庚午。}	傅衷

续表

		武尚严庚午。贵池县教谕。	陈日隆
		杨秉钺庚午。	张侁
	武尚耕辛未张元忭榜。广东程乡县知县,擢吏科给事,历官湖广左布政。祀乡贤。		
万历		章甫诏丙子。江西南昌府通判。	茆钟秀迪功郎。
			黄天柱
		杨秉铎己卯。贵州籍。翰林院待诏,历官云南按察司副使。	徐鹤鸣
			沈名彰满城县知县。
			沈立敬见《举人》。
		汤有光己卯。上元籍。江西瑞州府知府。	韦柔琼山县知县。
			刘天命选(拔)[贡],副榜。绩溪县教谕,转六安州学正,署六安州事。
	王守素庚辰张懋修榜。历官光禄寺正卿。		
		徐文炜戊子。浙江湖州府同知。	刘天延任县丞。
			武光岳
		沈立敬辛卯。四川叙州府通判。	王可宪恩贡。
			俞炎密县教谕。

	陈鸣旸甲午。历任兵备道。	司徒造副榜。
	武光赐丁酉。内阁中书。	俞嘉宁副榜。
	徐良辅丁酉。江西分宜县知县。	武光会选贡。同知,晋阶朝列大夫。
	王名登丁酉。	杨翘瀛恩贡。贵州籍。
	杨起瀛庚子。贵州籍。三河县知县。	武光宸仁化县知县。
		茆钟玉汝宁县教谕。
	杨公翰癸卯。	计思义桃源县教谕。
	王可宗癸卯。崖州知州。	刘廷相大兴县知县。
杨公翰甲辰杨守勤榜。历官太仆寺正卿。		章世育任教谕。
		王可学郧阳府通判。
王名登丁未黄士骏榜。保定府知府。祀乡贤。		武光寀崇义县教谕。
		司徒廷昂岁贡。
	武化中己酉。黄陂县知县,擢御史。	王懋绩来安县教谕。
		叶茂春
	武可奋壬子。	端大猷霍山县教谕。
	杨森瀛乙卯。贵州籍。	刘天德
		武尧中竹溪县知县。
		武焞知县。
		王尚敬长兴县教谕。

续表

泰昌		武光岐见《举人》。
天启	杨秉录辛酉。贵州籍。南国子监学正。	武位中西安府通判。
		王可问
	武光岐辛酉。鄂都县知县。	刘存常桃源县教谕,署县事。
	杨元瀛辛酉。贵州籍。国子监博士,升湖广夷陵州知州。	赵之骅副榜。见《进士》。
		陈于朝任教谕。
	鲍自新壬戌文震孟榜。官主事。乡科失考。	
	赵之骅甲子。	
	赵之骅乙丑余煌榜。历官礼部祠祭司郎中、山东提学道。	
		武光畴丁卯、庚午两次副榜。
崇祯	张辂庚午。	张韬选贡。大同府同知。
	李用楫己卯。	丁明哲盱眙县训导。
	李用楫癸未杨廷鉴榜。宜兴籍。广东琼州府推官。	施一鳌沔阳州学正,署本州事。
		武可进宁国府教授。
		张正纲新昌县教谕。
		赵兼善
		王民霖

		钱懋元建德县训导。
		王应祥丹阳县训导。
		王朝彦
		顾贞元恩贡。
国朝		
顺治		王象坤甲申恩贡。考选州同。
	李蔚乙酉。	魏元宾乙酉。
李蔚丁亥吕宫榜。授行人,升工部主事。		陈云犀丁亥。
		戴梦昒戊子拔贡。广东高州府通判,迁广州府知府,升雷廉道。
		武丹中己丑。选宛平县知县。
		杨静拔贡。候选州判。
		李铭选贡。
		王宏履辛卯恩贡。
		王运启辛卯岁贡。全椒县训导。
		吴正名癸巳。金坛县训导。
	王芝藻甲午。湖广邵阳县知县。	张辟疆甲午副榜。
		徐贞牧甲午副榜。时副榜只免岁考一次,故有先中副榜而后拔贡,后岁贡者。

续表

		陈宿_{甲午。}	
		李同亨_{甲午。宜兴籍。}	
			武令绪_{甲午选贡。}
			司徒士望_{丙申岁贡。含山县教谕,两署含山县事,一署和州事。}
		汤聘_{丁酉。}	吕征_{丁酉副榜。}
			陈绂_{丁酉副榜。候选州同。}
	李同亨_{戊戌孙承恩榜。祥符、黄陂二县知县。}		陈绪_{戊戌。颍上县训导。}
		萧秉晋_{庚子。}	俞遵道_{庚子岁贡。}
	汤聘_{辛丑马世俊榜。江宁县籍。平山县知县。}		
康熙			陈鼎_{壬寅恩贡。}
			王维宏_{壬寅岁贡。自后贡停。}
		谢文运_{癸卯。}	
		李铭_{癸卯。顺天。任山西知县。}	
		任文炜_{癸卯。顺天。}	
		赵统_{丙午。颍州学正,转吴县教谕。}	
		吴琇	
	谢文运_{丁未缪彤榜。四川资阳县知县。}		

			周羽皋庚戌岁贡。自元年停岁贡,是年复。
			王在丰壬子拔贡。宜兴县训导,升秀水县县丞。
			范端壬子岁贡。
			端臣极甲寅岁贡。
			芮迈乙卯副榜。苏州府学训导。
			杨本清乙卯岁贡。贵州籍。
			王之英丙辰恩贡。
			王夔丙辰岁贡。含山县训导。
			马采臣戊午岁贡。
			高嵩庚申岁贡。
		赵律辛酉。山西乐平县知县。	杨璘辛酉。贵州籍。任云南吏目。
			武可吉壬戌岁贡。
			朱邦仰甲子岁贡。
			赵启泓乙丑岁贡。无锡县训导。
			司徒珍乙丑拔贡。山东济阳县知县,署乐陵县事。
			杨琛乙丑贵州拔贡。历任四川淑泸兵备副使道。

续表

			徐贞牧丁卯岁贡。
		邰衡庚午。	王臣白庚午岁贡。副榜三次。
			杨本濡庚午贵州贡。德州学正。
			武和声壬申岁贡。
			端良珽甲戌岁贡。
		王元薷丙子。顺天。	任师锡丙子岁贡。
		李舒春丙子。宜兴籍。句容县教谕。	杨燧丙子恩贡。思南府教授,升全椒县知县。
			王淑臣丁丑府学恩贡。
			谢天璘丁丑拔贡,壬午顺天副榜。云南富民县知县。
			王应锡戊寅岁贡。
		黄绍琦己卯。河南鹿邑县籍。	
			谈瑜庚辰岁贡。
			武文衡壬午岁贡。
	邰衡癸未王式丹榜。陕西中部县知县。		
			王国佐甲申岁贡。
			魏天祐丙戌岁贡。
			管鼎戊子恩贡。
			吕作霖戊子岁贡。

	王元蘅己丑赵熊诏榜。上元县籍。河南新安县知县。	
		王国伦庚寅岁贡。怀远县训导。
		邰清新壬辰岁贡。盱眙县训导,署泗州学正事,又两署本县教谕事。
	尹正矗甲午。广东兴宁县知县,署程乡、开建、顺德三县事,丙午科同考官。	陈文燦甲午岁贡。
		许憍丙申岁贡。
	黄绍琦戊戌汪应铨榜。河南鹿邑县籍。开封府教授。	孔正邦戊戌岁贡。
	谢彬庚子。	邰宗嫄庚子岁贡。霍山县训导。
		俞倬壬寅恩贡。
雍正	毛既丰癸卯。宜兴籍。	葛廷伟癸卯拔贡。选教谕。
		陈子朝癸卯岁贡。
		朱泗癸卯四川岁贡。
		将元鲁甲辰岁贡。
	蔡锦丙午。湖南长乐县知县。	王国俊丙午岁贡。
	蔡曰珩丙午。上海籍。	
		杨嗣藩戊申岁贡。

续表

			司徒宣己酉拔贡。钦命陕甘等处宣谕化导、宿松县教谕。
			杨卿士己酉贵州拔贡。
			邰朝典庚戌岁贡。
			甘伯骙壬子岁贡。宿松县训导，署本县教谕事。
			王国会甲寅岁贡。
			赵履垓乙卯拔贡。
乾隆			胡之洽丙辰恩贡。
			朱道新丙辰岁贡。
			徐伟戊午岁贡。
			丁次兰庚申岁贡。
			司徒槑辛酉拔贡。宗学教习、萧县教谕。
			严时泰壬戌岁贡。
		徐见龙甲子。寄江宁籍。	尹正位甲子岁贡。
		李英甲子。	
	李英乙丑钱维城榜。宜兴籍。翰林院庶吉士。		
			陶伟丙寅岁贡。
			曹淑戊辰岁贡。
			杨芝蕙庚午恩贡。
			邰辉庚午岁贡。英山县训导。

		陈纲壬申恩科。五河县教谕。	谢荪壬申恩贡。
			黄正洽壬申岁贡。铜陵县训导。
			端木廷桢癸酉拔贡。候选知县。
			张天鸿甲戌岁贡。英山县训导。
			卞绍宏丙子府学岁贡。崇明县训导。
			杨继三丙子岁贡。
			司徒棠戊寅府学岁贡。
			王同升戊寅岁贡。
		郑制锦庚辰恩科。直隶清苑县知县,升冀州知州。	周濂庚辰岁贡。
		叶恩纶丁酉北闱举人。寄籍上元。	
			徐天衢壬午恩贡。
			端木长淑壬午府学恩贡。
			刘志川壬午岁贡。
			赵履汉甲申岁贡。
			周仪凤乙酉拔贡。
			司徒霨丙戌岁贡。
			刘师兰己丑岁贡。
			赵在璇辛卯岁贡。

续表

			萧克犧壬辰恩贡。
			尤淳壬辰岁贡。
			汤庆荪甲午岁贡。
			高华丙申岁贡。
			陈泰庸丁酉拔贡。宝山县教谕。
			王芾丁酉副榜。寄籍江宁。
			张杏园戊戌岁贡。

选举表三

	武进士	武举	将材
宋			
	严晃见《孝子》。		
明			
正德		张寿己卯。金吾卫千总。	
天启		王有道甲子。历任福建副总。	
崇祯	胡斌任都司。	仇靖卿壬午。宿松、望江二县千总。	曹时新任游击。
			陈世俊由武生,历官都司。
			刘辅国
			杨善
国朝			
顺治		司徒虎臣乙酉。太平县籍。浙江杭州守备。	刘人迪任浙江参将。

			姚曰都任总督标员。
		王名扬辛卯。天津卫千总。	汤云任总督标员。
		王永泰甲午。有道子。	
		武泰甲午。历任山东胶州协镇。	
		谢勷甲午。吴川守备。	
		端建极甲午。平山卫千总。	
		虞夔甲午。兴武卫千总。	
		张侯疆甲午。	
		毛獬丁酉。镇江卫千总。	
	张侯疆戊戌。贵州普安州守备。		
		尹亮采庚子。兴武卫都司佥书,升湖广游击,署理副总事。	
		韩文凤庚子。	
	王永泰辛丑。直隶燕山卫掌印守备。		
	汪隆辛丑。镇南卫守备。乡科失考。		
康熙		张开疆癸卯。	
		毛颖丙午。	
		夏霖丙午。	

续表

		武克绥己酉。	
		杨德培壬子。	
	杨德培癸丑。贵州籍。		
		尹民则乙卯。亮采子。	
		姚正揆乙卯。广西上思州守备。	
		谢天玮乙卯。	
		王来泰戊午顺天解元。有道次子。	
		王枢臣戊午。	
		杨焯癸酉。贵州籍。	
		袁国琮壬午。	
	袁国琮癸未。御前侍卫、浙江金华副总,署理处州、金衢等处总兵官印务。		
		汤凯辛卯。松江提标守备。	
雍正		陈珂甲辰。	
		谢翊甲辰。绍兴卫千总。	
		尹世抡丙午。广西南宁城守营守备。	
		陆儒丙午。	
乾隆		陈世爵丙辰恩科。	
		吴上达庚午。	
		胡琰癸酉。浙江宁波守备。	

		邵定国 丙子。武举兵部差官、候补守备。	
		严肇初 壬午解元。	
		邵廷玙 辛卯。定国次子。	

仕　籍

仕籍者,别乎征辟、选举而言也。国家用贤无方,宣猷效力不名一格,人才众矣。虽别其所从出之途,而其人之贤者、能者则无别也,所以重之也。不曰恩例,统其同也。

宋

张永初 官枢密院,护驾南渡。镇建康,居溧水。

张从正 永初子。朝散郎,兵部员外。　　张友 从正子。承务郎。

俞林 侍卫,马步军司右军训练。　　赵观光 巡检。

元

甘普化 判官。　　赵楷 南安县尉。

俞文祥 奉议大夫。　　赵原发 教谕。

赵得芳 建平教谕。　　赵仁杰 教谕。

赵镒 教谕。　　赵锷 教谕。

赵镗 广西甸巡检。　　赵铨 学录。

赵文礼 医学教谕。

赵宗泽 承直郎,福建、江西等处行中书省左右都司。

明

洪武

赵棨 通山县主簿。

永乐

赵光庆 中书舍人。

天顺

丁渫知县。

段永判官。

陈绅经历。

谈宣经历。

聂素经历。

成化

杨铭卫经历。

丁郁州吏目。

正德

徐栾泰和丞，升渠县正。

邰洪县丞。

许榜知州。

邰滢县丞。

章绅成都府经历。

嘉靖

徐湖经历。

章沐典膳。

徐堂县丞。

张孺主簿。

徐守芳吏目。

陈凤律县丞，升州同。

刘栋县丞。

刘朴县丞。

刘校经历。

张俸主簿，升典宝。

邰学礼主簿。

袁镜主簿。

徐汉京县主簿。

邰学宗主簿。

邰学易主簿。

章文炫检校。

周尚文主簿。

陈凤舜云南都司断事，升鹤庆府判。

武昈台州府知事。见《忠节》。

武曙上林苑监蕃育署丞。

章梟主簿。

武容之州判。

武易光禄寺监丞。

王尚宁县丞。

陈凤尧府经历。

茆可大鄱阳县主簿。

茆可久都司经历。

武尚宪都司断事。

徐一麟典史。

陶文珏南海县县丞。

隆庆

赵应期王府审理。

邰德寿福建南安县主簿。

许炯鸿胪寺序班。

万历

沈元亮县丞。

武尚饬易州吏目。

李拱扬湖广黄安县簿。

毛邦卿蒲沂县簿。

王可大上林苑录事。

周易检校。

李茂春泰州判官。

沈立宪县丞。

俞溢临川县知县。

陈于上经历。

吴应期蕲州同知。

吴云鹏布政司经历。

王可畴永平府经历。

武昌任浙江按察司照磨。

沈元龙主簿。

杨邦正县丞。

崇祯

丁炜经历。

孙又纬金华县县丞。

朱国鼎河南温县尉。

陈云鲤广西贵县尉。

陈文熙主簿,升经历。

张正铨候选县丞。

陈云骏经历。

赵宏明内阁中书舍人。

朱之祚湖广承天府景陵主簿。

李元复训导。

司徒化邦上高丞,擢辽阳参军。

马继檄山西大谷县尉。

徐中成兰溪县丞。

徐瑜南平县尉。

徐忠仁安宁州吏目。

端大美按察使经历。

赵其昌户部福建清吏司郎中。

杨宁巽福建漳浦县知县。

不详年代者另列于后

武昜丙字库大使。

尤愈业府库大使。

尤愈嘉安州吏目。

丁铨驿丞,升县尉。

胡梗卫经历。

朱文贵驿丞。

丁钥县丞。

翟安主簿。

陈凤山县丞。

徐守节邵武府知事。

端果驿丞。

陆凤翔县尉。

赵薰县尉。

卞思谏驿丞。

陈文懋加援府知事。

任广主簿。

汤泽县尉。

陆旻巡检。

胡俊仓大使。

袁恂巡检。

汤钦巡检。

吕莹主簿。

甘如膏盐场大使。

萧寰府大使。

陈懋县尉。

韦渼县尉。

戴鉴巡检。

汤沂巡检。

窦潘巡检。

陈凤辇仓大使。

许谷王府工正。

刘天瑞仓大使。

张琪县尉。

吴宿县尉。

周耀县尉。

经芝仓副使。

姚讠州判。

王希仁吏目。廉能有声。

龚廷核县尉。

王应祯省祭。

魏元臣县丞。

李仲春省祭。

萧有信省祭。

陈文贞县尉。

舒鉴县尉。

吴嘉仓大使。

许浙巡检。

赵钤巡检。

傅举县尉。

张鋆县尉。

马儒主簿,升县丞。

骆兰州吏目。

赵厚县尉。

周棠县尉。

蔡义巡检。

臧守宪巡检,升主簿。

汤忠仓大使。

葛孔文仓大使。

刘榜主簿。

任炟县尉。

袁见可县尉。

马思德卫经历。

甘如薇县尉。

刘天迪驿丞。

吴应举援加光禄。

马继橄县尉,升工正。

蔡校县丞。

姚宗显省祭。

经可通主簿。

刘一本省祭。

萧有贤县尉。

王应亨县尉。

萧仲吕县尉。

刘思升省祭。

谢㷇省祭。

杨文兴县尉。

刘时嘉县尉。

刘时泰县丞。

胡守素省祭。

朱之祚主簿。

毛塑县尉。

王士铨吏目。

王士彦县尉。

刘光表县尉。

谢上达三河县尉。

谢纯德卫经历。廉能。

施德政省祭。

刘之麟省祭。

茚钟元成都府典膳。

任世勋县尉。

汤学文县尉。

经洙漳平县尉。

陈思善清远县尉。

陈文典省祭。

朱邦祺县尉。

周部永嘉县尉。

王宗道巡检。

吴晋美恭城县尉。

王德昌南昌府大使，有干才，升台州府照磨。

陈大道新昌县典史。廉能有声。

汤来骥仓大使。

赵厚县尉。

徐有功任县尉，升巡检。

武尚绥任九江府知事。

邰南寿任西安簿。

国朝

顺治

徐启谟江西泰和县县丞。

周从谦历任辰州、宣府、建昌、柳州、太原、河间、福州诸府同知，擢监司。诰封奉政大夫。

端木象震广州府知府。

端木象谦知县。

康熙

端朝维浙江嘉善县知县。

周岐生考授县丞。

萧必祺考选学正。

雍正

端长浤迁安县知县，署滦州知州。

乾隆

朱伊考授迪功郎。

司徒宜靖安县丞，署靖安、安义诸县事。

萧克峙云南邓川州知州，内升员外郎。

萧克苍考授吏目。

叶宏良候选知州。

叶成俊候选府同知。

高建邦州同。

叶春芳州同衔。

叶廷芳州同。

陶应鲲宝山县学训导。

司徒荣州判。

李式中书科中书。

李彀骏布政司理问。

吴鸿吏目，分发浙江。

徐元秀县丞、四库馆行走，朝考拣选知县。

萧法由贡生例授，未入流。

萧潢吏目，分发直隶。

王湘吏目，分发山东。

谢蘅考授，未入流。

谢国恩徐闻县宁海巡检。

任敬从九品。

高华州同。

封 赠

宋

俞璠以子达贵，天圣间赠布政使司参政。

俞义以孙棐贵，熙宁间赠兵部尚书。

元

俞逢西以子文祥贵，赠知州。

大德

赵应德赠从仕郎、都水监经历。

赵鉴赠奉训大夫，徽州路婺源州追封句容男。

明

洪武

齐盈辅以曾孙泰贵，诰赠兵部尚书。

齐泽以孙泰贵，诰赠兵部尚书。

齐仲荣以子泰贵，诰赠兵部尚书。

天顺

陈逊以子绅贵，赠燕山右卫经历。

丁仲文以子溁贵，赠神武卫经历。

成化

茆端以子钦贵,赠贵州道监察御史。

(宏)[弘]治

范景新以子祺贵,赠南京户部陕西司主事。

丁义以子沂贵,赠南京刑部广西司主事。

正德

黄份以子志达贵,赠刑部湖广司主事。

嘉靖

武潘以子曙贵,赠上林苑监蕃育署署丞。

万历

武泽以孙尚耕贵,赠布政使司右参政。　武嵒以子尚耕贵,赠布政使司右参政。

王像以孙守素贵,赠光禄寺卿。　王鼐以子守素贵,赠光禄寺卿。

王崇以子名登贵,赠刑部主事。　王尚镇以子可宗贵,赠昌化县知县。

武尚冕以子光会贵,赠浙江杭州府通判。　杨时薰以孙公翰贵,赠河南左布政使。

杨修以子公翰贵,赠河南左布政使。

天启

赵鸣皋以子之骅贵,封江西德化县知县。　司徒试以子化邦贵,赠辽阳卫经历。

崇祯

武炌以子化中贵,赠黄陂县知县。

国朝

康熙

尹汰以孙亮采贵,赠怀远将军。

尹调羹以子亮采贵,初赠武略将军,加赠怀远将军。

端木兆龙以子象震贵,赠奉政大夫。　袁可久以孙国琮贵,赠将军。

袁逢春以子国琮贵,赠将军。　邰钟懿以子衡贵,赠文林郎。

司徒振铎以子珍贵,赠文林郎。　邰明鉴以子清新贵,赠修职郎。

乾隆

萧必禧以孙克峼贵,貤赠奉直大夫。

萧枝薜廪膳生。以子克峼贵,赠奉直大夫。

萧枝馥增广生。以生子克崂贵，赠奉直大夫。

叶宏正以生子成俊贵，赠奉政大夫。　　叶宏良以子成俊贵，赠奉政大夫。

陶融增贡生。以子应鲲贵，赠修职郎。　　司徒宸以子楸贵，赠修职郎。

胡正印以孙琰贵，赠武信郎。　　胡方庠生。以子琰贵，封武信郎。

邵大裕乡耆。以孙定国贵貤封，诰赠武略郎、兵部差官卫千总。

邵为焕太学生。以子定国贵，诰赠武略郎、兵部差官卫千总。

恩　荫

宋

姚镛以祖古勤王功，恩除赣州知府。

明

洪武间

李茂扬州卫指挥。　　刘珊德州卫指挥。

魏祥武平卫指挥。　　蒋三成金吾卫指挥。

张琥开平卫指挥。　　段旺成通州卫指挥。

陈举安福守御所千户。　　朱名开平卫千户。

高世隆富峪卫千户。　　黄名豹韬卫千户。

曹珍留守卫千户。　　潘升锦衣卫千户。

李人甫宁海卫千户。　　张俊金吾前卫千户。

邰政凉州卫千户。　　尹谷章河南卫千户。

傅千一甘州卫百户。　　聂之宥平填卫百户。

刘官二孝陵卫百户。　　钱复名神策卫百户。

刘得付惠州卫百户。　　端文圭磐石卫百户。

栾凤开平卫百户。　　赵焕辽东金州卫百户。

万历间

武尚冕以父昑死忠，由生员荫入太学。见《封君》。

王辟疆以父守素寺卿，荫入太学。

赵用扬州卫指挥。

卷八

庙 祀
坛祠 寺庙

古者诸侯祭封内山川,今之县犹古之国也,立社立坛皆载祀典,亦綦重哉。至若优昙卓锡之所,飞升羽化之地,稽诸襄牒,未尝不胪载以纪仙灵,标佛迹焉。志庙祀。

坛 祠

山川坛南门外。人字五十七号,三亩五分八厘三丝二忽。坛房十五间。坛户刘明生、朱伯林、魏芬先、袁君美、王大顺。

社稷坛大西门外。称字一千九十九号,三亩二分六厘二丝。坛户曹荣年。有铜爵杯三、瓦酒樽一,交坛户执管。

先农坛大东门外。乾隆三十九年知县凌世御重修。奈字五十三号,地一亩四分五厘七毫四丝;奈字五十六号,田二亩二分一厘一毫二丝;奈字五十七号,田一亩九分四厘八毫;字字三百三十号,田一亩六分七厘三丝。坛户齐兆龙等,每年额收耕谷一十二石二斗。

邑厉坛小东门外。帝字五百六十七号,三亩二分四厘八毫八丝。坛户甘毓先。

关圣庙北门外。万历四十四年建,在河东岸与永寿寺斜峙。耆民萧济出赀,知县董懋中有记。岁久庙圮,乾隆三十年裔孙萧佩兰募捐督工,重建大殿,添设戏楼,前后鼎新。

刘猛将军庙小西门外。乾隆四十年知县凌世御重修。

火神庙小东门外。

城隍庙在小东门外通济街。神为唐县令下邽白公季康,于宝历二年卒于官,有善政,邑人思之。掾翟畋至开成二年督民就县治大树下筑土坛,创茅祠祀之。会昌四年二月朔，畋入祠见一金甲士立坛前云气中，言曰："吾乃定波侯李贵，奉上帝命来为白府君督庙"。言讫渐失所在。县以其事上闻，奉旨即县治建庙，移治于街西酒坊。宋元符间庙圮，邑人俞琢等重建。元祐四年，敕建徽恩阁，高十余丈，壮丽甲一邑。阁后开涵碧池，池上建宝庆桥。宣和元年建诏旨亭、显应阁，知县周成之有记，载旧志。绍兴十年，户部侍郎李朝正，先知县事，至是请于朝，赐额曰"正显"，建正显殿，后建五凤楼。乾道间重修正显庙，王端朝有记，见旧志。景定元年，署县事赵介如辟西庑建祠，祀神子居中、执中、敏中、佺居易，表曰"有唐文献之祠"。元顺帝至元六年，敕封神父母，建祠以祀，额曰"积善余庆"；在正殿东又建钓鳌亭、竹节亭，并定波侯、嘉应侯二神亭。至正六年，追封神未笄女为懿真鉴虚仙子，祠曰懿闺香阁，在积善祠后。明嘉靖四年，县令王从善重修殿阁，后主簿姜从周倡义民武潘等重修正殿，左右为画廊，绘神出入之状。后为寝殿，东有祠曰降福，西曰祈子，各三楹。殿前东西廊二十有四，分善恶司。门三重，门外石坊一，以表庙号，县令栾尚约有记。万历十四年阁圮，县令陈子贞命耆民蔡美、龚廷机、陈恒、陈景福等修，编修王庭撰记。至四十六年冬，正殿灾，耆民吴应举、陈文懋等督建，复易寝殿而楼。楼后构怀白亭，县令张锡命有记。天启三年宝庆桥坏，邑民姚守元捐赀独修。崇祯八年，县令陈汝益于桥后建木坊一，额曰"奕世犹生"。国朝顺治十年，邑民马自骧倡义捐赀，同耆民刘思升、丁启贤等，凡庙之殿寝、门庑、亭阁尽饬治之。又于阁前建诰敕亭，自宋元历明，有加神之封号者，咸镌木金书焉。县令闵派鲁有记，兼纂庙志。祭以春秋二仲，其显应阁、文献祠、积善余庆祠、竹节亭、懿闺香阁，因庙制屡修，诸处俱更易无存。

表忠祠在北门外望京街。明嘉靖四年，邑令王从善建，祀齐司马泰，扁其堂曰"劲草"，名中山书院。万历改元，诏复司马爵，予春秋祀，县令傅应祯建坊，颜曰"表忠"。嘉靖二十年，县令谢廷蒨于丰庆乡置义田十亩，又县令陈公升置田四亩，又吏部尚书李默撰碑记载，祠田二十亩，屋一区。郑尚书晓亦尝吊其祠，顾问所谓齐光裕者而去。至今县以春秋二仲上戊日祭。其子孙亦蒙万历初年诏，予世袭奉祀生员一人。入国朝，田房归齐氏变卖无存，祠亦倾圮。旁邻徐公良彦祠，遂移祀焉，而祀徐公于三贤祠。乾隆四十一年，知县凌世御重修，并清出祠田十七亩零，谕士民徐斌等捐银赎回，仍归县经理，详明各宪立案。

明刑科都给事中全椒戚贤撰记曰：钦差督学校、巡按直隶监察御史杨，为表扬忠节，以振风俗事。据溧水县申送"造完买过，为齐尚书忠臣书院义田之用，田亩、租税各数目"文册二本到院，据案照先为前事。据该县申称，准本县谢廷蒨关称，本县已故兵部尚书齐泰死节文皇之朝，得乾坤之正气，培千古之纲常，载在国史，委系忠节名臣。止有遗孤齐鸾，并鸾子光裕。昨蒙本院给与衣巾奉祀，及每月给学租六斗以资贫乏，但鸾家口四人，别无调度，委实不能自立。追惟名臣之后，每切感念。兹蒙本院巡历地方，谓祠所未备，宜有作兴。该卑职看得见今祠所犹存时祀，但其贫乏一节，相应议处。卑职查得自问词讼扣有(纸)[抵]赎银一十九两，欲候申详至日，牒与主簿郑宗武、萧露儒，儒学训导何昺、施大本，同义民丁璘、袁钞收领。看有相应民田照依时估买得数亩，比照学田事例，除办粮外，扣有余租给与齐鸾，以资贫乏。其田亩县官掌管，齐鸾子孙不得干预。仍先将收银收管缴报本院，候各官买田完日，并扣算每年得租该若干，除办粮去若干，应剩若干，给与齐鸾。造册二本，缴报本院，一存收查，一同案验发县收照。庶使忠节名臣之后得荷作兴实意，而颓风末俗亦可激励于将来也。合关本县，烦为申请。等因，到院已经批准，拟施行。去后，今据申送前项文册到院，除存一本备照外，合将一本拟合发回，为此仰抄案回县着落，当该官吏照依。先今批申案验内事理，将发去文册一本收架备照。其前项田亩照依该县原议定规，以后止许县官掌管，齐氏子孙不得干预本田。递年约纳租谷一十三石，内除二石与佃户吕授正办粮米正粮之外，不许编派杂差，余谷止十石，俱给与齐鸾并承祀子孙以资贫乏。永远遵守施行。

知县陈公升跋曰：尽忠全节，臣子之大义也。褒忠表节，君王之鼓舞也。节义重于邱山，己身轻于鸿毛，杀身成仁，视死如归，尚书齐公有焉。观斯碑者可以系永慕矣。

吏部尚书李默记曰：呜呼！致身之谊，岂人臣所忍言哉！故有周旋险难之时，而历死事之节；宁冒犯顺之诛，而坚不二之志者，仁人君子犹将悯之，况其苗裔已从宽典。于此而修子文立后之劝，以彰汤网不杀之明，夫岂不宜？革除间，首难诸臣其阻兵抗顺，自违天命，诚则有之。然仁庙甫登大宝，凡罪人宗姻之在戍者悉加曲赦，使齐黄遗裔至今不绝如线，则我昭皇帝仁孝之德渊深之意，谓非通于天地不可也。予昔倅宣，尝过溧水，闻有祀齐公泰于中山书院者，亟为文吊之，始识其嗣孙光裕。久之，督学侍御黄君洪毗①至察其贫馁，叹曰："是衰盾后人也，而可使之悉饥嫠蓬藋乎？"乃属京府张别驾峰，力图其事。既而以书报予曰："光裕不独粗有田庐，且俾廪诸学宫，隶士籍矣。此先生志也，宁当识一言乎！"会黄君擢去，峰具白今学宪赵君镗，赵君乐成前政之美，下令嘉许。于是训学黄积庆以征记来称，两台使意甚勤。乃为书，读未终，竟因以泫然，曰："嗟乎！明王植国，必先人心所赖。以维系命脉者，士气耳。彼东京党祸横溃四出，士争死趋之；宋迁海上，离披解散，然缙绅卒不忍畔，若此者，士气实为之也。"齐公盖圣祖高皇帝所亲奖士也，手握兵枢，躬受末命，军国危疑之际，则亦安所逃罪哉？故哀其志，罪斯可略已；录生，斯死者可无憾已。凡以著臣节旌士气，非有党也。明兴垂二百年，朝廷专向儒术，尊显保容加于前代。士侧身本朝莫不延颈思报，始见于靖难之师，继见于北狩之祸，国势人情屹不少动，斯亦足以明国家养士之效矣。今南畿诸郡比迹丰镐，王业艰难，殆基本于此。维王国士疏附奔

---

① 《[光绪]溧水县志》作"洪昆"。

奏，以承使于天子，意气所感，率为四方观听先。然则，赵君之相成兹举也，岂独为齐氏哉！光裕受田二十亩有奇，屋一区，当书院之南，本斥赎金与帑美购得之，俾世守焉，皆别驾所擘画，而禀成于督学者也。事虽重而若缓，非两台使之贤，孰任此者？而栾尹尚约能首佐厥役，所得于同然之感深矣！溧士与齐氏其敬念哉！其敬念哉！

徐公祠祀徐公良彦，在望京街。久改为表忠祠，移祀于三贤祠。

朱公祠祀朱公身修，在北门内。后改为育婴堂，移祀于三贤祠。

徐公祠祀徐公必达，在望京街。

陈公祠祀陈公子贞，在望京街。

张公祠祀张公锡命，在望京街。

董公祠祀董公懋中，在望京街。

宗公祠祀宗公贤，在角尺湾。

吴公祠祀吴公世济，在旧学宫前。

以上六祠，倾废已久。乾隆四十一年知县凌世御俱为置主，合祀于高平书院。

安公祠在大东门内。

汪公祠汪公于明天启间为户部尚书，议允复折，溧民德之，建祠祀。久废，无考。

寺　庙

东岳庙城隍庙西。元至正元年建，明成化间县令王弼修，嘉靖甲寅主簿孙禄重修。

东平王庙在贩车桥西。邑庠章星文施基，崇祯年间建。

元坛庙乐安坊。创于明嘉靖间，崇祯十三年邑民马继桂、道士陈尚坤倡募重修。

三官庙在城南南渡桥右。万历甲辰年建，道士王德迁募造前门正殿，僧碧天增造佛殿于后。

三公庙小西门外。

水府庙大西门外。

七郎庙县东三里。

都天降福庙北门外，望京街。

八仙庙小西门外。俗名眼香庙。

五显庙南门内,永安街东。

木下庙唐朝巷。今名三圣庙。

吴童庙大东门外,演武场东侧。东晋升平元年建。相传晋时,水大发,有一木匣逆流而上,至庙后不去。发之,得一童子像,长尺许,立庙祀之。有祷辄应,像至今存。顺治十二年,马自骧倡首修整。殿前有银杏一株,大四围。

祠山庙大西门外开福寺后。嘉靖六年陈璋、陈灌建,万历丙辰年何桂、陈文懋增山门三间。

曹山庙城西北一里。嘉靖间旱,祷祀各神弗应,闻东南六十里溧阳界有曹神,迎而祷之,立应,遂立庙以祀。《建康志》云:"姥独居曹山,卒石室中。"庙名曹山,以此。

文昌祠西门外。邑绅王芝藻捐地创建,乾隆四十一年芝藻曾孙复燕合众重修。

开福寺县南门外万寿桥西。旧名天兴寺,唐开元二十二年大义禅师建,宋太平兴国五年改今额。明永乐间重建,嘉靖间僧会善迁等重修,知县贺一桂设扁方丈曰"归儒堂"。国朝顺治十年僧起元慕建地藏殿。

华胜寺县南三里。

○嘉定四年十二月,邑教谕陈振孙记曰:嘉定初,余为吏溧水。南出县门三里,有寺曰华胜,间送迎宾客至其所。寺据南亭冈,右临官道,为旁出。其南则匡船、马鞍诸山,环列如屏障。北眺县郭,市井屋木历历可数。丈室后稚松成林,葱翠茂悦。由左而下,隙地十余亩,井泉(冽)[洌]甘,种竹半圃。其前稍空旷,诛茅为亭,与向之诸山相宾揖。余乐其境幽胜,每至辄徘回不能去。

顾寺犹草创,殊弗称其境,仅有讲堂、寝室及左庑数十楹而已。主僧宗应方聚材于庭,为兴造计。余因扣以建置本末,应言:"寺本在邑西佛子墩,久废。当绍兴十七年,吴兴僧如日驻锡此地,得古井焉,浚之以饮行旅,县民倪实为卓庵其傍。至乾道五年始请于郡,得寺之故名揭之。日年九十余死,其徒嗣之者志常,常老以属宗应,由绍兴迄今六十余矣。邑无富商大贾,其民力农而啬施;无深林寿木,作室者常取材他郡;寺无常产,丐食足日,欲其余铢铢积之,绵岁月乃能集一事,故祖孙三世所就仅若此。今将为门,为右庑,即庑为输藏所。未暇者佛庐、钟阁,后最大,度未易(疆)[强]勉。以吾三世六十余年所不能为之事,而欲以一身数年之力为之哉!姑尽吾力以为前所欲为者。幸而有成,则与求文刻石,为记其已成者,以期其未成者。方将有请于君,而未敢也。"

会岁荐饥,弗果役。三年,余去官归。其冬应以书来曰:"役且毕矣,向所言者今无不酬。石具而未有文,敢以请。"书再至,请益勤,余不获辞。

释氏行乎中土千余岁,余生长浙右,见其徒皆赤手兴大役,捐金输赆,闻者争劝,其规制奢广,飞檐杰栋、金碧晃耀,往往谈笑而成之。视应所为,若不足乎纪。顾民俗有富贫,缘法有深浅。以彼其易,以此其难,所遭者固殊焉。要之,释氏之教以空摄有,所谓华严楼阁克遍十方,毗耶室中容纳广座,回观世间诸所有相,皆是虚妄,尚复区区较计于规摹之广狭、功力之难易哉!均之以有为法作佛事。而其艰勤积累,苦行劳力,视夫因顺乘便、持福祸之说以耸动世俗而为偷食安座之资者,犹愈也。故乐为之书。

曹国《罗汉碑记》:佛氏入中国,一郡一县众民之什一者,盖由其徒。将有所营,则先出其位衣啬食之余为欤率,其或弗周,则必惟大人长者之门是求,以资其用。逮才具既集,则又壮者荷□□,少者操杵臼,不倡而相先,不亟而益奋□。于是苍烟宿莽之区,不数月而栋宇已秩秩乎可观矣。

中山华胜寺,在州南三里,□□□□□□□□。如□昔自义兴来,穴井以饮,行道于此。居民食其□□而为□□□□□□□覆焉。如日没,志常、宗应嗣,经度之匱,遂成道场,规备固不甚宏,而□□□□□□为诸刹最。历年滋多,殿之极者折,腐者圮。延祐七年□春,法盛募□□□之佛象,此覆护之至俨如也。惟罗汉尊者昔常附壁,而为壁坏不可□存□。至元□□夏四月,盛言于众曰:"寺右朱君得之檀越成焉,君岁时□募衣帽方支。"常谓弟子曰:"吾将承之于婺原间,是邦良匠多,嫩才众。罗汉众设未有施者,正当为答。"谋君□曰:"以信谊间往往□款容我。"听众曰:"善。"遂挟上足□来此□君之□□□曰:"二师不难万山□□过□不言可知已!"即以是月始□事既就月越重□□至迎□□□敦饰功至,殆类□□见□观者啧啧无已。

若夫佛之所以为佛者,□□□此然□□□入宗庙则敬、过墟墓则哀者,无他,心之所感,原乎所见而然也。像以设教,其严□□□以警动之,则瞻仰者未必□尽其对越之诚而无愧。今也金相巍巍,如满月中天,□□法界星□于左右者,若在灵山亲承正果,莫不心领而神会。则凡登殿□□□□□敬忾焉慕,当何如哉!当何如哉!抑盛师又为予言,得之之为是也。州□□□□□□助者辄□弗内持守如此,是又可尚也。得之,名达,原尝充岳饶府史,后□□□□幕云。至元四年龙飞戊寅春正□□□曹国□记并□□□□书篆额。□有行道□道心□德明。

兴教寺大西门外。唐天复时僧敦宥建,宋崇宁时修,明景泰时邑民王时又修,嘉靖间僧会慧明创方丈五楹,邑令王从善扁曰"又得堂",榜诸衢曰"最间处"。邑人王师文施基,相传寺后即王导墓。

永寿寺万历三十六年知县徐良彦建。以形家言东南山皆环合,独西北无山,乃建塔寺以补其缺。初名永昌,后敕改今名。顺治五年僧永泰来自浙,倡明宗教,僧众数十百人。

邑令闵派鲁以上李村、常山冈、大凤冈官田归于寺,俾为永业。后乙酉火变,寺渐圮,僧寿山募修,乾隆元年塔坏,邑民萧克绂合众力重修。

香山观县治东。初名崇真道院,(宋)[元]①延祐间创于京兆馆东,明洪武初重修,易今名。嘉靖间知县王从善构无功亭,戊戌年县令陈光华移建学宫,迁观于今所,即学宫旧地也。内古柏十二株,学宫旧植,邑民武潘所买存者。观前池一,石桥一,向为泮水,后没民家,万历五年县令吴仕诠赎归观中。崇祯六年邑民马继桂与道会徐时周重建神殿,后马自骧、道会陈时亨等复墁甬道、横街等处。

玦山庵南五里。崇祯十年建,后尽圮,僧达然募工重造。

地藏庵大西门外三里。

普济庵小东门外。明万历时邑民丁敫艰于嗣,梦观音与语,敫遂施地捐赀倡建,庵成,果生二子。顺治六年僧海潮重修。

观音庵在大西门外。

草庵在小东门外,旧名插竹亭。乾隆年间陈永康施基,僧自成改建。

新庵安阜门外。顺治十二年邑民马自骧施基建。

种福庵城南,南渡桥左。邑民朱邦义建。崇祯十四年大旱,有僧祈雨济民,县令邝洪炤送居此庵,因名。今废。

以上在城乡

圣母庙东十里,俗号俞母。元丰间祷雨辄应。

竹塘庙东南八里。

娘娘庙在汤村,明万历二十六年建。

古柏庙东十五里。

崇庆寺东南八里。梁大通间鸿鹤禅师在东庐山建道场,后至中山西建寺,唐大中二年立大觉寺额,至太平兴国五年改今额,建炎兵毁。余银杏树二株枯死,浮屠一座倾圮,至国朝乾隆间,枯树复生,斜塔自正。

万寿庵在南庄村。万历庚戌年建,河道都水司郎中张翼轸题"万峰深处"。

倪村桥庵东南二十五里。

---

① 宋无延祐年号。

大地庵_{东南五十里。}

发祥庵_{东南十五里。天启二年邑庠朱守中造。又名韩五井庵。}

演塘庵_{东南二十五里。崇祯四年邑人韦一韩、韦一范建。}

龙霖庵_{东南二十五里，青洪山北。崇祯十五年邑人韦一范倡建。即野塘地。}

青洪庵_{东南二十五里，青洪山。唐时建。}

中山庵_{东南二十五里，明天启元年建。}

清水塘庵_{东南二十里，即吉祥庵。}

周村庵_{东十五里。}

臧塔庵_{东十五里。}

大桥庵_{东六里。}

以上上原乡。

东岳庙_{西二十五里马庄村。}

城隍庙_{西南二十五里，梅梁村。今废。}

社坛庙

鲁塘庙_{西北十二里。}

女神庙_{西二十里琛山旁。}

三贤祠_{县西南二十五里梅梁渡。}万历初建，祀贺公一桂、傅公应祯、吴公仕诠，久废。乾隆四十一年知县凌世御特为置主，合祀于高平书院。

昌福祠_{西二十五里石湫坝。}明万历间邑人王知充建，有顾起元碑记。今改为净云禅院。

上方寺_{西二十五里，}旧传为孙钟种瓜处。旧志："孙钟富春人，吴孙权祖也。早孤，事母孝。尝流寓于此，种瓜为业。一日，有三少年造钟乞瓜，钟事之唯谨。三少年曰：'山下有善地，可葬君，望我行有异状，即其所也。'三少年行数百步即化鹤去。后钟子孙果昌。至今其乡曰'思鹤'，有井曰'孙井'。"

又玄观_{西三十里白莲山。}明万历间庠生王知益建。徽郡司理龙膺常游于此，大书曰"白云深壑"。

琛山庵_{西二十里琛山上，}名为三茅行宫。明嘉靖时邑民武濡重建，庵有三清殿、玉皇阁、玄帝殿、文昌殿、保生殿、眼香庙、痘神殿、拜章台、阅湖轩，颇多名人留咏。

观音庵在西七里，天生桥。蒲村武氏创。

杨舫庵西十五里梨园村。邑民萧秉谦施山，僧超达募建。

亭山庵西三十五里。

松隐庵西二十五里。邑人王守素、王可宗同建。

万缘庵西八里。僧海霞重造。

极乐庵西五里。

憩庵天生桥。僧照慧重修。

圆通庵在下师桥。

观音庵在武安桥。

待凤庵即旧志地藏庵。

陆家庵乾隆四十一年邑庠陆献、陆延蕴重修。

陈墥庵西二十里，即永善庵。

前赵庵即松云庵。

圩东庵西二十五里。

老坟庵武姓建。

魏家庵西二十里。

石河庵西十里。

沙河庵西六里。

华山庵西二十里。

鼓楼庵西二十五里。

思德庵西二十里。

太平庵

水月庵西二十五里。

坟头庵西二十里。

茅庵在思人圩。

慈敬庵

降福庵

普济庵

永寿庵

小庙庵

慈济庵

马塘庵

以上思鹤乡。

蒲神庙县南五里。今存其址，旧志作杜成，误。

晏公庙县南二十里。

城隍庙在洪蓝埠。

土地庙在洪蓝埠。

古祠山庙在洪蓝埠。

三义阁在洪蓝埠桥东。

文昌阁在洪济桥。

无想寺邑南十八里，即杜城山麓。未审创于何时，相传唐武德时重建无想禅院，历五代废。宋咸淳间僧道甄复兴大刹，邑人赵参政请于朝，改赐名禅寂禅寺。寺门外有唐时古柏二株；有石观音像，宋时掘土所得，明万历间县令徐必达命造小阁供之；寺西有南唐韩熙载读书台，今废；寺后有招云亭，元时建；有凤泉亭，嘉靖间县令王从善建，今亦废；惟观音岩石凿"凤泉"二字尚存；又有环翠阁，颇为游览之胜，多名人题咏，今止存其址；甄公藏骨有塔，邑人向太林为之志；寺后有百步石梯，僧宏定凿；白莲池，顺治十年僧崇全凿。

朱庄庵南三十里。

竹山庵西南五里。明万历十二年邑民陈景福建，乾隆三十六年史宗榜重建，改名长庆庵。

巢云庵南十二里，杜城山。明崇祯间僧传恩、邑人任超等倡建。

偶憩庵南十五里。

双峰庵南二十里。

平安山庵在平安山上。明天启四年，有僧华严建庵说法，僧众倾赴，常数十百人。顺治十三年，邑民马自骧同僧传善复造正殿。一名净土庵。

茎草庵南二十五里，蒲塘镇。

神山庵南二十五里。

毛家庵即后村余庆庵。

前村庵即兴隆庵。

润东庵南二十里。

青丝洞庵南八里。

观音庵在蒲塘桥。

如来庵在洪济桥西。

龙潜庵在洪蓝埠。

以上赞贤乡。

乌龙庙县东南二十五里。旧名张将军庙,人皆呼神为张将军,而莫知张将军为谁也,盖必以功德食其土者。相传,汉元狩间,父老方募材祀神于他所,一日失其材,寻迹之,则今庙所也。旁郡祷雨者皆赴焉。而庙以乌龙名者,志灵耳。或庙在乌龙山,故因之也。旧志谓,有女子感乌龙而妊,产一鲤,弃水中,卒不去。后母死,岁一至墓上。祷雨者随应,故俗呼庙曰乌鲤。此说疑诞,若果尔,则庙以张将军名者何居因?并存之,以俟考云。元时有知州张衡两祷雨应,遂重新之,邑人许愉有记。

杨塘庙东南四十里。

显迹庙

马占寺东三十里。宋咸淳十年傅净端创。旧(傅)[传]马尚书读书于此,故名。明永乐间修。

寿国寺东二卜里,在庐山麓。元时建,明初有古拙和尚名真果者居之,有戒行,能诗文。

妙果寺东三十五里。唐时建,康熙十三年重修。

广济庵东四十里。不知建于何年,明崇祯十四年僧本瑞重修。

永寿庵东二十五里,官塘。崇祯三年创建。

黄塘庵东三十里,上聂村。

斋堂庵东南四十五里,李巷村。

张巷庵东南四十五里。

花盛庵东南四十里,明崇祯间曹世元建。

古佛庵东南三十五里,黄山岭。唐贞观七年僧优昙创,明崇祯十三年乡民陈继亨重建。

西方庵_{东三十里。}

陈答庵_{东四十里。}

曹涧桥庵_{东三十五里。}

新庵_{东二十五里，在官塘。}

尹庄庵_{东十五里。}

王山庵_{东二十里。}

王家边庵_{东二十五里。}

寿国寺茶亭庵_{庐山下。}

象王庵

茅庵

西庵

土地庵　又土地庵_{在杨塘杜行村。}

太平庵

双庵

桃园庵

刘家边庵

庙头庵

善庆庵

以上白鹿乡。

白龙王庙_{东十八里。祷雨屡应。}

关王庙

丞烈庙_{东五里。陈有序募建。}

花马庙_{东十里。顺治十一年重建。}

兴化寺_{东北三十里。唐为延安寺，大中时建，宋改为丰安寺。明洪武时修，景泰时}
更今名，万历四十二年重修。

庐峰庵_{东十五里。}

徐溪庵东十五里。崇祯十五年邑民马自骧于庵前建茶亭三间,施田三亩为施茶费。

段庄庵东三十里。宋咸淳间道士段永宁创,明崇祯十七年道士张自俭重建。

荆山庵东三十里,荆山麓。明成化七年创。

小桥庵东三里。

庙山庵东十八里。

鹅瑯头庵东十五里。

倪谢村庵东十五里。

观音庵即桃花凹庵。

十里排庵更名兴隆庵。

上王庵东二十里。

前吕庵

高家庵

永福庵傍有茶亭。

以上丰庆乡。

楼子冈庙县北五里。

祠山大庙蒲干村前。

梓潼庙山口北十八里。

大通寺东北十五里。

永福庵东北十里,梁山冈。崇祯十四年造。

岐山庵东北十五里。

山口庵东北十五里。

油坊桥庵东北十二里。

石坝庵东北十八里。

麻山庵东北二十里。

家边庵东北二十里。

长寿庵

积庆庵

丁塘庵

泥塘庵

界山庵

华觉庵

观音庵

地藏庵

经家庵

以上归政乡。

大山庙_{北四十五里,柘塘市。}南唐时造,顺治十年重建,雍正四年里人陈后修、陈逵等添造廊庑,乾隆二十四年陈廷佐、徐秉雅等倡修。

祠山庙_{北三十里,在杭村。}崇祯间造。

太尉庙_{徐墓村。}

城隍庙_{前山下。}

土地庙_{葛家边。}

唐刘公祠_{县北四十五里,柘塘。}

广严寺_{北四十五里。}唐天复三年创,初名仪成,宋治平三年赐今额。后毁于李成之乱,绍定间重建。

永成寺_{西北二十五里。}宋绍兴二年僧善文建。

梅山庵_{北四十五里,柘塘市西。}

观音庵_{北四十五里柘塘市。}

性海庵_{北三十里。}

草庵_{在柘塘水中央。}又名涯水庵。

老庵_{在乌山西北三里。}旧名能仁寺,康熙间有高僧阆堂来居,殿后时有气出,光映数里,掘之得石碑于此。

观喜亭庵_{北三十里。}

以上崇贤乡。

大人山庙_{东北三十里。}

土地庙

泰安寺_{北三十里。创于唐,至明万历三十年僧性泰、望松重造。}

乌山庵_{北二十五里。明万历四十年僧大宏创。}

华严庵_{北二十五里。}

葛山庵_{东北二十四里。}

牌楼山庵_{东北二十里。}

饴露庵_{北五里杨林桥。顺治三年僧性乘募建,前有茶亭三楹。通省大路。}

观音庵

莲花山庵

地藏庵

流塘庵

三官庵

永宁庵

肇胜庵

广明庵

以上长寿乡。

关王庙_{武宏重建。}

白马庙_{西南四十里。即古莲台庵。}

遗爱祠_{西四十里。}万历间刘侯应(潘)[雷]既去,而卒于道。邑民德之不忘,黄山人汝金立约倡义建祠,义民黄子成捐地共成焉,今废。乾隆四十一年知县凌世御特为置主,祀于高平书院。

明觉寺_{西四十里。}唐咸通十年僧德昭创,名正觉寺。宋嘉定十六年修,元大顺间改今额,后废。正统间复建,至崇祯时圮,邑民马继桂、僧性兰捐募重建,乡耆黄继昌、黄正坤督工。县令栾尚约、巡按龚文选、西吴韩敬俱有诗。

兴善寺_{西四十里,左山中。}旧传即黄初平牧羊处。唐时建,至明万历三十六年重修,寺有古井,上镌"大唐甲子开山"六字,寺前古树共七十三株,义民武潘买存,永禁斩伐。○后圮,汤村黄鸣先倡首,募修佛像,房屋重新。伊子中杰置买余字区田二十二亩零,永奉香火，邑令凌世御有碑记。

乳山庵_{西三十里。}

石柱庵_{西三十里。正殿三间，皆用大石柱，故名。嘉靖间秦墱村吴和尚独力捐造。}

镜湖庵_{西三十里，在青墅村。}

嘉山庵_{西南三十五里。}

大士庵_{西南三十八里。}

泗水庵_{西南三十里。}

龙坑庵_{西南四十里。}

秦墱庵_{西南三十里。}

朱村庵_{西南三十五里。}

武墱庵_{西南三十里。}

圆通庵

知止庵

南仁庵

回龙庵

观音庵

石坝庵

云从庵

以上山阳乡。

关王庙_{南六十里邰村市。名崇宁观，唐垂拱五年建，宋孝宗甲辰岁修，明万历初}重修。

东岳庙_{东南四十五里，吴村桥。}

祠山大帝龙王庙_{县南仙坛十九图。久圮，明嘉靖间祈雨应，白鹿乡陈凤山重建。}

新庙_{南六十里邰村。明嘉靖间乡耆邰瑶捐基募造正殿、山门、两廊，本镇居民康升}施后殿地基并捐造。

土地庙_{陈谷村。}

文昌祠

文公祠岳城旁。绍兴元年建,南唐韩熙载有功兹土,立祠祀之。

徐公祠讳必达。

长峰寺南六十里。唐时敕建,中和二年修,明嘉靖间重修,崇祯四年僧宏澄募化重建,顺治十年再修。

广南寺即曹庄庵。

寻仙观县东南四十三里,仙杏山。梁建,有石坛、古三门基、仙人迹、洗眼池诸迹。唐垂拱间道士宋文干立仙坛三,琢石为茅君像,其令王通遂以名乡。圣历二年县令岑仲林有《石坛铭》。宋宣和中重建三清殿,咸淳七年修。

白石观东南六十五里,荆山中。《金陵志》云"卞和获玉之地",殿有卞和塑像,观有方池。李白诗云"白石分金井,丹砂布玉田"是也。井仅三四尺,投之以石则水上沸如珠。田可七亩,井水溉之。邑人陈谨重建。邑人吕调阳《分金井记》曰:徐子云拓落之士,达观宇宙之表,虽穷荒绝徼不惮搜剔之劳,务以发造化之秘,况耳目近地哉!

仙坛之墟有分金井者,在白石观乾位三百武许,自东田出一土垒,高三四尺,井踞其上,余皆汙下。土面而石底,围径七尺有奇。水清莹能鉴物,其底缘苔满布,荇藻杂生,底泥黑色如墨,土人有害大疮者,取涂之移时即瘳。大涝而水不加盈,久旱而水不见涸。南有田如半璧,傍川如片月;西则长川;北邻布玉田,约有七八亩,播种悉给于井。唐供奉李公游此赋诗云:"白石分金井,丹砂布玉田。古今人易老,片月下长川。"李公间世豪杰也,尔时游览所至,岂一乡一邑哉!他皆排摈,独咏此井,亦见造化之秘不惮搜剔,以发露之耳。

旧传井有十二泉穴,依十二时出水。鬐时从先祖游其地,云井眼有七,日久渐淤,今仅三。取木条触之,徐徐如珠连贯而上,移一处触之复如故。盖井居荒野,牧童往来,或投沙掷土,澡浴其中,物非其故,由来渐矣。今泉虽不见喷珠之势,而源泉混混不舍昼夜者,依然如昨也。且井以分金命名,或如堪舆之术按十二方位,分金立向,则十二穴之说,不为荒唐而无据也明矣。

云鹤庵南五十里。元大德年创,明崇祯七年重建。

罗山庵南五十里。唐时建,元至正间修,明隆庆六年重修,国朝顺治十二年僧乘祥劝募鼎新,规拓于旧云。其地深谷纡回,湖水绕侧,更有茂林修竹,颇堪胜览。

观山庵东南五十里。

仙游庵南六十里。

时思庵南六十里。宋宝祐三年建,明景泰年修,国朝顺治八年重建。

掘塘庵南五十里。元至正二年造,明万历四十年修。一名学堂庵,在陈谷村后。

李溪庵_{南七十里。}

石塔庵_{东南六十里。}

天兴庵_{南七十里。僧海源重募造。}

回龙庵_{杨家桥村。}

神树岭庵_{破山村前。}

新庵_{甘戴村。}

观音庵_{芝山村西。}

关帝庵_{小周村。明万历间周仰山建。}

永泰庵

长寿庵_{司徒村后。}

大士庵_{南六十里，邰村。明万历壬子乡民邰惟忠捐基建。}

悟桃庵

醍醐庵

茅庵

万寿庵

以上仙坛乡。

荆将军庙_{南四十五里，孔镇南大路西，古城内。见《羊左墓》下。}

左伯桃、羊角哀庙_{南七十五里。内有介子推像，旧志谓地名介墟，因子推得名。}
今皆无考。

东平王庙

王家庙

马家庙_{南六十里。}

降福庙

洪庙

般若寺_{南四十五里。}

接待寺_{南四十五里，孔镇。即新华寺。宋元丰间创为接待院，向高淳隶于本邑，去}
县甚远，凡县长贰有事往返，咸憩宿于此。后高淳既析，因改为寺。

灵应寺南三十里。万历三年建。

西林寺

景福观南三十五里卞家村。旧志名景福庵,唐垂拱五年建。

迎真庵南四十五里。

徐林庵南四十里。宋宝祐三年建。

拉山庵南六十五里,即骆山。

松雨庵南四十五里孔镇。邑民张宗道倡建,邑令徐必达题曰"松雨"。○旁有场一片,往来官吏系马之所,名曰马场。

瓜山庵南三十里。

沙塘庵南六十里。

下狮山庵南三十里。

角塘庵南三十里。

塘冈嘴庵南三十五里。

老庵甘东泉建。

新庵甘上禄建。

柳塘庵

茶庵

南聚庵

云林庵

观音庵

石埠庵

凤栖山庵

土山铺庵

以上仪凤乡。

卷九

人物上

忠义　孝友　乡贤　乡宦

　　人固有特立独行、矫然出群者,谓之杰。人之杰,地之灵也。夫人各囿于其地,风气虽殊,其励俗维世、信今传后则一也。溧水近东南金箭之乡,砥行立名,足为矜式者固不乏矣。传其人,所以传其地也。考其实,定其品,而分其目。志人物。

忠　义

宋

　　朱虑,政和八年进士。建炎二年官左从事郎、潭州浏阳令。四年军贼杜彦等陷浏阳,虑力战三日死之。湖南安抚司闻诸朝,赠通直郎,与其子柔嘉恩泽。后以嘉历仕,赠至大中大夫。三世孙绍远、明远,四世孙用泰、栋俱擢科第,五世孙立之、祐之,以《易》学授徒于家。

　　刘绾,靖康间官安抚使。金兵至,绾以抗敌死。其后曰应炎者,任台谏,有声,挺立不附贾似道,被谪。

元

　　赵龙泽,字万里。宋隐逸赵林之元孙,乡贤赵鉴之子。为人肮脏自负。有司举教授,甫就职即谢去。会汝颍兵陷建业,龙泽不屈死之。子权亦从父死。弟雷泽长子栋妇夏氏、次子楷与其妇刘氏、弟宗泽之妇衡氏,同赴水死。独雷泽、宗泽与栋以他故得免。元陈祖仁《传》曰:千金之子不垂堂,百金之子不骑衡，此言其身贵则愈益慎重之也。岂惟富贵，虽荜门空室、褐衣疏食之徒，彼自视其身与千金、百金无异。设使其赀足以自裕，其才魁伟桀负，颐气指使，一旦触箴刃蜂虿之害，不啻毫发，亦无不变色而改度者，此人之至情，非可诬也。然而斧锁之惨悬绝蜂虿，鼎镬之酷殊异箴刃，则有慨然谈笑趋而蹈之，若履平地无难者，岂故弃捐其生与人殊哉？彼其根于心者，固已贯于金石，久于天地，光于日月，非死生所能变也。

余观兵兴以来，侯王牧守下至匹夫匹妇，不屈于兵死者甚众，亦往往传诵于人。不幸卒然玉石俱毁，泯没于空山绝漠，人无闻之者盖不少，尤足悲也。乃今赵龙泽等事，以余闻尤卓卓奇伟可异焉。彼其男子未尝沾一命授升斗之禄；其妇人女子又惟织纴饮食是议，其见闻不出闺阃，乃皆一时捐躯效死，若夙昔相要结，亦何心哉？由此观之，与天地并立无愧者，在此不在彼。夫然后其身未尝死，而名永常存，《春秋》法所当书者。

赵龙泽者，其先河南睢阳人也。父鉴，尝知婺源州，家建业之溧水。四子：龙泽、雷泽、宗泽、汇泽。而龙泽最长，天性孝友，有司举教授，一就职即弃归养。时汝颍兵起，官军不能支，乘胜渡江，急趋建业，台军城守力诎，遂陷。兵入城大掠，以及龙泽，执求赀贝，逼受命。龙泽曰："吾家世儒，义不受辱。"又逼使拜，"宁死，能诎身拜耶？"兵怒，杀之。雷泽时以西浙盐运司判官居忧，且满，行台檄委督饷属县。二子栋、楷，属楷于家，而以栋及弟汇泽从行。兵欲罗致用之，(皆)〔楷〕私计曰："我言则生，不言则死，然言之，兵或害吾父，是我害之也；假幸而免，是我陷之不义也。二者均为不孝，虽生不如死。"竟不言亦死。雷泽闻之遂得逃去。初城且陷，宗泽妻衡氏谓栋妇夏曰："事棘矣，可奈何？汝姑年高；而汝娣妇刘，夫在也，或可免；惟吾与汝年少，而夫且出，不豫为计必辱夫子，吾与若宁死也。"夏曰："吾意亦然。"即共赴池水。刘闻之，叹曰："嗟乎！吾夫子且不自保，能卫我乎？"亦死于水。时楷未遇害故云。然惟宗泽佐书行台，以公事如浙西，故不及难。

后七年，阃台监察御史福建左丞李士瞻以闻于朝，赠龙泽浙东帅府照磨，楷南安尉。后二载，余自张掖召还，始识宗泽，爱其恂恂雅饬，因以信龙泽为人。而今之学者顾先三烈妇，附离龙泽，于义弗顺。《易》称父父子子，兄兄弟弟，夫夫妇妇，而家道正矣。其下岁月濡染，不言而喻。迹其或死或生，或先或后，或久或近，盖不失其正，厥有由来，非偶然者，余故推本龙泽哉。人知乡本溯源，而乱者或少衰焉。

明

齐泰，原名德，字尚礼，别号南塘。洪武二十年举应天乡试第一，明年举进士。授礼部主事，寻改兵部。会雷震谨身殿，上祷郊庙，以泰官九载无过得陪祀，赐名泰。三十年升本部左侍郎，明年进尚书。上召问边将姓名，泰历举以对无遗，又问诸图籍，泰袖出手册以进，大称旨。是年受顾命。时诸王方拥重兵专制,多骄逸不法。建文嗣位,诏诸王临邸中,毋奔丧,兼杀诸王权。诏下,诸王弗悦,多衔泰,已而,文皇竟入临,泰请敕急勒还国。泰尝使北平,佯内其赂,归请为边费,上益倚重之。初,上任东宫,意固不忘诸王,太常卿黄子澄尝陈说汉七国事,当上意。至是议国事必召齐、黄,共建策,诸王有罪辄除国。时有高巍者,谏止之,其旨云:陛下毋行晁错削夺之谋,当从主父偃推恩之举。上善其奏,然竟不行。及周王有罪,文皇曲为解,诸臣皆曰:"燕固私周耳。且彼诸王何为? 独燕王有塞上功,诸将素惮之,奈何不亟为备?"于是数遣使廉燕阴事日急,靖难兵遂发。时上方召学士辈沾沾弄柔翰,讨论周官法度,不暇给诏,阃外事一付泰。泰遂移檄指斥,削属籍无所惮,靖难兵亦遂以诛泰等为名,书数上,不报。后靖难兵临淮,声大振,上不得已谪齐黄官以报文皇,请罢兵。文皇曰:"此直鼠辈自全计耳,能饵我哉!"趣兵益进,上亦复召齐黄。未及至金川门,闻建文君已逊去。泰追走广德,道遇修撰王叔英,诘以不死,泰恸曰:"吾志在后举,未敢死耳!"叔英自杀,泰复募兵他郡。被执见文皇,不屈死之。泰兄弟敬、宗、宰,俱以泰死;子甫六龄,幸免;宗党悉遣戍。仁宗朝赦还,仍给故业,今邑北十里有尚书铺,泰宅也。嘉靖四年赠谥曰"节愍",知县王从善、谢廷蒉相继为祠祀之。仍请以泰五世孙光裕补博士弟子员,守祠。光裕,即六龄儿后也。天启元年,知县张锡命申请应天府尹徐必达,题准豁免泰宗党杨保元、骆应鹏等四十五家,回籍归业。赐表忠祠,敕县官春秋祀之。泰曾祖盈辅、祖泽、父仲荣,赠如泰官。

　　齐阳彦、齐襄城、齐大恺、齐时永,司马叔父也。齐敬、齐宗、齐宰,司马从弟也。靖难兵至金陵,司马募兵他郡,同居亲属尽执至京。上问,奸臣齐泰为尔等何人? 阳彦等应曰,泰吾侄也,泰吾兄也,何奸之有? 篡逆、忠良天下后世自有定论。遂赐死,时六月三日也。越二日,司马亦被执至京。此七公者面目如生,蝇蚁不敢近,司马见而笑曰:"真不愧吾齐氏子孙矣!"又二日,上闻其尸不朽,命棺殓之,置于朝阳门外。洪熙嗣位,渡江南下,狂风卒起,几欲覆舟,上祷之曰:"小子高炽,嗣位未几,或不至罪干天谴。想先帝于建文诸臣未免夷戮太过,朕归赦之。"言毕,风波顿息。遂赦建文诸臣罪,赐齐泰家属七棺归葬。里人哀而葬于邑东十五里蒲塘庄舍,邑之缙绅学士涕泣往吊,曰此七贤也,遂以名其坟。

魏泽,字彦恩,少有学行。洪武中官刑部尚书,建文时谪为宁海尉。时文皇逮方孝孺械系狱,以姚广孝言欲勿杀,乃捕其族党辄下狱以怵方,而方卒勿屈,故方氏族党殆尽。诸尝善方者人人危,莫不讳言方氏。泽独以一尉,犯不测,倾身庇焉,竟能存方氏。后天下义之,谢文肃所称"孙枝一叶"者是矣。后直指黄纪贤代巡至溧,建石碑于北门桥,表泽大义。

武昈,字元晦,蒲村人。父滋,里中号为长者。昈幼孤,弃举子业,嘉靖间由台史授台州府知事。监司林应箕廉其能,俾摄仙居,再摄黄岩,皆称治。会倭犯黄岩界,昈率兵迎敌,倭为之却。初,所率民兵俱不习战,又以倭即引去,备稍弛。越五日,倭突至,城遂陷。昈驰报监司,不之遣,益加顾劳。昈感激自誓,往御倭于幻岭,以奇兵掩杀之,至钓鱼岭倭亦以奇兵还击之,众溃,昈独殿,与寇相持者越日,手刃若干级,援不至,遂阵没,年三十八。闻者哀而壮之,监司上其事于朝。其子尚宾亦上书白父死节状,上可其奏,追赠太仆寺寺丞,荫一子,命台州立祠祀焉,赐额愍忠。见《明史·忠义传》。

李佛保,溧之有力人也。居恒忠义自许,邑人不之识也。嘉靖三十四年,海倭起犯溧,众惶溃,保独挺身力战,死于募军桥。

丁遵,与李佛保同时。倭至,奋力以御,弗克,死。

刘凤池,少厉名节。崇祯甲申之变,即以死自誓,乙酉势不支,遂引决。作遗言付子六斤,从容赴水死,家人迹至,见衣冠整饬立河中,面如生。

国朝

刘虔,邑庠生。顺治二年乙酉十二月,土贼乘城据楼橹,虔登城力拒,挥刃失手,为贼刺死。

孝　友

宋

伊小乙,剖腹取肝疗母疾。乾道间闻于朝,旌其里曰"表孝"。

夏某,逸其名,漆桥人。事母至孝,淳熙间旌其里曰"昭孝"。

刘兴祖，刲股疗父疾，愈而复作，又割腹取肝，杂糜进之。嘉定间旌表。

谢千九，山阳乡人。割股疗父疾。

陈某，逸其名，思鹤乡人。咸淳间割股疗母疾。

严晃，宋武进士，幼以孝闻。元兵渡江，晃负母避，（与）〔遇〕兵。值兵刃其母，晃身蔽之，刃中其颈，终身不能仰视。寿七十八终。

郑云龙，割股疗母疾。

赵焕，字仲章，以该洽闻，授儒学教谕。父卒葬西亭山，庐于墓，终身不复仕。四方学者多宗之，尊为亭山先生。有文集，惜不传。

明

虞周，邑庠生。母史氏患蛊，诸医不效，割股进，遂愈。

梅洪，少孤，未尝学，而所行有儒者风。性至孝，母膳必以甘脆进，妇勿乐也，洪出辄有后言。洪觉之，一日呼妇数之曰："新妇无礼于姑，何论其它。若亟出，从此绝矣！"亲旧力为解，卒不听。自是洪独与母居，余二十年不言娶。后其母瞽，每行必负之，且泣曰："天乎！安得使吾母一见孤儿哉？"无何，目忽一明，人皆异其孝感云。母年九十五卒，洪悲号若婴慕然，庐墓终三岁还。县令闻其贤，屡及门，洪辄避去。令语其邻曰："孝子薄令耶？吾且欲教孝子以道，孝子其有意乎？"洪闻之，始与见。令曰："惜哉！子未学也。子志于孝而勿娶，是不知无后为大也，是使子父母传子而绝也，奚其孝？"洪泣下。令心知其贫，为娶妇，内之。无何，生子矣，而益贫，妇亦勿乐也，数求去。洪叹曰："吾昔也，子而妇；今也，父而母，固命也，复何言！"妇竟去。后数岁，其子卒，洪亦随卒。邑人怜之，收葬于城北十里许。后有监司宋某者，题曰"孝子梅洪之墓"，人呼为梅孝子墓而不名。黄山人汝金曰，洪有邻人兄弟争产者，洪愿分己产以偿所争，争者服其义而解。洪尝倡新白侯庙，诸富人争饷之，洪日以半升水精自随，诸富人不敢复言饷，议者又服其介。里中儿有目摄其母者，见洪大惭。洪两遣妇皆处以礼。呜呼，洪果不学而身备诸善乎哉？然而可以概洪者，则无如孝云。

丁溁，成化间为诸生。事母孝，母死庐墓侧。时王令弥称长者，悉溁哀毁状，乃过慰之，与之语，若将厌厌从地下者，令为嗟叹不已。令凡三过溁，卒无异曩所见,令去,溁亦无所报谢,令益高之。将闻其事于朝,溁逊谢曰:"使君意良厚,独奈何使溁以大不幸者就旦夕名,溁且愧死矣。"令亦惊谢曰:"吾欲以旦夕名重轻子,曩实非知子者。"后岁余,溁为赀郎入都,王令时在比部,因撰《丁孝子庐墓记》赠之,雅非溁意也。

黄英,字奇中,事父母色养备至。割股二次,庐墓六年。成化时邑令夏环上闻,旌其门,赐七品冠带。

周什一,少孤贫。父用四,早卒。事母朱氏至孝,负贩以养。一日,母病思食鲜鱼,时大风,渔人罢钓。什一走湖滨遍觅得一鲇,倍价购归。剖之,得黄金百两,后以是起家。

翟凤鸣,山阳乡人,为诸生。父卒于姚州吏目,土官攘其妾,因匿其枢。凤鸣往迎之,徒步悲号,白其冤于上,迎枢还。

傅衷,赞贤乡人,岁贡,不乐仕。母死,庐墓,以孝闻,应傅令应祯聘而出。闻者曰:"傅生既敝屣乎世,而又为傅令屈,则傅令贤可知矣!"

虞钦,割股疗母。

黄枎,割股疗父。

周家庆,字承善。父尚礼,邑庠生,早卒。事母沈氏以孝闻,母尝病笃,百药不瘳,庆衣不解带,水不入口,彻夜祈斗愿以身代,母病遂瘳。寿七十九岁。

赵鸣皋,字闻野,幼丧父母。事继母至孝,即累挨斥而孝勿衰,母亦反为所化。贫而力学,试屡不遇,遂笃志教子,之骅成名进士。生平乐施尚义,德劭年高,举乡宾者再。寿八十有七。所著有《江川漫兴》《乐善斋漫吟》《赵公小言》诸集行于世。

袁文化,父死庐墓九载。

萧泮,年十九,父宾,外贾久不归。号泣辞母,涉江淮,历汴冀,踪迹不得,数年而后返,致疾。终其身事母陈尽孝。

杨振新,邑庠生。父死庐墓。

章宪文,南昌府通判甫诏子也。幼颖秀能文,性正直,为庠序所推重。稚年丧母,事继母曹至孝。曹不以子子之,计害百端,宪文甘受,不出片语。

父病,祷天祈保,尽子道不形事迹,可称纯孝矣。

徐学忠,以纯孝称于乡里。天启间奉旨旌,赐粟帛。

任超,性至孝。父病危,超吁天,刲股调剂,未进而父愈,人谓天哀孝子云。

王象震,号蛰庵,邑庠生。性慕高逸,酷好阳明先生之学。父老病,侍养与同卧起。与人交一以诚。所著有《约乐居质言》二十卷,《蛰庵诗稿》二卷。

任其宠,邑庠生。生而(颖)［颖］异,性嗜古,屡困于场屋,时贤惜之。父年九十余,与其弟承欢膝下,乡人喜曰,“今日复见莱子矣。”平居立身端恪,接物则蔼然,饮人以醇。晚年弃举子业,徜徉山水间。有《落花三十咏》并诗集行世。

萧仲芳,字甫馨。生而颀伟,就学时先生试以对曰“卧冰知子孝”,应声曰“立雪见师尊”。补弟子员,杜门学古。以孝友自立,兄瞽,仲芳事之恭;子侄婚嫁,悉以为已任。

国朝

汤学绅,三岁失母,抚于继母刘。患痛绅吮之,继以尝粪。刘视绅若离里,而绅报刘若乳哺。刘逝,事后母郑亦如之。父死,庐墓尽哀。顺治十一年有司上闻,建坊表其闾。

黄明诏,父病割股以疗。举乡饮介宾。其子世纪复效之,母疾亦瘳。

张镛,幼笃于孝行。母王氏病膈,几不起,镛刲股和药进之,而母愈。已而母病复作,镛复剜胸,取肝为寸许者二,投盂中,遂昏仆地。阅三日,忽见一老僧握手谓之曰:“汝母当无恙,汝今事已毕,可以行矣。”言讫不见。又一日而卒,时年二十一。县令冯泰运旌奖之,后县令李作楫有传,题其墓曰“孝子张镛之墓”。

钱文象,素有孝行,父母亡,庐墓三载,见亲友绝不言笑。力田祭扫,足迹不入城市。教子孙以孝为先,乡党中称为长者。

张问道,幼克孝。母病,割股和药以进,寻愈。

任师琦,年方总角母疾笃,割股和药以进,母寻愈,后十五年卒。老年事父犹若婴儿,族党咸称为孝子而不名。

谢胤纲,幼克孝,勤苦以供甘旨。母病,刲股和药进之,寻愈,后二十三年终,人以为孝感焉。

谢之庶,乾隆二年县举孝子,请旌。

武文衡,字商平,岁贡生。少攻举业,与皖桐方百川交,始笃专于经史。内行狷洁,授徒多人,岁入不过三十金,而力孝养亲无违志。其父老矣,不事诗书,非博塞则终日焦然。每失负,从亲戚丐贷,文衡随而私偿之,率以为常,父大安,以为于家无累也。后竟以贫死,方望溪重其人,为作墓表。

芮大望、胡顺日,割股疗父。张嘉贞、陈子有、陈运升、吴本仁,割股疗从父。

谢世眄、胡志龙、王立基、陈心子、刘正暹、刘之亨、陈治楷,均割股疗母。

戴得道,父母死庐于墓。有虎夜入室,得道跪墓前自陈不肖状,虎伏其旁,移时去。

章楫、张元采,父母殁,庐墓。

王可文,生员杨自秀仆也。母任氏病笃,可文挖心授姊氏煎剂以进,母子俱获全。署令陈继祖通详,奉宪檄,令伊主与其妻一并放赎侍母,给匾以奖。

乡 贤

宋

俞栗,字祗若。崇宁间以上舍赐进士第一,金书镇南军判官,未赴,改授辟雍博士、秘书省正字。屡迁给事中,不合于时,出为襄阳府。鹿门寺僧有败行,奏没其田,半入官以助军饷。还拜给事中,上书论学校,其言颇行。又尝言:"外郡之切要者,监司、守令而已,苟非其人,则下有冤抑何由越而白天子哉?"上深嘉其言,赐对衣金带。会蔡京再相,憾向所用事者多畔己,奏出知河阳,改开德府。未几转拜御史中丞,陈士风六弊。又发户部尚书刘炳阴事,京方倚炳,栗适戾其意,改翰林学士,最后以毁绍圣法度被谪,寻复述古殿直学士,知江宁府。

按栗作《俞氏释褐题名》，记其祖考始储六经以诏昆裔，越五十年始有释褐而归者，自天圣讫今凡十人，非朝廷乐育之效与！故相岐公尝以十榜传家为美，栗诵其诗而悦之，因作《十榜传家记》追念先泽，刻石垂训学者：勿嬉勿随。栗踵旧武，以忠义报国益振家声。诸科如良佐、良弼、珹、珏、仲翁、彻、颐迎、聃布、自升，皆不愧科名云。

魏良臣，字道弼，负资瑰伟。少游郡学归，母病已亟，良臣刲股为糜以进，下咽即安，闾里称孝。宣和三年登进士第，初授丹徒尉，诣阙投匦，伸太学陈东冤，天下高其义。徽宗南巡，上疏请还阙，不报。调严州寿昌令，以最召对，除敕令删定官，迁吏部员外郎。金人犯高邮，择使讲和，高宗曰："魏良臣颇有气节，宜往。"会边臣开衅，金人怒欲勿盟，良臣曰："初天子议未下，边臣惟有死战耳。"金人惮之，与之盟而退。还，除礼部郎官，迁左右司检正。秦桧当国，欲升以言职，力辞。适金人败盟，擢吏部侍郎，复奉使。兀术拥精锐以拒之，欲画江为界，良臣毅然曰："有国书在，且分淮而守定初议者即某也，其他非所敢知。"反复持论，迄定议如初。于是秦桧忌之，出知池、庐二州，桧死召参大政。首请出衣冠之囚，归蛮瘴之冤；起淹抑，斥奸回，修军政，罢冗官，节浮费，时政一新，同辈咸为侧目。竟以资政殿学士出知绍兴，后复历知宣州，潭、洪诸郡。卒年六十九，赠光禄大夫、建康郡开国侯，食邑千三百户，食实封二百户，谥敏肃。

吴柔胜，字胜之。父茂成，为溧水教授，因家于溧。柔胜幼听父讲伊洛书，辄能悬解。平生不妄言笑，游庠序间侪辈严惮之。登淳熙八年进士，丞相赵汝愚廉其才，授以嘉兴教授。浙西使者将荐用之，会汝愚去，御史汤硕劾柔胜：尝救荒浙右，为汝愚收人心；又尝党朱熹之学，不可为士子率。始柔胜举诸生潘时举、吕乔年、白子长辈，讲明朱子四书，解伊洛之传，为之一振，故忌者中之。自是屏废十余年，嘉定间复录用，凡四迁至司农寺丞。出知随州，时和议复成，禁诸郡毋开边隙，犯者立诛。有梁皋者，北人盗其马，皋追而与之斗，北人以为言，郡下七人于狱。柔胜至，立破械纵之，以其状遣报北人而已。尝收孟宗政、扈再兴隶帐下，后二人者皆为名将，又招亡命者十人，褒曰忠勇军，士气复扬。筑随州、枣阳二城，及补葺营垒甚备。先是，随州经兵火井里为墟，至是稍还旧观，随人大悦。除京西提刑，领州如故。改湖北运判兼知鄂州，甫至岁大饥，乃乞籴于湖广，远近赖以全活者甚众。改知太平州，最后除秘阁修撰，主宫观。卒谥正肃。

旧志黄汝金曰："按史，吴柔胜父子皆宣州人，溧水在宋未尝隶宣州，今宁国已列于乡贤，溧水复收者，误也。徽州又指渊、潜为休宁玉堂巷人，特以宣州籍登进士耳，据此，则溧水愈远矣。今高淳亦祀于乡，溧水误之也。湖州亦载柔胜，以墓在，误之也。徐献忠《掌故集》及他志概称溧水人，未详史耳。然三贤祀于溧者有年矣，姑仍之，但著此存疑云。"按吴氏谱，柔胜父茂成，河南桑枣门人。以乡贡进士除溧水教授，遂家于溧，卒葬城西大洪村石牛堡。子孙一居唐朝巷，一居南门外万寿街。三贤应祀于溧，前志收之非误也。其在宁国者为诚六派，在高淳南唐者为诚三派，并非茂成一支。故仍录黄山人之说，而特为考正之。

吴渊，字道父，柔胜第三子也。幼端重寡言，苦志立学。五岁丧母，哀慕如成人。嘉定七年举进士，调建德县主簿。丞相史弥远奇之，语竟日，大悦，谓渊曰："君，国器也。今开化新置尉，姑以此处君。"渊力辞而去。及丁父忧，诏以前职起复，辞，弗许。乃贻书政府曰："人道莫大于事亲，事亲莫大于送死。苟冒哀求荣，则平生大节扫地矣，公家尚安用之？"时丞相史嵩之方起复，渊复上疏，议者难之，渊弗顾，诏竟从其乞。后廷议欲用兵中原，以据关守河为说，时渊方进用，乃力陈其不可，大要谓国家力决不能取，纵取之决不能守。宰相郑清之不乐，罢出知江州。无何，果如渊议，清之致书引咎焉。渊在位所至称治办，计渊所尝赈济全活者二百万余人，又尝有奸寇功，后诏褒渊善政凡二十五事，遂拜资政殿大学士，封金陵侯，进爵为公。无何为御史刘元龙所劾，渊平时被劾，或左迁或夺官者数矣，至是帝始寝其奏。至宝祐五年，复以军功拜参知政事，越七日卒。赠少师，赙银绢以五百计。议者谓渊有材略，又能兴学养士，第其政尚严酷，弟潜亦数谏止之。所著《易解》及《退庵文集》《奏议》。

吴潜，字毅夫，柔胜之季子也。嘉定十年登进士第一，授承事郎，金镇东军节度判官。绍定四年，累迁尚书右郎官。会都城火，潜上疏累百言，其旨云：愿陛下引咎修省，必使国人信之，毋徒减膳彻乐而忽其大者。若以并进君子小人为包荒，兼容邪说正论为皇极，则致灾之由端在此矣。惟陛下一反之，庶几天意可回也。又贻书丞相史弥远，论时政凡六事。历少府少卿，淮西总领，因白执政曰："今金人既灭，南北为邻，但宜坚守以养国威，毋用兵内地自敝为也。"自后兴师辄败，潜言率验。迁大府卿，权沿江制置，知建康府、江东安抚留守。上疏论保蜀襄、防江海、进取有甚难者三事。端平元年，诏求直言，潜首陈九事，中忤时政，罢，奉祀，改秘阁修撰，寻为太常少卿。（奉）［奏］①造斛斗、输诸郡租、宽恤人户、培植根本，凡十五事。又言和战成败大计，贻书执政，论京西既失，当招收京淮精兵以保江西。时国渐削，潜复言曰："望陛下念大业将倾，士习已坏，以静专察群情，以刚明消众慝。毋以术数相高，而以事功相勉；毋以阴谋相讦，而以识见相先，庶几危者尚可安，而衰者尚可起也。"又请分路取士，以收淮襄人物。上边储、防御等十五事，及论防拓江海、团结措置等事。又言，艰屯塞困之时，非反身修德无以求亨通之理。乞遴选近族维系人心，以俟太子之生。帝嘉纳之。潜有言辄进，而言顾弗行也。后累迁佥书枢密院事，进封金陵郡侯。以亢旱，乞罢免。召同知枢密院兼参知政事，入对言，"国家之不能无敝，犹人之不能无病。今日之病，不但仓扁望之而惊，庸医亦望而惊矣。愿陛下笃任元老，博采众益，使臣辈得以效牛溲马勃之助，以不辱陛下知人之明。"淳祐十一年，入为参知政事，拜右丞相兼枢密使。明年以水灾罢，后以醴泉观使兼侍读。召入对，论畏天命、结民心、进贤才、通下情四事。进左丞相，封许国公。元兵渡江，攻鄂州，潜奏："今鄂渚被兵，湖南扰动，推原祸根良由近年奸臣憸士设为虚议，迷国误君。其祸一二年而愈酷，公道晦蚀，名节丧败，天怒人怨，积为宗社之忧。"将立度宗为太子，潜密奏云："臣无弥远之材，忠王无陛下之福。"帝怒。贾似道因令沈炎劾之，遂落职，谪建昌军，寻徙潮州，责授化州团练使，循州安置。潜预知死日，语人曰："吾将逝矣！夜必雷风大作。"已而果然。四鼓开霁，撰遗表，作诗颂，端坐而逝，天下冤之。德

① 据《顺治高淳县志》改。

祐元年追复原官，明年以太府卿柳岳请，赠谥，特赠少师。史称"潜忠亮刚直，才长于奏对"，凡三百余疏，载年谱中。初，贾似道移黄州，谓潜欲杀己，故衔之深。及潜既逐，似道犹屡中之，至令刘宗申毒杀潜。潜且死，犹以死谏，烈矣哉！丁氏许以文天祥之亚，不过也。后似道为门下郑虎臣殛死，有赵介如吊以文曰："呜呼！履斋死循，死于宗申；先生死闽，死于虎臣。"吁，尽之矣！又有吴循州、贾循州之语，天下快之。可见凛然霜钺，常在人间，后世可不畏哉！

明

赵居仁，名本，以字行，鉴之孙。生而颖悟，长以学行闻。洪武间以荐辟起，授通政使司右参议，后外擢，未几复授通政司左通政。以苦节自励，家无盖藏。其孙往省之，止给钞二贯，令徒步归，闻者骇之。永乐间出治水浙江，居仁患之曰："艰哉！斯役也。人成之而潮毁之，徒使吾民死板筑已耳。"以文请于海神，潮三日弗至，功遂成。

端木孝文、端木孝思，以善二子也。明初同为史官，善属文，季氏尤工书法。初，孝文使朝鲜，朝鲜重其才，将厚为寿，问端木太史行李何在，孝文曰："吾持一节来耳，请以一节返。"无何，孝思复使朝鲜，孝文勉以诗，孝思拜受而去，后亦以一节还报兄。朝鲜荣其事，为立双清馆表之。闻朝鲜人收孝思寸楮即宝之，曰"此小史碎金也"，其见重如此。

丁沂，字宗鲁。由进士，初任郎，署间名长者。历官副都御史。正德间考天下清正第一。

武㻑，字元亮，别号橙墩，以字行。幼有奇志，长成伟人。嗜好经史诗词，不营货利，虽席素封，淡然自适，惟以课子为事。性好山水交友，岁以为乐。早年尝以例授浙江臬司幕，未赴，终以子尚耕贵，赠福建金宪，加赠四川参藩，人皆以其生平好施行德，食报不爽也。江西泰和郭子章中丞为之志，又叙其诗。诗有《攸好堂存稿》若干卷，行于世。

武尚耕，号秦川。隆庆庚午举于乡，辛未成进士。授广东程乡县知县，考选礼科给事中，历迁湖广左布政。先任四川参政，值洞蛮之乱，奉诏征讨，以功特升。蛮靖，勒勋于峨嵋山石，时朝右金重其才能胆略。居官以清介自持，不受一钱，及归田仍守布素。里人王希仁往见之，三子侍，体无完衣,以是清名大著。先是曾梦秦川二字,遂以为号,后仕楚,有饯饮于秦川阁者,讶而知其官之所止云。有诗稿若干卷,行于世。

王名登,号云台,万历丁未进士。授大名府元城县知县,居官有清白操,历迁保定府知府,操益励。卒于官,人皆惜之。幼孤,事寡母如严父。居官首重学校,诸生中贫而有志者尝捐俸馈之,拔识士多至通显。所历非一官,元城有去思碑,唐县入名宦祠。

乡　宦

宋

司徒吉,字甫祥,宋集贤殿学士司徒翊八世孙。建炎二年以荐辟,陈靖边策于宗泽,奇之,闻于上,诏参谋宗军。会忤和议,表让官,命留守建康,称大治。卜居邑南仙杏山,邑有司徒氏自吉始。

王景云,字仲庆。生而颖异,及长,学问宏博。咸淳间以荐辟授清流簿。与弟景华尝捐赀周恤贫乏。建怡怡亭宴乐,至老不忍析居。副使刘应昂为撰墓志铭,谓云家有田氏紫荆之义云。

元

赵雷泽,字师舜,龙泽弟也。以才选为建宁路推官,通敏练达,首先教化,修朱子祠,使士子知向正学。其他严讼牒、禁淫祀、平反冤狱徐孝等,治行称最。翰林杜本为撰德政记。

明

端木复初,字以善。元至正中,四方兵动,东南尤甚,复初为海右宪史言:"时政之急,如此则可守,如此则可战,否则必败。"时人不能听,遂弃去。洪武初,以荐辟拜为徽州府经历。郡田赋久不均,复初建局城东,使民自实田,集为图籍。核盈朒,验虚实,而定科徭,由是民无逋租,官无横敛。改吉州通判。磨勘司升为令,勾稽隐伏,人不敢欺。后为刑部尚书,用法本诸律而持以平恕。杭州飞粮事觉,逮系百余人,诏复初往治,情伪立辨,议法者咸以为允。出为湖广行中书省参知政事,卒。

王良,字善之。由人材,仕至浙江按察使,居官有苦操。尝隐于寿国寺著诗,稿存于家。有诗云"相看不厌庐山色,头白归来已忘机",人因而窥其志。

谈允,以洪武庚午举人,仕至右副都御史。在官执宪森严,百僚竦惮,凛若秋霜。

萧叔裕,洪武间由辟召为夔州府经历。翰林待诏端木孝文传曰:"经历散秩也,公无所尽其划割才,顾乃问古人迹,如白帝城、越公楼、先主武侯庙、八阵图石、永安宫址与瀼西、滟滪、赤甲诸胜,命驾赋诗,露胸中奇。守知其欲用所未足也,因以吏事委之。州濒江,夙盗数,吏不能诘,公策捕其魁,探丸者屏迹绝。蜀初定,夔当峡口冲,称咽喉要区,聚戍卒屯田其间,守命公兼综之。公按修孟珙遗法,尽水利,策疲惰,得谷视他屯最。守大奇公材,以政绩上,当显擢。而是时太祖得天下,新持刑乱国用重典之说,颇尚法,吏有小过差辄黥戮,人咸惴惴立。公素少宦情,遂谢病归。"

魏资敬,字觐之,良臣之后。洪武初,以通经荐授枣强丞,有政誉。秩归入觐,擢监察御史,以骨鲠敢言见称。后谪戍夔州,晚归故里,卒。资敬负才略,重名检,尤不惑于流俗云。

姚文重,敬重胞弟也。由明经儒士,洪武八年授王府教授,高皇后赐《列女传》一部。

姚行,字本达,姚古九世孙也。由儒士,任户科给事(申)[中]。至永乐六年升湖广布政使司左参政。安边有功,深蒙恩宠,时人荣之。

张彦声,永乐间举于乡,历官河南道御史,清慎持宪。成祖赐金牌百面,文曰"赤金十分",举朝荣之。

茆钦,字宗尧,卢龙籍。成化十一年由进士授行人,寻擢御史。疏劾阉宦用事者,上勿之遣。常使塞上,有威名,又上书论边事甚悉,颇见采纳。出为江西佥事,复以望著。谪淮安府贰,复见用,历四徙而至廷尉,摄大司寇事。刑狱称平,寻引年致仕。尝语客曰:"生者,寄耳!"因自赋挽诗寓意。或谓云,"昔陶潜作自祭文,公真无愧其达。"答云:"余愧勿及陶者,挂冠晚耳。"著有《钝翁集》。

袁济,号讷庵,成化甲辰贡士。授易州判历七载,兼督捕。俸入悉以造屋于旷野，招民聚居以防盗，行旅赖之，称为袁公店。都宪高公嘉其廉干，委以转运，卒于官。永丰罗伦闻其贤，手绘一松，题诗赠之。

范祺，字应祯，少颖敏慕学。由进士，历官福建佥事，有操守，于法无少贷，豪右咸屏迹。正德丁卯改云南佥事，乃喟然曰："吾视茫茫而发苍苍，尚縻一官哉！"即恳疏乞归。时逆瑾方柄用，祺故不乐仕，又能以老自晦，识者益高其义。家居余二十年，足迹不及公府。年八十四卒。有《拙斋集》。

杨公翰，字具臣，号培庵，一号渔石。万历癸卯领乡荐，甲辰捷南宫。初任行人，丁外艰，服阕，以资望拟授铨曹，为嫉者所中，改工部郎，升漳州太守。漳滨海地，俗犷健讼，公以清静为理，务与辑宁。又议开封山之禁，以利公诸民。海寇犯境，公力为捕剿，捷闻，上命纪录。举廉卓第一，分守湖东副宪，历兴泉道江西观察使，本省右辖，转河南左藩。革火耗，捐公费，汴人咸谓数百年来无如公廉介者。辛未入觐，力陈民间疾苦，上嘉之。时廷议以青、豫两抚推公，公托疾恳辞，再疏乃获俞旨。旋里，避迹湖山，不入城市。后起为太仆卿，复以老疾告休，逍遥林壑，卒。

孙玕，嘉靖间举于乡，仕为福建漳浦令。在官廉办有声，人敬服之。

王守素，字德履，号带河。登万历庚辰进士，授杭州推官，折狱平反，民靡弗服。历任光禄卿，正直廉慎。

武化中，字大冶。万历己酉领乡荐，仕为黄陂令。黄素称难治，民轻国课，匆就完纳，苟者辄以累去。化中一意解化，不事敲扑，会计无损。秩满，台使者闻诸朝，当得优擢，熹宗曰："为令得民心，莫若久任，始安其政。"盖欲老其才而重用之。再三年，公入觐，铨部议以南台为之地。有嫉者中之，以闲曹推。章上，熹宗览而惊曰："使此官予此职，台省之地居何人？"遂得中旨，卒如铨议。比命下，卒已数日矣。讣至，黄民哀之如失慈父母。子令绪，博极群书，为时名俊，顺治十一年恩贡。

赵之骅，字孟良，号是愚，天启乙丑进士。生有异姿，经史过目成诵。九岁出试，以其名属对，随应曰："赵为百姓之首，骅超万马之群。"目为奇童。初授镇江教授，擢德化县，多善政，创尊经阁以兴士，筑堤闸以利民。值三王之国，道经江上，公展应办之才，勿累地方，人咸德之。褒诏有"餐冰著洁,游刃解烦。轮蹄辐辏,供亿匪饬于厨传;租赋全登,敲扑不行于抚字。江濑多再获之田,萑苻无啸聚之警",可谓王言华衮,士论攸归者矣。后迁国子监博士,终南仪部郎。

司徒化邦,字光宇。以庠生入国学,仕上高丞,宅心清介,擢辽阳卫参军。以疾乞归,优游林泉,无疾而终。

朱国鼎,字调卿,一字铉伯。为河南温县尉,不嫌下位,履任四年。率兵剿贼,革弊安民;立义冢,置学田,温人绘图,歌颂勒石。

章世育,号乔岳。以明经授宁国府司训,迁浙宣平教谕。性廉洁,不苟取。郡守嘉其谊,檄署松阳县篆。

武尧中,号熙唐。天启元年以明经任竹溪县知县,操守洁白,平易近民。继因辽饷急,叹曰:"正供且难,况额外乎?"即日解印绶归。民为立遗爱祠。

武位中,号国宝。天启甲子授广陵学博,修宣圣庙,乐器不足者捐俸佐之。辛未,迁兖州城武令,有"寇不窥城,蝗不入境,雹不侵疆,水不为患"之歌。

施一鳌,字士选,邑之高才生也。以崇祯恩贡,选贵池司训,荐授沔阳州学正。时楚蜀寇乱,委署州篆,诘戎治赋有声。州有里大垸,广四十余里,内田一万三千七百亩,因襄水冲破,几三十年民苦无计抵塞。一鳌为沉船百只,拆破房百间,排架聚土高筑,费工三月堤成,疏荐补知安陆县。先是,贼破关厢,有数十人陷入大辟,力请当道,释其冤。后以病告归。章旷叙曰:旷发未燥,即知金陵有宁海施先生,今之国士也。长才短驾,以明经秉铎沔州。余适为之宰,相聚如见古人,间春秋仅服官之岁。盖先生得名最早,譬之方中之日,自虞渊以还,光华虽久在人间,其实去桑榆政远耳。先生器宇高深,学殖淹雅,加以精神满腹,(抵)[抵]掌谭古今事,双眸电闪,音吐高亮如洪钟,观者惊动。即余俗吏无刻晷暇,当侍教,未尝不前席忘倦也。

先生以己卯秋至沔,值寇警震邻,旷捧檄办军需,日在马蹄间,城守无寄,赖先生为我代庖。民安事理,言动卓然,为诸生式讴,歌遍三澨,名行录详载之。旷心私叹服,以为真救时之才,青毡中安有此人?无何,贤声果彻当事,檄先生署郧篆。先生理郧,一如所以治沔与所以教沔,屠牛之刀恢恢有余,不数月,郧大治。有"郧子仁声出安县",士大夫口碑皆实录也。

先生常语旷曰："天下无不可为之事，所少者实心耳。以实心行实政，辟如皋苏之地，良苗自生；不则，虽上农鲜不灭裂。"夫实心者何诚也！伊川之学，一本于诚，先生之学一本于伊川，振铎以此，鸣琴亦以此，苏湖经述不独教人为然也。迩者，天下灾荒，盗四起，上书言事者具言：今日之世果能赈一民、诛一盗即是真经济、真学问，亟宜优叙。其说亦本于实心实政，与先生符合。

然则，三鳣之兆宁特昔贤而已哉？施氏中山望族，世有明德，余读其家乘，知先生之为定国也，羔又决之于公云。

王应祥，号履旋。尝被盗劫，寻捕获，群盗讯实伏罪，系狱数年皆垂毙。公白之巡方，一旦解网释去。群盗感其义，尽复为良民，每逢岁节，至公家叩首称谢。以明经任丹阳司训。

马继檄，字伯符，山西太谷县尉。人不以尉目之，颂满民口。擢赵王工正，以亲老，归养。

国朝

李蔚，号钟山，顺治丁亥进士。初仕大行，三奉使。辛卯分校顺天，升工部。榷税南关，奉纪录，以病请告，卒于家。

王象坤，号拙庵。力学不倦，每训子弟曰："己图其利，而以害推于人者，固非；以君子之名自予，而以不肖之名加人，此念亦为刻薄。"以恩贡授州佐，未仕。优游林泉，凡古今书籍无不览究，又喜为人讲说，听者如坐春风中。

戴梦旸，字大来。由明经任广东高州府通判，迁广州府知府，升任雷廉道。居官爱士民如子，升任监司。时广州士民述其政绩，吁请上宪，从祀学宫。

王运启，字开之。家贫笃学，以顺治壬辰廷试，授全椒司训，续一明经既绝之后，完一士人欲弃之妻。时巡方卫贞元称其"率士守城，厥劳当奖"，将题疏，遂乞休家居。

司徒士望，字锡三。由恩贡任含山县教谕，两署含山县事，一署和州事。自少小心慎密，潜心书史，及登仕籍尤善于造就，士多有沐其栽植者。

谢文运，字质夫。由进士授四川资阳县，时兵燹之后，残疆孔道百计难支。初谒中丞杭公,公即嘱曰:"资阳冲衢,溃散羽檄为先。倘不胜任,白简不汝宽也。"莅未及期,驿治民安,再谒中丞,为设酒劳之。及解组归,仆被萧条,民思遗爱焉。

邰衡,由进士任陕西中部知县,清介自矢。解任后不能归,适督学王云锦为同年友,代捐数百金始归,清声益著。

王在丰,由拔贡任宜兴县训导。《宜兴志》称其"博雅厚重,不愧师范,协修庙学,久不辞劳,盖亦敦笃君子"云。

黄绍琦,由进士任河南开封府教授。时有河工之役,将令诸庠士执畚捣充治河卒,庠士不堪。黄为力言于学使者,几中危祸至不测,乃服毒以死,绅士至今哀之。

尹亮采,字际圣。由武科,历宦四十余年,忠荩自矢,夙夜维勤,惠爱军民,推诚至腹。两遇覃恩,荣封三代,归休于家。寿终八十有四。

尹正矞,字芳莘,康熙甲午经魁。任粤东程乡令,历开建、顺德,皆有惠政。而程乡士民尤戴公德,立位于九贤祠,春秋祀之。

司徒珍,字中子。以明经起家,为山东济阳令,治绩甚夥,尤善折狱,多平反。孝子张魁仁者,以杀父仇被冤,几坐死,公力争乃免。又有被杀而亡其首者,公判之,数日得元凶伏罪,人称神君焉。

谢天璘,字庭玉,康熙丁丑拔贡。授内庭教习,壬午中副车,任云南富民县。甫莅任,即详请革除陋规十六条,择地迁建学宫,流沟渠以溉田畴。三调冲繁,士民攀辕卧留,为立生祠。

邰清新,字右丞,号拙庵。以明经授盱眙司训,勤考课,端士习,在任十余年,远近奉以为式。弟宗嫄,字裔周。司训霍山,未浃岁卒。士人执绋以送,咸涕泣于涂。

端木象震,由庠生例授中翰。从征贵州,督饷有功,以同知管贵阳府事,转黔西知府,改补都匀府知府。西苗陆梁,率兵直捣其穴,不数月授首。黎平继叛,独决首恶,余俱开释,无一冤者。琅琊山生苗出入,狡悍不驯,以计缚致阶下。后补广州府知府,八排凶猛以杀人抢夺为事,为悬赏增营,恩威兼济,旧患顿除。以病乞休,连民为立生祠。

端木象谦，由庠生，例授江西彭泽县知县。轻耗羡，除杂派，禁盗诘奸，惠政甚著。会解任，民号泣攀留，不得，立像于三贤祠。

周从谦，字益庵，号同山。负性倜傥，不屑为雕虫技。国朝鼎建，值湖南阻绝、滇黔梗化之时，建策开复辰沅，斩贼姚黄。顺治十三年春，札授辰州沅陵县尹，招集流亡，夺贼粮二千余石。授辰州府同知，历任宣府、建昌、柳州、太原、河间、福州诸府同知，所在皆有政绩。超擢监司，未几终于福州。

甘峄，字逸书，号葛范，郡廪生。赡才学，于百家书无不淹贯。雍正间随贵州张中丞征苗，参赞军务，以军功叙用。

甘伯骙，字大仪。由明经任宿松训导，为文必宗唐宋八家，于欧尤酷嗜焉。著述甚富。

陈纲，号薇衫。幼聪敏嗜学，补邑弟子员，食饩，肄业钟山书院。为制府尹文端公所赏识，方伯宴公观风，以"水中雁"字命题，薇衫独成三十首。中乾隆壬申举人，甲戌以明通授五河教谕，课士有方，于办赈诸事尤能体恤民隐，故士民皆感戴不置云。

卷十

人物下

文学 尚义 流寓 隐逸 方技 仙释

文 学

宋

王纶,字德言,号廷辅。幼颖悟,十岁能文。登绍兴五年进士,累官同知枢密院事,以资政殿大学士知建康府。尝建言,孔门弟子及后世诸儒皆得从祀先圣。后致仕,即居建康,于府治西斗门桥南建昼锦堂,优游其中。卒年六十九,谥章敏。与妻严氏归葬溧水峒岘山。

元

赵鉴,字叩之。美丰标,而蕴藉近人,朋游间以卫洗马目之。性好施,里中饥者多赖以存活。授学官,不赴。后被荐,封句容男。

明

姚敬重,字克仁,姚古七世孙也。由儒士授本县儒学训导,洪武初被荐,送翰林院考,通五经,除驸马都尉府学录兼翰林院五经博士。献治政章,擢左赞善,历升左副都御史,擢太子宾客。卒于京,谥文林先生,赐宝钞一百锭。

陈文昭,字潜孚。性淡荡不受羁绊,吟咏自得,不求人知。风雅逼近盛唐,意在追踪李杜。放游吴楚以助豪气,尝从其族人乐知之任武昌,历马当、小姑、浔阳、鄂渚间。著诗颇富,有《竹香斋》诸集藏于家。后卒于客,有义仆归其骨以葬。

刘楚，字景孙。好学不倦，博览群书，善吟咏，以诗酒放达终其身。有《蕉房稿》《清溪草》诸集藏于家。

武昜，字元绩，号纤溪。少能文，及壮不乐仕。孝友端方，为后进楷模。享年八十，无病而卒。有《纤溪集》《惠迪堂诗》行世。

王可学，字景圣，号至吾。笃于孝友，有曾闵之行，内外无间言。尝为善于乡，岁祲则赈饥掩骼，倾其赀不惜。万历丙午，以岁贡授姑熟博，摽寒赟，守冰操，士多以此敬事之。升郧阳别驾，宽猛互济，蒦苻不惊，理奇冤多所平反。归休日借寇拥辖，去思不泯。所著有《覆瓿集》及《易原》。子民怀，克承家学，有《问心集》。

武尚宾，字邦嘉，号鹤汀。幼颖异，博通经史，旁及诗弈俱工。公父晆，仕为台州幕，以剿倭死。宾方弱冠，抱疏陈情，肃宗愍晆死节，赠大仆寺丞，荫宾入监读书。宾后得举于乡，乃复请移荫仲弟尚冕。政府李文定见而奇之，曰："得非前日抗疏生耶？"甚器重之。后仕为建宁推官，廉明，定疑案，邑无冤狱。秩满迁南康丞，时中贵衔命，出酤榷为奸，动以废格诏书龁龁有司，宾恐中其祸，竟拂衣归。卒年六十四，有《雕虫杂集》行世。

国朝

王芝藻，字荇友，（康熙）［顺治］甲午孝廉。任婺源教谕，升泗州教授，后授湖广邵阳令。居官有贤声，所谓学道爱人者也。读书鄙章句，以阐明经义为己任。坐小楼寒暑不下，五经皆有注。乾隆三十八年朝廷博采遗书，以所著《周礼周易春秋类义折衷》《史学提要》《六曹政典》进。子国伟、国佐、国俊、国伦、国仪、国俦分治一经，各有著述。诸孙十二人，皆读书敦行，不坠家声。立，字于宣。芝藻所著书皆命立手录，故立亦深于经学。其曾祖拙庵公有《四宝家训》，立为训释，深切著明，人士乐为传诵。

萧秉晋，少负大志，聪慧能文，下笔千万言，不假思索。中顺治庚子乡榜，有文集行于世。嗣因胞兄秉乾为漕粮改折，劻勷其间，未遂抱负，阖邑士民至今颂惜之。

尹调羹，字硕辅，邑庠生。质敏好学，淹贯经史。文宗先正，法垂后人，为江左名士，惜早世。子亮采贵，初赠武略将军。溧阳殿元马公世俊为之传,载旧志《艺文》。后加赠怀远将军。

赵启浤,字尔扬,号毅庵,之骅次子,康熙乙丑岁贡。性嗜学,博极群书,尤讲明圣贤之道,诱掖来者,故一时知名之士皆出其门。授无锡训导,以年老不赴。

徐汲,字汉直,邑庠生。好古博学,善行楷书,瘦硬通神。昔唐太宗尝称王献之书,如"凌冬枯树,寒寂劲砺,不置枝叶"者,庶几近之。

茆吉旋,邑庠生。精书法,宗大令,亦妙绝一时。

萧必祚,字永锡,郡增生。读书善析疑义,有问字者知无不言,言无不尽,邑之学者多宗之。

萧枝菁,字周菆。幼敏悟,博学能文,更善诗赋。著有《觉梦集》二十卷。

司徒琦,字千子,邑廪生。好读书,盛暑严寒,无间昼夜。著有文集,藏于家。

司徒临,字于敦,邑增生。事父母以孝闻。闭户读书,虽族人罕识其面。或偶倦卧,辄引木自击其首,疾卧床褥,犹作经艺百余篇。

邰朝典,字君型,岁贡生。少孤贫,母李氏纺绩饲学。典生有异姿,经史子集过目成诵,为文章根柢六经,诗赋尤精于古体。虽家无担石,而终日吟咏不辍也。

葛廷伟,字书西。博通经史,著有《左传注疏》。以明经选睢阳县教谕,不赴。

杨嗣藩,字屏伯。读书杜门不出,屡试前列。生平所读经史诸书手录数十卷。巡抚慕公观风爱其才,复拣生平所作文,捐赀付刻,俾行于世。

尹正𤕟,字燮公,邑优庠。孝友端方,老成练达,人金望而敬之。笃志好学,于古今人物、舆地山川,靡不洞悉。增刻《五经图》行世,同学称为老文献。

尹正位,字定三。读书具有根柢,雍正间以明经举贤良方正,固辞不就。怡神家衖,以训迪后昆终其身。

马际泰,字名仓,邑廪生。博通经义,著有《周易诠解》,藏于家。

司徒棠，字际周。质美好学，善属文，精书法，所著诗甚多，以明经卒于家。

尚 义

元

汤大有，五世同居，子孙殆百口，无一自私者。大德间表其门。

明

杨宠，思鹤乡人。时元末群盗起，宠散家养敢死士，保障一乡。明太祖渡江，首命大将军徐达取溧水，众请战，宠曰："不可。今有行仁义而起者，圣人也。我则愿为圣人氓。"众皆壮其言，请于官，以全城降。

吴钊，山阳乡人。元末隐于市肆，及大将军兵至，杨宠既议降，钊即持牛酒为诸父老先，大将军上其名，爵以万户。钊遁去，与宠皆莫知所终。

任义，字淑礼。正统间岁大饥，义出谷二千一十石赈之。事闻，特赐敕谕，劳以羊酒，旌为义民，仍免本户杂派差役五年。子思德，天顺二年纳粟八百石，拜义官。孙清甫，正统辛酉赈粟四千斛，诏旌其间，乙亥复赈粟二千石，施棺木千余。和甫，景泰三年运粟四百石赴北京，拜受冠带。华甫，景泰五年设糜于城隍庙，活饥民千余人。

赵琪，赞乡贤人。弱冠丧父，抚二弟同居至白首。宏治间尝两建蒲塘桥，费且数千余金。

张整，孔镇人。正德三年大饥，出谷千石以赈里人。有司闻于上，诏给官带。

武钟，性淳朴，垂白不识县庭。嘉靖二年旱，钟出谷二千余石赈之。又建三清堰、望湖山二桥。子潘，建通津桥，又修天生桥。香山观中柏，宋时物也，潘买存之。尝欲置义田，不果。其子曰曙、曰易、曰煦者，出腴田三百亩，为崇正书院义田，以招四方同志者。上官欲奖之，辞曰，"此父志也。"煦子尚敏，孝友闻于乡，与兄尚饬等析箸，让田千亩，可谓克世先德者矣。

陈谶，字睿之。世居白鹿乡，弱冠时尝让产为兄弟谋，后竟饶于赀。嘉靖乙酉、丙戌间邑大饥，出谷万余石赈之。助修学宫、城郭，置学田，广医学,及它义举不胜载。

吴澍,嘉靖三年岁大饥,死者相枕藉,澍乃荷锸行,一时露而瘗者无虑数千。

汤铣,有干济才,慷慨好义。时上元、江宁、句容、溧阳、高淳、溧水六县分养官马,并淮扬二郡寄养官马,共计四千一百五十匹,为民累。隆庆戊辰年,自赍疏叩阍,极陈其害,遂奉旨革除,六邑咸受其利。他如,邑民卞兰等以二千九百亩熟田假捏抛荒,加粮概县;又,高淳韩邦宪等飞粮八千五百石,加于溧水,铣独锐身为发其奸,当事义之,授以冠带。

刘济,归政乡。修长乐桥。

袁愉,富而好义。嘉靖三十七年,捐基造城。

陈文心、龚廷机、杨鉴,万历十六年大荒,三人共出谷千石以赈饥民。

汤凤冈,白鹿乡民。万历十六年捐赍赈饥,赖以存活者数千人。三举乡饮。崇祯十四年大旱,赈如前。

陶栩,字思岗。天启、崇祯间岁大饥,斗粟千钱,栩出粟按户给散,全活甚众。

陈灌,号乐愚。子景福,孙文懋。灌捐金三百,造西城楼橹。景福捐赍助修徽恩阁。至修文庙,建塔寺,文懋咸为力任。义行三世。

吴应举,正肃公后。乐善好施,邑有兴建即捐助,千金弗惜也。至寺庙桥梁修造者,不可悉述,屡举乡饮宾。

张晓、熊子成,邑之有干略者也。溧水举改折漕粮之议,二人挺身走京师,诣阙疏请,为一邑利。

王可举,字景伊,太学生。襟怀夷淡,家故素封,好施不倦,乡人缓急是倚。

谢揆,崇贤乡人。五世同居,屡举乡饮宾。寿九十七岁。

李应科,号少塘,太学生。慷慨好义,人以缓急告者靡弗应,即多逋负,不以介意,辄焚其券。

王应祯,性谨厚,不好名誉。由邑掾,历事居庸关。当受职,以亲老告归。笃于孝友,教子弟以义方。天启间大水,出谷赈饥,全活甚众。济人困急,隐而不言。

陈应科,好义力田。贫恤以财,饥给以粟。一旦叹曰:"吾闻稼穑之后,子孙必昌。科终于农,而不教子孙以诗书,焉望后人通显乎?"卜居金陵,以贸易起家,训子俊入泮,寻弃文就武,官至都阃。孙宿,甲午举人。

萧济,好义。抚军设冬生院,养无告人,捐谷百石助之。偕昆季渡、溧修造城隍并泮宫石坊。至寺庙建桥梁捐助鸠工,不辞劳勚;周贫恤孤,莫不遍及。

王俦,年十六娶妻芮,甫生男显泰,芮卒。俦感其孝于翁姑,誓不再娶。

陈渼,性好义。尝夜观剧,拾遗金八两余,剧散不归,失金者张敬元寻至,渼询其金数、包裹相合,还之。年七十有三,取平生贷券呼儿孙焚之,曰:"吾留此,倘汝曹持索不得,必遗讼端。勿若留德与汝,胜遗金也。"

端木彬,巉山世族也。万历戊申大水,倡义赈济。置义田八十亩,凡族子诵读、婚丧莫不相助。

卞司议,乐善好施。文庙圮,及惠民仓贮谷,各出千缗为首倡。南城崩数十丈,独力任其役。

陈廷瑄,崇贤乡人。身长八尺,有举鼎之力,人以伟丈夫目之。嘉靖癸亥间,岛夷入寇,径村口,廷瑄方独立门外井傍,挈汲水轮示武,意气闲暇,望而眙睁,遂不敢侵。尝值凶岁,三捐谷以赈饥。

孙爆,字少冈。素封,好施予。万历三十七年邑大水,捐赀以赈,远者荷橐,近者设馈。邑令朱君每给帖贫民,令赴孙领粟,日数十纸,应之无难色。又创刘令渡石梁,设舟梁津,鬻槽掩胔。年七十八终。

陆天眷,字锡予,世居邑南荆山口。崇祯岁遇歉,捐谷分赈,全活不可胜纪。

俞灯,字德华,号近湖居士。捐赀六百金,筑城后圩。

经应纬,字旋予。万历辛巳岁颇有秋,独赞贤一乡被蝗,贫者苦之。每户税银三钱以下者,皆为代纳,计银一千五百两有奇。应天府尹姚公闻其事,旌曰"尚义",给冠带。

萧韶,秉性纯谨,孝友持家。县立义仓,输粟充公,上闻,恩赐八品冠带。

增华,刘氏仆也。居恒朴野,刘氏以常奴畜之。崇祯癸酉,刘仲子道开补崖州幕,偕其弟及二客二仆往。海邦多瘴疠,二客二仆相继死,道开惧,遣弟还,而道开亦死,独增华滨死复生。间关万里,扶五枢归,跪主母前拜且泣,出百金封识宛然,曰:"此主人积俸也。"补被萧然,衣骭不掩,旁观叹服。

国朝

马自骧,义人也。父继桂,年二十余丧妻,不复娶,性(药)[乐]施。骧承父志,凡寺庙桥梁倾圮,咸捐赀财修建,且躬任督工。岁饥食人以粥,活万众。父病,割股以起。督学侍读蓝润旌其门,长洲周之标为作父子合传。

谢燧,字明宇。幼业儒,讷于试,遂习吏事,岁满当授尉,因违初志,不就。教子文运成进士。邑有捕蛙螺为生者,予之金,令易业,曰:"毋戕生命。"凡兴建,捐橐佐之;所贷有不能偿,辄焚券。闻富人督重息,叹曰:"盍少宽之,为子孙计,取偿不更厚欤!"

萧士经,耆逸也。天性孝友,慷慨好义。如学宫、明伦堂、尊经阁、积庆桥以及岁祲赈饥,皆解囊为之倡。邑令详请,于雍正十年奉旨入节义祠。

张守望,幼年割股以疗母疾。捐赀倡造洪蓝埠大桥。有远商尚姓者,赁寓其家,及归遗银五十两在所卧床下,后其人复来,以原物还之,封识如故。

萧必祺,字永吉。以明经候选州学正,邑中有公事咸推为领袖。戊子岁大饥,出粟数百斛为之倡。巡抚于公以"功补造化"奖之。

萧士彦,字汝英,钟岳其别号也。生秉异质,长而能文。孝友笃于天性,慈祥本于凤诚。尤志存扶救,年逢饥馑,里中有不举火者,阴矙助之。有鬻荆塞他人债者,不特代其偿,且计家口以饲之。族有婚丧不给者,成之。虽衡(秘)[泌]栖迟,而裕匡济一时,衽席亿万之略,有非隐鳞戢羽所能窥者。

蔡元浚,秉性朴直。尝路拾遗金数百,待失金者至还之,并却其酬,曰:"分尔金,何如昧尔金也!"道路相传,称为盛德。

马采臣,字寅公。宏才硕德,素隆月旦。屡为当道荐扬,三辟三辞。学博程公扁以"凤翔千仞",至今人犹景仰之。

施可行,端方有才干。顺治九年,授恩诏例,以贤良保举,方题请,丁母艰,未仕。

司徒显祖,礼部儒士也。里中有小雀角,必求折于显祖,一言以为定,乡人鲜有匍匐公庭者。

张正鸾,顺治十六年海寇迫城,掳掠妇女,号哭满野,鸾持五百金为请命,贼义而与之送还原籍。康熙九年水灾,于蒲塘设厂赈济。

萧枝馣,字帝歆。性仗义,凡遇公举,邑侯咸赖以集事,如捐赀迁文庙,捐谷贮社仓,及岁歉倡赈诸大务,皆最著者。年六十三,以明经终。

杨自秀,邑庠生。有孝女袁氏,力不能上请,为捐赀申详,卒邀祠祀。家仆有取心疗母者,嘉其孝,放归养亲。

萧克绽,治家严肃,同居六十余口,无争竞声。惠周里族,冬月贫寒,有质棉不能取者,代取给之。除夕馈送薪米,不令人知。

武孔墙,庠生。族中梁氏,未婚守节垂三十年,为之顾恤立后。有孤贫不能娶者,出赀择配。设义学于西蒲,里中子弟英俊者不取束修,教之成立。著《学圣论》诸篇以见志。自号曰耻斋,方望溪先生闻之,召与讲论,大称异焉。

乾隆丙辰岁,邑令江右吴公迁建文庙,同时好义之士有:葛世瑄、司徒宜、以贡授靖安丞,三署县事,有惠政。司徒寀、萧枝馣、叶弘正、杨必昌、杨汝堡、汝殿、汝奎、高世滋、刘昌、武宏、王泽宏、出重赀以倡,力为经理,洵有功于黉序云。世瑄子昞宗,亦克承先志。

康熙间岁饥,前后捐银煮赈平粜者:甘应鹏、萧完璧、陈文煜、赵士宽、葛世洪、沈祖巽、毕肇基、黄金琏、严虬、王旅、高士佑施义船济行人、萧承祐、张鹏、陆继公、徐尚琳、易应良、芮时达。

乾隆戊午、丙子、丁丑间岁祲,煮赈平粜之士有:薛成凤恩给八品官带、王泽被、陆维、高建国、陈世臣、陈国书、樊倬、吴象篪、邱大贤、芮大智、樊世桢、赵必近、张成菖、严延庆、赵宜淑、赵宜沧、严觐廷。

捐金修桥路,利济行人者有:叶弘直_{自溧水至省城通衢,不惜数千金俱礓以}石_{。城南至洪蓝埠十五里,亦复如之}、严时泰_{因叶礓洪蓝埠路,恐日久圮坏,捐买近路田}四十余亩_{,逐年取息修补。总督黄廷桂以"旌善"二字表其门}、周正明、赵朝仁、李子鸣、张龙见、严正、张公泰诸人。

溧邑漕粮改折,胜国时成于嘉兴徐元仗、潼川张月沙二公,后以兵事棘,复旧。国朝至丁酉年,仰荷俞旨,始与地丁一条编征,邑民永享其福,几不知输折之由矣。当时身任其劳者,则有:萧秉乾、萧有宏、姚光礼辈,视邑事如家事,卒赖其力。饮水思源,不可没而不录也。

邑有大利弊,能实心为公兴除,亦良有司所深嘉者。雍正癸卯,知县赵向奎议革里长,其时邑人为之左右者:萧必祺、尹世鏊、尤朝衮,与有助焉。

邑中衿士乡耆,有秉性醇谨,提躬恺悌者,如龚靖、朱志仁、陆沛霖、李立基、萧世任、陆芳、李子选。

有孝友持家,敦睦宗党者,如甘应星、高世济、汤三荐、高建官、杨秉贵、萧琦、姚士升、经世盛、芮士宏、芮辅公、濮茂英、萧枝南、周应珧、杨正达、萧成宪、严时震。

有乐于解推,好行其德者,如朱启福、陆鸣、李子臣、经纯祖、邵为焕、司徒祐裕、李毅骏、李可荣、芮起瀛、芮起元、芮起渭、刘光普、谢彤、蔡麟、蔡兆根、毛君照、张继奂、芮廷枢、濮大骏、沈仲猷。

有生负异才,数奇不遇者,如赵履青、司徒宣、赵履垓、萧克哲、端木以贯。

有守义淡欲,笃于戒旦者,如王正伦、芮大熹。

以上皆舆(轮)[论]克孚,民誉无忝,足以表式闾里,垂则来兹者也。

流　寓

周

左伯桃、羊角哀,皆战国时燕人也。平生为死友,闻楚王贤,善待士,乃同入楚。经溧水,值雨雪,粮少,伯桃乃并粮与哀,令入事楚,自饿死于空树下。哀至楚,为上大夫,乃言于楚王,备礼以葬伯桃,今孔镇有墓在焉。

伍员,字子胥,楚人也。父奢,见杀于楚。员奔吴,流连濑上,乞食,有史氏女以壶浆食之。太史公曰:"子胥窘于濑上,无须臾忘郢,隐忍就功名,非烈丈夫孰能致此哉!"后员投金濑渚以为报。

汉

严光,一名遵,字子陵,会稽余姚人也。邑东有庐山,相传陵结庐于此。

唐

刘太真字仲适,宣州人。少负才,与其兄太冲齐名,尝从萧颖士游,颖士奇其文,谓时辈莫能偶也。天宝末登进士,累官礼部侍郎。时德宗雅爱才,与群臣宴曲江,御制诗,简文士三十八人应制,诗上,德宗亲第之,以太真居最。尝掌贡举,所进多贵家子,时论少之。寻贬信州刺史,卒。有颜鲁公送其兄太冲叙,碑存学宫。旧志称有杜子源记,散逸无考,今考出,补载《艺文》。

○萧颖士叙曰:《记》有之,遵道成德,严师其难哉! 故在三之礼,极乎君亲,而师也参焉。无犯无隐,义斯贯矣。孔圣称颜子有"视余犹父",叹其至欤! 今吾于太真也然乎。尔且后进,而余师者,自贾邕、卢翼之后。比岁举进士登科,名与实皆相望,腾迁凡十数子;其他自京畿太学,逾于淮泗,行束修已上,而未及门者亦云倍之。

余弗敏,《易》云,当乎而莫之让。盖有来学,微往教蒙。匪余求,若之何其拒哉? 噫,尔之所以求,我之所以诲,学乎? 文乎? 学也者,非云征辩说、摭文字以助夫谈端、轹厥词意,其于识也,必鄙而近矣,所务乎宪章典法,膏腴德义而已。文也者,非云尚形似、牵比类,以局夫俪偶、放于奇靡,其于言也必浅而乖矣,所务乎激扬雅训,彰宣事实而已。众之言文学者或不然。於戏! 彼以我为僻,尔以我为正,同声相求,尔后我先,安得而不问哉? 问而教,教而从,从而达,欲辞师也得乎? 孔门四科,吾是以窃其一矣。然夫德行、政事,非学不言,言而无文,行之不远,岂相异哉? 四者一矣,正而已矣。故曰,"《诗》三百,一言以蔽之,曰思无邪",无不正之谓也。

吾尝谓门弟子有尹征之学、刘太真之文,首其选焉。今兹春连茹甲乙,淑问休阐为时之冠。决旬有诏,俾征典校秘书,且驰传垄首,领元戎书记之事。四牡骈骈,薄言旋归。声动宇下,决于寰外。而太真元昆前已甲科,太冲间岁翩其连举。谓子不信,岂其然乎?

夏五月,回棹京洛,告归江表。岵分屺分,欢既萃矣。兄矣弟矣,荣斯继矣。缙绅之徒、习礼闻诗者佥曰,"刘氏二子,可谓立乎身,光乎亲,蹈极致于人伦者矣。上京饯别,庭闱望归,从古以来未之闻也。"余羁宦此都(色)[邑],斯云举彼吴之丘,曾是昔游。心乎往矣,有怀伊阻。行矣风帆,载飞载扬。尔思不及,黯然以泣。先归孝悌,谨信,汎爱,亲仁,余力学文之训，尔其志之。南条北固，朱方旧里，昔与太真初会于兹。余之门人有柳并者，前是一岁亦尝觏兹地，其请业也必始乎此焉。并也有尹之敏、刘之工，其少且疾，故莫之逮。太真亦尝曰，"何敢望并!"并与真难乎其相夺也。缅彼江阴，京阜是临。言念二子，从予于此。尔去过之，其可忘诸? 同是饯者，赋《江有归舟》，以宠夫嘉庆焉尔。

诗曰:江有归舟，亦乱其流。之子言旋，嘉名孔修。扬于王庭，允烨其休。舟既归止，人亦荣止。兄矣弟矣，孝斯践矣。称觞宴喜，于岵于(屺)[屺]。彼逝惟帆，匪风不扬。有彬伊文，匪学不彰。予其怀而，勉尔不忘。

南唐

韩熙载，生五季，北海将家子也。唐明宗时，熙载自度无可为，乃南奔吴，吴弗用也，遂事唐。会李昇志不欲有所为，亦弗及用也。事李(景)[璟]，始以直谏闻。有陈觉者，(景)[璟]幸臣也，又党于宰相宋齐丘，尝败于吴越，法当诛，顾纵之。熙载力请诛觉，忤旨被逐。后(景)[璟]以其弟齐王景达出御周师，仍以陈觉为监军，熙载复谏止之，曰:"亲王而将，安用监军为哉?"不听，而兵果以陈觉败。初，熙载奔吴，时其友李毂怜而追送之，熙载大醉，诀曰:"使江左相吾，必长驱中原。"毂曰，"我为相，亦视江左为几上肉矣"。至是周师获胜，毂果为将，而熙载惟怏怏而已。后复事李煜，煜工文词，所进用多才人，首拜熙载中书侍郎、勤政殿学士，爵其二子甚渥也。其时国日蹙，熙载知必亡，乃尽寓其纵横块垒于声酒间，宾客从游者日众，宴必侍数十姬。煜使人睹而图之，以为豪。其所侍姬多私于宾客，人皆污其行。有以千金双环乞墓文者，熙载不妄谀一词，乞者意未已，熙载力却之，闻者不识熙载何如人也。煜儿欲相熙载，终疑其污未决，寻左迁，熙载乃尽逐诸宾客侍姬。煜喜，复其官，不日且相。熙载诸宾客、侍姬复进，煜诧曰:"吾亦不识熙载何如人也。"未几，熙载卒，煜终以不一相熙载为憾，赠以平章事。后李煜政益荒，熙载死五载而南唐亡。

旧志吴仕诠曰:"余闻溧水南僻壤中，为熙载读书处，其址尚有可考者。因谓熙载生于叔世，既数易主而不遇，何不效虞卿穷愁著书，俾后世足称焉? 顾乃龌龊自污，好魏公子之所为而未尽也，亦谬矣。然史氏顾讥之，谓李毂至，而熙载不能有所为也。呜呼! 藉令一殚熙载才，即周宋未可得志，何论一当李毂哉"。

宋

王端朝,字季羔,澶渊人。少好学,历官至承德郎。高宗南渡时浮家于此,详见端朝所撰《正显庙记》。溧阳新旧志皆载王寓溧阳,未详庙记耳。

赵林,南阳人,宣和中徙溧水。见《隐逸传》。

施钜,山东曲阜县人。登宣和壬戌进士,高宗南渡偕次子泰随驾诣建康,累官参知政事。陈固守之策,不报,遂以疾辞,卜居溧水。清约自持,无声色之好,寿终九十一。今溧水施为著姓,代有文贤。为沔阳教授一鳌者,其十三世孙也。

姚古,字季婴,其先山西太原人。少有勇略,长善骑射。靖康间金人围汴,古率熙河师入援。子平仲亦领步骑七千勤王,拜为统制,与宣抚使种师道合力捍金。平仲夜斫敌营,夺康王不获,力尽而败入青城山,思再举。及高宗南渡,古护驾建康,卜居溧水,遂为溧人。

茅寿,字惟厚,汴人也。官提举,建炎元年与宋臣李纲等力主征讨之谋,为黄潜善、汪伯彦所谮,被黜。从高宗南渡,家溧水,终身不仕。后裔甚繁,至明初因遣戍,分为茆、毛二姓,至今称著族云。

明

严谦,号胥溪隐士,生平未详。永乐初,知县赵文振奉敕祭征士严谦墓,于溧水始知隐士名。文振有挽诗,载《艺文》。

姚宗文,永乐间为溧水教谕,因家焉。岁己卯,邑之举于乡者六人,宗文作诗以纪其盛,有"麟洲一举六鳌连"之句。今溧称南门姚,是其裔也。

吴甡,字鹿友,别号柴庵,扬州兴化县人。官大学士,以阁部督师,道出江南,突遇北变,至溧水遂家焉,颜其堂曰"嘉遁"。邑有改折之事,公首倡议,阻于时世事虽未就,溧民感之。游东庐山寿国寺,作记勒石。邑有忠孝节义,公多赞传以表章之,载《艺文志》。

李可堉,湖广长沙人。为邑令,阻于乱勿得归,因家焉。

游应龙,号云石,湖广安陆人。崇祯间举于乡,为邑令。值左镇兵乱,无家可归,即居于是。葬县东五里戴家桥。

国朝

林古度,号那子,福建人。问学该博,才气纵横,明末留滞金陵,寄居于邑西之乳山,卒葬乳山庵傍。为县令闵派鲁修邑志。

隐　逸

宋

赵林,宣和中以才名屡聘不起,自南阳来隐句曲,寻买田溧水之南,置别墅焉,人呼曰赵庄。自是赵姓家于溧水,后甚著。

赵三捷,字公武,林之子。少好学,弗仕,有父风,神宇磊落不群。著族谱,自汉及宋二千余年,历历若视诸掌,观者咸才之。又作《谕后文》十篇,谆谆长者言也。季子震,字廷发,由进士官国史编修。女即魏良臣配也。

姚镛,姚古次孙也。以祖父勤王复地功,除赣州太守。一日命工绘已像,为骑牛涧谷图,赵东野题曰,"骑牛无笠又无簑,断陇横冈到处过。暖日暄风不常有,前村雨暗却如何?"公意欲隐,而东野实窥之也。后果被一帅所劾,其隐志益坚,人服东野之言。

元

袁艮所,名当时,以字行。至正丁酉举于乡。其先丹阳人,艮所避红巾乱,卜居溧水,家焉。遇茅山异人,授以方书,遂遁迹悬壶,遨游山水。方正学、端木孝友咸器重之,尝欲授引,竟不可得。所著有《秋堂赋》诸诗。

明

夏鉴,字文明。少有气节,尝(抵)[抵]掌谈天下事,谓易理耳,第弗能就时格,竟弗仕。扫一室,贮先人遗书,而兀然其中,曰:"足老我矣!"家故贫,性孤洁无所合,人迹罕有及其门者。久之,里中诸巨族习其名,争延致之,而鉴弗许也。年七十,受徒于乡,门下彬彬多贤者。或语之云,"子勿显,门下必有显者。"鉴大笑曰:"尔欲以北面太守荣郑元乎"? 后有司累辟,不就。寿七十五终,所著有《渔乐集》,诸弟子遂号为渔乐先生。又尝私撰溧水志,藏于家。诗宗长庆体,楷书肖欧阳询,皆不汲汲于传也。

黄汝金,字西野,邑庠生。俊仪伟度,博学著述。以山人自称,翛然物外。万历初年邑乘重修,县令吴公仕诠聘汝金属之笔,迄今书与山人俱名焉。

萧溧,字世常,号渚源。处人不欺,出言无苟。侍养父也轩公尽孝,生事死葬,庐墓哀毁。举乡宾,非其意。令尹欲上闻,以轮币征,遂远遁谢之。习经梵而匪佞于佛,乐山水而匪荒于嬉。自明生死,刻期坐化。

孙谋,字燕贻,别号五城。生明万历中,自幼不凡,长魁梧。性质朴,好学任礼。早游庠,弃去,隐居金陵鸡笼山下。善书,放意诗文,延师教子。与友某善,以女字其子,举进士,恶其人,罕至其家。厌时俗衣冠浇薄,著高冠,重履,短袖,如杜邺之大冠,间出,即以老婢持盖。市童谣之曰:"五城方巾高似庙,老婢打伞真可笑。"不顾,且行且吟,得句归示其友林那子,称善始录存,否则弃去。每卖联得钱,即付酒家。一日病,遗言令三子耕而读,曰:"数亩污邪,汝若合之则有余,分之则不足。"无何,卒。有《长啸集》六卷,行于世。

孙世彦,字清寰,藤山人,邑庠生。每作文,脱草即焚去,人问其故,曰,"读书明理而已,必欲以此取科第,则圣贤之道小矣。即中式,亦一日之遇耳。"为人善笑,作事不苟。道拾遗金,必坐待其人还之。上元许裕州天叙,长者也,爱其人,延之教子。世彦敦笃课业,许公交游如曹能始廷尉、顾邻初太史,世彦偶见之,多忘其姓字,卒不一往谒。间一归里,主于香山观,不入里舍,人问之,曰:"里亦客耳!"一日,无疾终。

姚宗儒,古十六世孙也。性醇孝,事父母曲意承顺。与人交,无贵贱,遇之以礼。有友陈某,病笃药之,死棺而葬之,仍善其后。居家莳花竹自娱,人称隐德君子云。

赵嘉,字君禄。性孝友,不喜华侈。隐居山林,生平无疾言遽色。少孤,嫡母杭年七十余,有瘤疾。嘉亲哺糜粥,躬涤秽器,日夜弗怠者八年。御史毛过间,捐俸百金赠之,嘉尽以周族党之困乏者。里中苦徭税,初为称贷以济,后竟破产代偿之。日益以贫,萧然壁立,意泊如也。乡人或相犯,勿与校,设酒具食为款语,人皆化之。

萧逢会,幼聪颖好学,为诸生时,试辄高等。事亲以孝闻,昆弟和好无间言。后隐居山中，诸子侄列胶庠者时亲其教诲。生平磊落不羁，纵谭当世务，豁如也。荐绅先生雅重之。

章经国，字治之。幼孤，有志自立。事寡母至孝，舌耕以供甘旨。性温和，无少年习气。交友以诚，数十年如一日也。后补太学生，大司成喜其文，特优拔之，以养母不仕。暮年杖履逍遥，惟以诗礼训子弟。

叶文权，字衡卿，太学生。博习书史，识者以大器期之。性孝友，父年老患足疾，朝夕奉杖屦如童子时。昆弟相爱敬，出入必偕。居家朴素，不饮酒。晚年盘桓泉石，足迹不入公庭。岁荒分粮活穷饿者，举乡饮介宾。

章华彩，邑廪生，高才博学。天启甲子科，房考高邮牧某以第一人荐，主司置亚魁，某不快曰："宁置之，以待来科领解。"未几，某行取入京，丁卯主试江南，闱中遍索公卷不得，撤棘，急召见。彩以丁内艰不与试，主司泣下，曰："吾为子亦足矣！几得复失，亦命也夫！"彩自是屏书籍，放迹江湖以老。

国朝

张元士，字德公。七岁失怙，事母至孝。与谢远村称莫逆交，著述为远村所赏。后远村卒，德公泫然曰："吾知己死矣！"一日扶杖东郊，恍见远村飘然自西来，与之语。归告家人曰："远村招我去。"言讫而卒。

谢远村，名树。家近琛山，茆屋数椽，萧然自得。好读书，不屑屑于举子业。作诗绝工雅，而集唐为最著，尝曰："一卷唐诗，三杯浊酒，吾将终身焉。"年逾六旬，无病而殁。后有人自枞阳来，见远村在宿松道上听秋声，人咸疑其仙去云。

周元季，字子英，号养生。生颖异，事二人尽孝道。初习举子业，既工医术，疾者接踵至，虽贫必投以良剂。晚善修炼，辟谷数十日神色倍常，方士不及也。年近七旬，无疾而卒。

柳国祚，字培卿。善诗古文辞，家贫授徒以给。父宗岳，老于诸生，葵菽承欢，陶陶共适。生平无一欺人之行、忤人之语、傲人之色。白门（傅）［傅］汝舟，名士也。延之家塾，相与论文甚契。后馆于广陵给谏李宗孔，盖其受业弟子。怀宝不遇，皓首衡门，绝无芥蒂，所称遁世无闷者欤！

方　技

宋

朱杰，生有异相，天授奇法。治人目如神，金针甫下，目即复明。至十五世孙鼎，于明嘉靖六年召用有效，锡赉甚重。

明

朱良知，号绳溪。崇祯十四年，以方正授浙江仁和盐场大使。性伉爽，有气节。喜读异书，尤精于地理，著《堪舆掌镜》十二卷。

徐敩，字希文，号恒斋。崇贤乡人，徙居城南，业岐黄。暇赋诗为乐，不希名誉。所著有《寄傲集》，藏于家。

国朝

朱耷，明宗室，齐庶人裔。国变后寄籍溧水，善画山水，号一时高手。子璆，亦称专家。元孙楷，邑博士弟子员。

武弁，字功伯，庠生。工墨笔山水，尤善堪舆，名动京师。当事者荐上世祖章皇帝，考天下堪舆第二。

蔡泽，字霖苍。寄居省城，善丹青。画山水人物，略加烘染而神气活泼，别有生意，一时善画者俱莫能及。有王某家十三棺未葬，出百金以赠，世比麦舟再见。孙锦，丙午孝廉。

武玉，字一仙，邑庠生。善画，每画醉仙图远望似石，即之则仙。或卧，或坐，或立，参差变化之间，俱能别开生面。

武云，号石湖渔叟。善鼓琴，尤精镌刻，凡诸家法帖镌石无不神肖。县署有二小碑，皆云集右军字也。

叶文机，精心医术。简亲王统领岳州时，军民大疫，召至麾下，投剂而愈。崇明提督刘因海隅瘟疫，聘至军门，疗痊甚多。有神医之号。

章星文，字人龙，溧水廪生。通星纬奇门之术，每试辄中，奇不胜书。富膂力，能直行壁上数步。尝游两浙，贼登其舟，星文徒手夺械，（击）［擎］贼于顶，旋转数周，掷岸上，群贼惊溃。年七十八，忽一日别亲友，曰："某日，吾逝矣！"如期而卒。

仙　释

黄初平,晋丹溪人。丹溪,古县,在溧水之乌山,迹犹存焉。《晋书》云:"初平年十五牧羊,遇道士,引至金华山石室中四十余年,其兄初起寻得之。"而溧亦有金华山叱石处。议者谓浙金华郡有金华山,欲以初平为浙人。浙志未指丹溪,则初平为溧人无疑。仙踪何往不到,且四十年中飞升无定,今以丹溪为据,则不诬矣。初起见平叱石成羊,亦弃妻子学道成仙,宋元皆有封号。

古拙和尚,洪武七年住邑东之寿国寺,有戒行。不言其何自来,尝自号藕花道人,又号雪川子,人遂疑其为吴兴人,呼之者则惟以古拙和尚云。与王观察良为方外交,有支、许风。寻入白下,时时以诗相闻。旧志载其一诗,有云"泉鸣知宿雨,木落见秋山",亦何减贾(浪)[阆]仙。又云"避世纫兰佩",似有托而避者,惜未见其全稿。

孙镜,有苦行。尝结庐于县北官山之崖,闻者踵其门,因他徙。后入天阙山终焉。

许真人,不知生何时,相传字敬之,汝南人也。尝寓溧之丰庆乡,讲黄白之术,闻者未之许也,独邑人刘黄者好之。后闻登西山,冲举而去。

古心法师,邑人,姓杨,名馨。幼从素庵法师于金陵栖霞寺,得悟后往五台山。有金甲神夜报僧众,谓有法师至,早迎之山下,至中途果得师,礼供上座。万历间陈太后敕制衣钵各万二千五百数,敕师说戒于五台,毕仍归栖霞。开戒僧众求从不可胜纪。时三怀法师修报恩寺,塔顶不能上,梦神云"待波离尊者至",次早师至,三拜而举顶上。后圆寂于古林庵,塔安德门外天龙寺。

忘所和尚,金陵永宁寺僧也。崇祯年间,大理寺正卿徐良彦委为永寿寺住持。忘所善诗文,每升座讲经,必引儒家五经正理,互相发明,就讲者咸忘为释典。绝口不谭衣食事,或为之谋者,谢曰:"我出家汉,虽冻馁不足虑也,何借此?"住数年,复之金陵永宁寺化去。

武光辅,少失父,性至孝,行事非母命不自专。习学有悟,好游山水,意若有所寻觅,然终无所取也。偶纳凉户外,手举大凳若一叶,人以千百斤巨石试之，若弄丸，乃知其神力。国学修造，群匠舁一石不起，光辅以一手提之即飞走，大司成见，诧曰："吾门有扛鼎士耶！"善画竹，叶如生，每以自娱。读书随卷辄尽，但点头微笑而已。母卒，遂学道，服方外衣，束雷公绦，持扁竹杖，出入飘然。一日命肩舆曰："吾欲有所往。"行数里，叱归。唤家人具汤，浴罢，焚香，端坐而逝。越月余，里人自广陵归，曰某日在广陵道上与语良久，亲见绦杖如平时，翛然而别。即卒之日也。

武蓬头，年未二十如老人，性与俗迂，不知时务，不冠不履，任其发之离披，因号为蓬头。一日走镇江何氏习太素脉，七日得诀归。（胗）［诊］人、决生死悉验，往往语未来事。自刻死期，人以为风颠，至期微笑曰："吾与君等别矣！"始知仙去。

苏门和尚，楚人也。究心内典，尤工诗，著有《青桐集》。崇祯末游金陵，居横峰草堂庵，以杖笠自随。

中山大居士刘懋襄，字惟赞，号万全。游庠序四十三年，博极群书，屡试不售。晚年入山谈禅，编辑释典，后为江西寄庵大和尚法嗣。

文海，姓骆氏，邑西上方寺僧也，名福聚，号二愚。二十八岁请圆具于宝华，潜心戒律，屡登法座。雍正甲寅春奉召入见，蒙赐紫衣，主大法源寺传戒，得弟子千八百十有九人，寻遣官护送还山。

朗然，彭嘉山僧，有道行，嗜酒。顺治间旱，邑人请祈雨，凡送酒者率以雨应之；或雨不足，扛一大甕至坛下，曰请益我甘霖，少顷反风降雨，平地深五寸，土人名其庵曰回龙庵。又一年，自九月至十月不雨，环山提壶请祷，朗然曰："今天无雨，谁敢逆天！请借雪盈尺。"果立降。一日会故旧曰："吾与诸君别矣！"遂酌一巨觥而逝。

阒堂，名今谁。驻锡思鹤乡塔平冈，示寂于乌山能仁寺。工诗字。相传为陈姓，少举于乡，计偕不售，回至东阿，遇僧引以见活佛，从之。至山下大石上，一老僧结跏正坐，语之曰："世间功名富贵俱属空境，汝试回头看。"方转首，已在平地。及回寓，同侪遍觅五日矣。乃半途逸去，薙发为僧。晚居溧水，家人有求得之者，拒不见。

石舸，与弟语山并新安宦家子。父作县令，以流寇死，两人逃至邑之永寿寺为僧。幼俱聪慧，及长，专精宗乘。高阁松风，石床花雨，泊如也。语山自禅寂外，兼工诗善书画，人目为汤惠休、贾阆仙之徒焉。品弈烹茶皆精绝，于帖括尤不学而能，一时名人多乐与之游。

　　赤矶，不知何所人。居学宫东观音庵，闭户诵经，暇则阅书坐。一日，县令刘公企向遇诸涂，使人随后廉之，遂避去，之邑南三里草庵中，足不涉城市。刘罢任后造庵访之，复避去。

　　颇成和尚，蓝溪里管氏子也。年甫十岁即诵经礼佛，完婚期，彩舆进户，逾墙而逸。兄寻觅数年，遇于杭州净慈寺，则已披剃年余矣。随引兄谒师，师曰："尔弟非儒家人，强之何益？"时圣驾南巡，赐缎二疋、荷包一对，命为开化寺住持，僧徒千余人，成曰："此非修行地也。"一日五鼓，鸣钟鼓谓众僧曰："我来已久，将欲回家去矣！"众僧曰："出家无家，师何遽出此言？"成曰："尔等不知我来，焉知我往！"言讫，端坐而逝。

卷十一

烈 女

孝女　孝妇　贞女　烈妇　节妇

刘向传列女,贤后、贤母并及贞烈妇女。夫妇女以贞烈著,所遭之不幸也。而不惜太息言之者,巾帼幽贞,尤易动人观感哉!溧自濑水贞女垂芳于前,女子咸知重节。以彼无有须糜,未尝呫哔,而履洁怀清,馨香百世,难乎不? 难乎! 志列女。

孝 女

宋

夏氏,漆桥人。年十三母病笃,割肝和药以进,母病遂愈。淳熙间表其里曰"昭孝"。

李氏,割股疗母疾。

谢氏,割股疗母疾。

赵氏,李震龙妻。祖母朱氏病,割股疗之。

元

袁氏,年十五岁,事母严氏至孝。母病瘫,火延其庐,邻妇呼之出,曰,"势不能俱生矣!"女泣谢曰:"使我生而无母,不如无生!"还入救母,不得出,遂抱母死火中。

以上祀节孝祠

国朝

庠生吕调阳高祖母张氏，割股愈母疾。后以节著。

增生萧枝醰妻杨氏，割股愈母疾。后以节著。

卢万公之女卢氏，侍养父母至老不嫁。

孝　妇

明

吴启祥妻毛氏，刲股愈姑。

唐养元妻周氏，刲股愈夫。

国朝

割股愈舅姑疾者二十六人

赵其周妻卜氏	傅文星妻徐氏
邰启魁妻孙氏	邰大宁妻孙氏
庠生邰煌妻魏氏	芮大钟妻施氏两次割股。
芮世诏妻朱氏	庠生陆应恩妻张氏
司徒振显妻赵氏	司徒若麟妻邰氏
司徒贞运妻吕氏	庠生黄振治妻陈氏
张龙洲妻刘氏	赵大慷妻吴氏
徐明化妻魏氏	张正铭妻濮氏
司徒敦乾妻黄氏	邰正祜妻李氏
邰光炳妻吴氏	张其孝妻魏氏两次割股。
张锡声妻刘氏	诸初泰妻甘氏
魏梦煌妻张氏	叶允公妻陶氏
朱之珍妻路氏	濮士耀妻曹氏
齐可洽妻陆氏	齐可标妻芮氏
齐文焕妻夏氏	齐文炯妻陆氏
齐基烈妻陶氏	

割股救夫者五人

郜大纲妻魏氏　　　　　　　郜正校妻刘氏

陆为山妻王氏　　　　　　　孙方明妻夏侯氏

施允端妻葛氏

鬻子养姑者一人

萧枝禄妻赵氏

贞　女

楚

贞义女,黄山史氏女也。吴王僚五年,伍子胥去楚,自郑奔吴,中道而疾,乞食溧阳。值女击绵于濑,筥中有饭,子胥跪而乞餐,女饭之。欲去,谓女曰:"掩子壶浆,毋令其露。"女叹曰:"妾独与母居三十年,自守贞明,不愿从适,何宜馈饭而与丈夫?亏越礼仪,妾不忍也。子行矣!"子胥行,反顾,女子已自投于水。其后,子胥以吴兵入郢,还过濑水之上,欲报以百金,而不知其家,乃投金水中而去。唐李白《贞义女碑铭》曰:皇唐叶有六圣,再造八极。镜照万方,幽明咸熙。天秩有礼,自太古及今,君君臣臣。烈士贞女,采其名节尤彰,可激清颓俗者,皆扫地而祠之。兰蒸椒浆,岁祀罔缺。而兹邑贞义女,光灵翳然,埋冥古远,琬琰不刻,岂前修博达者为邦之意乎?

贞义女者,溧阳黄山里史氏之女也。以家溧阳,史阙书之。岁三十,弗移天于人。清英洁白,事母纯孝。手柔荑而不苟,身击漂以自业。

当楚平王时,平王虞忠助谗,苛虐厥政。荄于尚,斩于奢,血流于朝,赤族伍氏,怨毒于人,何其深哉!子胥始东奔勾吴,月涉星遁,或七日不火。伤弓于飞,逼迫于昭关,匍匐于濑渚,舍车而徒,告穷此女。目色以臆,授之壶浆,全人自沉,形与口灭。

卓绝千古,声凌浮云。激节必报之雠,雪诚无疑之地,难乎哉!借如曹娥潜波,理贯于孝道;聂姊殒肆,概动于天伦;鲁姑弃子,以却三军之众,漂母进饭,没受千金之恩。方之于此,彼或易尔。

卒使伍君开张阖闾,倾荡鄢郢。吴师鞭尸于楚国,申胥泣血于秦庭。我亡尔存,亦各壮志。张英风于古今,雪大愤于天地。微此女之力,虽云为忠孝之士,焉能咆哮烜爀,施于后世也。

望其溺所,怆然低回而不能去。每风号吴天,月苦荆水,响像如在,精魂可悲。惜其投金有泉,而刻石无主,哀哉!邑宰荥阳郑公名晏,家康成之学,世子产之才,琴清心闲,百里大化。有若主簿扶风窦嘉宾、县尉广平宋陟、丹阳李济、南朝陈然、清河张昭，皆有卿才霸略，同事相协。缅纪英淑，勒铭道周。虽陵颓海竭，文或不死。其辞曰：

> 粲粲贞女，孤生寒门。上无所天，下报母恩。春风三十，花落无言。乃如之人，激漂清源。碧流素手，萦彼潺湲。求思不可，（乘）[秉]节而存。伍胥东奔，乞食于此。女分壶浆，灭口而死。声动列国，义形壮士。入郢鞭尸，还吴雪耻。投金濑沚，报德称美。明明千秋，如月在水。

明

俞氏，宋状元俞栗五世孙女也。幼字庠生周辂，辂夭，女矢志不贰，父母不能强。授田八亩为衣食资，女纺织自力。数十年积金，修造神山庵桥，继以田施庵中以延香火。享年八十余，卒葬父母侧。

朱氏，邑庠生朱嘉试女。许字陈彦玺，及笄，陈溺死，哭请于母求往吊，父弗许。后有徐某者欲委禽焉，女闻之，以笔书几上曰"愿葬陈墓侧"，即缢死。陈族数百人迎柩归，与彦玺合葬史塘凹。先氏有祖姑，亦未嫁守贞，五十岁卒。

国朝

汪氏，汪绍祖女，幼以孝称。岁乙酉年，及笄，乱兵至，妇女皆惊窜，女恐不免，投湖死。

许氏，蒲村庠生许梦明女。年十六未字，值搜山兵至，挟之马上，女绐曰："我有金饰在败壁中，愿取以从。"兵牵马纵往，勒辔在门候，久不出。入视之，则投屋后塘中死矣。兵怒，斫其屋去。

陈氏女，乌山人，父为西宁侯庄户。年十五，已字未适。兵过其家，欲杀父，女跽而泣曰："活吾父，当从若。"遂挟之去。行数里，遥见一井，诈言口渴，兵亦渴欲得水饮，入屋取汲，其女投井死。兵出，失女所在，及汲水，则女尸与汲具相撞，兵恨女已死，碎汲具而去。村人出见井旁汲具讶之，视井得女尸，不知为何许人。女父寻至，乃知井主即女之夫家也，泣曰："女已于归矣！"

武艾，蒲村庠生武可�女。年十六，孝于父母，工织纴女红，暇读《女论语》诸书。岁乙酉，蔓兵至，艾被执，伺隙以带自缢死。时妹橘亦在劫，年甫十二，骂兵受刃，伤项臂，赴水，以救免。

梁氏,武湘聘妻。未娶而湘卒,氏坚欲从死,父母不许,乃归武守贞。百苦备尝,三世六丧,一时并举。会武氏无依,乃归母氏。乾隆甲子,族人始为湘立后,迎氏归养,请旌其筑里。张氏、林氏,湘兄洛、弟泗妻也,皆青年守志,称一门三节妇。

贞女《明志》诗曰:"真心立节孰能亏,特念纲常毕力维。凤侣但求山海誓,鸳盟肯为死生移? 舅姑堂上欢难续,夫婿泉台路可追。竹瘦梅枯将自许,仙乩已逗一中师。"梁氏翁文衡请仙,得一中祖师降乩,有"梅枯竹瘦"之句。《述怀》诗四首,曰:"百年有约未同牢,早殒文星薄命遭。归武只思全大义,翁姑奉事敢辞劳!""果然祚薄叹吾门,武氏惟余一线存。茹苦不辞频顾复,尽心于侄更于孙。""犹子云亡已可伤,那堪孙复失他乡。流干血泪诚何济,欲悉前因问上苍。""溧水名门武氏先,金陵吾祖一枝迁。于今五世香烟绝,好把仙灵送复还。"贞女一生苦节,五诗抒写殆尽。读者钦其志而悲其遇,不当以字句工拙论也。

萧氏,庠生萧完璧女。许字经之泰,未婚泰卒,氏矢志坚贞。孝养父母,馈给媚姑,四十年如一日。乾隆十年请旌建坊。卒年五十有七。

以上祀节孝祠

葛氏,洪以贤妻。年二十五未婚,以贤物故,女闻讣以死自誓,勺水不入口者三日。姑殷氏年老,氏适洪抚柩,泣誓守节养姑。卒年五十九岁,现详请旌表。

徐严,徐子宁女。子宁与同乡严章文友善,指腹为婚,命之曰"严",示不忘也。未婚,而章文之子外艺不归,父母欲嫁之,女不可,守志如初。

赵氏,许字陈天瑜,未婚而陈死江西。誓死不嫁,归陈事翁姑,以孝闻。

陆氏,芮士居元聘。年二十,闻夫卒,易服奔丧,誓不再适。不数月,以疾死于夫家。

刘氏,吴本灵聘妻。将及笄,灵得癞症势危,氏闻之,泣谓父曰:"女愿往视之。"父与偕往。灵体腐烂,气息奄奄,氏躬亲浣涤,奉药饵。灵死,父强之去,弗从,啮指以誓,历久不贰。继侄为子。康熙乙酉,年七旬,邑令朱瑛旌奖焉。

严孟琰聘妻徐正男，未婚守志。邑令萧泳旌其门。

烈　妇

宋

余氏，杏林市人。少寡，有景佐者慕其色，协以刃，不从而死。事闻于朝，改所居市曰节妇里。

元

衡氏赵宗泽妻、刘氏赵楷妻、夏氏赵栋妻，时汝（颖）［颍］兵起，攻建业，城陷，同赴水死。时号三烈，翰林学士陈祖仁有传，潞国公张翥赞曰：归德赵雷泽二子栋之妇夏、楷之妇刘与弟宗泽之妇衡也，方金陵破，雷泽之弟与楷家居见害，三烈誓不辱，偕沉于水。时雷泽与栋出，宗泽亦以他事幸免。予太史也，哀其事，嘉其节，辄仿古义，号以三烈。为之赞曰：汉有三贞，居巴阆间。日著义华，罹祸黄巾。确不受辱，投躯江垠。宋有三洁，家汀秦宁。山獠劫之，义不顾生。女暨二嫂，沉于清泠。今赵三妇，衡夏刘姓。建业之陷，蹈节委命。皆以水死，风节相应。时惟雷泽，将栋督饷。汇泽亦从，宗则使杭。其季惟楷，在伯氏傍。伯也既陨，楷亦见杀。壮衿胥肥，闻者动魄。堂堂一门，天清月白。彼从逆傅，本我王臣。膝一屈污，终古莫伸。妹之弗如，犬豕厥身。我作是赞，用（杨）［扬］高节。后今千载，正贞侔洁。金石其文，永称三烈。

花山节妇者，游山乡人，姓氏不传。至元丙子，值兵乱，被执至崇贤乡碑亭桥，啮指沥血，题诗于桥，赴水死。诗曰："君王有难妾当灾，弃子离夫被掳来。遥望花山何处是，存亡两地亦哀哉！"

陈氏，王容妻。容亡，偕妾汪氏奉养舅姑。至正间淮兵乱，迫之弗从，并饿死。事闻，表曰贞烈。

明

管氏，经国猷妻。归经岁余，夫死，有遗腹。计生男当抚孤，即女死未晚。及生女也，遂缢死。万历间表其门曰贞烈。

端烈妇，逸其夫姓。嫁月余，夫贾于外，纺绩养翁姑，八年无间。夫病癫归，令妇他适，妇具酒食奉翁姑，曰："今当去，愿以为别。"举家信之。夜投水死，衣皆密缝，人称贞烈焉。

以上祀节孝祠

殳氏,陆思贤妻。草寇姜十六掠之,不从,死于刃。

国朝

陈氏,庠生钱化龙妻。乙酉岁,乱兵入其家,欲犯之,妇赴水死。

周氏,俞熊妻。顺治二年乱兵经其乡,挟之马上,氏誓不受污,伺过桥跃入水死。婢某氏亦从死。

程氏,流寓程天民女,邑庠孙某妻。为兵所得,系以索行,近河岸,跃入水死。兵大恨,枪戳其腹,断索去。诘朝,孙寻至,以礼殓之。

以上祀节孝祠

章氏,栾宗鲁妻。顺治乙酉,马士英败兵剽掠,氏携两幼子出避,兵踵其后,并赴宅后三角塘死。

端氏,徐象文妻。流贼剽掠,游骑突至,氏恐被辱,赴谢家塘死。越三日,尸不仆,植立如生。

曹氏,端木绂妻。年二十夫亡,泣拜夫墓,自缢死。

夏氏,章安升妻。年十八适章,未逾年夫亡,生一子又亡,时年二十六,因自取金环吞服死。

丁氏,王时恒妻。年二十二夫亡,一子又亡,誓不嫁,自缢死。

节　妇

元

萨法礼,帖木儿不花之妻,阿鲁忽都之母也。少寡而贫,纺绩训子。至治二年旌其门曰贞节;至顺间以子贵,封容国夫人。

尤氏,曹子英妻。年少夫死,啮指自誓,终身不贰。有司以闻,旌其门。

黄氏,张和妻。年未三十而寡,截发自明,曰,"吾未可死者,以孤在耳!"卒抚孤完节。至正间旌之。

明

陈氏,王仕妻。夫死,辛苦存孤。

俞氏,茂才甘如桂妻。如桂死俞尚少,或谓,"姑老子幼,奈何?"俞泣曰:"此未亡人责也!"卒勤苦完其志。

任氏,黄志远妻。少寡有遗腹,男也,教之成立。年八十终。

刘氏,赠承德郎主事王崇妻。生子数月夫卒,抚孤名登成进士。具疏陈情,万历间敕赠安人。

王氏,举人武尚训继妻。年十七夫卒,誓以死殉,屡自经,姑陈氏救之得免。守节四十四年,抚孤成名,万历三十六年旌表。

杨氏,丁可辅妻,年二十六。徐氏,丁可弼妻,年二十二。辅、弼相继卒,无子。二氏誓同守,历五十余年,人称双节。

杨氏,彭泽令许根善继妻。年十六归许,生子甫周,夫殁于官。截发自矢,持节四十余年。

张氏,邑廪生许点妻。年二十夫死,有丁某者阴计图之,氏剔目自誓,丁惧而止。蓬首垢衣,不窥阃外者四十九年。

张氏,毛邦久妻。归三载夫卒,年二十一,子之麒甫二龄。家贫,事舅姑以孝,处姒娌以和。而严于教子,每夜一灯相对,辟纑课读,若严师焉。举九丧,费皆出于手。苦节四十四年。

薛氏,年十六适太学徐思毅,生一子,夫卒。有窥其色强之者,氏适缝纫,举剪刺强者,即自刺仆地。抚按旌其门。

王氏,陈文心继妻。年二十一夫亡,矢志不二,抚子云犀成岁进士。守节四十七年。

俞氏,庠生徐时亨妻。年十七归徐,一年而夫亡,遗腹生子秉完。翁性暴,兄公某尤悍,逼之改醮,氏投水悬梁,以死自誓。家极贫,纺绩自食,课子有成。享年八十,无疾而终。

周氏,严国辅妻。年十九夫死,遗腹生子,抚之成立。事姑以孝闻。

端氏,丁槛妻。年二十三夫死,子祎在襁褓,教之有成。守节六十余年。

谢氏,颜守翰妻。年二十二,夫死抚子,子死抚孙,孙死抚曾孙,苦节六十年。崇祯间表其门。媳李氏、孙媳蒋氏,皆以节闻。

张氏,芮元化妻。年十九,生子方一日夫死。翁姑病,割股以疗之。

吴氏,章时献妻。年二十余夫死,教二子并为邑庠生。守节五十四年。

陶氏,魏枢妻。年二十五夫卒,守节六十三年。

丁氏,省祭陈云鹍妻。未字刲股愈母,既适刲肱救夫。年二十五守节课子,子道上亦早亡。媳丁氏,年二十抚遗腹子,守节奉姑,乡间并以孝称。

傅氏,庠生茆康宇妻;胡氏,庠生茆康年妻;陈氏,茆康衢妻;尹氏,康衢妾。俱年二十余而寡,以苦节终。贞洁之风萃于一门。

赵氏,干懋柯妻。年二十七柯亡,家贫,纺织抚孤。

俞氏,邵道升妻。年二十二岁而寡,教子从龙有成。寿八十六岁。

于氏,周朝聘妻。夫亡,氏年十六,誓守不二,纺绩以事翁姑。不理发、不衣葛者五十余年,天启四年旌表。

以上祀节孝祠

王氏,萧仲声妻。年二十而寡,贫苦,工针纫以抚孤。不通往来,至亲如兄弟亦鲜睹其面。六十五岁卒。

儒士管礼妻冯氏。

儒士严钟粟妻周氏。

王梁妻刘氏。

庠生武光世妻叶氏。

朱某妻马氏。

庠生杨勉妻邢氏。

国朝

汪氏,邰绍盛妻。生子数月夫死,家贫,苦节教子。

章氏,王若骥妻。年二十余夫死,守节。

朱氏,王仲举妻。年二十六夫殁,毁容守节,茹素衣布,勤于教子。子扬名(应为"名扬"——点校者注)中顺治辛卯科武举。

马氏,庠生朱国卿母也。年二十四夫懋恩亡,国卿方在襁褓,氏誓守教子。

王氏,司徒国章妻也。于归二年而夫亡,以织纴养舅姑,抚遗子。舅姑卒,丧葬诸费皆出十指,不损所遗田宅。保家守节,盖才而贤者也。

李氏,张应鼎妻。年十八于归,甫两月而张死,遗腹生男。养姑尽孝,抚子成人,族党钦之。

朱氏,汤仁鼐妻。年二十夫卒,氏绝食,姑知有遗腹,亟劝慰之。后生男,即彻环剪发自誓。家无斗筲,纺绩自给。课子几于有成,子又夭,苦节终身。

翟氏,陆思瓛妻。年二十一夫卒,子未及周,守志,事舅姑至孝。岁歉或劝他适,沥血自矢。子万程,克孝其母,人以为苦节之报。

袁氏,周天奇妻。守节五十余年。

靳氏,李模妻。年二十而寡,教子茂春严而有法。寿七十二,以子贵封太孺人。

袁氏,周尚贞妻。少寡,辛苦抚孤子启鼎有成。

王氏,守备葛之文妻。年二十四丧夫,守志存孤。

汤氏,谢允绥妻。年二十二夫病,割股进之,遂愈。后三年夫复病,再割股,不应,夫殁。以节著。

周氏,陈良弼妻。年二十二守节抚孤。

曹氏,廪生周初嵩妻。年二十五而寡,以节终。

孙氏,夏之益妻。年二十四守节,抚子霖成立,中丙午科武举。

李氏,萧士纶妻。年二十二,生子数月而寡,苦节自誓,抚子有成。

陈氏,袁国柱妻。年十八夫死,抚孤,织纴自给,以苦节终。

谢氏,萧必寿妻。年二十,子生甫八月而寡,事舅姑,抚幼孤,以节终。

汤氏,诸纯仁妻。年二十一而寡,事姑以孝,教子以慈。

丁氏,甘月卿妻。年十八归甘,阅一岁寡,有遗腹。父母欲夺其志,不可,曰:“吾尝闻忠臣不事二君,烈女不嫁二夫。吾志决矣!”后生男,勤纺绩,训之成立。

汤氏,谢允铨妻。年二十七而寡,家无储粟,誓死存孤。事舅姑尽妇道,姑寿八十余,汤亦年逾六旬,左右奉养如初嫁时。

施氏,陈时才妻。苦节三十五年。

梅氏,许一唯妻。年二十四,守节抚孤。子昌佐复早亡,媳郑氏,二十五岁而寡,均以节终。

经氏,俞嘉景妻。年二十六岁守节,教子衷恒、衷直俱入邑庠。

孙氏,王宏恒妻,年二十五守节,教子玉臣入邑庠。

陈氏,王宏冶妻。夫病割股以进,夫亡守节。舅姑先后病,氏刲股疗之。课子臣白,食饩胶庠。

陈氏,汤之俊妻。夫早亡,课子运新入邑庠。苦节五十余年。

吕氏,赵尚诒妻。未及笄尚诒得癫疾,父欲改字,尚诒母亦以为然。氏以死誓,于归八载,夫病日剧,扶持床蓐。夫卒,家徒壁立,奉孀姑,抚孤子,昼夜纺绩,数十年无间。雍正五年旌表。

齐氏,刘嘉荫妻。二十四岁而寡,无子,立侄为嗣。翁病笃,群医束手,氏焚香割股以进,病遂愈。雍正五年旌表。

俞氏,王国瑗妻。二十六岁而寡,有一子复夭亡,遗九岁孙,抚之成立。守节五十四年,雍正五年旌表。

尹氏,王章妻。守节,奉翁姑以孝闻。翁姑殁,殡葬如礼。雍正九年旌表。

章氏,监生戴重庆妻。二十九岁而寡,无子,抚侄为嗣。戴故宦族,习尚豪华,氏独甘布素,不茹荤。处姒娣间终身无间言,析居后家渐贫,纺绩自给。卒年八十一岁,雍正九年旌表。

吴氏,曹明礼妻。年二十二守节,事姑抚子。雍正九年旌表。

谢氏,叶宏忠妻。二十六岁而寡,布衣蔬食,足不逾阈。兄公宏正力行善事,施糜粥、衣絮、棺槥,氏时出所有佐之。雍正十年旌表。

姚氏,国学萧枝馥妻。二十六岁而寡,卒年七十四岁。守节四十八年,雍正十年旌表。

胡氏,张绍业妻。二十八岁而寡,卒年八十二。乾隆二年旌表。

李氏,邰用闻妻。二十三岁而寡,无子,抚侄为嗣。卒年七十一岁,乾隆二年旌表。

刘氏,戴道公妻。夫病时刲股者再,及殁,矢志苦守,孝养孀姑,抚遗腹子。乾隆四年旌表。

管氏,谢公美妻。夫故,子生七月,立节抚孤,至九十一岁终。乾隆四年请旌。

刘氏,戴德庆妻。二十三岁守节,卒年六十六岁。乾隆四年请旌。

马氏,俞生沛妻。夫亡年二十八,子甫十月,纺织抚育。乾隆五年请旌。

卞氏,俞成旦妻。二十二岁而寡,无子,继侄以嗣。乾隆五年旌表。

吴氏,薛惟勋妻。二十五岁而寡,年七十余终。乾隆七年请旌。

徐氏,李常源妻。十八岁而寡,守节四十年。乾隆七年旌表。

杨氏,卞豫经妻。年二十三夫病,割股以疗,不起。及卒,贞操自励,继伯子为嗣,教之成名。乾隆七年请旌。

叶氏,芮日祥妻。二十四岁而寡,卒年六十五岁。乾隆九年旌表。

严氏,朱昌祚妻。二十七岁而寡,卒年七十岁,守节四十三年。乾隆九年旌表。

张氏,徐彦质妻。二十二岁而寡,守节五十三年。乾隆十年旌表。

陈氏,傅宏基妻。二十七岁而寡,卒年六十四岁,守节三十七年。乾隆十年旌表。

陈氏,谢昶妻。十九岁而寡,守节三十四年。乾隆十一年旌表。

吴廷梅妻庄氏,乾隆十二年旌。廷梅曾祖吴士璠,自徽迁溧,居崇贤乡四图,已历四代,且由溧请旌,今查卷补载。

傅立正妻张氏,乾隆十二年旌。

邰氏,司徒人文妻。年十九于归,甫四月,人文病卒。继侄为嗣,教之成立。乾隆十三年旌表。

吴氏,章之咸妻。年二十三夫故,上奉舅姑,下抚孤子,守节四十余年。乾隆十四年请旌。

严氏,太学生周世岿妻。二十三岁而寡,守节五十一年。乾隆十四年旌表。

杨氏,薛道五妻。二十七岁夫故守节,乾隆十五年请旌。

赵氏,司徒右文妻。乾隆二十七年旌表。

赵氏，候选州同司徒宓妻。年二十九而寡，勤于纺绩，劳苦事姑。乾隆二十九年旌表。

张氏，陈元绍妻。二十四岁而寡，翁姑亦相继亡，有劝以他适者，氏断发自矢，屏膏沐，不出户庭，年逾六十非戚属莫识其面。立侄五典为嗣，择师训诲，纺绩供羞脯，五典入泮，皆氏力也。乾隆三十九年旌表。

胡氏，卞豫铎妻。二十四岁夫故，奉事嫠姑，孝敬备至。抚犹子为子，慈严并著。乾隆四十年旌表。

耿氏，太学生许应举妻。二十一岁夫亡，剪发自誓。乾隆四十年旌表。

沈氏，武驷妻。年二十四，驷授徒金陵未归，后不知所之。家贫，无嗣，姑老，叔幼，氏去环瑱，昼夜纺织，奉姑，抚叔，无变志。当事为之请旌。

周氏，俞时正妻。夫亡年十九，抚遗腹子，以母兼师，早岁游泮。及子亡无嗣，继二孙为后。率子之妻若妾，同励冰操，至五十五岁。请旌。

梅氏，俞时得妻。二十四岁守节，孝事舅姑，善抚幼子，历三十四年。请旌。

毛氏，傅可顺妻。在室时曾割股愈父疾；夫病又割股，不效，二十七岁而寡，年六十一。请旌。

张氏，赵开洪妻。二十六岁而寡，姑疾割股疗之，以节终。

以上祀节孝祠

邰氏，太学生司徒寯妻。年十九而寡，坚志守节。现详请旌表。

钱氏，庠生叶宏彦妻。年二十六守节，卒年五十九。现详请旌表。

逼遭改嫁，终不变节者十人

庠生武成文继妻袁氏	王宏照妻赵氏
庠生张际熙妻杨氏	章罗之妾潘氏
秦玉生妻孙氏	司徒贞纹妻李氏
赵必通妻邰氏	诸初旐妻邢氏两次割耳。

夏侯简文妻张氏年二十二夫故，子甫二龄，后子亡。有主婚掠卖者，父知之奔告氏，惊痛欲绝，哭诉于县，为已其事。氏夜（访）［纺］，有众呼门声甚厉，氏不纳，为恶语相中，不得已启门。缚氏手足入布袋中，负之去。氏沿途颠蹶号哭，则以污泥隔袋扪其口，及

头面浸渍殆遍。至黄姓家，解袋令出，黄氏诸女伴作迎新妇状，始知亦为所掠卖也。氏碎瓯劵面者五，掳颈者再，血淋漓，黄不敢犯。迟明，姑耿氏至，为好语以劝，氏曰："逆姑命罪当死，失身易节，欺亡夫于地下，不如死，请毕命于前。"姑知不可，作色去。其父兄寻至，始得归。为控于县。随有挟其姑诬以不孝者，反复蔓延，至九载乃白。日仅二粥，冬无絮衣，夏无蚊帐，始终一节。

芮大惠妻徐氏

姑妇守节者

芮学文妻杨氏、媳赵氏　　　　　芮起蛟妻武氏、媳彭氏

黄积道妻吴氏、媳杨氏　　　　　张文明妻方氏、媳窦氏

孙可德妻任氏、媳任氏　　　　　江琮妻谢氏、媳章氏

黄明贤妻赵氏、媳诸氏诸割股二次以疗姑疾。

朱光祥母赵氏、妻曹氏

一门守节者

司徒銮久妻夏氏　　　　　　　　司徒敬悌妻孔氏

司徒士辅妻李氏　　　　　　　　司徒朝举妻王氏

司徒一鹄妻葛氏　　　　　　　　司徒和圣妻杨氏

司徒敦鹍妻滕氏　　　　　　　　司徒振文妻芮氏

司徒魁先妻邢氏　　　　　　　　司徒尚葵妻俞氏

司徒育仁妻周氏　　　　　　　　司徒育友妻杨氏

司徒尊贤妻李氏　　　　　　　　司徒尚彪妻张氏

司徒宪璜妻张氏　　　　　　　　司徒宽妻邢氏

司徒子政继妻张氏　　　　　　　司徒济川妻李氏

司徒寀妾王氏　　　　　　　　　司徒行健妻陶氏

司徒贞久妻俞氏

妯娌守节者

邱应龙妻毛氏　　　　　　　　　邱富龙妻叶氏

张敦全妻杨氏　　　　　　　　　张敦让妻陈氏

杨朝海妻华氏　　　　　　　　　杨朝爵妻张氏

杨朝欢妻李氏　　　　　　　杨朝统妻汤氏

徐行可妻陈氏　　　　　　　徐行仁妻李氏

杨汝柔妻孔氏生员杨志忠之母。　　杨汝守妻李氏

赵怀觐妻卞氏　　　　　　　赵怀征妻卞氏

胡良恒妻龚氏　　　　　　　胡良旭妻武氏

于启鹏妻芮氏　　　　　　　于启鹗妻夏氏

妻妾同守节者三人

陈岳龄妻邱氏、妾陆氏、张氏

事舅姑抚孤者

王必遴妻吴氏　　　　　　　汤立敬妻张氏

管兆荣妻徐氏　　　　　　　曹士球妻王氏

陈正治妻芮氏　　　　　　　王执公妻章氏

陶世让妻李氏　　　　　　　赵其中妻路氏

赵公著妻毛氏翁病喑三载,姑中风二十余年,孝养备至。

太学生杨燕征妻夏侯氏　　　徐介石妻王氏

武孔圩妻陆氏有叔翁年高,为理其衣食,如事舅姑。

庠生武寅妻陆氏　　　　　　李正华妻陈氏

徐士奇妻黄氏守节抚孤。一日有客至,人绐之曰:"来聘汝者。"氏潜归房自缢,遇救获免。

王毗之妻许氏　　　　　　　诸白九妻夏氏

诸元音妻甘氏割股愈舅疾。　　徐新民妻陆氏

徐永贞妻芮氏　　　　　　　李永茂妻朱氏

萧旸和妻蔡氏　　　　　　　杨世迪妻朱氏

郑齐暹妻孙氏　　　　　　　张世钰妻韩氏

丁朝伯妻陈氏　　　　　　　庠生胡仇妻李氏割股二次疗姑与夫疾。

陆鸿佳妻陈氏　　　　　　　罗应望妻徐氏

庠生甘相妻刘氏　　　　　　徐正裴妻蔡氏

胡昌国妻朱氏　　　　　　　邱定绪妻丁氏

俞彩生妻赵氏　　王天申妻于氏

甘令宜妻张氏　　甘蕖若妻张氏

庠生吴象谦妻李氏 庚午武举吴上达之母。　　杨红连妻周氏

萧秉让妻孙氏　　庠生朱寅妻夏氏

国学萧枝翰夏氏　　徐锡旅妻陈氏

邱怀川妻叶氏　　武召臣妻周氏

守节者

吴中杰妻诸氏　　秦耀先妻孟氏

儒士王士严妻方氏　　臧纯昌妻韦氏

臧文华妻徐氏　　臧文福妻严氏

陈国足妻周氏　　谢文芳妻吴氏

陈应谯妻曹氏　　彭奇九妻芮氏

赵国宁妻毛氏　　陆士渥妻张氏

王师恒妻周氏　　张大忠妻徐氏

端木绍基妻张氏　　李芳科妻端木氏

严金鹬妻诸氏　　严永恒妻胡氏

黄宗连妻管氏　　严宏榜妻赵氏

曹名建妻黄氏　　张元采妻尤氏

冯之贵妻徐氏　　毛学珍妻严氏

张必森妻萧氏　　严宪妻冯氏

陈彦芳妻徐氏　　张邦显妻萧氏

黄世纶妻戴氏　　陈元四妻刘氏

段仁明妻丁氏　　刘光皓妻毕氏

黄嘉玉妻刘氏　　陶之芹妻蒋氏

陶元汉妻庞氏　　徐良猷妻陶氏

高世登妻吴氏　　章之禄妻端氏

徐一睦妻韩氏　　章宏毅妻李氏

吴世理妻赵氏　　徐正善妻武氏

武朝元妻袁氏

方定甫妻陶氏

林懋智妻陆氏

张文开妻黄氏

杨世绪妻陈氏

杨宏殿妻焦氏

黄千金妻赵氏

张联第妻诸氏

徐宏白妻赵氏

张正恭妻杨氏

芮思本妻张氏

杭鹤鸣妻汤氏

李瑶妻张氏

李一经妻郗氏

徐行迷妻俞氏

郗正明继妻李氏

夏侯三义妻许氏

赵振宪妻孟氏

后方平妻罗氏

杨东明妻俞氏

夏侯恒念妻甘氏

耿介妻朱氏

耿彪妻夏侯氏

张云英妻谢氏

张之纲妻杨氏

傅心孝妻赵氏

任邦统妻张氏

刘彦功妻耿氏

杨起偕妻周氏

刘秉元妻蔡氏

朱惟耀妻王氏

黄元仁妻蔡氏

杨承翰妻贾氏

武顾群妻陈氏

赵美玉妻陆氏

芮起益妻杨氏

刘君德妻夏氏

张文勋妻刘氏

周思台妻芮氏

张正杰妻冯氏

李鸣尚妻杨氏

张世永妻戴氏

汤朝桂妻刘氏

吴忠泰妻郗氏

贡生赵连妻卞氏

后正鼎妻俞氏

后公爵妻俞氏

杨毓武妻周氏

庠生诸廷扬妻俞氏

夏侯启璋妻李氏

耿汝瑛妻诸氏

张秀英妻蒋氏

姜吉生妻徐氏

张锡伟妻夏侯氏

张淳通妻仇氏

吴尚盛妻翁氏

史继康妻邢氏

刘运璋妻夏侯氏

张必锝妻徐氏

张必钊妻俞氏

张其寿妻李氏

张允兆妻魏氏

俞衮彰妻王氏

夏侯子敬妻周氏

杨宁令妻夏侯氏

杨锡琳妻曹氏

庠生杨自新妻张氏

陈尚韶妻徐氏

陈治南妻管氏

庠生葛长年妻臧氏

刘景谋妻朱氏

甘吾瑗妻章氏

丁士祖妻端木氏

甘之易妻谢氏

管虞珍妻李氏

李允周妻秦氏

王绍根妻孙氏

王绍曾妻端木氏

曹运林妻濮氏

诸之昌妻王氏

诸初龙妻夏侯氏

诸作汉妻徐氏

诸本熙妻魏氏

徐觉民妻黄氏

高大美妻魏氏

王君贤妻周氏

秦君瑞妻余氏

秦正明妻陆氏

张绍普妻沈氏

芮大统妻黄氏

樊世应妻朱氏

李文魁妻张氏

夏金妻甘氏

夏启敬妻张氏

黄必章妻史氏

周朝瑢妻虞氏

黄思圣妻茆氏

邓以逊妻谢氏

韩华佩妻丁氏

端木明道妻栾氏

端木体芬妻孙氏

杨必嘉妻杭氏

甘吾铎妻郑氏

张大纲妻吴氏

张邦良妻王氏

武尚奇妻汤氏

管仪妻张氏

严秉日妻秦氏

朱玺妻张氏

朱伟鉴妻马氏

胡仕玢妻郜氏

濮仕璠妻张氏

徐持谦妻王氏
傅国本妻周氏
杨枝栢妻沈氏
杨汝月妻俞氏
吴宗季妻郜氏
杨良溶妻王氏
刘昭茂妻彭氏
李长耀妻陈氏
王开周妻钱氏
陶学泰妻包氏
薛家骢妻张氏
杨应文妻周氏
韦正周妻姜氏
孙君印妻马氏
刘辅文妻张氏
杨启贤妻赵氏
严宗周妻杨氏
陈良御妻王氏
曹运美妻栾氏
孙国宠妻陶氏
丁光泗妻章氏
任泰曙妻杨氏
沈子登妻俞氏
杨运佐妻俞氏
后正明妻赵氏
耿大林妻赵氏
罗振玌妻王氏
刘彦积妻孙氏

傅以经妻陈氏
杨枝杏妻邢氏
庠生杨锦麟妻邢氏
杨光初妻张氏
杨必秀妻诸氏
章正堪妻戴氏
太学生刘在之妻谢氏
刘昂之妻杨氏
臧顺章妻陈氏
杜允隆妻何氏
周正辅妻魏氏
严绍贤妻王氏
韦大纮妻许氏
端木绍昌妻孙氏
王应安妻刘氏
汤茂选妻杨氏
李世杍妻章氏
朱元境妻张氏
夏汝久妻诸氏
徐龙伯妻王氏
武孔悦妻周氏
俞世寿妻刘氏
俞世执妻陈氏
俞世瑚妻诸氏
后士汉妻胡氏
曹胜四妻陈氏
杨向祥妻郜氏
甘上佐妻柳氏

甘一馨妻杨氏

章正白妻徐氏

章永恒妻李氏

章正荃妻杨氏

孙以谷妻王氏

胡世鼎妻许氏

杨正望妻诸氏

诸俊之妻孔氏

张邵寿妻笪氏

武廷侯妻姚氏

周士明妻郤氏

赵载亨妻傅氏

赵士杰妻曹氏

卞曰琡妻张氏

黄灿福妻管氏

赵世宗妻卞氏

张其本妻姜氏

张美实妻陈氏

张美珆妻章氏

王象恩妻余氏

王枝达妻马氏

曹仪铎妻周氏

程象祯妻韦氏

孔尚恒妻宋氏

顾道先妻刘氏

戴正妻赵氏

濮舜揆妻徐氏

薛朋安妻吴氏

章之礼妻杨氏

夏侯立学妻孔氏

赞贤乡戴某妻徐氏

夏侯立礼妻魏氏

苟师周妻熊氏

陈国云妻邓氏

章化经妻朱氏

诸初滨妻甘氏

姚贤禄妻俞氏

管士球妻王氏

庠生赵迈伦妻傅氏

赵其超妻卞氏

赵必迈妻张氏

毛学望妻吴氏

严天开妻马氏

赵正茂妻吴氏

赵开址妻陈氏

张明约妻端木氏

张美作妻孙氏

陈汝川妻武氏

方光大妻郤氏

庠生甘绍鹏妻傅氏

孔兴洛妻彭氏

傅廷显妻赵氏

傅天联妻陈氏

萧昭潜妻戴氏

宋钦征妻李氏

诸之浩妻张氏

诸廷选妻孙氏

谢世辅妻濮氏

国学谢洙妻李氏

叶成倬妻李氏

汤国礼妻章氏

武运泰妻薛氏

耿三妻朱氏

章杰光妻夏氏

章齐忠妻端氏

章鸣玉妻夏氏

章贞泰妻端木氏

庠生张青选妻邰氏

邰聿修妻司徒氏

邰博文妻诸氏

庠生邰勋妻后氏

邰大果妻张氏

邰光超妻李氏

赵琳妻魏氏

邰若琦妻芮氏

邰全笃妻曹氏

赵玉悦妻吴氏

邰光周妻李氏

傅天禄妻卞氏

张其檖妻杨氏

胡茂贞妻潘氏

刘于梁妻康氏

刘启纲妻杨氏

胡茂起妻周氏

刘可赞妻毛氏

徐大敏妻刘氏

李明道妻杨氏

张美顺妻章氏

葛兴宗妻经氏

赵应璋妻葛氏

李立伦妻朱氏

孔学兆妻经氏

陈泰顺妻俞氏

经懋宣妻乌氏

毕宏湘妻杜氏

赵志岱妻经氏

苟正名妻邵氏

张必嵩妻赵氏

李启鼎妻汤氏

黄正言妻史氏

刘周伯妻李氏

周宗汤妻孔氏

张煜璋妻诸氏

张其恺妻魏氏

徐养统妻尹氏

徐大钞妻臧氏

徐大起妻王氏

刘庆守妻孔氏

赵兰芳妻严氏

赵宏日妻卞氏

赵世质妻王氏

李方妻端氏

经佑人妾廖氏

刘心育妻杨氏

张廷显妻汤氏

叶宏藻妻于氏

朱景照妻刘氏

徐文正妻武氏

徐行义妻李氏

徐元寅妻陈氏

徐宏泮妻胡氏

樊宏秀妻高氏

徐宏书妻赵氏

赵必逑妻曹氏

赵必游妻芮氏

林君象妻陆氏

卢瑄妻王氏

张婳六妻徐氏

姚思明妻董氏

毛廷典妻邱氏

刘永极妻臧氏

端木德津妻李氏

徐良秉妻钱氏

邓以迎妻茆氏

端木履采妻章氏

蒋道履妻姚氏

端绍昌妻孙氏

朱大化妻张氏

徐懋烈妻张氏

徐绍忭妻王氏

张柏朋妻任氏

诸本焴妻俞氏

刘正位妻杨氏

赵必迁妻芮氏

芮世绵妻张氏

蔡兆极妻毛氏

邱群龙妻毛氏

徐魁才妻张氏

王储妻姚氏 夫亡时吞金指环，未死。后子夭，哭泣至疾卒。

徐允猷妻张氏

尤序鲁妻陈氏

徐元锡妻端氏

徐型妻余氏

俞维尊妻诸氏

齐模妻靳氏

陶可宣妻陈氏

陶元澈妻成氏

陶世璋妻严氏

陈三玉妻姚氏

徐名见妻许氏

庠生李枝芳妻张氏

魏宏绪妻俞氏

俞存和妻黄氏

陈秉钧妻王氏

陈世杰妻王氏

陶世馨妻张氏

陶应恺妻张氏

章廷梅妻于氏

徐国宏妻张氏

陶应憻妻刘氏

陈士英妻周氏

钱弘浩妻高氏

钱杰士妻刘氏

钱宏士妻吴氏

钱莘野妻王氏

章宏毅妻李氏

严诸妻方氏

邑庠武大彰妻李氏

武大彪妻李氏

武大纶妻薛氏

武大悦妻王氏

徐大美妻王氏

严朝鸾妻丁氏

罗宏佐妻刘氏

颜廷渭妻邰氏

王日勋妻葛氏

胡茂起妻周氏

吴象元妻黄氏

陈继超妻张氏

赵尹先妻马氏

庠生赵明善妻马氏

庠生韦正言妻夏侯氏

夏侯轸念妻曹氏

梅顺初妻魏氏

廪善生萧克崐妻杨氏

臣出身而事主,女辞家而适人,委致之谊,迹本一揆。圣朝崇尚风化,表厉幽贞,闺房介节上闻,无不报可。亦既树之以绰楔,荣之以秩祀矣。然而蓬鬓著簪,茹荼集蓼,或宗党少阐扬之才,子姓乏象贤之似,以致含凄穷巷、埋香荒冢者何可胜道,兹并为书其姓氏。使知女史彤管而外,寡婆孤嫠坠心镌骨,足当巾帼之英,可入须眉之座。于以垂琬琰、振末俗,岂曰小补哉!

卷十二

艺文上

《易》曰："观乎人文,以化成天下。"文虽一艺,其所以涵养本原,而驯致其机者,岂无道欤?溧水自蔡邕避地,谢(眺)[朓]来游,青莲、东野挦藻摛华,固已风流沾被,哲匠代生,彬彬乎家弦诵,户鼓歌矣。第流连云物,未可兼收,唯以地与时、人与事相求而已。缕声绘色,无关本邑者,虽华不采。志艺文。

重建大成殿记　明·黄宗载

唐武德初元,肇建于州治之东,国初辛丑知州邓鉴重建,后改为县,知县高谦甫继之。学基在兴贤坊一百六十步。自泮桥至学门,东、南、北三面旧城环绕,西临泮池。大成殿高四丈八尺,深六丈,广七丈有奇,圣及四配皆塑像;两庑各五间,从祀诸贤皆牌位。戟门三间,棂星门三座。神厨、宰牲房各三间,在大成殿之东南。明伦堂三间,在大成殿之后。卧碑一座,在明伦堂上东偏。进德、修业二斋各三间,在明伦堂之左右。馔堂一间、公厨三间,在明伦堂之西北。祭祀有殿,讲肄有堂,居止有舍,庖湢、廪库各有其次。故士由学校出,而显庸于世者充焉,衰焉,不可殚举。岁迁月改,斯至倾颓。

正统四年,山阴王侯来令于兹,乃顾瞻叹曰:"殿者,神之所栖;戟门者,殿之外蔽。官民瞻仰在是,师生依归在是。今若此,作新其可后乎?"乃谂于县丞韦忠、主簿杨禧贤等,志合谋同,即日鸠工购材,殚虑献智。仍命教谕张彦良、训导吴复董其事,侯乃朝斯夕斯,督视弗怠。邑之好事者见侯之用心,咸助财力,奔趋恐后。自宣德五年三月,至正统六年四月,殿成,戟门成,岿然巍然,加以绘画之华、丹漆之饰,轮奂一新。缭以墙垣,尊严闳伾,允为一邑之伟观。神有所栖,人有所仰,建学立师,不负于国家化民成俗之道,皆侯力也。而彦良辈亦皆与有劳焉。

既成,金谓宜镌石以传,属余记之。余谓学校之兴替,在令之贤否也。侯体圣朝建学之心为心,作而新之矣。其圣人明体达用之学,舍五经其何以哉? 若夫吉凶、消长、进退、存亡之道,具于《易》;帝王大经大法载于《书》;《诗》有邪正,美刺系焉;《春秋》有善恶,而褒贬寓焉;经,《礼》之体,曲,《礼》之用,本末兼备,见于礼之教焉。师明此道以传,弟子体此道而受,必使得于心,守于身,用于世,大而冠冕百辟,小而期会簿书,皆足以增一邑学校之光,则侯今日之用心亦无负矣。是为记。

重修儒学记　明·吴　节

溧水为邑,近隶应天府。旧有儒学在邑治通济桥之东南,元末毁于兵燹。国朝隆兴,建学立师以育贤俊。草创殿庑、戟门于兴贤坊内者,邑令高谦甫也,而制度未备焉;重营礼殿、塑圣贤仪像于中者,陈成、王怿二令也,而学舍未增焉;于殿庑之西辟地为池,中建明伦堂,外立仪门,旁设两斋,后为公廨者,欧阳凤为令之日也,而创作犹未至于坚固焉,岂地灵尚有所待也!

景泰甲戌,应天府丞、泰和陈公宜始莅郡事,所至以兴学为务。每进谒先圣,顾瞻栋宇,岁久为风雨所侵,朽腐者多,遂捐俸与好事者成之。蠲日市木,鸠工启土。蠹者易之以新,狭者更之以宏,讹者文之以采。又舆石为柱,作棂星门三间,极其壮观。复建仪门于明伦堂之东南,立崇儒坊于前,迁桥于中,护以墙垣,加以石甃。期年,而治中沈公孟范、府判兰公景清暨新令萧贯之来邑,益加经营,于是学宫斋舍秩然有序,庙貌丹青焕乎莫比,江东、淮南之儒学以溧水为之最矣。

工成,邑令属相与谋,不敢泯府丞公之绩,命教谕杨澄、训导周珣、陈载宏以书求识岁月于右。

节闻治道本乎贤才,贤才由乎学校,而学校之兴又在为政得人耳。今溧水邑学兴于前者,虽有其人,然其制未备而朽者已续,今府丞公一至其地,鼓舞作兴,而人皆趋事赴工,不期岁而大功已成,岂非千载奇遇欤!将见兹邑山川启灵,人才汇兴,出而建功立业,为时名臣,以昭邑望于无穷。庶几有光于学,而府丞诸公暨令佐,作兴之盛心为无负也。

重修儒学记　明·罗　伦

成化四年秋,溧水县学成,谈生、张生来曰:“学旧在邑治通济桥东南,元社屋毁矣。我国肇基,邑令高谦甫龟兴贤坊土迁之,余数十年葺屡坏,今韩先生主教事,顾其贰,奋曰:‘是吾职也。以告司民,吾不忍为圣人之道累吾赤子也。’乃礼致其闾右,饮之酒,义以倡之,闾右大劝,家出赀以从无后者。已而,天子之命吏若众吏,凡吏于土者,若都御史刘公孜、御史严公洤、王公垍,府尹王公弼、毕公亨,府丞冉公哲,治中叶公泰,通判林公春,县丞王臣,主簿潘珍益,与左右其先后。先生乃鸠匠庀事,理大成殿,鲜之;饰孔子至子夏十四人像,改其凳;余六十子为庑旁列之,数十大儒叙其下位,置其祭器;祠文昌于西庑。南循庑,抵殿右,阖客土建明伦堂,两垂设斋廊。行斋南,荣外伉仪门,镇匠石为鼓。土污池,舍之以居徒。于堂西归侵地于民,垣为圃以习射。圃在泮之南,为通衢。兴贤、科第二坊立衢左右。湢庖库庑漆丹黝垩,各以叙完。邑之士咸曰‘永吾党之义,以无忘二三君之功,非子不可’,子毋辞!”

夫天下事有大而无难,得人倡之而已矣!礼义,人心同然,未有倡而不和者。事无大于治,天下礼义,治所自出;学校,又礼义所自出,建学以明礼义,固治天下大事也。以瓓然儒者任天下大事,一倡而上下和者如响,费者忘其财,劳者忘其力,出谋于左右者忘其功,吾是以知天下治无难也,得人倡之而已矣。商之兴也,伊尹倡之,而天下从之;周之兴也,周公倡之,而天下从之;秦之兴也,李斯倡之,而天下不从之而亡之者,民之心岂易于商周而独难于秦哉?倡之非其人,不以其道而已矣!礼义在人心固不泯也,善治天下者,先善其倡之而已。公卿百执事,所以佐天子以倡天下者也。得其人则治,且安;不得其人则乱,且危。士之学于今日者,固异日公卿百执事也。师之倡于今日之士之学者,固异日公卿百执事之倡也。倡之道无他,明礼义以正其心,修其身,以为天下国家安且治之具也,非徒倡之以奂其学校,尸以侥利达而已也。师职之尽固在此,而不徒在彼也。二生归,碑吾言以俟。

谈生名宣,张生名儒,韩先生名和,其二陈先生名睿、名安。若其助费者之姓名与用费之多寡、用功之年月日,皆不书,书于碑阴。

重修儒学记　明·徐　琼

王畿五百里,而溧水县在百里内,盖密迩王室也。县之学旧匝民庐而地隘,前带溪水而道阻不通,右泓污池而灵气以泄,且洁牲之堂近以亵,讲学之房杂以喧,习射之圃逼以妨。教谕林君挺病焉,以为不改图之其责曷逭!

乃申提学御史戴君珊,乃告提调府丞白君昂。白君达观,亟为之图,付治农主簿李鉴者董其事。时县尹王君弼至,未遑他务,以是为己任,而簿协力为之。与民购庐墓,以廓高明正大之区;跨水为泮桥,以通人所共由之道;窒池以土石,以蓄山川郁葱之灵。迁置新堂学宫之西,于焉洁牲,而上丁明荐之必格;分建号房斋舍之后,于焉静学,而精义妙道之可寻;改作射圃泮桥之南,于焉观德,而揖升下饮之攸宜。功既讫,遭泽水之害,又从而涂塈之,修饰之,气象有增,而藻绘愈焕矣!经始于成化丙申孟冬,讫工于成化戊戌仲秋。工作木石之费盖措于官而助以义民,于小民毫发无欿也。

副教邱君野以为是役不可无文以记,乃遣徒章华请于予。窃惟朝廷资治于贤才,贤才作养于学校。白君以提调之责自任,惓惓以兴学为心,而以其事付诸王君,同任其责而一其心,因簿之始有而图成厥终,皆能体朝廷养贤图治之意,而急先务矣。自是林君、邱君勤于教,诸生力于学,士习一变,文运转亨,其为益岂浅鲜哉!是为记。

重修儒学桥路记 明·潘 埜

溧水隋设县也，初属蒋州，历唐至五季，至宋，所属扬、宣、升、金陵等州府不一，皆为县也。有元始升为州，我大明改为县，属应天府焉。或谓溧水在唐为州者，误也。唐溧水令白公有德及民，殁而奏于朝，移县治于旧治西若干步，即旧治而庙共祀之，今城隍庙是已。学校建于唐武德初，去旧治东三十步，宋熙宁二年知县关起始迁于通济桥东南、后临秦淮水，今学基是已。

自隋有城，包绕学东、南、北三面，其路向西行。国初以畿内地拆去城，而隍濠斜梗学前东、南二面矣。成化戊子，教谕韩和复民侵官地，改其路，自学门右向南，循斜隍濠阴而行；成化戊戌，府丞白公昂又改其路，自棂星门左向南，循斜隍濠阳而行，举无谋及平隍填濠者，以工费浩大，卒不易办也。

（宏）[弘]治改元，德兴张公熊以进士来知县事，始命工掘隍填濠，开午来河以纳其流，买阻前民屋基若干亩，工兴未就以忧去。（宏）[弘]治二年，府丞宝应冀公绮闻斯工未就，慨然自任，还足民基价，雇工平隍濠为大路，东西横五十余步，南北直二百余步。又买砖石铺砌中街六十余丈，而助砖石之价者，治中彭公镐也。署县江浦知县泰和萧公育，又能以引价雇工搬石铺砌焉。（宏）[弘]治辛亥，进士嘉祥曹公玉令兹邑，见学前地一经暴雨连绵水即弥漫，其流自东庐山泛，而平田、民居、学舍常罹浸淹之害；又见泮池虽设无石甃桥梁，每遭水冲崩塌，殊与街路不称，于是募工筑堤以遏东流。石甃泮池周回五十余丈，高丈余，中架石桥三洞，长计七丈五尺，广一丈六尺，翼以扶栏如其长之数而两之。泮池东西角复架小石桥各一洞，皆有扶栏。栽莲于泮池中，植松柏于中街两傍。又跨中街立三大坊牌。经始于辛亥之秋，迄工于癸丑之夏。

斯举也，岂特一时观美已哉？将以遗悠久，不可以不记，故次第其始末。凡有功是举者备书而不杀，纪其实而不没其善也。后之君子或有睹其迹思其人，读其碑而感发兴起焉，则岂无坏者葺之、倾者扶之而侵者复之之人乎？此所以碑之者意也。

先是，本学四十年无登科甲者，是岁始有范祺登第为之兆云。

重修儒学记　明·曾　宪

溧水县学宋元间在邑治通济桥东南，国朝龙兴，邑令高谦甫始迁于兹。阅数十年葺屡坏，成化戊子教谕韩和礼致闾右，家出赀以应，乃作明伦堂、两斋、门廊，规模奂然就绪。历久而弊且颓，前此宰邑者鲜克加意，盖当道诸公无一言以倡之故耳。

（宏）［弘］治戊午，巡抚都御史安成彭公奉命始至，倦倦以兴学为首务，而提督学校御史四明方公正欲恢绍前绪，然尚未得人以寄之。于时庚申，邑令胡君来官，慷慨自任，遂以状白二公。檄下，遂鸠工庀事，筹地市材，理两庑而鲜之，迁棂星门以宏其制。循西，为儒学门，并焉左右，两旁治砖墙以卫，计长四十余丈，高丈有奇。门内外甃衢，以便出入。经营覆饰各以叙完。敦事者咸踊跃效劳，无敢后。又，学墙四周，岁久为风雨削颓且甚，门西南旧无域，居民颇相杂，君以政剧，付典史临海王君采，委心悉力，不惮劳苦，筑覆坚完，动如君指画。自是学宫深邃，迥然与市井相悬绝。凡在作养者，皆得避烦嚣以精其业焉。溧庠素乏人材，君兴学明年，辛酉，丁生沂、黄生志达同领乡荐，又明年，壬戌，沂登进士，说者以为作兴所致。溧俗素不愿遣子弟入学，今输名求入者屡矣，得非君鼓动者哉！

昔邺侯李君繁刺史处州，至官辄修孔子庙，又改先贤像，图大儒数十人于壁，韩愈氏为碑记之，至今处人传诵。君固溧人所不能忘者，顾宪何敢望韩哉！虽然，诸生之请不可辞也，姑识以俟。君名玥，字朝重，湖广襄阳人。

重修儒学记　明·欧阳旦

溧水为畿内地，金陵定鼎之二年，首建学校。历年既久，兴废不常，文庙两庑以及明伦堂渐以退废，棂星门、步青云坊、东西斋号鞠为荒墟。

正德八年，余干陈君以名进士宰是邑，政令有条，治用宽裕。顾瞻咨嗟，大惧无以称上德意，乃具其事，请于巡按、监察御史吴公。公经营筹度，集材鸠工，先修棂星门、［步］青云坊，视旧益高壮。措工方殷，适吴公按临，三日谒庙，遍视工料，深用叹赏。乃以其所积赃罚助其费，以"洙泗源流"四字易"步青云坊"扁。乃督修益勤，庙堂、两庑以及东西斋号、馔堂次第修举,巍巍炳炳,耸为巨瞻。复以其余力修砌垣墙、街道,具有程度。未及一期,事克就绪。财力有制,一出于公,民不与焉。

博士弟子员具其颠末,请记于石。予惟圣人修道立教必由学,而国,而天下。我太祖高皇帝除旧布新,譬之鼓雷霆而开聋聩,挽江汉而洗疮痏,鼓舞作兴之机,孰有先于南畿之地哉?今兹庙貌尊严,学宫仑奂,师生讲授有地,揖让有阶;进退唯诺,从容于诗书礼乐规矩法度之中。夫仪文度数,精神心术之所寓也。尔诸士曷亦循名而求实,由外而反中!履之身而身修,推之家而家齐,使凡民有所兴起。每济济收多士之效将见,天下之为学校者亦皆兴慕,夫然后吴公与陈君建学兴教之意为不虚也矣。不然,直美观耳!于身心家国乎何有?

吴公名钺,字宿威。陈君名宪,字伯度。法当附书,俾后人有考焉。

重修儒学记　明·景　阳

溧水为应天属邑,去南京百里而近,土沃而民朴。自国初迄今宏治中,士之登名于乡者,源源也。近年来人物凋耗,科目顿鲜,下同遐僻,行道闵焉,莫测其故。

何侯希贤来莅兹邑,政宣教流。行视学宫,乃叹曰:"实熟者先阳木,禾登者先沃壤,以其得所附也。吾邑密迩京师,均被首善,试与京城人才絜度,差次宜弗甚迥,顾顿异若此,何居?良由吾长邑者弗致循省,视彼教事若附赘县疣,漫不知急,而十为教之所几席不设,鞠为园蔬略不动心。古云耕而卤莽,则其获亦卤莽;耘而灭裂,则其获亦灭裂。人才弗兴,端在此矣!"遂以修学事宜上请巡抚李公,提学萧公,巡按王公、陈公,得允。即鸠工市材,乃新大成殿、两庑、棂星门、戟门,乃葺明伦堂、二斋、诸生号房,乃作馔堂、名宦乡贤两祠,百废具举,观视一新。圣道若增而,高士气若增而扬。

而溧水邑博方君彦、杨君觐、徐君璘征文于予。予惟道由器载,材由教兴。区区异端尚知崇饰其庐,以张其说,而况吾宣尼之宫,大政大教咸于是寓,可苟焉已乎!于是见侯知所重已。

斯役也，兴于正德辛巳四月八日，讫于癸未四月八日。督工则典史陈大纶。侯名东莱，四川泸州人。

改迁儒学记　明·戚　贤

溧水黉宇旧治尝苦水患，往岁戊戌蛟龙腾变，荡然一壑。前令陈子光华度弗可因，乃相香山道院高垣轩豁，请可当道，改迁其上。时属草创，止建文庙、两庑、戟门、公廨。陈寻升去，其敬一亭、启圣祠、明伦堂以及斋舍门垣等制未备，庙貌虽设，观瞻不足，教者无固志，学者无定习。巡抚夏公邦谟，侍御闵公煦、乔公佑巡省得状，深用恻然，慨以公帑檄令完葺。

未几，谢子以琐闼抗疏左迁，比下车，诸生章湖辈徐以是请，乃愀然曰："是诚在我，第民瘝方殷，得人共济可也。"于是主簿郑宗武、萧露濡，典史谭元吉敦其事，教谕刘蒯，训导何昙、施大本分其任，义民萧连、黄冈、姚端、张兆鹤、丁孟华宣其力，上下翕然，鼓动兴起，请可当道，大兴未备，未及期年桥门焕然矣。

新迁儒学记　明·吴仕诠

溧水学入国朝凡三迁而至今所云。学始建与再徙也，既征文于诸巨公矣，三迁而至今所，未有纪其事者。

予初视篆中山，索碑碣于学宫不得，怅然揖诸生而问故，诸生语予曰："学迁于曾侯暨周侯，距今十六禩耳。曾侯之令吾土也，先是乙卯岛酋内侵，将蹂躏濑上，侯至筑城以障吾溧，而故儒学在今京兆馆左，地颇湫隘，侯曰：'不可，内徙乎！'遂詹地今所，拓基抡材，视旧制穹且壮焉。亡何，侯以擢去，周侯代至。下车日首问圣学，斤斤焉喜前侯之鼎新，而己获毕力也。旦暮至，文书暇即往营之，逾年而学甫成，周侯又报擢矣。是役也，一切缮治咸请于上官，以赎锾充之，不足则以鼓邑中之饶而好义者，各输赀有差，盖丝发无病于民。而庙貌冠群邑焉，皆两侯力也。两侯以亟举又亟擢也，故不及记以去，惟侯图之！"

予既闻诸生状，慨然思所以不朽两侯者，而未暇也。丁丑予入觐归，周视学舍多所颓圮,学之阳为居民庐,谭堪舆者谓当树巍墙,以伟前观,度费不赀,诸生难之,予曰:"此有司事也。"会岁馑,不敢捐费于公,乃捐己禄,鸠工伐石,历五月而就。其他垣堵楹庑,仆者立之,腐者新之。寮友戴君、娄君、周君共成厥美,邑博高君、阮君、敔君实董率焉。

工完,而诸生乞记于予,且曰:"学之创而成,成而复益也,盖至侯而三矣。匪言,其曷以传?即侯不以居,宁毋湮两侯之泽?"予谢不敏,顾谊不得默。晨起盥漱,入庙宫,东向进诸生于庭而告之曰:"学之建也,环八荒而是也。尔诸士日衣冠而趋跄其中,抑知溧之学非他学埒乎?抑又知今之学非昔学伍乎?昔成周之盛,声教讫四国,而菁莪棫朴之化独于畿甸先之。当其时,誉髦诸英肩摩阙下者,彬彬皆京国产也。高皇帝扩清宇内,聿新文命,宣尼之教揭如日星,二百年来固已家诗书而户弦诵矣。而吾溧附在辇毂下,其在周犹丰镐也。尔青衿章缝之彦,首沾圣化,不将思喟喟兴起,发明经术,为他郡邑立赤帜矣乎?窃考邑乘,溧自明兴,蜚声朝宁者寥寥不多数,迨嘉隆之交,而士之以明经显者,科不乏人。询之荐绅先生,则曰吾乡近多向学,操瓠而业铅椠者,视畴曩倍之矣。岂其川岳之气初犹郁然,而今始骎骎炳发其灵欤?由兹以观,国家以文教风天下,当自尔溧始;溧以文献雄一方,又自今之学始。尔诸士薰陶于斯,诵读于斯,尚其争相砥砺,他日和鸣于朝,以扬天子作人之盛,庶几两侯之嘉会永永勿谖,而予亦借有余宠哉!"

诸生唯唯而前曰:"群小子不敏,谨识之。请以侯言书而勒之石。"

重修儒学尚义记 明·徐必达

今上纪万历之二十七年,溧水学重修竣,纪其事俾亡忘后人,亦既有宛陵徐司马之章矣,复有《尚义记》者何?记重修溧水学而溧水之乡先生、士若民相勉以义,相捐以锾,相助以成者也。

按溧水学自国初至今凡三徙,徙于兹土,则嘉靖庚申前令曾震之为也。徙三十九年,而必达以万历戊戌至,隆者挠,翼者折,欹圮者仆且崩,四壁不蔽风雨,往来利捷者荡然道焉。刍者刍,牧者牧,探丸樗蒲之奸且穴其中为数。必达喟然曰："事孰有急此者乎？夫御民之辔在上之所贵，道民之门在上之所先。士者，上之所贵；而教者，上之所先也。今所借祭菜者、趋庭者、骏奔奏者，颓坏若斯，士于何依？教于何施？而民于何则？"会学使者怀云陈公，从溧水令起家，念兹学至呕也。必达乃谋留榷契二百七十八缗，益以帑羡二百七缗，以请于陈公，于两台咸报可。庀材鸠工，举有日矣。

诸博士弟子更端进曰："君侯亦知《易》乎？凡物弊之极也革，为改革必受之以鼎，革而不鼎旋且复革。君侯值鼎之会，其毋滋革以贻后来矣！且学势抱震而处，庐峰经其前，其象雷。云从龙，风从虎，此雷义也。学必高与庐峙，兆在多士，宜有风云之应。夫革而鼎，鼎而又受之以震，惟君侯图之！"必达曰："诸生议是，第创巨则举赢，举赢而时诎，奈何？"诸生曰："是无烦君侯，吾邑故高皇帝首善地，其民皆有陶朱、卜式之风，患莫倡之，而莫听之。君侯幸倡矣，其益听之，可不日卒业也。"必达曰："是何弗可听？夫民心所欲，因而予之，政之所期也；上不加勉，而民自尽竭，俗之所期也，是何弗可听！"于是乡先生、士若民各欢然捐赀，多寡有差，共得一百五十八缗，属省祭吴应举己亥二月首事，迄七月告成。工中程，材中度，砖埴中准绳，涂墍中物采。缭以周垣，固以扃钥。左之由殿而庑，而戟门；右之由堂而舍，而黉门，莫不咸与维新。陟而望之，庐峰隐隐，若少微星。而又以其羡构书院于右隙地，煌煌乎。信微尚义者之力，不及此。

虽然，学宫修矣，诸生亦知所以自修乎？夫自修者，以精白为基，敦朴为畚，周慎为环堵，励精为橐鼓，犹之乎治宫也。尔诸生冒焉升其堂，入其室，则其高明，则快快矣；则其广大，则哆哆矣。夫鸟起于北，意南而至于南；起于南，意北而至于北，意之所至，无远不通。尔诸生得亡加之意乎？不然，群居而燕朋，居业而中废，未出户庭而以无分役相稚也，即接衽成名，而以富贵为荣华以相稚也，将安闻道而得度哉？今日尚义之所成，反为不义之所败矣，吾滋惧矣！

重修儒学记　明·顾起元

溧水之有学也，昉于唐武德之祠先师，其建而为学，则宋熙宗之二年知县事关起始也，地在古崇儒坊。国初仍其旧，设官莅焉。嘉靖戊戌改建邑中，越戊午再徙，而为今学。溧水岩邑也，隶应天，次京兆之赤县。前志称其人文盛枞，贡举为多，自洪、永以来应弓旌而升者，彬彬不可胜数。

惟兹俎豆弦诵之地，官师弟子州萃群处，讲肄于其中者，垂六十年，木石之材久而陊泐，丹垩点昧，碑垣骞穿，榱桷桷腾，级夷藩拔，至万历之甲寅、乙卯挠陁极矣。董侯之筮仕而来也，首谒学宫，低回久之，顾谓博士弟子："不一更张，惧无以竭虔妥灵。誉髦斯士，蛊则有事。是诚在我，时勿可亟已！"日乃孚，再阅期月，政通人和，惟彼民功罔不劼毖。而侯以入觐，课上考，奉玺书还所治矣。乃大斥俸入，力为缮修。博士蒋君协谋，请于抚台龙溪王公、按台武原骆公、学台丰城徐公，咸韪若言，发帑为助。于是峙材鸠工，戒期葳事。若殿，若庑，若堂，若斋，辞宓从隆，革毁为成。至诚所通，神鼓人舞。有蟊弗伐，速速子来。自秋涉冬，举者强半。适侯以治行异等调繁晋陵，捧檄而东。睠言旧履，兹后罔墍，曷殚厥心？后策定于前模，众智开于独虑。洪侯继之，绪成靡替，无禄即世，摄以蒋君。兰心先叶，歌《鲁颂》于頖宫；琴奏允谐，画文翁于讲室。自春秋享祝，讲射趋跄，微学可扶，流风益远。天道六十年一周，大举适逢其度，岂地符人会，固有待而合耶？

邑士武煒等戴侯与蒋君之功于斯学者大，谓不可亡纪也，差次其事，谒余以记。

余忆宋马端临有言，"古之吏者，德行道艺具为人师，故发号设令，无非教也。"秦汉以后，政教判若两涂，弃《诗》《书》《礼》《乐》之习，而从簿书期会之规，视学宫直刍狗尔。顷上深悯士习之渝，数诏执事申饬功令，所以纠迪之者甚厚。有司或不务推广德意，一切绳引根批之，恒操若束湿薪。夫国家以学兴士，不以士兴学。一人抗侯，十夫决拾，上有一好者，下必有甚焉者矣。诚加意其所以养士之地，以风励之，夫实有恒心，岂其上贵之若珠璧，而甘以瓦砾弃，我未之前闻也！俗吏急筐箧刀笔之细，不知大体，侯与蒋君君之师之恳恳偲偲，以奉其功。士游斯，息斯，出入斯，善教得心，抑何不瞿然向风，而敢有敁志！昔何武之刺扬州也，首建学宫，故去后常见思，为汉名臣。以今方古，何独不然？士之待上而兴也，占有孚矣！余乃昭晰初终,俾铲诸石以章厥伐,垂世永永。

是役也,工始于万历丙辰之七月二十一日,讫于丁巳之十二月初六日。董侯名懋中,浙江山阴人,癸丑进士。蒋君名应昌,四川成都人。洪侯名赞宇,福建晋江人,丙辰进士。他如县丞杨彩凤、主簿姚时俊、典史杨仲鼎、训导罗应唐、贾宗禄,皆协相厥事,乐观成功者也,例得附书之。

儒学新建外门记_{嘉靖四年仲秋月}　湛若水祭酒

溧水学迁若干年,门久而圮。襄阳凤林王子从善既治溧,瞻视学宫,乃叹曰:"古之学,所以养士校民,明伦以兴化基,是故饮射读法必于斯,听讼献馘必于斯。惟兹宗庙之美、百官之富我弗敢知,子贡犹称'得门而入者或寡',今有门倾圮,实惟宗庙百官之累,惟尹之羞。"

乃莅学召诸生造于庭,曰:"嗟尔多士,圣人之学得非全其四德以达诸天乎?"曰:"唯唯。"又曰,"诸生欲居广居,而可以无门乎?"曰,"不可。广居无门,则其蔽也泥仁。""诸生欲行大道,而可以无门乎?"曰,"不可。大道无门,则其蔽也泥义。""诸生欲立正位,而无门可乎?"曰,"不可。正位无门,则其蔽也泥礼。""诸生欲达大观,而无门可乎?"曰,"不可。大观无门,则其蔽也泥智。"

夫仁义礼智之门,其致一也,而有二乎哉? 于是捐财鸠工,越月而门成。

多士之出入是门者,念尹之功,服尹之训,而民乃作德,咸叹曰:"圣师孔子谓'谁能出不由户,何莫由斯道?'今吾等由是而不知道,可乎?"乃造于王子,曰:"昔子贡叹得门之寡,群小子不敏,敢问先生之语'致一不二'者何居?"王子曰:"诸生莫我征信,幸有甘泉子者方正教原,先我以得其门,盍往请训焉?"甘泉子曰:"吾何言矣,诸生岂不闻'夫子之道,一以贯之'乎? 是故,致一之门也,诸生由是而之焉,升堂入室,以居仁义中正之奥矣。是故,一德存存,众妙之门。"

重修儒学记 万历己亥　徐元太尚书宣城人

今天下自辟雍以及郡国，虽遐陬僻壤莫不严祀先圣先师，在三之义通于千古矣。夫溧水之为县，去旧都八十里而近，是惟邦域之中。斯皇多士，生此南国，地纪实然。借第令庙貌不庄，因陋就简，何以妥灵神而标化始乎？于是檇李徐公来令兹邑，张其弛，振其滞，禆其不给。官常，饬也；民瘝，起也；吏蠹，涓也；士讹，祛也；文治，详也。而后廪粟陈，而后力征赡，而后百举时，而后颓民兴，而后会计当。曰："国之大事，在祀与戎。方时东隅氛净，疆场之嚣息，兵旅之后继以俎豆，不宜有两阶之干戚而堂上之折冲哉！且吾夫子训也，亦所谓庙算者也。而骏奔之寡容、弦颂之无所，孰尸其愆？士者，民之率也，储之以同升诸公者也。此之不急，孰辞其怠缓焉？况皇所先树者哉！"

于是鸠工命材，缉垣缮宇。工必其致，材必其良，费无阑出，民无作劳。敝者新，痹者崇，陋者华，覆者植。则远而望之，若鲁国之儒一人者立焉。近而谒之，若泗滨之教肃也。若历阶于夹谷者，若言志于舞雩者，若弦歌于陈蔡者，若德行闻政而分科者，若为两楹之奠也者。诸士于斯时也，若为闇闇，若为侃侃；若断断然，若斐然，而皆有喜色。以心化其化于令，公之教若化于时雨。成德达材之伦，若化于折冲御武。疏附后先之辈，而后知精神之于鼓舞也。鸿大矣！深远矣！

余于是而论教，盖亦有自来云。禹作司空，稷司稼穑，夷礼，夔乐，羲叻，益虞，皆丗承之。至契为司徒，教以人伦，劳来匡直，放勋有命，仲尼其后裔也，讵非其延于世者邪？然尧契之教，抵于周衰，家自为说，人自为臆。非吾夫子，其谁振兹未丧之文，使揭日月而行乎？则所谓生人以来，未有贤于尧舜远者乎！

徐公生当文明之域，世以经术起家，故有自来者。而以经术饰吏治，良史所称。周南首邑，四方是效是则，吾恶知有苗之七日格不自徐公始也？是当西徼不宁，事与时会，其尊人雅尝西营，予亦承乏，故偶及之。公名必达，号玄仗，壬辰进士。余友宗君贤适教谕学事，同训导张希文、赵树恒请予记之如此。

铭曰:道惟仲尼,万世厥师。邑惟溧水,四国是仪。惟殿及庑,神明所栖。惟室与寓,弦颂所依。邦畿千里,徐侯至止。粤兹颓圮,何以殷祀? 士无处聚,贞教曷以? 盍为新之,于我经始。经之营之,众隶来成。庙貌崇崇,道法以生。朝夕仰瞻,风穆而清。勃然兴者,视此先声。奕奕徐侯,实章文德。夙夜征缮,永贻令则。后之君子,庶以靡忒。历世历年,顾兹珉勒。

迁建儒学记　国朝·吴湘皋

溧水县学宫创于唐武德间,屡迁于宋明,迄嘉靖之季迁于小西门右,东向,巳五易其地矣。

今迁于小东门外、城隍庙左,正南向。大成殿阔六楹,深七楹,高二十七尺有奇。两庑旁翼,前蔽戟门,中敞以墀。筑露台轮参,分墀之一广,分墀之二低,殿阶尨尺余,高于墀五级。其唐其陈,带矩佩衡。戟门外左列名宦祠,右列乡贤祠。凿池于中,亘以石桥,缭以石栏,阃如露台式。德配天地二坊列于大成门外。街东西蝲蜎珑玲,蜷垣肃穆,过者瞻仰,裴回然后去。西为尊经阁。东为儒学头门,入门三重,升阶左转始达于明伦堂。堂阔如殿,高亚之,旁睨其甍若与殿齐,势踞后山故也。风吹古木喝于声,与殿角县铃相语可听。堂右西折为学官舍,舍北为清海碑亭基;堂之左为崇圣祠,外为土地、忠义祠,祠南为射圃。藏祭器之库、庖湢之所、诸生肄业之斋房,莫不具备于殿堂左右。登降岹峣,亦各井井不乱。

地基、木石、甀瓼、甃垩、金铁、丹漆、匠作,共费一万三千余金。仍剩镪三千金,留筑屏墙于秦淮河之南岸,未收工,暂歇。经始于雍正甲寅年十二月庚申,乙卯年七月壬子上梁,乾隆丁巳年四月丁卯奉先师神主入庙,诸贤以下从。知县萧君泳、教谕于君伟烈、训导徐君大业、县丞陈君和志、典史甘君彪、千总周君必昌,率诸生以次行释菜礼。辟基址,告神,则前署知县事方君士贤、署典史谭宪也。

溧水县儒学记　吴湘皋

予既纪溧水县迁建儒学始末于册，使后之览者有以见诸生蠲赀倡始、黾勉劝事、仰承圣天子兴学育才之至意也。诸生复请曰："经百年废坠之事，公独力主而成之矣，愿于纪事后再乞一言，教我溧人使相砥砺振起，以继先民忠节文章之盛，则公永有造于我邑也。"

遂言曰，三代学校制并隆矣，而造士之法，惟我周独详，其职统于周官大司徒，以小司徒分任之。六乡，自乡大夫以下则设州长、党正、族师、闾胥、比长之属；六遂，自遂人以下则设县正、鄙师、酂长、里宰、邻长之属，各教其所属之民于家塾庠序之间。又以乡之致仕大夫士为之师范，月吉读法，书其任恤孝友，考其德行道艺，三年大比，兴贤能以献于王。则士未出乡固已卓越，非凡庸材矣。乃论秀，升之于学之日，又有小成、大成、中年考校之法；大胥诸子，又有春秋合舞、合声、合射，比较德艺进退之法；于乡校又加审，然后升之司马，辨论而官材。所以成康之世，刑措不用，子孙徐收人材佐理之效，而延祚亦独长于夏商者，此也。后之人有疑《周礼》为六国阴谋之书，又谓周公未成之书。且夫周礼今用，吾夫子盖尝学之，有"郁郁从周"之叹，夫岂独不闻欤！我皇上天纵聪明，深有窥于三礼源流，诏廷臣纂辑，上合圣祖、世宗御制四经，以风励学官，是欲以成周之济济者期多士，又将以古乡遂大夫能尽职者责望乎有司，圣意深远矣！

大凡学者至道之难易，与有司化民成俗之难易，视其材与地以为之候。江左自六朝来，士不患不文，惟患无真气。真气少，则俗渐于淫靡，俗渐于淫靡，则教化难转。溧水密迩金陵，其民椎鲁，其俗俭啬；其士朴率谨愿，不逐声气，犹有先民之遗风焉。苟为之考钟鼓于泮宫，聚十二乡之秀俊，宣九重崇尚经术、端本澄源之德意，如古乡大夫之属倡率之诚，而不以为名；书察考举之公，而不违乎道，则小子、成人皆与讲夫三物之义，其于朝廷之化夫子之道，吾知其必有合矣。子曰"鲁一变至于道"，孟子云"事半功倍"，其我溧水之谓乎！为有司者值此时此地，盖亦深可庆哉！吾故惓惓于古者建学造士之义，日望之而不敢以隐而不言也，爰以是复诸子殷勤之请。

儒学祭器记　明·刘　宣

溧水，畿内大县也。县之有学创自国初，岁久骏坏，天顺甲申复圮于水，时教谕韩和、训导陈安初领学事，相与谋诸旧任训导陈睿曰："学宫若此，上不足以妥圣灵，下不足以育诸生，曷图新之？"三人者议以克合。越明年，成化乙酉，乃各捐俸为倡，诸生与邑之尚义者皆以其赀来助，遂市材鸠工。屋之弊者易之，基之卑者崇之，期月之间礼殿、堂庑、斋舍、庖湢靡不焕然翚飞，规模宏丽倍蓰于往昔矣。

三人复相与谋曰："学宫虽新，而祭器未备，往者有事则所司假民间燕器以塞责尔，大非所以奉先圣之道，曷再图之。"适巡抚右副都御史滕公昭按行至县，首询学校，韩进而述其所以。滕乃复劝义民任顺辈出赀若干，时县令燕寿适至，乃与县丞杨海，主簿王诚、白圮，典史徐明，各捐俸相资。命义士任华甫、许士常市铜于京师，募工于句曲，在学范为簠、簋、尊、彝、罍、爵、笾、豆诸器。工未半，而睿秩满，韩亦以疾求解任，惟安独领之。已而教谕徐绶、训导郭铉接踵理任，亦各捐俸助之，阅数寒暑，始克大备。时癸巳秋八月也。以工计者若干日，以费计者白金二百二十两有奇、铜一千七百斤有奇，以成器计六百二十有六事。

明年安亦将满去，郭君进诸生而语之曰："吾辈宦游者，皆有时而去，诸生亦不久当羽仪天朝。而斯器之藏于学宫，与天地相为悠久，岁复一岁，安保其不散逸耶？曷砻石纪其名目，且请记于大手笔，俾后之人知韩、陈诸君用心之勤而善守之，不亦韪欤！"诸生夏宇、范祺辈唯唯，咸征文于予。予进诸生而告曰："器之设也，非以观美也。《记》不云乎'其器可陈也，其义难知也'。诸君存此器，而又能操一念尊圣之心于器之外，斯为善守器矣！不然，而徒俎豆仪文肃也，祭义不既失乎？"诸生曰："至哉！子言。兹器与兹言同不朽矣！"遂书之。

儒学义田记　明·黄志达

义田之置，吾邑未有也。嘉靖丙戌秋，湖藩李君以乡荐捧檄董教溧邑，乃谋之寅寀王君、彭君及生徒之长而优者。计膳夫折银，扣除缺员者之羡余,革因袭之私,并积于公,三稔余得若干两,启允督学刘公、章公,亦既置夏成富田傍、学宫之左者若干亩矣,犹虑租未赡也。复白之邑侯高君,乃召义民章滢、刘岠等,申以协力效忠之谕,踊跃响应,输纳有差,三尹童君力任之,复置许仲芳田一区,坐独山铺。时高君以内艰去,童君以升去,二尹王君、县尉湛君相与成李君志云。

前后计田一百八亩二分,地二十三亩三分,总而名之曰义田。佃之农每稔公赋外,计租之入百石有奇,积之公廪,鉴惟刻意进修、病于薪水之供者,悉量给以周,而列庠者始阴有所济。维时士之感发兴起,洗磨淬砺,以图报称者诜诜矣。

檄溧水置买学田文　徐必达

照得本府自二十年前曾令溧水,见诸生泽于道谊,笃于文章,意甚爱之,敬之,而深愧表率者之无能也。即量移以后,相劝相规有如一日,盖士风之厚如此。不自意复叨京兆,与诸生仍有提调之责,则益睹诸生道谊文章日以进矣。顾闻断齑画粥、凿壁囊萤者不乏,谁司教牧,实窃耻之。

今该本府节省公费约得银三百余两,合行发买学田,以赡贫士。为此,仰县官吏即将发到制钱三十五万三千查收明白。即会同本县师生,务拣择附郭腴田,查照时价两平置买,召募忠实佃户佃种。又记得令县时亦曾置有学田,亦即一并查明。归并递年租谷,即葺理高爽仓廒一间,上置“周士仓”扁一面,将稻收入其中。每于冬月,该县学掌印官亲访贫士姓名,批给贫而文行兼修者为上,能修行而文或不逮者次之。给发之日须本生亲诣赴领,不许转展他手致生弊端。仍置本府学租簿,递年送府查验。先将买得田地亩数、四至、卖主姓名、文契及租谷数目、佃户姓名,刻期报府施行。

小学记　宋·王遂

古者家有塾,党有庠,术有序,国有学,盖自五家之上立之塾,迎仕之已者为之师,匪直郡邑有养也。自能言莫不有教,十年出就外傅,学书计、幼仪、诵诗、舞象勺;十五入大学,而教以穷理、正心、修己、治人之道。自秦罢学贱士，汉唐之君岂无有志者？更我仁祖，而郡有学宫，中兴已后县令亦稍增置。然四民杂处，非复家习人诵，入不知奉亲敬长之道，出不闻从师取友之训，洒扫必无箕帚拘袂之仪，应对必无负剑辟咡之容，进退必无徐行后长之序。居无礼，行无乐，无五御五射之文，无六书九数之法；父诏其子，兄语其弟，不过声病得失之习、利禄进取之计。不但失其学，而废其教；不但学者无人，而师资亦阙，气习日陋，志虑转薄，犹之筑室而无其址。宜乎子夏区别之言，子游以为末。管氏弟子之职内政而外，莫能之行。

卓然自立，特其生质之良。而以溧水居升宣间，当士教衰，男子不背，死于朋友；女子不爽，信于君臣，则天伦之美，宜无不尽。千载之间，风流笃厚，人物表表，夫其无之！而时王立制，科举取士，千室无能应令者，岂生材薄于古欤？宝玉不琢，拱把无养故也。

史公提刑弥巩为令，注意教养，久渐废坏。今令王公下车，兴崇惟谨，首辟西庑建为小学，旋即学西辟地为宫，合于虞庠在西郊之制。成童而下聚而教之，诗赋属对，随力所进。课试有程，教导有师，表劝有式，弦诵相属。先是公廪五百斛，不足赡生徒，至是岁（辍）［掇］①诸仓，月取诸税，犹惧不给。会永宁乡新筑之圩，租入七十石，可以毕小学之功，因属遂记之。

遂曰，小学之于大学，为序不同，其道则一。大学者，因理以明天下之事；小学者，即事以观天下之理。诚使幼学者用力乎孝、弟、忠、信之行，以及乎射、御、书、数之艺，及其长也，由格物致知以至于诚意，而理无不明；由正心修身推而至于治国平天下，而事无不格。自塾庠至于序学，教无不成，人无不化。今顾求工于言语对偶之间，其去圣贤涂辙益远矣！王朝以此得人，名贤所不废也。士无学，师无教，疾行先长，望于速成，岂惟小子之学根于孩提，抑鳌期称道其为大人也，能知进退存亡而不失其正者，鲜矣！安保其不欺官卖法，以为天子之羞哉？小学成始成终之教，一言蔽之曰敬。此心既，无往而非明德新民之功，岂惟士子所当尽力，亦长吏所当尽心也！

公讳俦，北海人。

---

① 据《［光绪］溧水县志》改。

书院记　明·徐必达

溧水故有书院,嘉靖初前令王从善为先大司马齐公泰创也。王公借造士之名,寓表忠之实,意微哉! 今上改元,诏复大司马爵,郡邑立祠以时祀,而书院更为表忠祠,表忠之实章,而造士之名尽湮矣。嘉与者或借梵宇为之,嵩丘兰若讵不名普度? 吾道云何? 其度于彼也。不度于彼,又不明先王之道,以庐其居,谁非编氓,夫亦各有宁宇以避燥湿风雨,若之何抚而有之?

书院废二十六年,而徐必达至,既葺学宫,行窥右隙地若干亩足为书院址,修废举坠,俾多士群萃州处以服其教,而度其衷,意在兹乎! 乃即庀葺学之羡为之意,谛而规擘焉。前为门,即颜之曰"书院",志实也。由门而进,左右翼以花屏,屏之外各树以竹,取淇澳问学自修之义也。游于斯者睹其爽垲窈密、青葱峭蒨之状,而比德焉,庶其有君子兴乎! 折而西,径可百武,有堂廓如,名之曰"浩然",作士气也。堂左一楹为庖,庖之前树以班竹,由堂历阶而进而南,有轩三楹,学使者怀云陈公名之曰"试春堂",盖取诸"云龙山下试春衣"之诗也。轩之后凿地为池,池植以莲,临池而轩,其上者复三楹,名曰"凤池别馆",从所临也。学宫皆东向,而临池之轩独南向。右臂枕郭,戍楼突起刺目,百雉磷磷,能令人起封疆之思。或永日月夜,翛然凭栏,歌声留绿房红蕊之间,不杂尘嚣,不堕里耳;时见琅玕之色映人面目,而四壁萧萧瑟瑟之声,与夫禽音上下者若唱若和;八窗玲珑,清风四面皆至,天香(冷)[泠]然袭人,即盛夏尤著,李太白云"别有天地非人间",则此轩有焉。池环以堤,栽桃柳于上,仿苏子瞻西湖堤式也。出前轩道右小门,委蛇而东,有亭翼然,名曰"玉莲亭",从亭所见也。亭无畛域,旦而旭,夕而月,风于春,雪于冬,亡不擅之;天地卷舒,云物往还,亡不任之。亭之前为台,台名"钓鳌",取谚占鳌之说,为多士期也。书院既成,必达复为庀薪俸之羡七十余缗,置义田二十七亩,为课士墨楮资。几席釜鬵之需略备具。于是教谕宗君贤,训导张君希文、赵君树恒各奉觞而落之。

徐必达曰:"君亦闻宛洛间梁、窦、崇、恺之巨侈乎? 彼其铜池金谷、丝障钱垺之丽,岂不足吞兹千百,今欲求其遗迹于荒烟断碑而不复可得,而惟吾夫子之宫则至今存者,何也? 彼以富贵荣华为丽者也,此以道德为丽者也。以富贵荣华为丽者,彼身独主之也,彼有尽,即代彼而主者亦有尽。以道德为丽者,吾与天地间人共主之也,天地无尽,而为天地之人者亦无尽。是举也,其幸有所附而为丽矣,其幸有所主而无尽矣! 若曰学舍鞠为草莽,而今日之举遂为樵叟牧竖之场,是其责在递为主者,吾何与焉!"三君子曰:"使君言是。"是为记。

高平书院记　国朝·凌世御

择一邑之子弟,会于书院而课试之,拔其尤者,优其廪给,使之敬业乐群,相观而善,文治烝烝,进乎古矣! 顾转移变化,权在长吏。如其簿书是急,筐篚是务,惮于图始,教无由兴;或始基之矣,倡而不和,听其颓废,职是二者,遂令城阙亡弦诵之声,黉序鲜英俊之彦,良可慨也。

世御承乏溧水,属文教昌明之会,思竭力殚虑,祗顺德意,乃进绅士谋所以振起之方,金以立书院为言。爰允其请,广为劝谕,不期年而输者踵至,有田若干亩,银若干两,新宇立规,敦延名宿,朔望考校,彬彬焉侔于邹鲁,颜曰"高平书院",从其地也。

考前志,溧有两书院:一曰中山,明县令王公从善建,祀齐节愍公,以当时未荷宽恤之典,特借造士之名寓褒忠之意,迨后诏许立祠,更为表忠祠,而书院之名隐矣。万历间秀水徐德夫侍郎来令于溧,建图南书院于学宫之右,其自记云,"吾夫子之宫以道德为丽,是举幸有所附而为丽,亦幸有所主而无尽。若学舍鞠为茂草,书院遂为樵叟刍牧之场,其责在递为主者。"其言最深切,盖望后人之随时振兴也。

国朝学宫移建今所,而书院果先废,问所为浩然堂、试春轩、凤池别馆与夫玉莲、钓鳌诸迹,久已荡为平芜,园丁老圃日夕灌溉其上,邑之葱韭尽取焉。吁,侍郎之言何其验也! 夫事难于创,既创矣,难于因,岂独一书院哉! 今高平书院又适邻泽宫,世御谫劣于侍郎,无能为役,然欲垂永久之志则一也。前规可鉴,来哲嬗兴,后之视今其弗犹今之视昔,则幸矣!

题名记　明·栾尚约

宣尼有言,"君子疾没世而名不称。"好名之心君子无之,然勇于为善,以免夫下流之名者,君子又未尝不汲汲也。君子穷居时,讲学修德,改过迁善,恐遗不善之称于闾里,况出而为仕,一有不善将播恶海内,是非君子之大可畏者乎?

故今之仕者,小而铨曹总其名,以司进退于一时;大而史册书其名,以昭劝惩于后世。在位者又因其官之内外、职之崇卑,刻石公署以列仕者之名,无非所以明善恶、寓感发惩创之意于中也。

溧邑题名久废,约惧其久而失真也,乃勒石备名于上:邑令自邓公鉴而后,丞自吕子秀山而后,簿自柯子原立而后,尉自姜子渭而后,几一百四十人。

刻成约读而叹之,夫仕兹土者皆良吏也,则名之书于此者为可幸;未必皆良吏也,则名之书于此者为不幸。是故,有惠政以及民,溧人将指而称之曰,"某也,及某,此我之父母也。"有虐政以殃民,溧人将指而訾之曰,"某也,及某,此我之仇雠也。"夫抚之父母,虐之仇雠,则列名于石者,不若名于百姓之心;寄石以传不朽者,不若颂之于口碑之者之无穷也。善者以是石而善益著,不善者以是石而恶益彰,是刻之有裨于今之仕者,不浅矣! 约窃禄无似,补过不暇,夙夜惊忧,恐为百姓所仇,约不足责也。后之仕于斯者,知某之贤而求其同,某之不贤而求其异,后先相望,以永终誉,溧之民何幸有此刻也。不然,约之罪过益增于立石之后,是则约之所畏也。

鼓楼记　宋·刘宰

绍定庚寅,溧水县鼓楼成。楼之屋五,崇五十有二尺,广加二十有八,深减二十有二。缭以余屋,而风雨不侵;翼以两庑,而登降有地。经始于岁之首,讫工于九月既望。费以钱计八百万有奇。

鼓以颁政令,而观听聿新;鼓以戒昏旦,而兴居有节。又栋宇之高明,丹垩之炳焕,使人望之而慢易之心消,敬畏之心起。盖不俟单辞之陈两造之备,而不言之教、不令之威已行,民咸用休哉!

其年冬，大夫具为书，介邑之士江君遂良来求余文以记。余惟大夫当世文人，余辞鄙不足进，则请属能者。明年秋遂良复以大夫书来，曰："代更有期，又阅月行矣，子其无辞！"

余惟溧水自隋开皇置邑，中间迁徙不时断，自我宋开宝以下，亦已垂三百年矣。而是楼不作，谓邑之匮而不给于力欤？则圃环其后，堂峙其偏，昔固有用其余力者矣。谓事之殷，而执事之不闲欤？则从容觞咏，流入筦弦，昔固有休其余闲者矣。而是楼不作，何也？人惟一心，心无二用。故用之于公，则公家之事虽耳目所不接，知无不为；用之于私，则所急者燕闲之适耳，游观之娱耳，于是楼何有哉？

且余于大夫无一日雅，而闻其在太学也，宁逡巡退处，不敢以艺成而与众偕升；其在选调也，宁恪循考任，不敢援他比而躐等希进。舍近甸而为此来，其志盖有足尚者。故其来也，明足以察，而下不欺；勤足以率，而下不怠；廉足以律人，而下不敢容其私，铢积寸累，以至于是。

问木之自，则市之官与旁县，而民不知；问竹石瓦甓与他物之自，则市之民，各以其直，而民不病；问财用之自，则取之积累之赢，如前所云，而民不扰。则君之为，与今之从政者大有径庭矣！宜乎其为人所不能为，而使数百年之坠典作始于今也。

昔孔子之作《春秋》，常事不书，始事则书之。邑之事孰大于是楼者，书其始以示方来，合于《春秋》之法，余故不复牢辞。先是，邑之正堂将覆，君至未几即撤而新之，尝自为文以记，故不书。

若夫清霜戒晓，爽气澄秋，楼迥天高，一目千里。凭栏西望，吊吴楚之争；游目左施，感羊左之义。僧居骇先圣之遗迹，仙坛想逸士之余风，必有能援笔而赋者。余以谓大夫之作是楼也，惟以备男邦之制，非以为燕息游观之地，故不敢效尤。然得以骩骳之文缀名勒石，与是楼之传，顾不荣欤！遂良曰："然。"则书以畀。

重修谯楼碑记　明·萧　通

溧水为应天之属邑，密迩京畿，跨溧阳、太平、句容之境，使客之往来、庶务之丛脞,加以连岁饥馑,民窘于衣食,故邑之事窳弛因循弗及兴举者,非前令不加之意,盖势有所不能、力有所不逮也。

予宰溧水之明年,是为天顺丁丑,岁大稔,民困稍苏。政暇环视邑之廨宇,率朽腐倾圮,而谯楼尤甚,予深忧之。顾谓僚属曰:"谯楼之设,所以栖鼓角而司更漏,警昏晓而禁盗贼,其关于治道重且切焉。今若此,则祁寒暑雨典守者无以自蔽,其不至违时失度,以子为丑,以夜半为昧爽者几希。夫更鼓之明否,政治之得失系焉,吾属其可怠缓而弗治耶?"于是同寅贰尹白君琛,判簿郭君昶、马君聪,幕宾姚君伯良,掌教杨君澄,司训周君珣、陈君载宏,佥以予言为然而协谋焉。时邑之富民有好义而烛予意者,咸曰:"此吾邑事,吾民所当理也,况岁稔农隙,而时有可为,乌可以贻上之累哉?"遂各捐赀以兴事。乃择耆民之贤者总其出纳,即日鸠工市材,撤其旧而新之。不数月而栋宇翚翼,规模仑奂,实称具瞻。

既竣事,咸请书其颠末以示将来。予惟人心未尝不向义,特上之人道之何如耳。苟事出于公,当于理,则人未有不乐从而速成之焉。《传》曰"未有上好仁,而下不好义者也;未有好义,其事不终者也",其是之谓欤。予虽不能仁其民,而亦不忍虐其民,故是举也不驱迫以形势,不妄费于公私。而其为之也如一人,成之也如一日,信乎事之出于公,当于理,而人心之向乎义也。

楼之制,高四寻,广六寻有奇,深如高之数。前后覆以板,两旁甃以砖石,其下仍旧实以土石,而虚其中以为出入之道。由是钟鼓有位,典守者各有所止。经始于是年冬十月二十四日,落成于次年三月二十八日。董其事而助以赀者具载碑阴。

嗟乎! 物之兴废相承,自然之理也。吾属当斯楼废坠之余,幸因其时资其民以成之矣。继此而来者与我同志,遇有所损坏辄修葺之,则庶乎其可以传于永久云。

新修县堂记　明·吴仕诠

邑署建于国初洪武时,岁久日圮。先是,守土之官,亡论量移诸君子,即受初命至者,往往未及报最辄擢去。今天子用铨臣议,郡二千石以下胥令久任。不縠谬以绵谫,承匮瀿上,戊寅秋盖三年奇矣。署圮益甚,间者晦冥之辰,雨淫淫自栋下。堂之后为中堂三楹,最后为五楹,皆不障风雨,守署者若露寝然。

不縠顾谓二三僚友曰:"国犹家也,千金之子犹思固垣屋以永世业,吾忍以蓬庐视官舍哉!"乃趣工曹掾召匠氏计之,掾请曰:"木败矣,曷革故而新?"曰,"可。"则又请曰:"度费且巨,藏绌有待支者,乞以文请之。"曰,"否。"则又请曰:"审如侯旨,费将安图?"余曰:"曩者缮学甓城之役,吾力任之,今岂以治室故损公家金耶?"乃捐俸聚材,詹期鸠役。诸凡经画,以一掾领其事,而不縠时为稽核焉。大都以腐易者什三,以固存者什七,凡三历朔而竣事。

佐幕诸君既乐观厥成,佥曰:"是役也,于公无汰,于民无渔,举百年废坠而一朝改观焉,实惟长大夫之力。"不縠愕谢曰:"诸君毋归美于私也,修治固有司事。曩者诸君子岂无意哉,时靳之耳。不縠尸旷三载,当事者宜以下考论黜,乃请于当宁,勉使报塞,而今而往,凡考绩以后日月,君所留也;既廪,君所予也。时有余日,廪有余赐,用是毕力兹役,补前修之不逮。藉令未久而骤易之,吾于堂犹传舍耳,何有于今日?诸君识之。"语竟,客有服山人服者,谒不縠于庭而言曰:"大夫开新署以华邑观,盍一言以扬盛美?"不縠答山人语如前旨,山人曰,"言止此乎?"不縠曰:"嘻,语有之,骐骥之步疲于千里,惮远也。昔宣尼诏仲由氏'无倦之'外,无费词。不縠从政,久而积戾,深愿益励改图,与民更始,若斯堂敝而复新,庶几藉手以报君宠哉!"山人曰:"大夫辞劳于己,原惠于君,保誉于终,一言而三善兼之矣!请笔之为座右勖,更以勖来者。"不縠敬诺。

新建县堂记　国朝·李　蔚

粤考古天子布政,厥维明堂,其制甚都,岂以崇巨丽?统体攸系云尔。下此牧伯令长,代天子分治下国,亦必于堂焉是崇,所以敬宣天子之政教,弗可苟也。矧俗非黄虞,难遵茅土,峨峨翼翼,堂之皇之,而后观听由之肃,德义由之生。不然,则上慢,慢则陵;不然,则下易,易则玩,惟陵与玩不可以政。故上之临下,下之奉上,均弗可苟也。

吾溧水虽弹丸邑,昔为畿辅,号曰神皋,亦有天子之命吏莅而抚之,容亵处哉?邑之有堂,自昔然矣。国家初定,江南旧令解绶去,新受事者以吾民之淳懑,四境贴然,一意拊摩,防御不设,遂为外寇所乘,堂宇荡然烬于一炬。自是莅事者率坐瓦砾间,翳以苇(簿)[薄],更阅三君,弗遑兴作也。

顺治癸巳,大梁闵侯来宰吾邑,质仁祖俭,怀古济时,望之肃如,就之燠如。不旬日,振其条纲,大饬细厘,百废用兴,工曹掾因以新堂之役请,侯曰:"弗可。夫堂者,出政之地,非制政之本也。今百室未宁,流氓未复,不获庇人,自庇何遽欤?"阅数时,既劳既来,室家溱溱,田者田,庐者庐,泽鸿无嗷,爰返其居。掾复以请,侯曰:"弗可。赋仅及额,府无羡积,费将焉出?势苟可为,前之人宁简陋自安,而俟诸今日?吾非旅视官而(篷)[蓬]视堂也,惧为公私耗耳!且众志未孚,纵事,非不度,民其谓我何?姑勿事。"迨及期年,政通化浃。民有艰,侯则力而谒诸上;民有沴,侯则躬而吁诸神。易戚而愉,转枯而腴,私庾既盈,公赋悉登。侯于民赋之先入者,设赏格以示劝,以核以醴,民乃咸喜。顾拜让于荒基败碱间,实咸弗怿,退而询曰:"斯堂何弗治?"掾言侯重烦百姓,故民益感之。因与父老共议曰:"吾民莫不室家完好,而父母吾民者独风雨之不庇,实邑之羞,且重吾民之不德也。曩之不治,非故咨之,诎于时耳。今侯加惠吾民,饫之,燠之,亭之,藉之,民之受赐实溥且隆,视此锱铢敢为侯爱?抑顾非云捐损也,今侯为政,若兑漕粞,若代办解颜料诸项,较之已往,计岁省民金粟殆以万数,今之役出之民,犹取之公云尔。"于是邑之缙绅士庶旅进以请,侯固逊弗听。众度侯之不忍以私科病民也,乃申请于上台,上乐民之好义,且嘉侯之能得众也,允行之,侯乃听。

于是斩阳伐阴,爰陶爰埴,材用毕集,龟辰鸠工。鼟鼓弗声,百役奋兴。登登杵之,坎坎斧之。是绳是削,既丹既垩。址故规新,巢巢崇崇。自堂而庑,而廯,而库,悉以次就,不烦公帑,不假劝督,用民欢心,遂告成事。始于仲夏,秋而落之。于是临抚有位,登降有阶,参觐有仪,上不亵其居,下益作其敬。春阳熙熙,斯堂敷之;膏雨祈祈,斯堂沛之。侯之德与堂俱有永哉!

然相继而居此堂者,嗣我侯勤宣之德,不可忘我侯作新之功。邑人曰"是不可无记",属余笔焉。余以侯之惠政磬石难铭,兹不具纪,纪考堂之初末云尔。

侯讳派鲁,字伯宗,河南祥符人。

重修溧水具石城记　国朝·谢文运

溧城筑于前朝嘉靖戊午,距今百十八年矣。风雨之剥蚀,人畜之蹂践,向之坚者转而瑕,蠹者转而圮,辟者转而廉,固者转而隙。今且瑕者窦矣,圮者崩矣,廉者刓矣,隙者为洼为隧矣。先是,吏兹土者亦亟议修筑,顾念费不赀,惮征缮其甚者道旁挠之,议旋中格。嗣是,又或以蘧庐视斯城,任满辄代去,遂使域民保众之圉,鞠为荆榛茂草之垣。

於戏! 王公设险以守,圣经星炳,莒城恶而众溃,往辙可鉴。矧金陵称神皋奥壤,而溧为之南蔽,若西若南界连宣歙,若东若北密迩京口、姑苏诸郡。其间三湖浩淼,则潢池易弄;崇山绵亘又伏莽堪虞。然则,溧之屏翰金陵如此,绾毂诸郡如此,湖山阻险如此,城乌可陋而无备哉!

今上御极之十有二年,邑侯广宁刘公奉简命莅兹土,甫下车,登埤而视即慨焉:议修筑毋乃为国家固疆土,为斯民谋扞掫欤?顾以德泽未孚,不敢骤用其民。于是课农问桑,布信昭惠,勤恤民隐而噢咻之。岁甲寅,溧有年,九月杪场功毕,侯知溧民之可用,且以佚道使,知民必不我憾。遂条上斯城便宜,奏记当道,报可,而役始兴。度费镪若干,侯捐俸以倡,又多方鼓励,里甲向义者烝烝响应。会郡太守孙公尤器异侯,以斯为时务之切要,亦捐俸五十金,亟成侯志,故公家丝粟无所耗。乃集僚佐,计徒庸,具版筑,给糇粮,饬陶埴,程畚锸,厚涂塈,增易守堞,三冬毕而工竣十之五。三之日于耜举趾,民复在野,其执役者率坊厢不力农之民,以故,穑事无妨,民不告劳。至协赞董劝、稽覆勤惰,则少尹临汾张公、幕尉大兴丁公之力居多。肇始于甲寅秋季,役竣于乙卯九月。向之隳者,崩者,刓者,洼者,隧者,今且崇墉言言矣。

侯曰"是不可无以记之",而以笔札之役属文运。

窃见方隅之大,有都会,有郡,有州,有邑;城或数百雉,或数十雉,星罗棋布,无非用以销未萌,弭不逞也。迩者国家奋扬威武,以征不谏,赖有师武臣以戮力,行间尤赖有百尔长吏以捍卫民社。使得尽如侯者,绸缪未雨,俾保聚有赖,脱有意外虞,岂复至仓猝补苴,贻封疆羞哉?且使继侯者尽如侯,戒饬更卒,禁止牛羊诸畜俾勿摧毁;即有颓敝,旋事修葺,如水塞之于涓涓,如木绝之于芽蘖,岂复至用力费赀之艰如今日者哉?非侯悉心经画,鲜不至以卫民者厉民矣。

是役也,侯有四美焉:用民之和,一也;乘时之稔,二也;因农之隙,三也;不费公帑、不竭民赀,四也。《春秋》于用民力非时且义,必书以示讥。今是役匪等台榭游观侈娱耳目,义也;准龙见火见之期,时也。使圣人在今日,必词烦不杀,大书特书,以深示予之之意矣。予故承命而备述之,以示后人。

侯讳登科,号俊升,奉天广宁人。

演武场记　明·丰　坊

往北盗履江歼舰,卒幸天败;迩岁江盗戕守将,以飓溺,闻南兵之刜也久。溧水实畿辅,武不可愒,乃王子莅斯土,瘼平陋涤,役均罚矜,食裕教兴,民大悦政且礼矣。王子曰:"我其武哉?"

相故阅场,违邑五里,道隘舆马,谋迁之,告都御史、御史,佥曰宜。城东余百武,故迎春馆,存郤地可十八亩,辟为场。胸负峦流,翳以万柳,乃堂焉,台焉,坊焉。甲申秋七月肇功,迄九月,斥公缗仅三百六十铢。

著令邑民为兵者百有四人,耄羸居半。王子简之,惟精射者二十有二人,击者、视射者奇二人,刺者、视击者、炮者四人,金鼓者十有六人。子月再阅之,贯革,断犀,糜石,进退以节,赏;诛不用命者。于是,貔貅赳赳改观矣。

校官杨氏曰:"夫子之斯阅也,匪直利斯邑也。夫南之弗兵性焉耳矣,夫子俾知方且勇也,设弄兵捍之树大勋,必溧水!它邦其志修武,曷师?其必师溧水！是兵振一邑，而南举赖之，故曰夫子利畿辅实大。"西郭先生曰："俞哉！抑末也已。夫战必视帜，帜东，东也；帜西，西也，前却围击，唯帜焉依。夫王子为帜于溧水矣！"

祖考，镇国将军，忠殁北庭。妣夫人茕茕矢志至于兹，忠节闻天下。考，荣禄公，鹹狄丑，锋苗顽，鞣钦明，荡楚螇，烈耀北南，简知先朝。子宏学笃行，举于乡，例计偕，子览于时弗往，须化之张，则出而莅兹邑。义昭以世，其斯风厥氓矣。施于有政，先文事，文昭乃修武，克循厥绪，子"末"云乎哉。

吾闻之，德者本也，政者末也。政而匪本，厥化胡神。德而匪末，冈宜于俗。故君子明心以学，修身以礼，敷政以诚，发令以信，道民以方，利用以器。宏轨毛绪，弗躐弗疏，其斯夆（吻）［昏］于理矣。非本之躬，文致纤谲，民动而叫，跬踱畔岸，斯吏其债。王子其勉夫！杨氏曰，"唯。唯。"请诗之，诗曰云云。

禁三湖开河札 宋·张 维

窃谓尧之时，洪水泛滥，而三江不入于海，其势必乘虚而横流，今之五堰河正其虚处也。以去年之水，高四尺而漫过分水堰，□尧之水横流而过此地，当不止四尺，切意□□□以不底定者，盖自于此耳。以是观之，古□开凿此河，而设为五堰者，其虑远矣！夫尧□□□后世决不复有也，如去年之水间亦有□，□□与浙均有雨水，则固城湖虽涨，亦不能奔□，盖苏常水盛，则外水自不能入，如去年之水是也。惟是苏常无雨水，而上江南独多，当此之时大江泛滥，遏湖流，则其势必奔五堰，而苏常始受其害矣。维窃筹度，若开此河，委非经久利便，乞从朝廷详酌而行。

溧水县禁革里长序 国朝·赵向奎

溧邑山陬僻壤，水陆之交焉者寡。其风醇茂朴薮而矜节。岁壬寅，余奉命莅兹土，问所苦，知里长最为民病，思与邑中好义诸君子一扫除之。是年冬，遂周谘而断行焉。其法以滚单滚花户，不用催头，计民岁省杂费不下二万金。而以所撙节输正供，故民亦劝于趋事，而抗欠者无之，时颇以为便。

夫天下无不可为之事，而患无协心戮力之人。方建议时，一时不便者群起而咻，出百计以挠之。若侵渔之胥吏与奸滑之横豪，万喙喧腾，唱为百年积习旋革旋复牢不可破之成法，以摇惑愚民。卒之，人心之所不言而同然者，不可诬也。赖诸君子佐余推挽其间，而其议遂定，此足以见天下事无不可为，而乡邑间亦可以概其凡矣。

今年春奉檄摄江篆，再转而出宰嘉定，溧之士民阖户攀援，缘道悲泣，余重愧其意。念所以终始之者不事更端焉，爰命《革除凡例》镌诸石，勒诸书，以俟后之君子。嗟乎！瘠土贫民何堪，在事者益厉之也。是为序。

捐赈题名碑记　国朝·李作楫

康熙九年夏，溧水大水，明年秋又旱，是冬将饥。予念民之嗷嗷者载道也，乃率僚属出俸钱倡赈馈粥。而邑自缙绅先生以及士民，皆喜从事焉，彼此争捐不日而集。在城设给粥之所四，在乡设给粥之所十有二，董其事者为诸生马采臣、耆民萧士经若而人。散粥于十一年正月十日，撤粥于四月二十日，历时凡三月有十日，计存活三万三千六百有奇。事既成，予为请嘉奖于督、抚两大中丞台，又念不可无以传之于后也，乃更镌之石。

大灾涉流行，何世蔑有？救荒恤患，仁者之心。在诸君子以恻怛之情、桑梓之谊，捐己私钱免人转死，岂其沾沾一日之名者？然而有司之鼓励不可无也。惟为之书其事，识其详，俾远近之人读是碑者皆欣然有余羡焉，曰："此某缙绅、某士、某乡耆、商氓之所救人于当日，而不泯于将来者也。"则什百年后，或不幸而遇岁之灾，必有闻而兴起者。呜呼！是可以风矣。

建立煮赈碑记　国朝·周天柱

古云救荒无奇策，非无奇策也，谓其事甚难而过易集也。然事不任难而受过，又安复有奇策哉？

余于乙亥春来宰斯土，自愧才德谫劣。秋间霪雨伤禾，收成歉薄，改岁后米价腾贵，民苦艰食，邑绅士萧枝鼗、尹世鳌等遂有开厂赈粥之请，询之掾吏，交口称难曰："此事不见举行者数十年矣。"余应之曰："天下事乐于图成，艰于谋始者，人之情也。睹兹嗷嗷待哺，岂忍须臾缓耶！"爰于二月初一日集诸绅士于邑庙，议举其事。士民踊跃乐捐，书簿计得米五百余石，不浃旬而陆续运至，余始知其事之未甚难也。乃择地设二厂，北在邑庙，南在开福寺，又遴耆民之有信行者相助董理。凡就赈之例，必使老幼循序，男女分行，四十余日并无拥挤杂遝意外之虞，而十二乡绅士亦皆就近议赈，各敦任恤，然后益知其事本易易耳。

其始也，每晨赴厂，目击鸠形鹄面恻焉心伤，不觉堕泪，默祷于城隍白府君之前。越数日而菜色渐减，窃私心自喜，以为于民有功，于己无过矣。

余性情坦直，不拘形迹，凡议赈来者无不随时接见，亦以集众谋悉舆情也。而悭鄙者或以此为訾，议此似余之过，而实非知余之深也。夫岁或不登，民食为重，筹画安全是谁之责？余所以毅然行之而绝无顾虑者，盖深知救荒之道，殆非耽晏安、避物议，可能别有奇策者也。

兹当厂事告竣，深悉其事之巅末，虽曰未易，而实非难。余不敢居功，亦无庸谢过。后之君子采风而及其事，可以见绅士之惠济桑梓功非浅鲜，而余不敢畏难辞过以创成此举，亦具有苦心也夫。

丙申赈粥记　国朝·凌世御

溧邑地高而多山，田之依山者十有八，偶愆雨泽即虑无禾。岁乙未南省书旱，溧之收获更无一二焉。世御据实详请入告，既发廪钱以赈恤之矣，复念冬春之间不无艰食，爰集邑绅士议所以周济者。溧人士素笃桑梓之谊，又重以诸大宪之谆命，咸乐从事，量力捐输，计得如干石。设厂二处，糜粥而遍给，推举老成练达者经纪其事。男女别区，老幼异处，有不愿食于厂者，或给以米以钱，各惟所便。日聚食不下万余人，无喧嚷杂遝之扰，饱餐果腹若里中会食，曾无贸贸然来者，是诚经理之善也。举行于二月，迄于四月日二麦有秋乃止。

夫从古救荒无善术，我溧逢灾祲之年途无饿莩，室鲜饥人，爰处爰居，有如乐岁,皆都人士之乐善不倦与夫经理之周详、积时之劳瘁,均不可没也,爰记其事,并列名勒石以垂永久。至四乡好义之士,体任恤而各赡其里之穷黎者,另具别石。

周士仓记　明·许用卿

嘉禾少司马徐公令溧水,来歌“何暮”,去咏“甘棠”,若畏垒之庚桑,尸而祝者盖十万户云。家居久,复召用为大京兆,为溧民奏折岁漕,垂赖百世,士民无贫富咸食其赐已。又加惠士类,捐俸置田若干,岁得谷百石,以赡士之贫不能自给者。

余始莅任,偕邑丞王君履亩核税,因诸士以建仓储而难其地,且虑典守不戒,鼠雀为忧。从邑侯共相度,得明伦堂左斋一楹,重葺而甃之,岁贮谷其中,量士之贫者不时给散。立循环二簿,上之府以备稽查。其学官司筦钥,吏书掌案牍而已,秋毫无所与,著为则。

余惟子产为众人之母,惟是殖田畴,教子弟,遂兴“谁嗣”之歌。今徐公去溧二十余年矣,犹惓惓顾复士民不置,岁省漕米以苏息穷民,尤令贫士好于而家仿古,既富方榖遗意,其殖其教不已备乎!

然则,为溧之民而坐糜余糈,以滋游惰而长(砦)[砦]窳之风,则为不祥之民;若士,尤民之表也,有不志学厉行卓然自树,以饕明贶,即一粒难消,其与蚩蚩齐民饱食而忘所自是者,耻更甚焉,《伐檀》之诮随之,余为尔诸士惕已。

豫备仓记　明·方　彦

仓颓圮若干年,凤林先生宰溧水事,撤敝覆而重新之,立知荣轩以居主者,而后积贮可以寄命。又于崇贤、邰村、洪蓝各立社仓,以便供输,以救困乏,欲散如紫阳先生法。数仓立,民甚便之,如释重负。积谷万余,视所受多寡盈缩焉。先生此举,功先后不一,皆不四三朔告成。不亏官,不损民,皆先生朝暮区画从事,民人有不知其功之举者,具忧国忧民之心可想也。

功成,予作而贺曰:“昔人谓丧礼经界见孟子之学识其大者,盖学问功深,则所得不浅。先生入凤林山二十余年,抱负不凡,故一旦出而应试,其运用如此。溧水之政不特一仓,其处抛荒,均粮里,修学校,设木铎,期年而政,总总皆其大者,孰非自学问中来耶?"

呜呼! 自郡县天下,而后守令之责重。令有哲愚,政之美恶因之;政有美恶,民之苦乐因之。故观令于政,则令可知。予故乐纪其事以告邑人,使知先生之政之令,并以传诸后人,期永永为法程也。

改建便民新仓记　明·许　榖

溧水故广远,其西南接宣州境,地名水阳,去县几二百里,旧建仓此地,以贮漕粮,每岁兑运因之,以其近江也。其时地皆邑壤,人皆邑民,又仓廪完盖,蓄贮无虞,以故去邑虽远,民未有称甚不便者。

逮(宏)[弘]治初,以地广民众,情伪不齐,岁征每至逋负,建议者乃分其地置高淳县焉。于是水阳遂界在高淳、宣州之间,壤地既非旧观,而仓兑仍踵往辙,民始称甚不便矣。其称甚不便者有二:每岁冬例当输米于仓,始输则有舟车之费,既输则有看守之劳,又粮役主于一家,顾偵①听其主张,需索遂至无算;兼之仓廒久圮,贮米尤难,米至则先集主家,临兑入仓止应故事,转运耗散,其累无穷,不便一也。交兑之际小民远离本土,独处异方,地邻凌弱阴肆侵侮,众军恃强公行恣取;县之长吏以地远不能卒至,即至辄旋,无能久处,以故,小民财力劳费既数倍他邑,而欺凌搏击之害犹有不能免者,不便二也。往昔长民岂乏贤者,目睹斯弊安能无动于中? 顾因循踵袭,不能改迁以便民,岂其力之不足哉! 大抵喜安静而厌变更,将全老成之名,以免多事之议,此岂父母恤民之义乎?

顷文南贺侯以科甲名哲来令兹邑,下车之始,邑人即以前仓不便于民来言,欲侯亟更之。侯以莅任未久,经费无措,且迁移事重不可轻举,意颇难之。居二年,广求民瘼,洞究物情,自里甲、均徭、田赋、学校一应事宜,凡有不便于人者皆参之众论,种种厘革,亦既著有令绩矣。而民以迁仓为言

---

① 《[光绪]溧水县志》作"值"。

者益急,若曰"侯之美政何独少此",侯知舆情难拂,在势事诚不容已,乃迁于县南。买民地若干丈,平治而规画之。前竖店房十间,左右列仓房四十二间,后建官厅一所,缭以墙垣,鼎新坚固。其店房即召临仓之民居之,俾供防守之役。始工于隆庆丁卯十月七日,讫于戊辰七月念七日。材费皆取之邑帑,绝无毫发征扰于民。地名梅梁,在石臼湖之滨,去县仅三十里,推挽非遥,兑运称便,因名曰便民新仓。而向来所称二弊,自此永息矣。

功既成,邑之父老来郡请予言纪之贞石,以垂不朽。余惟《易》称通其变,使民不倦,《书》谓政有废兴,庶言同则绎。古昔圣哲经世宰物,岂不欲蹈常袭故,俾上下相安于无事哉?顾旧贯可仍,则长府诚不必改;而闷宫宜修,即用民之力,诗人乃从而颂之。诚见夫可革者不可因,顺流更始,固民情之所甚欲者也。观侯兹举,始而难之,盖《春秋》重用民力之义;终而毅然行之,则卜商氏所谓信而后劳其民者也。彼近世好名之士,顾有革其所当因,而举其所不必达,此则自行胸臆,不恤人言,徒兹烦扰而无益于民社之故,是又乌可与侯并日而道哉?

侯名贺一桂,吉之庐陵人,嘉靖乙丑进士。侯美政甚都,别有纪之者,兹纪其一节云。

移建便民仓记　明·卜履吉

董侯来治溧水之三年,公暇而与其佐周君谋曰:"夫漕粮,司农首计也。邑之岁漕京通者,折镪而外,虽仅为粟二万三千而赢,然里赋长率以秋杪受编氓输,稽牵而得授运艘多在春杪,则贮而守于湖壖之仓者计以半年淹矣。夫两都与各省会诸庾,大都坐重城中,取材坚厚,托址高阜,专官以守,列卒以逻,乃犹时有溃损之虑。而兹且落落孤村之外,弥望汪洋,残冬风雪中赋长戴朽橼以为命;岁小歉则多萑苻之盗,提耳惊魂,永夜无交睫;又岁岁为夏潦所襄,壁柱倾欹不可恃,则必远市巨木栉比其内,费且不赀,以故,岁应赋长则举家皇皇,至雠视其田。而运卒连艘泊湖中,时时风起水涌,攻击声若雷霆,辄相顾无人色;且隆寒无所市酒食,倚坐悲歌,凄恻不可入耳。夫前贤之移仓于是,宁非良图?然或以与湖南较,利病迥别,而未暇为军民规永永也，予将请易地于诸台，子行视地焉。"

周君视地，去仓稍东而得大阜曰洪蓝埠，高平广衍，风气庞固，居民千家夹之，为徽宣百货走集之所。周君乐之，闻于侯，而侯曰善。立奏诸台，皆报可。

于是里赋长与有田之家一日群相告，以为是举诚就则：去隰而原，吾永无虞浸；有千家协而守，吾永无虞盗；垣楹再创，木石具选，吾永无虞费。今而后，且持筹而夕安枕，何异吾庐？而运艘鱼贯列埠下恬嬉，无虞诸艰不均。仁人之溥利乎哉！其人自为计，幸无烦官帑也，则里出金，视岁赋二十之一。鸠工视里，营材视金。首事者与荷畚锸而操版削者（廪）［廪］至而骈集，乃簿周君。

且规制为总门八，以列出于墀，输粟者直挽而入，致粟其廒。交兑则各以廒次，胥令而出粟。盖阴用兵法什伍之，军民无由溷者。历墀陟崇阶，有堂俯之翼然，扁曰"大有堂"，后为楼，楼之右为寝，为湢，而其左为祠，以祀后先君子之有功德于仓庾者。外为长垣，垣外两旁之隙，则彻旧仓材裁其可以屋者而为屋六十有二，里赋长食其中，无佣偬费。去门左十丈许为城隍庙，形家所重下臂也。役始九月朔，盖四旬而竣事。

然事甫竣，而侯以奏绩最而调毗陵，周君亦以奏绩最而参军保定，则旦暮皆且脂辖焉。爰具颠终属予纪其事。

夫予不佞，曩从司马大夫后，而知六师待哺盖不啻急，故折锢之请侯尝殷殷焉，而卒不能得之诸台，势固尔也。然粟与锢宁远甚？而愿锢易粟，非赋难，而长赋难，苦仓庾之未便耳。今侯恻然一太息，才周君而任之，乘时藉利，因民之利，咄嗟而锡两利之福，贻万全之规。嗟乎，夫国家正未得侯辈数人耳！赓九边而苏万姓，宁至掣肘无画哉！

侯名懋中，字建叔，山阴人，癸丑进士。为溧令三年，他所建竖多盛大举，名公卿侈谭而叙述之，前所约兑法十章诸台檄而刻之石。周君名书，崇德人，政声亦藉甚。夫浙之多贤，自古记之矣。

重修洪蓝埠粮廒记 国朝·闵派鲁

溧水去省百有余里,溪流潆绕,北达秦淮,春夏山瀑奔放,则河渚泛滥,击榜荡桨不碍舟行,然止容小艇来往以代商旅遵陆之劳。至漕粮运艘必由大江达湖口,计程几一二百里,纤道而南始克装载,非秦淮如线之水可利挽输也。故溧水建仓,必于南界逼近石湖而后可济。始则设廒于水阳,水阳者,石湖之南涯也。受兑虽称稍近,而输粮之户必绝流前渡,舟楫烦劳,非(祇)[祇]阳侯叵测,虑厄于波臣,而湖薮藏奸,崔苻之警更可寒心。继又改建于梅梁,是为新仓口,地滨湖而处水次,亦便,然民居鲜少,落落如晨星,比屋而处无几室庐。尝值开兑时,官旅领运至,止舳舻相接,恃势雄行,输粮之户每受欺陵,前朝军民交构几酿不测之忧。于是又议迁洪蓝埠,自挽运来,至此已三更廒居,盖实山阴董侯始其事也。

埠去邑十有五里,由支河达湖潴,拨运差不甚遥,里民便之,遂受兑于此,相沿垂四十年。第岁久不葺,行署芜陋,仓舍敝颓,蠹雨盲风上漏下湿,既虑穿塙之害,复深浥烂之虞,涂墍不巩,何以贻安?余自癸巳莅事,次年竣兑之后,彷徨顾虑,思切苞桑,即鸠工庀材,而董治缮葺之。程民力,捐俸赀,增所不足,建所未备;圮者使整,敝者使完,风雨既除,鸟鼠亦祛,栋宇笼密,国储实嘉赖之。

邑北鄙柘塘旧更置一仓,积贮南粮,然有名无实,往往为豪强之户独据便宜,虽报输粮而积贮之米十无二三,惟希折镪以图私利。余稔知前弊,遂撤柘塘仓舍,而统积于洪蓝,俾豪户利便之计无所自逞,至蠹蟊鼠窃之徒、苛求横索之弊,刘锄必尽,湔剔无余。新廒厮并新廒令,昔之侵蚀而饕餮噬民者,今可无忧矣;昔之颓敝而耗损是虑者,今可无虞矣。

民曰:"室之巩侯之力也,孽之除侯之惠也。安侯既溥泽于前,明府复踵美于后,而恩施加笃焉。德敷功懋,情恶能已?"遂谋合祀而尸祝之。民之志也,余滋愧矣。

上曾县主迁学书 明·甘如飱

国家建立学校,萃国之子弟于其中,固所以养育人材也。然必恭祀夫先圣、先贤者，表追崇之礼，示瞻仰之则也。故斋宇号舍，士之所止，而门庑殿寝，实所以妥安圣贤之灵，岂直为诸弟子计哉？是故，思崇先圣先贤，则于学宫不可不置之严肃之地，不可不宏其壮丽之规。

今也僻居城外，而且倾圮剥落不治，诸生瞻拜之际每每辣骨动心，慄然而不宁，思欲一朝为奠安之计，而无奈地耳！夫本邑旧无城池，则学宫虽在北隅，亦可无分于中外。今惩扰乱之故，城池已备，凡公治、民庐咸有环堵之安，独置一学宫于外，万一强寇潜至，有焚栋倾垣之变，岂所以安圣贤之灵乎？圣贤之灵不安，而独于人无虞，亦岂得不恻然而徒自快耶？是故，不改迁学宫，则建立之义乖，而追崇之意荒矣！是意也，当亦明公重道崇本之夙心所垂虑，固无待于诸生言之，而明公当必有以处之矣。

虽然，前所论者理也，以势言之，亦有不容不改迁者。盖地理之说，或以为可信，或以为不可信，二者若无定论。然不必取诸术士之言与人角辨，但自古观之，如《洪范》之稽疑，"谋及卿士""谋及庶人"，未已也，而又"谋及卜筮"。古公之观"周原朊朊，堇荼如饴"，未已也，而又"爰契我龟"。武王迁镐，亦必以"考卜是宅"；而"揆日于虚，景山于京"，则文公之城楚邱也。是数君者，或稽之人，或稽之神，或上观乎日，或下察乎地，而旁观于山。如此，孰非欲得夫地理之善者乎？则前所谓不可信者，不足据矣。或曰人杰地灵，其显荣发达不系于地而系于人，愚则以为在天有命，在地有理，在人有事，三者未尝不相须也。如天命至，地理善，而人事未修，则其过在人；使其间有挺然杰出之士，而人事已修，但不幸遇天之穷，值地之阨，夫安得而无所归咎哉？

若本邑之学，由淮南而迁之淮北者，非以淮北之地善于淮南也，比患洪水之沉溺，姑即其高爽之势，以为一时苟安之计耳。然其出于左者犹有石岗之高耸，以为之翼，《地经》所谓"左龙奋迅如舞鹤"者是也；但西则嫌于水之易泻也，甃石闸以塞其冲，而右之辅翼独此最为有力，《地经》所谓"右虎盘踞而万壑敛轫"者是也。今则左之岗石尽斩伐，高者变而为深谷矣；右之闸石尽消没，壅塞者溃决而荡然矣。夫前此之学本非善也，所赖以辅翼者，以其有此岗与闸耳。今既尽坏之，而失其辅翼，则学宫孑然特立，如木僵然。譬之人君而无左右辅弼,不可以理天下;人身而无左右手,不可以一日生,此理彰彰易晓者。纵使其实有是龙,实有是虎,能变化,能搏噬,列于左右以为一方之保障,苟遇屠龙暴虎之人破其脑,伐其骨而取其髓,吾未见其有能生者。况岗以土石为依,闸以水石为卫,彼此相生相息,而有脉气之贯融,然后草木生之,鸟兽鱼鳖居焉,以发其生生之灵耳。今水与土石既不能相依相卫,则脉气不能贯融,而生意息矣,何以能生物乎? 既不能生物,又何能为学宫之辅翼乎? 或者曰石闸原是人力造作,今岂不可复以人力修之乎? 愚则以为闸之出于人为者,可以人力修之矣;若石岗由自然而生者也,今其脉气已泄,亦可以复补之乎? 矧是闸也,竭民之膏,疲民之力,糜四五千金,积三年而后成,今纵使其不扰吾民,而财有所偿,功有所属,亦岂能一朝而就耶? 此又必不可为者也。夫石岗既不可以人力补,石闸又不可以蹴然就,则学宫之辅翼终不可复,而孑然僵立其何以存? 愚所云势之不容不改者,此也。

且明公当毁闸筑城之时,曾与诸生约曰,"石闸虽不可废,然城完之日当迁学宫入于城内,则闸亦可以无用。"此言昭昭,谁其忘之! 乃今之言与意大不侔于昔者,得毋以城事烦民之财力,不欲重伤之乎? 然诸生公拟其费无待千金,即今将田租等项区画,已足五六百两,此外大有踊跃奋迅而争辅恐后者,事可立就也。万一不然,亦可以成大半之功,俾草创规模,日增岁补,优优而成,未嫌太晚,此明公之所不必他虑者也。抑或明公三载勤劳之后,课最有声,不时飞檄召用,方将忧在朝廷,而无意于士子乎? 然明公平日抚育士类恩同山海,今者欲举大事苟不倚赖于明公,则他无所望矣。如为诸生开拓端倪,虽止覆一篑,植一木,不必亲见其成功,然功德之高厚已逾穹苍而溢沧溟,而溧士之佩恩而知休者,将何日忘之乎! 盖万世之久睹河洛者,思大禹;饱稻粱者,思后稷,皆人情不忍忘本之至理,非愚生之佞言也。伏望明公树不拔之基,以妥圣灵而培士气,庶几建立追崇之意始尽,而人心鼓舞于下矣!

卷十三

艺文中

唐礼部侍郎刘公祠记　宋·杜子源

溧水县北之柘塘,刘君有祠,旧矣,禬禳祈祷,辄响答。端平丙申,里民以梁桡将压,补敝且藻饰之。而乡之著姓濮君知明首以义倡,时嘉熙己亥秋八月也。未几,戎马突至,居靡遑宁。其后,因以水旱,田多污莱,不克于成。淳祐甲申乃始属役,殚力竭虑,若己作室。雪眷朱扉,林薄照映,揣高度广,视旧有加。位置貌像举以法,故洋洋如在,民益敬惮。

其子贵发求予记。稽诸志乘及裴晋公所著隧碑,府君归葬于乡,今县北三十五里,曰刘墓者是也。其门人韦乾度、王良士、郑(郡)[群],合十余人,琢石为碑。颜鲁公叙送伯氏西游,亦侈其“鄂不华”之胜。晋鲁二公元勋盛德,日星俪明,千载闻风者敛袵,而于府君称道如是。呜呼!金陵古帝王州,达官显人累丘陇,鲜有氏其地者。屋而祠之,历百千载如一日,君之德如此,而于汗简独甚约;托晋公之笔以传,而又不幸缺裂敲砺之余,沦坠割烹之所。非有贤大夫挈而出之,则其名行泯没于苍烟衰草间。然则,扶断刻于垢污,新废祠于煨烬,非乐善神风化者,其克以哉!

遗爱祠记　明·傅应祯

昔畏垒之民德庚桑楚者,哄然起而尸祝之,庚桑闻之不色喜,若逃剑戟避涂泥,惧其近名而刺己也,迄今传为美事。余独窃有疑焉。何哉?盖事定于盖棺,而没世不称,斯君子所疾。使果能置法补敝,排急捍患,真不泯于人心，竢其盖棺而萃飨焉，余不知庚桑能逃焉否？昔畏垒之民能祀庚桑于可逃之日，而不能祀于不可逃之后；庚桑能使其民祀己于偃然南面之时，而不能以其不死之德庙食百世。然则，当时之所以祀且逃，上下胥矫假焉，未可知也。

复所刘君，讳应雷，余吉之万安簪缨族也。以妙年登进士，莅兹邑四载始捧檄，殂于中道。余调自零陵，实乘其后。无何，溧水武封君冔、黄山人汝金、上林武君曙、太学武君易、乡进士武君尚训、武君尚严、武君尚宾，耆民王实、汤铣等来告曰："刘侯，惠人也。今不幸短折，一线未续。呜呼，痛哉！各醵金构祀于山阳乡之西隈，敢以记请。"余嘉之曰："义哉！是举也。"

凡士大夫为民祀者，尝不快于唇吻，有二说：或已勋庸华要矣，一二钜力无因投分而结欢，于是簧鼓群众而祀之，冀其能酬己，是有为而为也；又或子孙显赫矣，思一扬推其先德，乃檄祖父素所经历之地，追其潜迹而祀焉，是有要而求也。刘公则死斯职也，恶在其履华涉要？身随影灭，无六尺孤，又伊谁为之邀结者？汝民犹勤勤焉合并以祀，诚矣而匪伪，厚矣而可风。

虽然，刘曷为而有此？于是又歔欷泣告曰："自侯之父母吾邑也，苦节以贞俗，操钩以摘奸，剂量百役而条征之。凡廉平吏，可能吾弗祀也，惟溧水壤肥瘠不甚相下，而等则迥焉，富家里书视为窦穴，稔兹那移之奸，且乡井嗷嗷，累虚粮者散亡几半，侯奋而量度之。不便己者掉舌当道，中以危机，侯持议益坚，且曰：'计一身之毁誉升沈，而秦越吾民事弗忍也。'蒙暑雨，废寝食，栖息川原榛莽间，虽足迹不遍及，而总核精到，人不敢欺，用有'尺土尺天'之谣。高淳从溧所割，彼其当事者履亩赋耗于影射，而额不盈千，遂汹汹指弊在析壤时，突移其虚耗者架入吾溧，而强健者又从而党同鸱张之，赖侯争以去就得免。夫侯出死力卫民类若此，安得不感而思，思而祀也？"

余曰："噫，有是哉！是谓法施于民，能御大灾捍大患矣！"遂相与请于抚台宋公、行兵宪冯君，核其事，入名宦焉，庶可以报刘矣。庶勤民之迹彰，而后来者劝矣！伏腊千百黔黎奠其下，即一线未遗，何伤哉！

祠初仅三楹，不便瞻拜，余亦感公多所画一，适三不法者具赎，再构厅事于前，题之曰"刘公遗爱"，祠制焕然备矣。是举也，武氏实倡之，鸠工戒墨则乡民徐宠、秦仁、黄铎、赵泗、黄洲、黄河清也。

工甫毕，余奉召入拜台史，汝金山人来书索记之急，时方勤职守，未辄应，且几月矣。坐狂言罪，谪海上，聊寄以毕其请焉。

重修邑侯徐公玄仟遗爱祠记　徐良彦　知县

遗爱之名自子产始，中山德徐公玄仟甚渥，立祠祀之以为遗爱云。祠未几，又重构之，其祠者不一，祠之碑各纪其功德，与讴歌于道者亦言不一，奈何？为言皆未尽也。夫小人之腹易满，旦夕获一缕一粒之惠则喜，以为侯所遗也；其君子见其大，泽不以周身为恩，政不以小康为异，各纪其于见可闻之教令，后戴侯之遗于不朽。

夫惠弗遍也，政令易更也，以此为遗，遗必穷。惟爱之一念流注于匹夫匹妇之间，嘘之非其火，吹之非其柝，近而被者逢其润，远而弗到者亦无弗晚，期月行之而可遍，三年用之而弗尽，百年留之而有余，岂必有一缕一粒、一教一令之遗以惠之哉？而亦未常无所遗惠，即天和地德不能有加于是。

今郑国故墟犹在也，侨之田畴沟洫与其教训树蓄以及刑书，犹与故墟同在否？郑之民其安土而乐业者犹爱侨之惠否？其流离辛苦者犹能引侨之余以庇于不替否？然试问郑之人，于今数千年之后有不心戴侨之爱者耶？即非郑，而邹、鲁、吴、楚，寰宇内古今亦岂不爱戴郑之有侨？是又何政令惠遗之及？侨之庙今榱桷俨然如故，设必待其政之遗，而侨之辈烨然有惠政声称者，岂翳一人？求其祠于荒烟断碑亦复不少，且有与其人俱没没者，则政非无可纪，而其爱之一念，有无、真伪于其间耳。

侯之治中山也，惟有一爱根于隐衷，如慈母念子，忧其忧乐其乐，合于民风，厌于人意。细之曲折必至，大之规矩必周，一时之计而百年必其可行。其可行者即其遗，为可行者即其爱。行可不穷，则爱可流于不尽。其有颠倒而易置之，行窒而流尽，其爱未始不存，侯之遗未始不留于中山也。夫祖孙相遗以及世世，岂复有家政可传为不易，而使其苗裔怀思于不替哉？

枝繁而叶茂,川移而陵改,独有顾复鞠育之恩,延一脉于如在,而百世之下可使精神血脉流贯,而喘息呼吸犹相通耳。

徐公去中山五年矣。去之日,里巷之歌、老幼之泣,人争尸祝之,至有五祠,此其政之遗也。今五年后,父老游其庭已广矣,榱桷磐拱、金碧炬烂已丽矣,自门及堂、自堂及庑、及奥室已绚矣。而复卜地势,以其后圃有仰瓦之形,不可久,于形家不合,复建为高阁以障,飞甍连楹,如峰如冈,远耸近峙。复募一僧朝夕粪除,持膏火薰香,置田十二亩七分以给僧薪水。夫民之所吝者者,财也。若使此僧说以果报,自身子孙受福,民未必舍,即有信心,人亦无几耳。乃至侯去而深檐大厦犹恐不足尸祝之,旦夕而计长久,无远近智愚皆不吝于赀财,此则侯之爱所遗也。不然,若之政虽在,而历五稔,更置二令,数易代庖,其中存废已不一,善泽之流而访故寻遗,精欲宣其旧而力又不逮,民几不见公政矣,其又谁为侯留不朽也?

侯之善政,详在光禄王先生之碑阴,所不具记。中山四民论礼最严,非诸邑比,二百四十余年仅见之。庐陵贺公、刘公、安福傅公、南昌陈公皆余里人,今嘉兴徐公为五。其有祠自豫章诸君始,重新其祠自嘉兴、南昌二君始,一人而五其祠则自嘉兴徐侯始。

是役也,众推省祭吴应举复董其事,而嘉兴孙君应俸、豫章赵君应和、熊君仁皆奉侯之遗政者,闽之吴君伟、濠梁陆君中立、金斗王君应聘皆沐侯之遗泽,所留于云龙堂间者,例并纪名。豫章徐良彦记,授孙生谋书之。时万历三十四年,岁在丙午孟冬之吉。

三贤祠记 明·张元忭

溧水有仓曰水阳者,在石臼湖之南,去县一百廿里。湖阔而险,输者常苦风涛;又以其遥也,必环聚以守;南畿将卒不至则不得支,支则邑长吏不得数往视。于是守则多侵耗,支则多为将卒所掊尅,民苦病之。隆庆间,贺侯名一桂者知溧,察民所不便者状,遂定议徙仓于梅梁,为便民新仓。新仓去县仅二十五里,邑长吏可旦夕一往返,畿甸来就支者民有所恃,将卒禁不敢多索升斗。又近也易守,无侵耗,无风涛之险,民坐失三患得三利。而侯为政先大体，廉仁以才，今其去召之日月，为御史也已若千年矣，民思为祠于新仓。

祠成，邑簿娄君爰来请记，且曰："继侯而令者有傅侯，名应祯；继傅侯而令者有吴侯，名仕诠。其有德于民，而民德之犹贺侯也，将并列于祠，幸亦并著于记。"

予谓贺侯方在要津，吴侯且迩，今兹之举似不能无疑于好事者。若傅侯，则谴者也，民何附而援哉？用是，而益以知吴、贺二侯之果有惠于溧也。贺侯徙仓事既章明如彼，而吴侯作赋书数十条，其欲苏于民，皆诤于大吏而后得，非容易事。傅侯作乡约书，谆谆如与父子家人语，事虽不同，同归于仁。譬如上党之参、滇之苓、粤之桂，皆足以养荣卫而起凋瘵，皆陈藏器之，所并珍而同谱者也。予故并为之记。

贺侯，江之庐陵人；吴侯，浙之归安人，并起家进士。而傅侯，安福人，与予同辛未傍，由令召为御史，以言事谪戍。娄为予外昆，仓之出内，实其所职司云。

陈侯生祠记　　明·武尚耕

儒者诵法古昔，幸得当一邑可见之行，直将奥主中都，而莒父、单父皆在祊绎矣。譬如操刀使割，利而后断，春然中桑林之舞哉。焚籍以还，汉最为近古，而龙门传信仅一长安令宜法，行治拟之狼牧鸢凤，谓何？彼故从胥史起耳。神爵、五凤之间，率以经术向用，文武自将彬彬矣，乃所称居廉平充德礼何晨星也？我明建官理人，其制超汉乘以上。

而溧水在陪辇下，为汤沐邑，然十三沮洳，十七硗确，稍甸之赋仅仅自给，无陆海亩钟沃土而淫之资，高庙衣冠实式灵之。其俗朴畏自重，无强宗宿猾、敖民恶子舞法而横之习。齐枢公殉于所事，名在丹书，后来文献竞起，将以经纬大业一洗濯之。亦无乡校不逞浮谈而蠹政之名。圣天子方在负扆，而当事者以综核之术进，诏司徒履亩经野，更其籍，司会正簿，责逋重其罚，诸纪纲之使绳武断，汰文胜，一切阃密。而吾溧水士民衎衎自如，则陈侯实为之保障耳。

侯名子贞,号怀云,豫章人。举庚辰进士,始至露冕而奉疆理之役,执度者从之,尺寸勿爽,总之有辟土,无竭泽,不尽利以遗民。邑人知其意在抚字,而不欲以征科之难为侯考目累,故输将效役朝令而夕完,不假责比,为列雉冠。著《劝善编》及《谕民礼法》,县书户晓,乃逡巡笃行,一以躬先,而后褒惩行焉。否惟去甚,臧必表微,五年之间邑人相观而化,鹬冠解,渊薮夷,郜鼎废,肺石平。侯所论输,鬼薪以上不及数人,毋论重典措已。博士弟子意气摧折之余,侯益务以文艺振之,聚族而程载,先鸣以倡后乘,邻邑之士四面望而来宗,即乡塾、里蒙闻风而兴,靡不斐然,一变大都。侯之表则玉温,而才则金砺;守则冰清,而理则衡平。至闷闷拊循,不猎声华,斯尤亲民之懿范,醇儒之隐衷也。辛之岁侯下车,民向之若(泠)[泠]风;癸丙两治,朝车宾之若出日;其秋赴征车,恋之又若慈母。甘棠勿剪,岘首永怀,要以泽施于民,载在祀典。

不逾年生祠乃成,为植者武氏光禄公易,少尹王君尚宁,文学张生义泮、王生可学、刘生天德、许生一元。谓余辱在宇下,以丽牲之石属之,顾不佞,无能为役,诸口碑具在已。间史氏曰,"侯未尝泃沫吾邑,然岁计之有余。侯去而水旱洊仍,称俭者六,大祲者二,尸祝未报,天若啬之,今兹穰矣。"州史氏进曰,"自刘侯著遗爱于吾邑,而吾邑人之望楚产不啻司命,贺、傅嗣响,未殊颠合,至我陈侯则鼓吹休明,而益张楚矣。"野史氏,至怪者也,乃言:"徽恩高崎,实昭往烈。侯以丰和举赢革故,鼎新翚飞,不日乃令庙貌跬步相望,殆将与玉田丹泽永永勿敝叮也。"余不佞,何敢辞!

第侯方秉宪,为天子持循,绣斧骢车所至当不忘旧部民,即异日勋名满天下,若曲逆安刘、卜于宰社,河润溟渤,吾溧水其犹在重野积石之间也。不朽之业,惇史为政,请以是碑为左契。

徐侯去思碑记　明·顾起元

徐侯季良,举万历戊戌进士高第,初授婺源令,再被命为溧水,则癸卯之十月也。阅五年,以卓异征拜礼部主事,邑人皇皇然若免赤子于怀,谋挽侯之北辕而不可得,乃众建生祠以永其思。谓余与侯同年也,属孝廉徐君文炜、王君可宗，以所载实政录来授余，俾为之记。

余盖尝有感于吏治之多方矣。聪明才辨之士一旦离疏释屏出牧百里，率其锐志盛气，往往捷取神明之誉，而亟树赫赫名以钓奇。烧剔刻络之用多，而马顿于枥；毕弋冈罜之智多，而鸟呿于云；渗漉淘汰之意多，鱼调于水。其政事岂不亦燀赫一时，求所谓实政在民，使人沾被而户尸祝者，有乎？无有哉！故夫课民功者，朝士誉之，不若其上官誉之；其上官誉之，又不若其下之士民誉之，何也？水（懦）［濡］而火烈，其宽猛惟泅者、燔者习知之，视筳而占风，嗅纩而征燠，虽得其似，有不及肤者矣！

季良以瑶林琼树之姿、雕龙绣虎之学、悬鱼留犊之节、解环游刃之才，岂顾不可出奇见异，使民畏若鬼神雷霆不可测哉？乃余视其行事，抑何薰然仁慈，视民如子，抑搔之，煦育之，惟恐其或伤而鳃鳃焉。与改折，革砖差，除盐例，筑圩堤，建运桥，创水口，扞圉周矣。厘蠹则核丁田，并条折，严兑运，清会计，绌老人，编鱼户，狐鼠之穴室矣；恤凋邨则疏比限，省刑法，减勾摄，裁践更，养疲癃，苏坊里，南箕之风播寒谷矣；振风俗则教孝弟，训婚嫁，约图骗，息争讼，禁赌博，杜增赎，重迁葬，掩胔骼，罪溺子女，澡醇散朴之俗一朝返其初矣；宽有罪则明冤狱，抚重囚，清囹圄，戒僚吏以繁刑，而桁杨接折者人人游福堂矣；兴教化则修学校，勤校课，豁齐太卿之党成，封左伯桃之遗墓，薪樗之化洽青衿，苹繁之信通黄壤矣。念无日不注民，而己不必尸其名；事无一不蹠实，而外不必骛其迹。盖读录中所书，人沾被而户尸祝，即古所称神明之宰且逊德焉。其与夫树赫赫名徒用钓奇者，同日论哉！

九层之台累之而愈崇者，其基实也，实则积小以高大。季良今且晋擢为侍御史待命阙下矣，秉斯心以任事，异日者澄清四海，铨叙六官，赞天子加意元元，（母）［毋］使浮淫之蠹加诸功实之上，皆此物此志耳，夫溧水之政则犹其植砥累甓时。实大者声宏，畏垒之祝宁有既乎？故具论之，以俟后之考循良者。

余家隶江宁，与溧水相接其壤也，虽邱里，亦异乎视筳嗅纩者矣。

季良名良彦，江西南昌府新建县人。

张公祠记 顾起元

溧水岩邑也，隶应天，称神州之赤县。距留都百里而近，令之政，辇下卿大夫耳而目之甚易。士大夫而外，御史中丞，若御史，奉玺书监临者以什数，皆得以职相参，以故邑有善政，声上腾，不崇朝而遍。而或以事多肘掣，独行一意为难。若贤者居之则仁声易达，长才亦以自见，有若登高而呼者。

潼川张公之为溧水也，凡四年。自下车以至拜征命，其徽猷善政日积月累，士若民奉之若神君，而戴之若慈母，被其延接者如坐春风，而受其覆帱者如仰冬日。吏饬于庭，农劝于野，士兴于庠，商旅歌于市，谣诵之声达于四境之外、大江南北。课冯翊扶风之理，三善六条众相检括，治末有逾溧水者，而公之治行遂为赤县冠。今天子御宇，莹精吏治，选取循良置台省，将以次备公卿之任，公首应召入朝，拜南山西道监察御史矣。

当公之以召行也，邑士民攀公辕而不得，则仰而吁曰："天亡我也，使我邑不得长有公。我民欲再沾公怙恃之泽，何日之与有已？"闻公拜命之南都，则又以手加额仰面颂曰："天其不终忘我乎！俾我公之峨冠簪笔执法殿中，不北而南乎？我民朝于公而夕于邑也，夕于公而朝于邑也，公在台犹在邑也。天其遂以我民私我公哉！"已而，父老子弟相聚共语："公之惠我邑也，不在利一时而在百世。而我民即世世以心戴公之德，而无所以效尸祝者，其有愿志欤！"则相率构生祠，肖公貌于中，严事之。入公祠，爱者起慕，若聆公之謦欬，而呴沫就之；畏者作肃，若承公之版教，而神明莅之。为善者益劝，若甘雨之祈祈，受渗漉者无不奋而达也；不为不善者益虔惕，若处青天白日之下，丰蔀暗室无可袭而藏也。乃总公德政之大者四十余事，辑为舆人之诵，刊而布之，以诏永永，而以祠属余记。

余之奉扬仁风久矣，每私诵服公以神明之用，达其恺悌之仁；以燃犀照胆之明，宣其嘘枯育朽之德。法严于稷狐社鼠，恩浃于槛兽悬鱼。盖古之循吏或以宽取誉，或以严致理，鲜有能建中和之极者。公不觖不绿，刚柔互用，钩矩不设而耳目周，芒刃不婴而髋髀解，以此而佐天子，纲纪天宪，澄汰官方，举而措之裕如也，公盖独为溧水一邑计哉！说者谓公之筑圩堤以御水，胜于史白之凿郏渠；议永折以宽民力，胜于阳道州之劳抚字；除京棍驱莠民,胜于尹赏之治桓东;少年周悉民隐,无有不上达者,胜于黄次公之问于乌攫;敕勤守望,盗贼衰止,胜于虞诩之募士;而设三科,兴教化,崇礼乐,邑中彬彬向风,胜于元德秀之歌《于蒍》;于减息,夫马驿递无疲累者,胜于何易于之躬挽船以免民役;加意黉序,振起贤才,胜于何武之立学宫;禁止邪教,黜淫祀,胜于西门豹之投巫;奉母县邸,出入禀命,以母众人,胜于孟仁之遗䌷鲊;爱养小民,上下书牍俱得大体,胜于吕许公之请不税农器;谨傅爱书,务使无冈,胜于欧阳文忠之阅旧牍。其他善政,更仆数之未易终物,盖古之所难,公之所易,往往如此。

溧水固称岩邑,公处之仁声易闻,而长才有以自见。四年中,若大府,若御史中丞,若御史,署公上考,闻于朝者岁月相望,上以是亟褒显公,以风有位,乃先以溧水为大援地,诚有非偶然者。溧民之祠公,而思以永公泽也,岂徒如桐乡之吏民,爱其令胜于子弟而已哉!

公名锡命,字君宠,号月沙。家世蜀之潼川,代以名德闻于朝,公之宦谱渊源有自,以万历丙辰举进士。

祠之建于甲子某月某日,成于乙丑某月某日,在邑之北隅。鸠工庀材合邑之缙绅章甫,若都鄙乡遂之民,辐辏共举;而董其成者,邑丞王景文;请余文者,诸生孙世彦、张正纲等;砻记德之石者,官生王辟疆,具存之。读岘山之碑者,知羊公之有邹湛,升成都之讲堂者,识文翁之有王褒司马,是皆附公以不朽者也。

赵公书院碑记　国朝·阁　坊

天生圣人以御寰宇,必有雄才大德戡乱致治之臣龙骧虎变,蔚然并兴。或为股肱心膂,夹辅于内;或为屏藩牧伯,布德施惠于外,上承天休,下定民志,此元勋巨室,所以与国同其休戚也。独是世禄之家,一传再传,坐享膏粱,往往不识民艰,暗于吏治,即有殊才异姿,亦或修饰名誉,非不赫赫一时,及其身去势移,则声华歇绝。若夫以翩翩之华胄,为蔼蔼之吉人,甘棠布南国之仁,衮衣系东山之慕,远而弥芳,久而弥光,此诚冠古振今、超前轶后者矣。

康熙壬辰夏,坊奉命来治兹邑,入境之初即闻父老子弟啧啧颂前令三韩赵公恩德不置。逾年,邑之乡先生偕士民踵出而告曰:"赵公之泽我者渥且久矣,请言于宪府,达之宗伯,崇祀名宦以慰众思。"余乃按其实迹,据情上请,咸报曰可。不数月,荐绅士庶又相率来告曰:"邑之尸祝赵公者千万户,必有专祠,始可尽伸其爱敬。适邑庙左有废地,愿醵金营建书院以妥公灵。"余益叹公之能使民不忘,而又嘉民之能不忘公也。经始于癸巳四月,构堂三楹,前门三楹,又以余材为侧屋,以容守者。涂塈丹垩,两阅月而落成。春秋伏腊,白叟黄童骈肩接踵拜奠其下,盖数年于兹矣。既虑黍稷弗馨,共谋出镪购田以垂久远,庚子春士民踊跃乐输,得九十七缗,买在官余田二十六亩有奇,瓦房二间,山十六亩,永供祀事。

夫公之去溧垂四十年矣,而士民思公之德,请崇祀不已而建专祠,建祀不已而置祭田,非其恩德入人之深、感人之切,胡以至此!父老曰:"公莅任在戊午、己未之秋,其时兵革未息,荒旱洊臻,疫疠继作,公苦心调剂,为民祈祷,呼天盟神诚意惨怛;及其请蠲劝赈,慷慨涕泣,上下感动。身先出粟以为众倡,四乡八隅分厂散赈,日食万人,三月而后止。公复延医市药,遍疗病赢,日往捡发,不爱其躯。今日之赤子,孰非公之所留遗乎?至其温恭之度,霁月光风;严毅之操,青天白日。留心文教,武邑弦歌;洗空奸狯,不愧于公;消弭萑苻,再逢虞诩。其他美善亦难殚述。"余闻之而瞿然,曰:"名固不可幸邀,而直道自不能泯也。"余窃幸步公后尘,侧闻流风余韵,以免陨越,恒切高山仰止之慕,爰从士民之请,备书于乐石,以见爱戴之无已云。

公名世臣,字弈庵。奉天人,镶红旗,世袭阿思尼哈哈番。

关帝庙记　明·董懋中

汉将军关公庙庭遍天下,几与夫子之宫墙、大雄氏之刹庐埒矣。而宋崇宁以来称号代更,崇隆日新,要非极其至者,关庙之称关帝庙,今皇帝始之也。中山之境道宫梵苑所在肖像公,民间家家悬祝公像,而通邑虔供尚无专所,非所以昭帝灵也。

往者游行郡邑,每览山川性情,其回抱分合间形势有所未周,而风气有所不固，则必有神圣行宫杰然耸出其地，以绾毂而扃钥之者。《易》曰"裁成天地之道，辅相天地之宜，以左右民"，是宁非其一端乎？癸丑之冬，视中山篆，公余眺览，其邑治地脉蜿蜒南来，两水翼之，襟邑而北，以西达于秦淮；东庐、西横远障，四合若大环，而西北一隅独无峰峦突兀可为门户者。前令徐侍御创塔院河东，而朱吏部跨河营作石桥，良有以也。乃水本西北去流，而西岸卑衍，自若譬之重闉内固，而偏掩其一扉，士民喁喁犹有后望。

居三年，既已徵灵丰和，鼎新黉序矣，会天子焕其新命，加崇公为伏魔关圣帝君，意欣欣动念，欲建庙城西，仰假帝灵为一方庇。邑缙绅文学相视莫逆，逮屈指乎木石甓塈之资，遂解带以倡，而诸纷然输助者，亦不谋而同也。学博士蒋君精堪舆家言，则为定其新址，背壬面丙，大山当前如屏；河流曲曲至，自巽隅逼左腋，而后绕出右肩，回环如带，而庙貌宛在中央，盖天成之胜也。太学生丁炜、耆民萧济等鸠工抡材，而尉杨君时愍饬之，不浃月而告成。前为方池，临池为坊。次为门，左右为庑；中为堂，穹隆靓深，公神在焉，衮冕衣裳，执圭如帝；后为准提阁，高与庙齐庙。外周为长垣，总为亩者五。

既落成，适奉命改莅毗陵，邑人相与留之不可得，则具碑索文，曰，"以志始也。"乃拜手而扬言曰："帝生而有神武之威、精忠之节，没而有赫濯声灵震荡千古，其朝野之具瞻，华裔之顶礼，人能言之，不具论。论其最较著者，无如为汉之与翊。明夫汉祚终衰，仅中山一派，公为汉臣戮力王室，生平忠义固出自然，乃千古而下犹殷殷。我皇明者，非以驱除混一为千古未有之业，而与公精忠神武相契合也与？太祖高皇帝定鼎，金陵为洛镐之地，虽再迁北平，而高皇帝灵爽实式冯之。是则，帝之呵护金陵，宁遂减北平也者？溧水，金陵隶邑，帝以卫北平之心卫金陵，并以卫金陵之心卫溧水，山川形势实籍绾毂而扃钥之，亦安知帝之灵爽不偏寄兹也哉！故是，祠宇不朽，而民之饮帝德者亦与祠不朽焉，则懋中所借手以解此篆者也。"爰次其事而系之铭。铭曰：

炎刘既烬，随唐宋世。弹指销沦，而况吴魏。汉寿亭侯，倏王以帝。灵爽于昭，盖壤与敝。云何以故，公固有言。日在天上，心在人内。渊乎大哉,于斯尾闾若泄。爰奠公位,峨峨峻绝。丹楼霞起,华表云开。宛彼重关,以环以回。神威庙貌,亿千万禩。敬勒贞珉,以告成事。

重修东岳庙记　明·栾尚约

天地,惟天子祭之,诸侯不得与焉;山川,唯诸侯祭之,大夫不得与焉;五祀,唯大夫祭之,士庶人不得与焉;祀先者,士庶人之祭也。是故,季氏旅泰山,孔子讥之。季氏,鲁大夫也;泰山,鲁境内地也,在季氏犹谓之僭,境内之民之不得祭也明矣。境内之民犹不可,而远方之民之不可祭也明矣,溧水之邑胡为乎有东岳之祠哉?

僚友有捐俸金率义民宏庙制而新之者,请余记其事,余曰:"非其祭而祭之,义所当禁不禁,又为之辞,教民僭也,是不可记"。溧民再拜而请曰:"制有定分,礼有定祀,某等敢以野人而干礼哉!闻之父老述古人之言曰,'泰山岩岩,鲁邦所瞻,尊曰岱宗。云触石而出,肤寸而合,不崇朝而遍雨天下,其唯泰山乎!'是泰山之泽不专以鲁地也,泽及远方异域矣。某等江南民也,被其泽而不敢忘,乃聚工而新其庙,时有旱干水溢,合邑之民而祈祷焉。非敢曰'某也,以某月某日,具牲束帛,致祭于泰山之神'也。今之秦晋燕赵之人,历重关涉巨津,匍匐千里,赴东岳之下,小人之心未必无妄祈之念也;其亦有知东岳之泽遍于四海,东岳之望出于五镇,古者巡狩始于此,后世封禅始于此,必欲履其地、览其胜而后快于心欤!野人欲至其地,而不敢忘东岳之泽也。是故,因旧宇而新之。野人诚有罪矣!"余曰:"感泽而报,则无求福免祸之心;合众而祈,则非越礼犯分之祭,是可以为记也。"乃考其始终以俟后。

庙去县一里,始元至正元年,国朝成化间县令王君弼见其久而颓也,为重修之。继王君而新之者,今县簿孙君禄也。中为正殿五,左右之殿各一,坊一,钟一,鼓一,周垣六十余丈。房三,以栖守庙者。区画咸出于孙君之意。事神治民,有司事也,余不敢泯。

东岳庙记　国朝·闵派鲁

令宰一邑，期于泽民也。期于泽民，而凡所以泽民者，不必令之自为之，亦靡不庸意焉，以为民永其泽，此禋祀之典所由昉也。溧邑东北隅，距县一里有东岳庙，建自元至正初，明成化间邑令王君弼因其圮也修之；至嘉靖间县簿孙君（绩）［禄］复修之，邑令栾君尚约记其事而勒之石，迄今百有三十年矣。

历岁既久，倾圮益甚，又值鼎革之初，客兵驻防，民居无宁宇，遑谋及庙。癸巳夏，余承乏兹邑，秋祀于厉坛，往过其庙，见殿垣废颓，四周鞠为茂草，怵于心者久之，然自念未能治民，奚能事神？

一再岁而政渐修，民渐和，百废渐次具举，乃召邑之耆民马自骧、丁可泰、梅起化等，喻以修庙之意。爰捐俸为好义者倡，而士民咸欢忻踊跃，输赀以助厥成。于是程材课功，无侈制，无啬费。榱桷梁栋则新其摧朽者，垣墉则重涂堲丹腰焉。旧殿后有隙地，今则扩建巍室以为神宫寝。前门之左辟门创殿，奉关帝于其中。后复构廊数楹，朝岳诸神悉绘而事之。始前门隘狭，因更造而崇广之。翼翼皇皇，较余初至之日固已焕然改观矣。

乃耆民复向余请曰："庙貌既新邑，民岁时祷祝，即籍神休，实维我侯之德，敢求一言以志不朽。"余谢不敏。

窃惟泰山之云，肤寸触石，不崇朝而雨遍天下，其泽之广被，不独鲁邦所瞻也。《记》曰，"山川出云雨以利物，则载诸祀典"，今溧之民沐膏泽而思报，揆之于礼罔有僭忒，庶乎知感德而能守礼矣。知感德，则人无浇讹；能守礼，则俗无邪侈。夫设官治民，所以返浇而还之淳，禁邪而归之正也。使四海之大，亿兆之众，明此义以立身事上，则三代之风不远已。余是以乐为之记。

重修正显庙记　宋·王端朝

溧水东门之侧有庙曰正显，盖城隍神白府君祠也。君讳季康，唐元和间人，为官清白通济，凡作四县令而终于溧水。虽归葬下邦，然溧民尸而祝之，数百年不忘，即县治为祠，水旱疾疠必祷焉。五代乱离未有封爵，皇宋一天下，而兹邑望京师余千里，亦不暇上闻。天子省方东南，屡幸建康，光晖所焀百里而近，神之受职厥有显报。绍兴十年，故户部侍郎李公朝正实宰溧水，有祈必获，闻于朝，（锡）[锡]庙额曰"正显"，始以阴功受帝命书，后进封广惠侯，绲章信珪，列于五等。

神既嘉享，民皆具依，桑蚕不訾，岁得大稔，鳏寡有养，奸宄灭息，民德之益深，率以府君名其子。邑人钱雾、朱抃等，以庙宇朽敝，遍走大家，傍及喜舍，寸积铢累，日渐月溢，增新广旧，不陋不华。为外门三楹，中门如之；正殿三楹，后寝亦如之。挟以副宇，缭以周廊。献殿处中，露台高峙。丹青绘事，舆卫悉备，炳焕光采，标冠一时。最屋五十间。

岁四月十有八日，邑人记侯诞节，竞为侯寿。铙歌鼓吹，旌纛节斧，森乎其前驱；仙释威仪，倡优技巧，骈然而次进。侯临之如生，邑人荣之。

窃尝以谓幽显一途，神人同道。生而廉正，没则必仙，否亦为神；积功储行，列于上清，如府君是已。于少傅乐天为侄，其家法可知也；以丞相敏中为子，其义方可知也。丞相出入将相垂三十年，府君在当时已赠至极品，而史不书。

端朝浮家南来，卜筑溧源，起居饮食皆神之庇，邑人以纪事见属，夫其何辞？词曰：

于惟府君，唐之良吏。有德于民，宜百世祀。伟哉庙貌，在城之东。万石之虡，千柱之宫。羽卫森严，丹青显设。绲衣鹫冕，玉戚金节。侯之莅止，风云肃然。顾我溧民，拜祝惟虔。侯之韽止，箫鼓争进。顾我溧民，厘拳斯尽。侯既醉止，气斯太和。年丰俗乐，民饱而歌。侯既归止，里闾咸仰。尸而祝之，家有遗像。少傅之叔，丞相之父。中兴天子，典册斯举。在唐有闻，在宋有光。佑我溧民，千载无疆。

显应阁记　宋·周成之

咸淳二年，余叨恩来试兹邑。是岁之夏，霪（两）[雨]连月，涨潦为沴，县官遍走，群祀无虚日，而未应也。余乃袖香叩显德公之祠，躬致其恳，未几，阴气倏解，晴曦在天，篝边耠外，始有生意。既而弥月不雨，民又以为忧,余复款谒徽惠,是夕大雨三日乃止,槁者兴,秀者实,迄用康年。嗣是岁仍大和,五谷胥熟。邑人感神之贶,相与捐力度材,即庙之东(遍)[偏],因崇冈创杰阁,数月而后讫工。美哉轮奂,斯翼斯飞。士民造吾而请曰:"白君昔为邑长于斯,殁而庙食兹土,自唐至今余数百载。我民凡有求必祷焉,祷之未尝不吾应,是以事之惟恐其不至也。今祠宇亦既孔曼且硕,顾惟隙址尚可营创,于是为阁三间,以为出游来归之所,扁之曰显应阁,所以表章神之灵也。愿得一言纪其事,公其无辞!"

　　於戏!神以丞相敏中为之子,以太傅香山为之侄,生能泽其民,死能福之,久而弗坠,以有封爵若旧记、实录之所称述,与夫累朝诰词之所褒嘉者,可考而知。民之于神焄蒿凄怆以极其思,荔丹蕉黄以致其敬,犹以为未足也,乃建是阁,揭是扁,庸俟后观,可谓无怠于报事,而钦于世世者矣。抑余因思始至之岁,为民祷晴而晴,祷雨而雨,其应捷于影响,非聪明正直、阖辟造化能如是乎?然则,神之应,应之显,盖可类推,是名也信有以称其实矣。遂书以遗邑人,俾刻之石。

重修城隍庙记　明·栾尚约

　　尝读《礼·祭法》篇,有功德于民者始载祀典,明崇德报功义也。我太祖混一四海,首明大礼,山渎之神锡以本号,独邑郡城隍仍以公侯伯爵祀之,重民事也。溧水城隍庙在县治北,肇建于唐,历代间有修饰。考其碑说,未有举庙之土木一更焕然者。

　　嘉靖巳酉,马簿姜君从周之任,谒庙历览其中而叹曰:"此有司咎也"。继以督册事,居守庙之草堂,首捐俸金,率耆民武潘辈以维新之。不数日,栋石充积,百工子来,度新饰旧,越岁落成。正殿五楹,殿左右为画廊,绘神出入之状。后为寝室,如正殿数,东曰降福,西曰祈子,各三楹。殿前东西廊二十有四,分善恶司,以寓劝惩。门三重,其二为徽恩阁,宋元祐所起者,高数丈,雄壮精巧,甲于江左。阁后石池一,池有桥,旧题曰宝庆桥。外创石坊一,以表庙号。于是颓起废兴,卑崇故易,垣宇宏深,宫墙炳丽。溧民拜谒庙中,无不肃然敬畏,起为善戒恶之心,姜君之功不惟见祐鬼神,而溧民亦知劝矣。

　　夫明有礼乐，幽有鬼神，此不易之理也。愚夫愚妇有无知干法者，谈及鬼神则耸然恐惧，而畏鬼神之鉴察。约辛亥冬受令斯邑，适是庙始成之日，乃招境内于庙中而语之曰："尔辈知重修是庙之意乎？尔辈知敬事鬼神之道乎？尔以城隍之神司境内民命也，为溧民者莫不欲祈福免祸以欣鬼神之默祐，是未知敬鬼神之实也。尔能尽孝乐亲，克勤修业，怀慎持身，崇忠接物，隆师友，成子孙之令名，如是，虽不祈于城隍之神也，神自尔其降福矣。如残忍强梁，阴险诡诈，罔上行私，凌弱暴寡，济欲于衣冠，窃誉于容貌，如是，虽日祀神侧，不免鬼神之罪谴也。尔溧民因是庙之修，而尽祀鬼神之实，毋以效劳于庙，欲假神以坠行也。庆积余善，殃积余恶，此天地之心也，此城隍之神之所司也，此姜君重修是庙之意也。尔溧民其自勉哉！"

　　姜君擢闻喜，将别溧矣！溧之民恐后之人不闻姜君之绩也，因立石以为记。

城隍白府真君事略引　陈子贞_{知县，南昌人}

　　自余始宰溧也，惴惴焉以民事为忧。客有告余者曰："水不停宿，火不延二，蝗不入境，此白府真君自誓之（祠）[词]，而溧民永受其赐者。宰斯邑也，夫何忧也！"余闻而识之，未以语人也。

　　壬午孟夏十有八曰，邑民以真君诞（晨）[辰]循故事举庆会，因上徽恩层楼，见其栋宇倾圮，即思所以新之。时虞财力告诎，修举未遑，越三载而旧贯不可仍矣，因叹曰："此神明灵气之钟，一方游观之胜也，可视其废坠而弗之葺乎？"遂谋之僚属，共捐俸为经始计。由是士夫之贤者助其成，父老之尚义者勤其事，不劳民，不伤财，不逾时，而匠氏呈能，绘人献采，巍然焕然，楼阁之大观一新矣。是知神以福泽庇其民，故民以子来报于神，不然，胡能使人心踊跃一至于此耶？

　　既而举酒相属，父老复出《真君事略》古刻一帙，欲付之梓，因阅及神誓之（祠）[词]，乃知客之告余者匪诞也。自肇祀以来，不闻水火虫蝗之灾，乃知神之自誓者不虚也，是宜复梓，以侈其盛美云。

今而后神其益显厥灵,永为民庇,岂直庙食之光,抑无厘有司忧民之虑。

重修徽恩阁记　明·王　庭①

徽恩阁重修者,溧水令陈君以成所为也。县故有徽恩阁,创自宋,盛于我朝,为白府真君置尔。真君,唐人,仕唐凡为令者四,而终于溧水。其世系往绩载在《城隍事略》中,不具论。因叹令之为道,生而有功德于民,死足以血食不朽矣。矧虽死之日,犹生之年乎! 真君之生也,汪惠溥泽,为溧水福者亦既焦且劳哉! 当唐长庆中民固已尸祝社稷之矣。乃其灵贶阴隲发扬著存于数代之后者,永永不泯,则后之人所以奕世载德者,宁可自谢于长庆诸先民耶? 故秩以庙祀,崇报也;增以巍阁,大观也;阁曰徽恩,志不忘也。

然阁久将颓折不可支矣,敬其神明无乃阙哉典耶? 然主在邑侯。方陈君宰溧水,始也邑父老以其事请曰"新之",陈君曰:"仍之。诸父老其勿议,夫务民之义,敬鬼神而远之,尼父已言之矣。若乃借口于众庶,专精于鬼神,有惟我所为而急不虑者,其奚以为?"余故知陈君之难其请也,先成民也。居三载,邑父老再请,陈君始可其请,曰:"悦以使民,民忘其劳;劳民所愿,神其罔怨。"遂鸠工立程,庶民子来,不须蓍鼓,不累月日而告成事。其宏规异采,煌煌乎赫视华林矣。邑父老共举手加额相告曰:"神其休哉! 神之休其溥将哉!"

君子闻之,相与谭阁事,乃亟称曰斯举也有懿道四:

夫神聪明正直,依人而行者也。神聪明,则惟虞民财之劳伤;正直则无欲土木之侈美。顾此阁之设也,神岂以其颓新为喜怒,乃民也大以其颓新为忻戚。民请之,从所请而作之,即人悦矣,神有不歆而安之者乎? 上而助顺,神人胥欢,君子谓其太和流焉。

夫水火蝗虫,百姓为灾。水火焉,神默除之;蝗虫焉,神幽驱之,顾神安

---

①　此处有误,应为王庭譔。王庭譔(1554—1591),字敬卿,陕西华州人,明万历八年(1580)与溧水县令陈子贞同榜进士,探花。

所凭依，而民安所敬瞻哉？皆是阁也。御灾捍患，神永其德，岁时伏腊，民永其报，祈神以保民也及于无穷，君子谓其深仁寓焉。

政在节财也，况有兴作，不费胡获？不于公帑则剥民膏而为之，奚以称劭？维阁经始，陈君先捐俸，率二三所属，助金输粟者人尽邑也。佥忻忻喜施无难色，此在官之与民也不其通义乎！

祀尚明事也，饰者逾度固尔非宜，脱前者作后者不葺其废，即苾芬岁修，尽志之谓何？此阁既新，飨祀妥侑靡焉不周。有嘉德而无违心矣，不其备礼乎！

和不足，不安；仁不永，不泽；无义，无利；无礼，无祉。一举也而且安，且泽，且利，且祉。安得，翼吾躯而登斯阁也，凭虚旷览，集溧水之父老于阁，而与之道其和，谭其仁，论若义，说若礼，则知陈君之勤民者至也。夫真君在数百载之前，而溧水所为神明之者，盖如新焉，况其在旦暮抚摩之间乎哉！

《书》曰“七世之庙可以观德，万夫之长可以观政”，余敢窃取其义以质诸溧水之民，陈君令溧水且五载矣，所谓廉洁公平、仁慈宽厚，一切兴除劝课、化民成俗者，果皆符节府君前事乎？陈君其近之矣！不然，溧水人何以取所不忘于府君者，而必愿陈君成之也？

嗟嗟，后之视今亦犹今之视昔，陈君勉乎哉！毋令府君专德于前可已。是为记。

重修徽恩阁上梁文　陈子贞知县

伏以阁开显应，报赫赫之鸿休；扁号徽恩，标巍巍之伟绩。然岁久则易圮，势重则难支，是以过者惧栋柱之将摧，游者嗟风雨之不蔽。愧予绵谫，承匮花封。年登物阜，实有赖于祺祥；盗息民康，已默司于阴骘。值此徽阁之倾颓，敢作蘧庐而莫顾？乃捐已俸，用劝民资。事本顺乎物情，志匪荒于土木。几由神授，役不逾时。敢云信而后劳，乃获子来之众。庶几悦以为使，争如父事之趋。名虽旧修，实则新创。三朝故阁，一旦而鼎新；百尺层楼，数旬而丕振。飞云卷雨，十万家烟火尽属此处楼台；集翠浮岚，数百里湖山俱入望中图画。此固气化之当还,似亦地灵之有待。登高送目,觉宇宙之无穷;抛果上梁,庆神人之胥悦。

伏愿上梁之后,助顺锡禧,人人乐兹巍阁;回祥垂祐,家家入我熙台。登于斯者,脚下生春;眺于斯者,眼中无碍。千年香火,灿烂天上之星辰;八面窗棂,吞吐寰中之风雨。民拱北辰之德政,士窥东壁之文章。商贾趋天市之垣,学彦进文昌之府。四野妖氛,挽天河之一洗;千龄国寿,整箕翼之重辉。万福攸同,兆民永赖。

祈雨告城隍文康熙十年　李公讳作楫

为矢誓切祷,仰神鉴佑事。窃惟宰牧者,理人之吏也。城隍者,职幽之神也。楫本一介,谬叨天子之命,来令兹邑,与神共地而处,共民而治。入境之日斋洁谒神,布腹心,励操守,以期爱百姓承迓天庥。楫之食禄,神之享祀,咸赖无愧。受事两载兢兢饮冰,无刻不以民贫为念,故词讼之可原者,皆减责免供;陋规之厉民者,皆严禁痛革。清夜自思,事事敢质于神,稍可藉告无罪。

兹者,自夏入秋两月不雨,田畴龟(折)〔坼〕,禾苗将枯。楫步祷逾旬,而赤日逾烈,岂神罔闻知欤?抑楫咎戾实深,莫克回天心,而反滋瘅怒欤?今楫祈祷之力已穷,悔悟之心顿发,敢再告神,敬与神约:

如楫贪黩包苴,宠纵牙爪,颠倒是非,妄逞刑罚,有一于此,神其达之上帝,立即加楫谴责,免贻累于吾民,令旱魃为虐也。其或有利可兴而未尽,有害当除而未力;偏见不化,听断不明,以致民隐难宣,群情罔洽,不容楫之改过者,望神显梦昭示,楫当洗心敬从,永无疑二。即邑中或有凶类干天之和,皆楫教化不行,罪在于楫,勿概降沴戾。楫自今日始,移栖神宇,藉藁待罪,冀神白楫素志,必祈立赐甘霖,拯此如焚之惨,毋徒苦我赤子为也。矢誓之后,楫不惟神所告,愈励奉公爱民,不然神殃楫躬,以及楫家。倘神无灵,不为苍生请命,三日不雨,则楫与神皆褫其衣冠,暴露烈日之下;五日不雨,则神与楫俱应削职,惟天所罚,不得滥窃斯土之禄祀也。神其听之!楫不再渎,谨告。三日内果大雨五寸。

重修城隍庙徽恩阁记　明·王守素

余枕块卧里中，二三父老时过而慰藉，间出一编授余，曰："此重刻《城隍神白府君事略》，愿公弁以一言。"问《事略》所以重刻者何？则以徽恩阁重新故。问阁所以重新者何？诸父老虔请而邑大夫主之。余谓是阁巍然在庙之中央，高十丈许，广阔半焉，撤而新之，为费何啻千金。父老乃数其费所自出，又具以经始落成日月告。余曰："有是哉，大夫可谓识政体矣！政亦多术，敬神保民其大较云，而先后辨于其间矣。"

大夫奉命莅吾邑，未下车已知白府君聪明正直而一者也，实能阴祐吾民。谒款庙中，顾瞻颓阁，殊不称神德，辄思所以新之。独念圣王先成其民而后致力于神，时诎举赢，神焉用享？未信而劳民，谓我何居？三年而政举人和，岁比登，黎庶欣欣有德上心，大夫不自有其功，悉举而归诸神。父老缘大夫意，请新阁以报神，大夫曰："时可矣。"遂捐俸为寮属倡，鸠工聚材，度日兴事。士民闻大夫有盛举，皆往助，贡金输粟，来若川流，而二三父老实经纪之。用不烦官府，民不废时务，甫越月而告竣，规制视旧加壮丽矣。

噫嘻，大夫得政体，而上下一心，神人胥庆也，固宜。或者曰，事神者吾闻明德以荐馨香，不闻其以土木之崇高彤镂，阁奚急焉？余曰，否。否。古君子之为政也，望云物察灾祥，人诚有之，神亦宜然。白府君于水火虫蝗之属类能为之备，疑于是阁焉。有赖大夫务此，盖推人以同于神，思深哉！夫民，神之主也。大夫勤民至矣，即新庙貌虔祷祀，亦无一念不在民者。神鉴明德而荐降之嘉生，固世世血食，大夫亦且有余休矣。

白府君事略载于简册，人人能言之，故不具述，述阁所以重新者若此。父老谓余言果当于斯举，遂书以授之。

大夫者谁？豫章陈以成，为余同年友云。

重修城隍庙记　明·张锡命

高皇帝定鼎金陵之二年，与天下更始，诏礼官一新名号，命辞臣撰制文以颁之各县，城隍之神封曰"鉴察司民城隍显佑伯"。显，则威灵普著；佑，则福泽溥施云。圣人在上，百神效灵，载在祀典，所从来久。其以中山为陪京隶属，高皇帝钟鼓实凭式之，比之辇毂之吏犹为亲切，有不恪共励职，以对扬天子之休命者乎？神之昭昭灵应，世享明禋无疑也。

虽然，幽明之故，理一而分殊，似有不可解者。今夫吏之衔命而治一方也，殚聪竭明，刑淫赏善，兢兢三尺，犹恐不中于理。又以其暇礼遇士夫，延接三老，问民疾苦，尚虑一堂九阍之隔，不免室艰隔泣也。乃彼蚩蚩者氓，曰奉所谓土木居士而尸祝之，社稷之，谓其能庇佑我，而鉴察我，则其事近怪而不可训。以故，相（傅）［传］郡邑城隍泛不可考，多如夜半宣室语。

独是溧水所奉者为唐防御使白府君，在长庆二年赞画裴晋公攻讨淮西军，功得赐绯鱼袋，除令于兹，多惠政。忽夜梦以勤民，俾阴宰此，故遗言曰，"我其请于帝，使兹邑水不停宿，火不延二，蝗不入境。"即此数语，府君魂魄在千秋万岁犹应福此可知。溧之人迄于今口诵神号，心凛明威，无不曰我白府真君。下至村夫牧竖、闺孺里姬，一切暑雨祈寒、疾痛惨怛，未暇呼天呼父母，而独呼府君。市驵豪猾不难轻官法如弁髦，而若有所阴慑而不敢动，府君之灵爽何如哉！夫世之所称能吏，无过畏威怀德而止，然其政与人俱往，即欲举其姓名已失之矣。未有以生前之膏雨秋霜，为身后之洪威显福，如响应声，如水行地，千百年如一日者也。

予以戊午令溧，冬初以辑瑞行，旋闻府君庙灾，栋宇为灰，独府君端坐如故，异哉！岂类富长者于火宅中游戏三昧耶？及归，而邑人以鼎新请，余首捐俸为倡，邑之乡绅士庶踊跃欢呼，输镪如市，甚至晨炊不备之家亦手持数钱，曰"吾资府君冥福"，以是，不逾年功告成。府君神宇刻画庄严，如沐浴方新振衣弹冠，对之凛凛有生气。殿仍旧制，而轩敞华丽过之。后寝殿易而楼，创未曾有。登而四望，挹爽来薰，飞云卷雨，与徽恩阁后先掩映。楼之后有突然而起者，谓可垒而台也，以余力成之。有亭萃然，古柏乔松周匝映带。暇日登临其上，麦秀稻香，林影山翠时来几席，可以省农，可以觞客，余颜其亭曰"怀白"，盖取昔人岘首之悲羊傅，甘棠之思召公，俯仰凭吊，识不忘也。

余幸邀府君之灵，以癸亥之夏视事南台，邑人谓余始终兹役，乞言为记。余不文，敬述其概如左，而更有一言为溧人告者。夫吏之良、神之明，其直道无私,一也。为厨传供帐而见色者,必非良吏;为牲牷肥腯而降福者,必非明神。尔邑人谓是煌煌翼翼者可以荐馨香、来昭格,尔邑俗朴而民愿,神之不忘兹土自有所以。居歆者在其恪恭厥职,毋亦仰质圣祖不忘丰镐之意,毋敢隔越于下,以为俎豆羞。尔民惟是奉行六谕,谨凛三章,无人非,无鬼责,即瓣香白水可以不具,而府君亦阴隲下民,使兹邑无旱干水溢之患。以常有其牺牲,神为明神;而吏于溧者亦赖其幽赞,称为良吏。尔民之受显佑于神也,与国运无穷极可也。

是役也,经始于万历己未之孟夏,落成于庚申仲春。无浮窳,无耗蠹,巨细有纪,收支有籍。子来共事者例得备书,邑人以将始事募缘疏,并督工协助诸姓氏,与夫钱谷大纲而先勒之石,兹不复赘,固皆好义终事之民也。乐为之记。

重修城隍庙记　国朝·闵派鲁

昔朱仲卿为北海守,治行第一,自谓子孙奉尝我,不若桐乡之民。盖甚矣,庙貌尸祝之不易也!溧之白府君,明德謇亮,勋伐焯懋,尹于溧而即祀于溧,生著慈惠,殁仍保障,自唐迄今历几千百年,所宜其荐馨俎豆,榱桷嶙峋,于兹煕赫云。

岁癸巳夏杪,余莅中山,窃虑翁卿在前,后非君公,谁嗣此无愧者?实惴惴偾辕是惧。乃岁复不令,旱魃肆灾,受事之三日即禜祈步祷,斋宿府君庙中,肃谒之余,周视殿阁亭庑,问见二二耆老董役鸠工,为鼎新计,余曰:"天方示屯,愆阳见告,何呕呕庀饬为?抑闻之,'祭祀辍悬,驰道不除',古之令也。以褥昔孔棘之日,而葺治是图,恐重拂民,亦岂神意也耶?"耆老前跪请曰:"君侯不闻乎?今之明神,即前父母也。府君夙殄大沴,水火不灾,蟊蝗不入,其已事矣,岂以旱虐重困我民?今之率作兴事,聿期炳焕,正崇曩功,以答旧德报也,即以祈也。"余心识其言,戒毋辍事。时富者捐金,贫者协力,踊跃前趋,共襄厥成。用是,触于目而忾诸心,念神以湛仁渗洒,奕世而后犹能鼓舞群志,殚力奂轮。余乃不德,遭兹天谴,致旱灾熛炽,何以质明神?于是复具文与神誓,愿以身当为民请命,不逾旬而甘霖四澍,涸润槁苏，禾乃登，以是知神之涵育无疆，庀材鼎新之深有当于神意也。二三耆老董率益虔，输金者无靳资，效工者不惜勚，余亦捐清俸以佐美举。但见毁者以完，欹者以正。勤墍茨，勤丹艧，自殿阁廊庑以及门楞亭榭，穆以华丽，焕其相徽如。雕瑱居楹，镂金饰桷。阁之前复构赦楼一座，炳煜巍峨，辉映前后。于乎休哉！是役也，崇明德以昭信，光豆登以章礼，洽舆情以敦义，沐商霖以示惠，四善具，受祉宏矣！

经始于顺治癸巳二月，告成于乙未之某月，阅两期有奇，而始觌美观，民之功与神之灵也。若府君之嘉迹懿行，与夫褒封宠锡诸隆典，备诸传记，详之邑乘，不具述。著所为程功葺治其所有事者如此，以俟后之君子有所考览而兴起焉。若夫尚义输资，鸠工黾勉，自始事以迄有成，则耆民马自骧厥勚居多。是为记。

驱蝗记　宋·张　琦

岁在庚午，邻邑上元、江宁、句容、溧阳飞蝗蔽天，平地盈尺，自春徂夏，彼之民日事驱扑于垄亩，吾邑之内一蝗不入。田夫野老相与喈喈而告语曰："是皆吾邑城隍神之功也。自神之食吾邑，雨旸时若，灾害不生，而吾邑卒为乐土，神之功其可忘耶！"

予有恒产在溧水、句容二境，岁藉是以为食。方其飞蝗四起，戕贼禾稼，凡在句容者悉罹其害，其在溧水者生意勃如。夫以吾邑距句容仅跬步耳，而此疆彼界，利害殊绝，信乎神之眷于吾邑也。

昔汉鲁恭之令中牟，治有善政，飞蝗为之避境，维神之令吾邑也，为政不在鲁恭下。其没也，邑民尸而祝之，凡水旱疠疫必致祷焉，祷则必应，今神能阴御飞蝗，使不入境，方之鲁恭，盖死生一辙者也。

嗟夫，遇旱则桔槔为有功，遇夜则爝火为有功。膏泽浸润，桔槔不施，人不知雨露之功；大明当天，爝火自息，人不知日月之功。夫以安居乐岁，耕食凿饮，人不知神之功；一有灾患而后知神之为有功也。功而不书，是隐神之赐也，其可乎？谨书神之功，命工锓梓，彰于庙庭，以永其传，庶几千载而下知神之功，报事毋怠云。

修香山庵记 明·范 祺

溧水县治之东北仅百武许，有香山庵者，胜国延祐六年道士王玉圭始建，名崇真道院，所崇奉者元武之神是已。至我朝洪武十五年，道士王玉诚重建，改名香山庵云。

庵自洪武而至正统，先之陈竹轩道士因坏以修，后则道会杨东溪、张道左辈再建三门两庑，翼以退寝，缭以周垣，庖湢场圃所资悉备，视旧规宏邃，功亦懋哉！至(宏)[弘]治十八年，道士党景通偕徒倪云昂，念是庵岁久寖坏，奚以揭虔妥灵，谋诸道会刘宗圮，慨然以修复为己任，乃疏募溧水富而好义者，得所施若干，命工伐木凿石，冶铁陶瓦，卜而将事。不二年，而殿堂两庑蔚为伟观，至是属庠生袁以贞请记于余。

余惟是庵据溧之形胜，左接溧阳通衢，右近城隍庙宇，前瞰河流萦回，后倚冈阜盘郁，且奇花异草四时香气袭人，是曰香山。而溧人之老壮暇日出游，士夫宴饯宾客，凡四方名流之过溧者，俱以是庵为游乐之所，诚所谓福地然者，宜乎其神之栖以妥也。我祖宗定天下靖内难，神尝阴翼显祐，其绩赫奕，载诸武当御制碑文可考。夫此地与武当虽山有大小，观有崇卑，其神一也。彼其冲和精粹之气，薰蒸融液，与神相为表里。神之陟降往来，飘飘挥霍，当必徘徊于斯，一同武当者焉。然则，是庵随坏随兴，享祀之悠久不替，应国家之运，为吾民之依，岂偶然哉？

余因以贞之请，而嘉景通之劳，故记以授之。愿刻石于门，以诏来者续而重修，以彰神道于无穷也。

重修香山观记 国朝·李作楫

溧邑建香山观以奉帝像，始于唐睿宗景云二年，赐名崇真道院。年久摧圮，重修于(宋)[元]延祐六年，重建于元至元元年，至明洪武十五年重建，始改今名。

由洪武至崇祯六年，殆阅二百六十余年矣，栋折垣颓，风雨不蔽，圣像剥蚀，侍卫凋缺，兼以观前池水涨溢，啮岸崩道，倾敧险仄，来往艰危，凡进观谒神者心惕意伤，靡不浩叹。耆民马继桂，勇于赴义者也。因念殿宇倾毁则无以事神，道涂圮坏既无以便行者，且恐不能致敬于神，乃倾橐募建。朽者新之，敝者完之，旧之所有者踵而华之，昔之所无者创而增之。自甬道至池侧甃以巨石，坚固完好，长广约计百十余丈。乡鞠为茂草，而今乃中唐有甓矣；乡举步蹉跎，而今可方轨并辔矣。捐异丝粟，功等邱山，洵勇于赴义者与！

至国朝康熙六年，距明季迄今四十余年所，大殿势渐倾颓。继桂之子自骧，克继父志，为善乐施，与里中好义者谋，以为旧殿规柷疏阔，易毁难修，不若更创新式，足以永久。金谋既协，捐资劝募，庀材鸠工，制度美焕。上则不雕题而丰栋，旁则不巩阿而坚垣，朱棂蔽其前，砑石檐其下，宏敞高明，丹腹璀奕。始于五年之冬，竣于六年之秋。

康熙十三年，自骧之子采臣，见神座显露，无以障卫，独造木龛蔽其尘垢，雕镂之巧则神工鬼斧，绘彩之精则云灿霞蒸，益前制，美后观，事神之心诚且至矣！

余在溧间游览，观前石街方广，池柳掩映，水无侵啮之患。入其门，古柏夹道，瓴甋坚整。进殿谒神，则旗幢罗列，灵爽森严。问诸守者，始得是观建修之详。

夫自唐至明，国易数姓，历年八百有余，而观之建也，重修者一，重建者二，岂八百余年中富者之难遘哉？或亦吝于财而倡义之不易也。自癸西至丁未，仅三十五年耳，继桂既建于前，自骧复建于后，而采臣又能成其先志之所未逮。祖、父、孙捐赀，劳心竭蹶于兹者三代矣。在观则为义举，在家则为世德，在里闬则为乐善之倡。知大海水者，此其一勺与！诚不可不勒之石以为后人劝，是宜与督工耆民经邦韬、道会陈时亨等同载，志不泯焉。

永寿寺记　明·徐良彦

盖以胜幢高揭，涌沧海之金轮；妙刹崇开，丽层霄之珠网。崒嵂领群峰之秀，阿育王移自明州；岩峣壮百里之雄，那揭罗传来东国。固已千花斗蕊，四树成行。明星在棂，若多遥瞻而稽首；卿云承座，天龙旋绕以来飯。德斯标矣，绩斯伟矣！

揆厥自兴,略可指述。原夫溧水者,留都之三辅邑也。壤接石城,气分钟阜。中山创嵫,开茅社于西周;濑水纡迤,洗甲兵于吴楚。坟何累累,慕羊左之断金;瓜已离离,吊孙钟之埋玉。揽方舆而搜人杰,则三吴不系宛陵。拂苔藓而读残碑,有双刘见称鲁国。至若乾坤再扫,日月重光。晁太中卫国殒身,夏卿并烈;韩献子存亡继绝,宁海争辉。斯皆山泽效灵,洪濛蕴美。控千溪之巨浸,湖泛胭脂;襟万叠之连岗,坛开仙杏。龟游蛇绕,疏笔海于回塘;象踞猊蹲,树文旌于垌野。可谓天作屏翰,帝赖股肱矣。

(祇)[祇]以洸洸沸流,往而不返;渺渺大势,渗而欲虚。锁钥失金汤之固,堤防非土木之功。虽青乌之议哗然,已瑱通儒之耳;乃黄耇之忧方大,实棘在位之怀。议建者不一,曰殿阁,曰楼台,俱非烁迦罗不坏之业;议奉者不一,曰栖真,曰造像,何如宰堵坡最胜之因!

既上下之佥同,致金钱之竞集。其捐资则师属吴君炜、袁君允元、王君应聘、岑君凤鸣也;僚幕陈君善道、赵君应和、林君汝也;乡之绅光禄卿王公守素,行人杨公公翰,别驾章公甫诏、沈公立敬,元城令王公名登,满城令沈公名彰,琼山令韦公柔,靳州二守吴公应期,孝廉徐公良辅,文炜武公光赐、陈公鸣旸、王公可宗也;庠士魏尚纲、胡文明、张义汉、施一麒、丁炜、许一元、毛应奎辈百余人也;太学生徐思毅、杨邦正、蔡鸣旸、沈元龙、吴云鹏辈也;省祭吴应举、王希仁、李茂春、蔡校、黄柔、龚应龙、蔡遇旸、陈文茂辈三十人也;乡之民姚季息、熊子成、颜守义、守信、周邵、萧济、钱久积、经可遗、吕仕元、杨邦杰、张应宿、徐滔、薛志祖辈,妇段氏,千二百人也;四方之贾杨文魁、杨本仁辈二十人也;沙门广德、性定分领数众也。其后先所费则二千金有奇也。其创兴则丙午年二月望日,其落成则丁未年十二月朔日也。

香琼星柘,绘此土为(祇)[祇]园;绮柱珠帘,化中天为兜率。苍烟晨合,霏霏鹫岭梅檀;紫雾昏遮,点点狮林灯火。鹊思贯(项)[顶],惊弱羽之难升;鸟献名花,恨罡风之吹堕。由是冯夷渴仰,山王肃宾。庇慈宇而潆回,长宏七信之力;接法流而环向,益增八地之心。

彦分符是邦,欣从善事。玉带作千年之镇,敢云再世黄梅;金容蒇一椽之栖,岂待重来刺史。所乐者世出世法俱利,尤庆者人非人等咸归。既选贞珉，载增绮业。标名永昌，从俗所好尔。

辞曰：我观大荒，秦皇所厌，馥郁笼葱。应龙蜿蜒，翔于九天，蜕甲而东。维丰与鄗，有其辅之，兹为首封。远若云昆，近则列堞，峰围水从。睠此西维，不规而玦，尾闾所通。遍阅浮提，多缺陷界，如穴写风。是中名德，复矣孤骞，异代比踪。百余年来，匪行迈谋，迨予握铜。长吏不德，无移山力，无炼石功。众或启予，浮图可成，宁须岱嵩。爰用财施，爰用口施，施施无穷。黍米锥刀，破无量悭，以终厥功。瞻望嵯峨，浮云不飞，罩于帘笼。时坐其间，铃声徐来，涤予烦惊。或以香薰，或以呗赞，或以鼓钟。中有妙理，可弦可歌，可醇可酴。是宰官身，一无缝塔，与多宝同。我今说法，以圆胜因，以砭瞽聋。

中山塔院记　徐良彦

丁未六月既望，日始旭，永昌塔之巅放宝光，高丈余，有白毫如散玉，复如霏雾，周匝旋绕，塔觉倍广，远望如吐花。移时，从塔东北门入，声疾如风。邑人异之，复作佛宇并僧庑伽蓝室，水之湄作放生台。其庑宇之材偶交立，过不逾咫，有鹊巢其上，育子三四，可俯而窥也。观者如堵，亦不惊飞，因作灵鹊台。

盖闻慧海无量，极四门于彼岸；慈灯遍照，超九劫于昏衢。空树火莲，妙冥符之实相；玉池金叶，神现应之真源。然而奥义隐于三藏，庸愚牵于八识。业云结影，天外弥空；欲海横流，津头迷路。但因戒习障，难开坚密之营；而祈祉应祥，可解缠纠之缚。故因逝川之溺，导之以必归；缘爱火之炎，引之以易舍。

溯夫中山巨丽，濑水泓清。人有上皇之风，家遗汋穆之矩。然贤多隐耀，民鲜素封。欲以祈天，因谋补地。爰开坻堮，辟建浮图。详赞前碑，无劳再述。

于是人缘休咎之应，咸议因果之根。维时天开元钥，佛现真空。无量花生，白毫光放。珠晖玉灿，竞丽日以腾空；宝相金姿，耸祥云而直上。既而圆光收耀，法相回轮。似还风之便旋，散祥烟于倏忽。田夫野老，望之而目眩神惊；鹰俊鹏耆，叹以为宝洲金界。所以者何？宝法无边，花雨香云现像；灵符有兆，渌池方石呈祥。非精感诚格，其孰能与于此！尔时大众各生欢喜，益倡慈悲。

于是重开鹿苑，鼎建鹤林。其为壮也，则层檐霞矫，广厦云罗。既晻晻而静深，亦赫赫而孔敞。近低夕照，远映朝晖。复有塔影凌空，雉堞秀远，盖相映荫焉。若乃广座之间，慈容丈六，云眸雪齿，金臂璃咽。诸佛仰被龙华，列圣如临鹫（祇）[祇]。高卑分座，灵晃威蕤；翕习同堂，森罗肃穆。依稀支提之界，恍惚兜率之天，盖不可一二名状也。别有高柯低枝，芳阴满荫；青松翠柏，攒立丛骈。柳杳蔼而随风，竹森笼而映日。其前清溪湛淡，曲岸孤悬。游鱼恋翻经之台，飞鸟绕名香之室。爰扫片石，为放生台。于是我既忘机，物亦息念。咫尺枯木，有鹊来巢。雨毂风胎，信缤纷之净域；幕巢堂处，共耆腾以飞还。良由大众皈依，眼前即是佛国；一念之便，海上可以鸥盟。此则自然之神通，亦慧因之不爽。

彦未晤生修，深惭业坠。受莅兹土，叨作宰官。敢曰劳民，匪云佞佛。借银城之涌秀，用以乞灵于山川；因梵宇之精严，庶几祈福于氓庶。倘聚沙可以成道，合掌能入圣流，虽曰荒唐，不无小补。

若乃纪功勒绩，则薙草开林，彦何敢让。卜基度者，则衷君允元金谋。倾赀倡义则吴应举、钱久积、陈文懋等为兹山之领袖。施财矢念则王希仁、黄柔等为兹山之羽翼。其随缘种果则王燮、杨邦正等皆此山之眷属。夫发行者因因，圆则福广；起因者念念，格则冥通。信斯理之有征，敬含毫以举事。

词曰：于休法宝，键密关元。有感斯通，无奥不宣。微言遗旨，迎机导权。法雨慧云，遍现大千。空香送花，香亦何存。火珠光灿，光别有根。是玉毫光，非精非魂。水流花开，天复何言。鹦鹉舍利，鸽玉化身。灵鹊俯巢，异相同因。鸟聚龙参，护法拥神。晤此物理，即豁迷津。于休中山，洪烈式扬。元津有枇，正教攸昌。霏蕤献花，飞越闻香。丽塔檀林，慈力无量。惟此胜壤，山高水清。金城玉渊，左崎右潆。清梵庄严，崇拱雕楹。山以增高，水以增泓。眷言福舍，瑞既有征。丹刻并耀，轮奂齐宏。心树丛生,因芽自仍。凡百黎氓,禧祉其凝。爰勒贞珉,以永传灯。

永寿寺饭僧田记　国朝·闵派鲁

中山永寿寺之建也,在昔豫章徐公若谷莅政之年,去今五十余稔耳,故前志不载。徐公精形家言,以溧城众山环卫而阙于乾隅,东南之水直走秦淮不稍停蓄,故秀气弗钟,民用瘠朴,爰扼其势,俾蜿蜒而潆洄于兹,因作浮屠于北岸,并营宝刹焉。壮立崇观,雄镇一邑,斋寮香积无之不备。镌石而铭之,纪其灵异,美厥成功,今可摩而读也。寺旧有田若干亩,盖众信置以饭僧者,历年既多,为坏教者所鬻。田既没,而寺因之圮矣。

邑之居士某某辈为之议曰,"如是胜地,非名僧尊宿不足以主之",缘诣吴中迎永泰模禅师卓锡于斯。师泰州人,夙修禅业,广历诸方,澈悟宗源,登峰抉奥,其后从龙池大和尚受衣焉。当受记之初,曾(天)［矢］宏愿,愿于我法艰阻之地宣扬开诱。念东土自大江以南,上溯楚蜀,下迨瓯闽,诸方法侣曾不裹粮而游,独溧俗俭啬,不尚浮屠法,故入濑水。百里而遥,虽有华胜、开福诸古刹,然云水孤踪,瓶钵无休憩之所,似法缘之有待,师冀酬前誓,遂应此请,欣然挟其上首超珽、超琳与众俱来。揆寺之初建,适师受生之年,固非偶也。比至,止于右庑,败屋数楹,风雨不蔽,庭有奥草,厨无宿舂,空规残状良用喟然。因与弟子薙除葺墍,不惮辛劳,道力坚宏,有感斯应,于是一方善信咸识皈依。不待募求旧观用复,缁衲高流闻风云集。师开堂广纳,无向来露处之叹矣。

余承乏此中,闻师名德,每于务闲之时数过丈室,虽不能谬附支许之契,聊托为尘外交,窃闻宗乘余论。师上接祖灯,宏风遒畅,参学之徒恒有百辈,而应器常虚,伊蒲靡供,余甚愧之。寺之西偏面塔而启者三楹,祠文昌于中,亦邑人所建,为士子据形胜而揽英秀者也。庠序弟子每朔望赴寺展敬文昌,余因得时与会集,爰谋之诸生曰:"永大师阐宗风于此地,道高而行苦,丛林既开,樵苏不给,而邑有义田徒为奸劣阴据而坐饱焉,甚无谓也。若归于寺,上以资文昌香火之需,下以给衲子焚修之供,不为愈乎?且尔邑之有浮屠,非第释氏之庄严,实溧邑之望也。寺之盛衰,即邑之盛衰矣!今以田畀之,岂惟宏利乎法门,且永壮乎形胜,与前人经始之志庶无负欤!"诸生曰,"谨受命。"

当师之始至也,与旧僧界东西而处,虑彼尘嚣妨兹禅定,余量给以资,俾住持他所。爰叙初末,登诸石以垂久远,且示戒方来,无替永师宗风,而鬻田自废如曩者。并记田亩疆界于碑阴。

圣母庙记　唐·韦贞诇

有唐中兴,文轨未一。天子宵旰,惠于烝人。畴兹贤才以理郡邑,诏琅琊王公出宰畿甸。公每鄙众心尚崇淫祀,不有取舍那分否臧?爰采地图稽之故事。

古之诸侯,今之令长,得祀境内,以祈有年。有若圣母,享于是山,其名中山,其神后土。将设庙貌,胡为不然?其余嚣浮,所完土木之设,并从毁拆,无或兴妖。

有以见公之去邪蔑疑焉。为政以德,恺悌君子,其在兹乎!

重建中山圣母庙记　国朝·谢文运

中山,去县城十里许,县以是山得名。岿然于县之东,不与群山伍,故又名独山。山之麓有圣母庙,相传为后土神云。元丰间民祷雨辄应,邑人胡无兢作记以纪其事,则又知神能捍患御灾,有功德以及于民也。先是基(趾)[址]颇宏阔,岁久转而湫隘颓圮,盖沧桑之变匪独一祠庙为然。

孤竹冯侯来莅兹邑,咨询疾苦,兴厘利弊,轸劳惜财,不急之务不以勤民。若其利泽及于烝黎,俎豆永于(弈)[奕]禩者,则又毅然身任,不使旧典有所废坠,盖为民之意甚恶恶也。癸卯岁,侯以公余全中山,载瞻庙宇颓垣败壁,上陋下湿,愀然曰,"是非所以妥神,即非所以爱民。"筮吉鸠工,捐俸庀材,择邑之乐善而好义介耆马君自骧等董其事。经始于癸卯之秋,落成于丁未之岁。不损公帑,不费民储。有门,有殿,有寝,缭以周垣,翼以回廊,于是庙始巍然焕然于中山之麓矣。

门人文运自诸生即受知于侯,至是侯不以文运为谫陋,而以庙记属之。

运窃谓今之为吏者筐箧是谋,其于公廨犹蘧庐视之,至境内之祠宇,虽明神所凭依,而任其风雨之剥蚀、鸟鼠之窟穴,曾莫之过而省者,比比然也。其非有所急,故有所不急者欤! 其有留心民事者,则又竭终身之力,拮据焦劬,曰,"吾方谋簿书之不遑,忧催科之不力,又安暇修废举坠,优游于山巅水湄之际,与民谋崇德报功之举哉?"余于是知侯之心公,而侯之才敏以赡焉。由是,中山之民以将以享中山之神以妥以侑,阴阳不忒,风雨以时,即谓侯之庇其民可。

后之君子有所观感兴起,勿使今之巍然焕然者仍剥蚀于风雨,窟穴于鸟鼠,将兹庙貌与中山并峙于不朽。是又侯之所望于后人,而今日记之之意也。

夫侯讳泰运,号羲轩,直隶抚宁人也。

楼子冈庙记　明·郭　铉

去县治仅五里许,有地名楼子冈,有祠名楼子冈庙。其庙额则有"敕封广惠昭德行宫"八字,盖用元封之旧额也。神则祠山圣烈真君,姓张,讳渤,字伯奇,武陵龙阳人。由长兴荆溪疏凿圣渎,志欲通于广德,以他故弗克成,遂隐于县西五里横山之巅,竟以没。民思之立庙于山西南隅,历汉唐屡著显迹,封爵渐隆,至宋加以真君号。且推封其祖父,九弟五子一女八孙皆有名爵。其始血食此方之由,岁久亦无所考。

迨至元五年,知溧水州事李衡建庙今地。国初复毁于兵燹,至永乐戊子居民黄汝霖、守泰等复即旧基建殿庑,塑神像。正统癸亥,民黄鉴以年老无嗣,建一亭名百子亭于庑前,求之有应,得子济、浙。自后神日彰灵验,时雨旸,捍灾患,无不随所求应之如响。其境中一十八社,民老稚三千余,咸赖神庇,得安堵足食。旧庙历年既久,风震雨凌,瓦老木朽,神像剥落不完,民虽不替瞻仰之心,顾力弱无能兴旧起废。

今天子龙集之八年,威宁燕侯寿本仁,出自簪绂世家,学优文富,擢高第,拜百里侯,来牧是邑。其操守则冰清玉洁也,其德政则春温秋肃也,锄强扶弱,养老恤孤,无一念非爱民心。下车期年,民用休息,百废具兴。一日谒神庙下，顾瞻咨嗟，乃召乡民讯之，其一老叟黄鉴，即向之建亭者，暨熊政等八九人载拜而前，悉陈神之灵贶。侯叹曰："祭有法有义，法否义可，三代圣人不能禁之。然求之义而称，揆之心而安，合诸古'有功于民，则祀以报'之说，则严祠宇以妥之，洁牲醴以享之，皆义所当举，直为民计耳，岂谄福于己云乎哉？吾当捐俸与尔民倡之，民乐于出资以助者听。"于是乡民拜侯命，举手加额翕然以从。仍命镒等征工鸠匠。缭以重垣，甃以坚甓，合殿庑门亭增旧益新，加以丹垩，并塑像而咸饰之，较前之规模其壮观百倍焉。自经始至落成，凡十阅月。其民之乐助者，凡千六百有奇。其因民之心，而遂其所欲以成之者，实侯之力也。

镒相率乡叟来征文，刻石以彰厥美，予不辞，谨以侯爱民中之一事书以识之。若夫嘉政美绩，当有大手笔识于别石。

广严寺记　宋·祖大武

予以宝庆三年春来丞古溧，其秋奉檄视涝，凡阅兼旬奔走垄亩，历览山川之胜。以为金陵从昔号一都会，事迹最繁，意宫刹祠庙屋壁间必有碑碣可以考古，校访多阙，惟一观中有武后时小碑及一二伪唐时碑，则亦已再刊，而非始初真迹。乃三国六朝以来，矻矻多虞，高岸深谷，迁徙靡定，碑石之不传也固宜。最后入崇贤乡广严寺，三门之外有龟（跌）[趺]存焉。僧会迪者谓予："兹旧有碑记登载寺事，经李成兵火断裂毁弃，仅留此耳，诚寺之缺典也。贤倘能念遗迹之未泯，振绝响于已坠，复为纪述，以续前记，则愿斲它山之石，摹写镌刻而置诸其上，亦寺之胜事也。敢以为请。"

予虽不敏，然每于古今治乱废兴未尝不为之感叹，而有不容已于言者。谨按图志，是寺本名仪成，实唐昭宗天复三年僧师玘之所建。是时王室衰微，中原儳扰，杨行密据有江南之地，乃能招集流亡劝课农业，境内称为殷富，此寺所由立也。皇宋受命，削平僭伪，洗涤污染，凡天下僧刹皆易新名，至治平三年改赐今额，或者记文之立当在此时。至建炎间，李成以巨盗寇掠江左，蹂践殆遍，其凶徒尝屯聚于寺南之二十里，今父老能言其处，焚荡之及势所必然，碑记之废于是时明矣。

嗟夫,立石纪事,所以诏将来垂久远也。时改事变,存亡异焉。缁褐之徒自以佛法本于清净寂灭,而君臣父子之伦弃去弗顾,然所以得安于庄严之境,遂其持诵之业,而适其起居饮食之便者,吾儒之功用实维持之。否则,一碑之立亦不能以自保。

会迪以予涉笔邑政,而以纪见嘱,其亦知是说欤!会迪亦浮屠氏之勇锐精进者。修旧举废用力颇勤,悯碑记之不存而经营恳恳,必使完备,斯足嘉矣!故予欲成其志,因推究巅末而为铺叙云。

重修广严寺记 明·焦竑

广严寺重修者何?远迩居民续香火,祝圣寿,纪善缘而祈福祉者也。濑邑西北隅崇贤乡,旧自唐昭宗天复三年癸亥创刹,名曰仪成,制未鸿也。迨杨行密窃据江南,境中殷富,住持师玘遂大其制,沿及宋英宗治平丙午改易今号。历四朝,南渡建炎中,遭李成一举而兵燹之矣。又更三朝,理皇绍定间,寺僧会迪犁然鼎新,厥后代有补葺,岁久又不免陵夷。计从来七百有九年,而一旦忍令其废坠乎?

是岁比丘有海秀真宝者,叩之乡丈人,凡祀典属处,又于中有以首事为己任始终著其成者,不第恢宏其故,且出余赀多所新构,凡两越寒暑竣事告成。观者赏心,曰:"不图瞿昙有灵之至于斯也。"

今夏余偶来田庐间,密迩其处。阍人投笺,诘之,则余友潘君汝麟偕濑庠徐君若霖者,为兹寺乞碑文来也。具以前所云云示余,余曰:"嗟夫!立石纪事,所以诏将来垂久远,欲后之继今犹今之继昔也。至引入善门,则在人之顾名思义耳。"

夫广者,廓广也。严者,庄严也。不必缁褐其流,设人人慈悲其心,则何善而不广?不必持诵其业,设人人斋肃其容,则何念而不严?庶几哉!无我无名界,不迷不荒堂,而我即如来氏之教,又为归儒之渐云。余因二君之请,作是记而推及之。命工勒石,俾为永永鉴。

重建寻仙观记　宋·虞国庆

溧水为升望邑,地邻茅山。邑有寻仙门,而无奉真之宇,道流靡所集,凡祈禳必邀诸寻仙观。观去县治两舍隔,无从寓目其间。

一日,主观事王道(尝)[常]袖石刻唐人《仙坛铭》来,曰:"观依仙杏山,山一名仙坛,唐周垂拱间道士宋文干因山自然形似,修立仙坛三。长寿中邑令王君通遂以名其乡,至圣历中令岑君(伸)[仲]琢石为像,道流益尊事之,山之得名以此。观旧有记,今不存,莫知其所始。我朝元丰间,道士钱玉周以三清大殿颓废,愿捐衣钵资鼎新之,不克就;嗣之者芮慎琦鸠工选材矣,又弗就。至宣和中,周茂沔主观事,与吴混成者始克创建崇奉。邑人相与出力者,仪凤之赵三捷公武、赞贤毛舆德载也,迄今浸久又废矣。自道常之主斯观也,与今同褐之士馨橐募缘重建,而公武之曾孙观光宾甫亦慨然以堂构为己任,捐资倡役无靳色,以是诸方檀越善信欢然协力,不日成胜事。役且毕,愿以记为谒。"余以始至未暇辞。

期岁,请益坚,余曰:"观之有殿几何时圮?由元丰至宣和几何年而复?由钱至周又几何人而成?久废而兴,既兴复废,其难可知矣!今幸一旦还旧,余之来又适当其成,是可记也。"

考之纪牒,山去县四十三里,周回一十余里,其高三十丈。绝顶有杏林及仙人迹,其山旧名仙杏。或又谓观置于梁时,地与(茅)[芝]山燕洞邻,上有石坛。证之旧经,以为茅君行道之所。时异景移,不可究诘。古谓"山不在高,有仙则名",是足以当之矣。大概仙之说自老氏,其道以清净为宗,慈俭为宝,虽若离世独立,而未尝无兼利万物之意。闻其风者往往景慕兴起,亦良心善性之所发也。由今而观,乡曰仙坛,门曰寻仙,疑非所以为俗化之本,而崇立倡率若王、岑二大夫,或在位清勤户口增益,或德义仁威惟人是爱,在昔皆号贤令,意者烹鲜之喻、无欲无为之训,言治者取焉。而凝神合道,微妙并观,殆难以清虚素寂薄之也。

役兴于淳化七年三月,成于八年九月。道常与其徒皆能振宗风于弗坠,宾甫亦能续先志于有传,倘来者皆以是存心,俾勿坏,则千载一日可也。书而识之,于以厚俗,于教未必无补云。

乌龙庙记　元·许　愉

神,姓张氏,亡其名。庙,庐山阳,距州东二十五里。汉元狩中以功德食于土,以其变化不可测,故名乌龙。初欲立庙他所,一日失其材,明日得诸六七里外,今庙所也。于是乡人益惊异,树立益显敞,合数郡淫雨者必祷焉,祷必得岁,载在祀典,列著州乘,凡所以泽民者甚厚。

至元甲戌,温阳李侯知州事,岁适旱,侯祷于庙,雨如注。明年春夏秋又旱,侯再祷辄雨。侯之精诚通于神明,而神爱侯之民与侯心甚相似也。神于民厚矣,而庙且坏。又明年,侯慨然谓愉曰:"若之先世致力于庙,旧矣,其无忘神功,坠先绩!"愉义不得辞,乃经始于八月辛卯,又明年冬十二月辛未而庙以成。为屋百楹,一袭其旧,不为损增。凡用钱一万三千余缗,谷八百余斛。

嗟夫,世以祸福奔走,愚蚩而且美其祠宇者,皆是矣。若神之福人以享其报,而其庙顾久而圮者,何与?以其能福而不能祸也。非侯之爱民敬神,斯庙何由而新耶?乃镵之石,使后之事神者知神与侯爱民之心如此,其亦庶几乎有所感发也。

重修寿国寺记　明·吴　甡

予尝溯彭蠡而陟匡庐,瑰伟诡特,天下之大观也。高僧所辟建、骚客所游咏,胪诸志记者,一旦扪萝薜而跻天池太乙之巅,宛然五老揖其前,周颠天眼之属啸歌其侧,亦生平旷览矣!古刹静室睫不暇接,以为古今名胜之区必多永远之迹,可与据梧挥麈而缔世外之交,领空无之蕴者。乃迩年兵垒几满山谷,比丘往往持钵去,颓垣废刹为荆榛所封,铁瓦铜钟不可复睹。游人望白云而深怀古之思,岂兴废之数即山灵亦不能自主耶?

甲申孟秋,予将归维扬,缘四镇兵扰,潜迹中山。闻心谷禅师隐东庐山中,因造访焉,始知江左亦有庐山。志称山居溧邑之东,邑人相传为东庐山云。幽缈之致,云烟旦暮,尽堪与匡氏作别业。予与庐山有缘,然不喜复得一庐山,喜山之中有颓然而癯、嗒然丧我、堕体黜聪而游于无有之乡者,心谷禅师也。时时牟尼珠光照耀方丈间,扣之则黄钟大吕,棒喝之余四山皆响,天花乱落。予与缔世外之交,领空无之蕴,若斯山为之介绍者,庐山真与予有缘耶!

山有古刹,名寿国寺,唐咸亨年间所敕建。昔优昙祖师住锡最久,从此悟道,嗣后僧古拙重振宗风,至今数百余年,而心谷禅师复绍灯传。心谷,蜀人也。初读《优昙语录》,心慕之,游东庐山仍有夙契。诸檀越虔心敬礼,愿捐金修葺废宇,谓庐山非师不能为开生面,优昙、古拙行见复出。师至山寂坐蒲团,妙悟性宗,不事钵乞疏募,而金粟光现,龙象俨生。曩之颓者饬,圮者整,烬煨者金碧。若殿,若楼,若山门,若僧寮,廊庑、香积种种森值。诸檀越复理旧田山场归之于寺,永作焚修。比丘弟子竞自吴越踵至,居然一(祇)[祇]园矣。

予一岁中尝两造其境,目击山寺兴废之异,岂匡庐时值其废,东庐时值其兴乎?抑亦有废之者故废,有兴之者故兴乎?兴废之数,则山刹亦有然者,悲夫!心谷元心远韵,天下名山俱其杖钵。异日折芦西归,倘至匡庐修复远公之业,予行将于此巢云松,愿附陶渊明之例,相送过虎溪足矣。

寺重修肇自甲申之春,工竣,檀越功德不可不记。予深叹心谷禅师当斯震旦之灵,而能复兴东庐,漫从(旋)[旅]次索(颖)[颖]墨为记其事。

永寿庵记　国朝·李　蔚

出世者贵禅理,贵其空;住世者尚儒术,尚其实。贵空者薄世法,谓其竟而多累;尚实者薄出世法,谓其廓而无当,是皆泥迹之肤谈,非元同之初旨也。夫儒者以仁义礼乐治方内,纲维三极,经纪万灵,所关岂渺小哉!释氏乃空一切,悉取山河大地而幻之,是儒者所贬,然天下之道惟空实两端,不有其实,空何由寄?不有其空,实何由传?释氏所守者灵明一窍,灵明而内何所不真?灵明而外何所不妄?彼其视震旦万缘咸以为本来之障,而一切遣之,妄去则真来,障彻则性露,是能仁氏之宝也。此似与天地万物了不相关,不知有为之法从无为起,天地万物惟其能空之,而后能有之,上帝生物,何者不倚虚空而立?恩之若忘,畀之若弃,而后元气淋漓,而出之若炙毂。儒者秉理观化,荡烦嚣,跳于阴阳之外,而立于杳寥之先,然后挥斥八极，神气不变，以空为实，实之所为不坏也。故儒释之不同者住世出世，而其大原同也。儒之用处本实，实运而空存；释之精处本空，空极而实显。儒曰无极，无极者空也；释云妙有，妙有者实也。若缨绂躁扰，而自同桎梏，何名为儒？顽空断见，而沦于死灰，何名为释？故惟性空者乃能为儒，亦惟行实者乃能为释，自非精诣元览之士，莫能究其指归也。

吾观隐庵上人，乃所谓以空性而修实行者也。上人固溧人，始披剃于巴蜀之九峰山，既而以精心参学，足迹几遍天下。自峨眉而匡庐，自匡庐而建业，自建业而三吴，南越以暨海外名山罔不崎岖而跋涉焉。其间随化随施，即修即证，盖已百苦备尝矣。如是者二十载，木落归根，仍投濑上，乃卓锡于邑东之官塘。

官塘固孔道，而去邑甚遥，素未有香林精舍，凡担瓢挂笠之徒每苦于无所栖泊，上人恻然，思欲辟除片地以结往来之缘。适有思贤邵君首倡募地，而继桂马君、时杰谢君纠诸善信，各捐资助建，遂成一法界。凡绀殿精庐、秔田茗舍，无不具焉。或曰，上人习空者也，凡此有为之业皆空之所忌也，上人曷以蹩躠而为之也？识者曰，此政上人之所以有得于真空，而不流于断见也。何也？使上人自了一身，亦焉往而虞困乏？而殷殷以延接为心者，亦儒者立达之旨，而非廓而无当者所可同日语也。

缔构落成，题曰"永寿"，乃劚丰碑其侧。而自骧马君思继先君之志，以与余为姻好，爰丐一言以勒不朽。余以隐庵上人不骛顽空，勤修实政，以此宣教淑人，必有辅于儒者之所不逮也。因述其生平所见，以寿之贞珉，庶俾款启之子不得轻以儒訾释哉。是为记。

妙果寺禅院记　国朝·戴梦旸

去溧城三十五里而遥有古妙果寺，相传建自李唐，递兴递废，而无碑碣可考。故明崇祯之末，岁比不登，寺日颓圮，僧人照明不能承葺，有里人袁敦俊、汤源泉、张育所、袁少泉辈起而忧之，爰请溧阳之七宝寺僧人超印住持焉。

印本受法龙池卓庵禅师，继临济三十三世嫡嗣，清修梵行，与弟明鉴托钵而来,思增拓其故址,以佑启后人,爰身任其事。寺分二房,东则照尚,西超印焉。顺治二年,合建佛殿五楹,大士殿法堂五楹,规制已骎骎宏敞。印及明鉴矢愿,力欲接待四方行众,以缘艰未克竟其志。乃复于康熙十三年发广大愿,募建山门五间,千佛楼五间于法堂后,又五观香积厨七间居左,方丈监院七间居右。自此而槟桷掩映,佛像辉煌,遂为邑东巨刹。其赡僧则印自置民田四十亩有奇、地十亩、山六十余亩,为常住馈粥资。而东房照尚亦稍稍治产自赡。

是寺也,将见香灯绵衍,好道之从游者日众。广善心而麻荫来胤,俱可书也。

三茅行宫记　明·郑　濂

溧水西二十里有山形类覆釜,名曰琛山,相传尝产玉,名因之。高不盈二百仞,陟其巅,则众山若拱若揖,而此山独端重不倚。北瞻神烈,南见三湖,庐山、横望左右列峙,超然一胜境也。其上旧有三茅真君祠,不知创自何时。《列仙传》,茅氏道成于汉元帝初元五年辞王君入句曲山,故老云茅君渡江先占兹山,后归华阳洞天,后人因立祠纪其迹。国朝嘉靖间墟莽矣!

溧有善人武君潘,虑其久而湮也,乃因其址而鼎创之。堂三楹以栖三茅真君,别建玉皇阁、三清殿、真武祠、文昌祠、三官堂、保生堂、拜章台,凡若干所。又为两廊以居道士,凡钟鼓炉磬、厨舍斋堂,器用咸具。计费无下数百金,皆武君与其弟浚捐己赀,不藉于众。告成,扁之曰"三茅行宫",远迩之民礼拜而祈禳者接迹焉。君之子太学生曙,以其状征记于余。

余惟民之朝宗,神之感也。神能感人,山之灵也。余又尝闻山之阴有上方寺,孙钟种瓜所也。时有三少年造钟,钟设瓜事之惟谨,因示以善地,遂化鹤去,至今以思鹤名其乡,意三少年者无乃为三茅神乎?矧山去华阳洞天仅百里,宁非飙轮鹤驾之所游衍者乎?今圣天子崇儒重道,而亦兼事元修,索天下名山祀之,而此山以撮土之渺尚遗焉。武君兹举表山灵,章神烈,岂徼福云乎哉!余故乐为之记。

无想寺石观音阁记　国朝·闵派鲁

溧水,山邑也。按之图志,名胜实饶,余未能周历。独无想山距郭十余里,林壑幽邃,古木怪石足寄怡赏。最深处一寺曰禅寂,创自唐武德时,未至不知中为寺也。盘折而入,竹树交罗,古殿岿然,隐映岚霭有无间,松声溪籁谡谡淙淙,宜昔禅栖之侣乐蹈其遐深,游屐所经永怀其奥僻也。余一岁必数过,过即徘徊竟日不忍去,为访招云亭、读书台诸迹。历磴看云,云不可招;坐石听泉,疑韩叔言书声琅琅犹在耳矣。

寺有观音大士石像,云宋时土中掘得之。石质洁润如玉,作老比丘形,古雅光腻,若弗经雕琢者,不知何代物,或藏或现,复何因缘。昔徐(元丈)[玄仗]先生为令时建阁居之,阁踞殿后复深峭。余至必作肃瞻礼,对之觉尘想俱息。惜山中僧多野俗,习耕不习禅。殿阁内外丛峙薪藁,几无措屦处。余顾谓僧曰:"夫像教之设诚非西来,宗谛所寓。若辈能空诸有相,一任呵佛骂祖;如其未能,则宜扫除拂拭,为焚修瞻仰地,奈何使庄严净界为横荆宿莽之区乎?试叩大士,与其今日坐拥榾柮,不如当年沉顿泥涂,永不与尘世作缘矣!"叱速徙去。

有惺悟上人崇全,自牛首山来此,爱其岑寂,遂卓锡焉。全素持梵律,究镜宗旨,堪与晤对,因命葺阁下为禅堂,俾主其事。寺之前后凡属于公者,众僧不得擅而私之。庶香皂无尘,楠林可憩。石佛忘言,遥听清溪如话;山僧习定,不嫌俗吏之频来也。爰书数言以记诸石。

上方寺记　国朝·敬华南

余莅任中山,簿书偶暇乐访古迹,山川名胜无不备览。邑西十五里上方寺,相传为东吴祖居地,异代改为梵林,瓜田孙井,遗踪可考。寺前有银杏一株,围可二丈有奇,千秋物也。土人谓寺与树俱始,知其由来远矣。

余以课农西隅,路过上方,历按古迹,面对琛峰列如屏障,左右苍松古柏茂密成林,心爱幽胜,盘桓不忍遽去。时寺僧辈鸠工聚材,正欲为兴造计,予因叩以建置始末。僧曰:"碑碣无存,创始年代不可考,向来兴废变更,前明王可学有《募疏》详载可稽。"余受而读之,大意谓,旧制宏巨,甲于江左,僧侣可数百人,饭僧之田千余亩,盖一大丛林也。明初倾圮已甚,里人有傅氏者,掘得窖金可数百笏,上覆长石,刻曰"天赐傅康五,重修上方寺",而不载为谁氏谁代遗,亦大异矣。傅氏奉金创构,规制虽逊曩昔,而寺为之一振。岁久复圮,里绅王孟冈以寺为乡之中元祀先所,倡建法堂三间;而石山严君巍卿又捐饭僧田一十二亩有奇,延金陵普照寺衲清海与徒净堂主持寺事,一意兴隆,募王勖卿等庄严世尊宝像,并普募里人备塑诸菩萨,后先辉映,称极盛焉。崇祯年间,僧自心有道行,苦志焚修,啮指血书《法华》《千佛》经忏数十卷,藏之寺,募修未果。国朝康熙五十八年,僧可蠡蓄发誓募,凡里中之祀于寺者均有捐输,而傅氏后裔子厚尤大解囊金,建造后楼,修饰殿宇,工未竣楼又遭火。噫!岂天欲兴之而故为多方以废之耶?乾隆丙辰,有寺僧文海,昔曾请圆具于宝华山,登法座,名闻都中,宪皇帝赐紫,诏放皇戒,弟子遍天下,归寺祀,先意欲振修,后以宝华公冗,不克身任而止。今寺僧西爽,其嫡嗣也。约衣啬食,积有余赀,绅士王南极、樊锡公、陆去非、王朝佐、严廷标、傅宾揆等,又复倡首乐捐,造观音阁五间、甬道、丹墀、大殿、山门概行修葺,法座重兴,莲台复振,拟之始建规制虽未之及,而翚飞鸟革已焕然一新也。己卯岁杪经始,至辛巳春初告成。首事辈丐记于余。

余嘉其举旧修废,主僧之用力颇勤,而绅士辈以寺为祀先之所,慨然乐捐,亦仁人孝子之心也。因本昔年王可学遗疏,续以近时修建缘由,而为之刻石以纪云。

双玉亭记　宋·刘　宰

溧水为金陵壮县,而地偏无卓绝奇伟之观,故胜迹之可寻者亦少。尉治旧有二李亭,按之往志,李公择之父东尝尉兹邑,携公择与其兄野夫来读书于此。公择名常,与孙莘老齐名,言论不阿,为世名臣,事具国史。其归也,读书庐山五老峰下,既贵,储其书遗后人,名曰李氏山房。记具《东坡集》。野夫名莘,仕至江西转运副使,虽仕不大显,而东坡《送公择》诗云,"念我野夫兄,知名三十秋",又《过公择旧居》诗云,"何人修水上,种此一双玉",则其贤亦可概见。今亭更他名,来者莫考。

顾县圃，隔浦、渌池等处，皆故令周邦彦美成游冶之地，世方邮其（祠）〔词〕附益其说，幸而至其地则趋走焉，回旋焉，视圃之一草一木皆足寄遐想。今尉尤公季端非之，以为李公距今虽已远，然订以所闻，非直、谅、多闻，古之益友欤？若邦彦异是。今人取友犹致辨于损益之间，宁有尚友古人而不知所择欤？因复亭旧名，而谒余以记。

余惟履墟墓而哀，入社稷宗庙而敬，所遇变于外，所感易于中，盖人之常情。则游乎隔圃、渌池之间而能端此念者，鲜矣！然则，季端之复是亭也，岂直尚友古人而已欤？孟子曰"我亦欲正人心"，季端有焉。故余为记，且取坡语定其名曰"双玉亭"。

季端名端，盖锡山遂初先生尚书公之孙，其家学有自云。

招云亭记　元·谢　瑛

禅寂主人猷仲谋，嗣金刚幢茂公，正法者也。住院甫再期，当大祲之余，乃能引坠起废，以为化陋祛鄙之计。于是倾笠包所储，新敷衍教戒之堂若干楹，凿山开址，出旧堂上十余尺。且即宇后屠蓁灭莽，得古磜于数百年砂砾埋淤之中，直达于善财所礼大士之岩下，若山灵有以默相之者。用构亭于其阳，以"招云"扁之。空翠四环，县瀑飞下，游瞩所及，奇观涌来。一日具茗馔延予其上，乃界极夫云之所归趣，而征记焉。

予谓："云无心物也，设可招，不几乎有心也欤？得非以其兴也，若乘时而起；其歇也，若顺时而返，虽无心若有心也欤？然无心，固不可招；若有心，亦不易招。今之欲招若云也，其于心之有无者，必能素识于彼矣。"某矧而笑曰："无心于人，云也；有心于云，人也。非云即我，我即云也。爱之斯即之，即之斯招之，此扁之所以揭也。夫守道不如守官，虞人犹见重于孔子。是云之视我也，夫岂若乎齐田之旌也哉？此吾之所以有取于彼也，欲法彼以进吾学。子幸述以诒来者，使知我之所以招者，乃在翰墨畦畛之外，非智者则不宜与之道之也。"

予善其言，出吾书。且"非即我"云者，又有契乎非道宏人之旨，故为疏于左方，就以为记云。

又得堂记　明·王从善

予少有山水之癖,自西台出宰中山,奔走于尘土,疲神于簿书,则大违初心。又念居位而行志,学者之愿也。幸而中山之民颇淳,一时大吏皆长者,凡予所欲为咸报可,期年以后政通人和,士大夫震动,予亦不自知其何以至此也。于是遍阅邑之山水,或可以寄兴而竟未得。

乃肩舆出城,有榜曰"兴教禅林",即而访之。则径路迂回,竹树茂密,水一泓流动有声,砻石为桥,桥西可六七十步隐隐见僧房参差,欣然便觉自慰其素。启关而入,荒城颓卧,长松偃蹇,凄然复有怀古之想。隙地则耆民吴澍、僧会惠明时始构堂五楹。予以初志之寡,遂念斯境之稍佳,矻矻公府之余,偶怡颜于无事,擅而有之,命曰"又得",表于衢曰"最闲处",其阴则曰"浮生半日",盖取坡翁之句[1],快予今日之所遭也。

夫以庶政丛委,心虑昏塞,不一扫荡则神志不清。谋野则获,弹琴而理,昔亦有然者矣,而况于予乎!故暇则集寮佐及邑之耆旧与诸生之端趣向者,讲说治道,审察利病,凡有得于纤毫立起而行之。中山之民亦喜予之游也,相率而往听焉。抚群山之崔嵬,瞻江云于渺绵,一倡三叹,嘉宾动色。使予华绅笏,拥旌节,而不得罪于百姓者,真有感于"又得"之一助也。后之继予者尚鉴之哉!

吾与亭记　王从善

予宰于中山二年矣,凡学宫未备者、朽敝者,皆创为之。暇则又取学宫之南污渠土皋乃池,乃亭,瞻夫子之门墙,眺山川之胜概。诸生进曰:"亭成矣,愿大夫名之以为训。"大夫曰:"诸生有志于学不言之中。其教显,行即非焉,画脂镂冰而已,何事为?"诸生复进曰:"小子知过矣!小子知过矣!茅茨不启,景行谁履?望洋迷方,乃聋乃瞽。大夫今日之教,愿俯首以听。"再至三至,乃颜其亭曰"吾与"。

夫以四贤言志,如子路辈皆欲得位行道,而点独曰"浴乎沂,风乎舞雩,

---

[1]　有误。应为唐人李涉诗句。——点校者注。

咏而归"。且夫子，天下之大圣也。点之志愚夫愚妇皆可为也，而夫子忻然得意，爱过寻常诸生，不当求之乎？据纸上陈言，人人皆以点为高，而其所以然犹未能得其一体，顾乃放浪形骸，笑傲宇宙，内外皆无其实。昏以诏明，一撞百碎，是仲尼"吾与"之言有以误后世也。诸生识之乎，战战兢兢如临深渊，如履薄冰，积于初者，圣人之实学；博施济众，兆民允殖，沛于终者，圣人之大用。舞雩之乐，正所以涵实学而养大用也。静无此乐，则渗漏欠缺而实学疏；动无此乐，则不神不化而大用滞。疏则禹汤之学不（傅）〔传〕，滞则唐虞之治不闻，"吾与"之意将沉沦于空虚清静之域矣！故曰不专一则不能直，遂不翕聚，则不能发散；又曰乐则生矣，生则恶可已，恶可已则不知足之蹈之，手之舞之，仲尼喟然之叹不在兹乎！惜点之末喻，而卒与琴张牧皮同称，亦可悲矣！

文学师蜀人杨觐、越人王庠蹙然曰："知过矣！知过矣！觐当佩之以训诸生，负'吾与'焉有愧此亭。"

二君堂记　王从善

呜呼！自科目之制兴，天下遂无意于圣贤之学，是岂科目之罪哉？亦吾人之志不广耳。心之所之高明污下，而人品随焉。饮食男女不废于古，仁义道德不废于今，而古今相去之远如此，又何罪于科目也！

予以浅拙视篆溧水，欲有所谕而未能。谒学宫后，见其西南有一沼，则植以莲，而门人徐生守芳献圃一区，则植以竹，即其中而为堂，名之曰"二君"。夫以竹，则可爱可久；以莲，则不曲不污。物嘉矣，人灵于物而不嘉于物，不失其嘉乎？虚以来天下，坚以历万世，直以明吾道，洁以存吾身，物则有然者矣，而况于圣贤乎？二三子其自省，此正脉也。

堂成，托吾友春（宫）〔官〕张君惟静记之，而诸生念予有一朝之雅，复求言以为训。且其衣冠俊秀，怡怡秩秩，可以为圣，可以为贤，顾俯首下气，局促于科目，亦忍矣。有我易迁，居随易坏，无益于人之家国，以玷夫子之门墙，非徒二三子之失路，抑亦俾老令长虑而却顾也。

二君堂记　明·张时彻

二君者,竹也,莲也。二君堂者,襄阳王子承吉之所作也。王子之令溧水县,期月而废举,期年而政布,乃喟然叹曰:"夫政,以正人也。太上以化,其次以教,次以劝,次以率。劝与率吾弗崇也,化吾犹难之,其诸事教乎!"教自庠士子始,时乃往视学,诏之以忠信孝弟,习之以冠婚丧祭,说之以诗书,董之以力勤不懈;拔其俊而淑者而礼之,而启之,以奖于众。于是庠士子翕然向方,垢者洗焉,顽者耻焉,偷者厚焉,懦者起焉,唯王子之训是懋是绎。人曰,溧水之士其能縠哉,汹汹乎其不已矣!

王子教学之暇循学宫之外,右去数武有塘一区,命植莲其中;塘之南有圃二亩,树竹数百竿。莲既作,竹蕃以长,乃为一小亭,名之曰"二君堂"。

王子集庠士子告之曰:"尔等其知我意也乎? 夫竹也,虚而有容,直而不挠,君子也。夫莲也,清而不污,芳而不媚,君子也。我诲尔以君子之道,尔以自勉焉。夫心虚则不骄,节直则不回,行清则寡慝,令闻则不坠,其废者鲜矣。是故,学之道惟其取而已矣。尔惟藏而修也,省躬而师师;尔惟息而游也,取物而正志,敏以蹈道,不愿乎外,其君子也哉! 不然,我怒之;不然,我扑罚之;不然,我离而异之;又不然,我乃大贱恶之,尔悔无及也,尔其慎哉! 戒哉!"又曰:"善学者师意,其次以言,我将使善言者昭之,掖厥有终可哉。"佥曰唯唯。

王子乃命于张子时彻曰:"子其知我者也,曷成之!"张子记之。

园亭小记　明·张锡命

县署旧无园亭,此余谒选时晤杨幕于京邸,而托之创建者。

二月入署时,桃杏盛开,竹柏成列,窗草盆鱼悠然在月,余甚讶其布置之奇,而成功之速也。退食之暇,侍老母闲行于斯,洗竹浇花,锄骄理稚,爱日之余触物有会,亦可以茂生机而消名利场中一种烦恼,取比昔人以湖山了公事哉! 有亭三楹,轩豁精整,以及山石花卉之属,费可六十余金,余以俸补杨幕。

余行矣! 爱屋者及其乌,幸时为修葺之。聊识数语,以告后来之主是亭者。

杨幕名仲鼎，豫章之乐平县人。

楼桑馆诗序　国朝·闵派鲁

署之西轩，昔月沙张公所构也。卉木之盛足以表时序，适退思。历年久远，荡为榛芜。余始至是，惟一轩岿然，此外无容膝处。拊月沙之故碣，怅烟草于荒除。何掾孤梅已摧东阁，晏公双柳靡识残柯。俯仰今昔，不胜怃然。

既而睇彼短垣，一桑甚古，幢幢竦立，高干拂云，繁条结阴。其下修广，度可置三楹。适工有余材，遂以农隙而董治之。东其户，引朝曦也；南其牖，依美荫也。素壁疏棂，不雕不饰，何敢拟画舫于永叔，比宝晋于元章，欲以坐怡清燕，斯焉足矣！然余之迂拙，未能即安于此，亦用勤扫除，以俟宾之过从耳，故额之曰"楼桑馆"。

工既毕，与客燕饮以落之，因各为诗一章而赋其事。

园亭小记　国朝·冯泰运

溧署地势湫隘，每夏秋积雨洼湿特甚。余治溧来培其基址，辟其堂构，渐次告成。差仿佛于邑事视家之意，不敢概之传舍耳。

署右亭三楹，栋牖尽圮，乃因旧地而拓之。阶前丛石中得小碣，则潼川月沙张公作亭之由，不知何以荆榛委也。亭右书屋，半颓风雨，而楼桑馆额犹岿然独存，为大梁闵公伯宗所作，余并加修葺。楼桑枝柯蕃盛，垂荫最远，爰构小轩，前后洞开，爽垲豁达，时与邑之绅士汤旌三、萧进也、马寅公共饮其下。清风徐来，披襟当之，因为余颜曰"羲轩"，盖有取于昔人云"清风适至，自谓羲皇上人"也。轩右构小厦，面有隙地，长可数十步，为公余较射之所。亭轩台榭，花木阴森，鹤鹿依人，颇堪自适。

遂举张公遗碣榜之于壁，为数言以纪之。匪以托于先后之同心，诚有鉴于爱屋之说，是又以后人望后人也。

太和堂铭　明·王从善

天之生人,懿哉恒性。五伦万物,厥理自定。人惟不行,达道以病。匪曰斯民,过在于令。而我腐儒,实惭自靖。奉此一心,沛之群姓。士夫相安,吏民无兢。惟僚惟属,怡怡通共。遂颜斯堂,文章昭映。风流将来,世道之幸。祝规有辞,此感彼应。

谯楼钟铭并序　王从善

大明嘉靖癸未,予自西台试政,出宰溧水。又明年丙戌,积滞渐通,民气稍乐,乃寻制之未善者,因取谯楼之钟而新之。呜呼! 今之人悬情于千载之下,后来者仰慕于千载之上。虚堂风雨,聆音动怀,盖有不胜其慨叹者矣! 然而,风烟逝波,须臾变灭,不有道在,其何能存? 叙以识岁月,复为之铭曰:

猗此器,职晓昏。警在公,达庶门。勤乃庸,慎厥存。用斯流,襄化元。

劝民四箴　明·吴仕诠

学有殊途,古乎今乎! 人己之判,公私之符。学而崇古,学圣为徒。即知学矣,犹胜凡夫。道本无涯,学乌可止? 畏高者卑,畏远者迩。庸人所安,志士所耻。进修及时,颛蒙伊始。呜呼! 良玉为器,惟琢乃成。太阿在冶,惟炼斯精。人胡不学,自负厥灵? 吾宁学而韫匮,毋不学而甘于食粟。业毁于嬉,功修于笃。吾于尔也,教之是属。用敢以兹言勖。崇学

民生邦域,惟食为天。足食有本,稼穑急焉。丰不忘匮,为患未然。一年力稿,三年蓄利。不为之豫,孰为之继? 私何以安,公何以济? 尔田可耕,尔井可凿。为力则劳,于心则乐。纨绮者谁? 农焉是薄? 朝而温饱,夕而沟壑。呜呼! 弗勤胡获? 弗耨胡成? 奈何皆惰自坠厥生! 吾于尔也,将哀鸿是矜,必先游民是惩。务农

听讼非罕,无讼则贤。宣尼有诏,民畏为先。云胡末世,构讦纷然。锱铢必量,睚眦是竞。巧舌如簧,百端求胜。呜呼! 尔将害人,人亦尔倾。尔欲自宁,不如阒争。彼以强陵,吾以弱守。循理无尤,乐斯可久。吾于尔

也,岂以折狱是能,而惟尔之察。枉直既形,难贷者法。尔无终讼,自贻厥罚。息讼

　　寇盗何始,蚩尤之时。彼诚无知,暴实先之。今也何世,尔辈奚辞。国有恒宪,赫赫无私。相彼下民,良心匪独。偶迫饥寒,真元遂汩。一夕不省,终身桎梏。显者刑刃,微者挞辱。呜呼！尔之为计,以力以智。以尔智力,何所不至。尔其更始,议在缓死。拔尔蓬心,皆吾赤子。吾于汝也,不教而杀,是上之虐。尔或不悛,吾以行吾三尺之法。止盗

卷十四

艺文下

徽恩阁赋　明·吕光品

厥惟溧邑，古称濑邦。星分斗野，地出帝乡。钟神灵之赫奕，表巍阁于庙阳。创于元祐之禩，名以徽恩而扬。窈窕壮丽，甲于一方。历岁序之绵邈，值栋宇之摧僵。先功莫答，众绪仿徨。邑有大夫，厥姓惟陈，洪都才子，号曰怀云。炳炳文章之凤，振振仁厚之麟。哲悬朗鉴，惠播鸿钧。洌冰壶之晶操，益玉台之熙春。鸟雀驯于庭署，桁杨卧于苍茵。案牍尘而图牒饬，夏楚息而弦诵殷。年屡登而物阜，道既洽而风淳。慨神台之莫葺，将灵迹之遂沦。捐己俸而倡义，鼓民资而咸勤。其来若子，攻者如鳞。乌贲负石，倕输削轮。取则紫府，分模枫宸。两朝故制，倏然而鼎新。百尺华构，不戒而告竣。虽江山之有待，亦气化之当循。

由是陈嘉肴，置旨酒，邀骚人，延艺叟。有客末至，居席之右。大夫曰："惟兹巍阁，濑之甘棠。匪辑弗固，匪言弗彰。摅子秘思，抽乃绣肠。标灵阐状，为彼敷张"。客乃避席而起，激昂而扬，曰："余闻四香华而流于侈，结绮丽而溺于荒。滕王纵情于芳渚，蓬莱役志于荒唐。孰若兹阁，为邑开祥。旱祈则澍，歉祷则穰。恹者释而瘝者强，游者憩而居者昌。固庇民之贝阙，乃济众之慈航。阁之为义大矣哉！请竟其说。"

"彼其虹修梁以翚飞，鸳碧瓦之参差。暝雾暗翳于重桷，朝阳炫射于丹扉。侏儒列而星近，掌柱矗而云低。启罘罳而高睇，排闾阖于霏微。星辰荧煌乎壁镜，雌霓夭矫乎棼楣。元乌巢而迷所，白鹤过而碍飞。仿佛乎驱娑天禄,依稀乎紫霄玉虚。"大夫曰:"此结构之胜也,讵止于斯乎?"

客曰:"律中仙吕,二九斯逢。厥神降旦,咸秉肃恭。五蕴燃兮烟袅,九光灿兮星荧。铙歌鼓吹,响振乎几席;旌纛节斧,辉映乎帘笼。演伶优之杂剧,幻仙释之奇踪。讶神女之出浦,惊列子之御风。翻阁中之飞燕,骤街上之奔虹。冠盖集而如堵,车轮过而飞蓬。角胜呈彩,争奇效工。乐气凝于碧落,欢声摩乎晴空。竭一时之娱玩,赛四序之神功。"大夫曰:"此熙游之盛也。讵止于斯乎?"

客曰:"巍巍凌烟,山回水旋。凭高远眺,集翠中天。东则峒岘崒嶭,落步趋蹿。西则石羊触距,栖凤回翔。南则鼍船曳橹,紫云飘扬。北则卧龙偃伏,六姑靓妆。五丁之所伐削,巨灵之所劻勷。至若沙湖浮玉,石臼(春旋)[春璇]。苍溪若绣,丹井欲然。秦淮浃古,胭脂血鲜。双眼流盼,九女争妍。飞灵鼗之瑶淙,渍神灢之珠涓。固取之而不尽,亦览之而无边。"大夫曰:"此阁中之大观也。讵止于斯乎?"

客曰:"日出而窗棂曦,云归而扃户暝。远吞乎晓烟之光,近射乎夕阳之影。钟声渺而宿鸟飞,樵歌唱而游人屏。跳双丸于两间,迅四时之一顷。尔其垂千条之绵柳,绕百啭之金衣。炉烟细而游丝静,幕风轻而乳燕熙。收帝城之淑气,眺陇首之芳菲。倏然窗玲珑而杀炎,栋嵯峨而压暑。荷薰百和之香,雷送千峰之雨。握凉蛇于珠宫,踏层冰于玉字。乃若金井落碧梧之叶,琼楼芬丹桂之英。黄云遥横乎雁阵,绿杨忽度夫蝉声。湛水天之一(邑)[色],纳风月之双清。既而檐连石城之云,窗当大山之雪。眠凫起冰日之朝霞,寒雞唱霜天之晓月。惊画角之严声,听《梅花》之弄彻。既变态之无常,实凭虚而奇绝。"大夫曰:"此阁中之朝暮而四时也。讵止于斯乎?"

客曰:"阁不徒高,有灵则标。高不在形,惟德斯馨。兹阁也,大德以为地,广生以为基。以正直为栋柱,以覆庇为墍茨,以觉迷为窗牖,以爱护为垣篱,以保合为门户,以引掖为阶梯。虽形胜之显设,实神明之默持。今大夫扩乃地,厚乃基;维乃栋柱,加乃墍茨;启乃窗牖,固乃垣篱;辟乃门户,整乃阶梯。筑之以人和,构之以天倪。垂浩佑,锡鸿禧。登元圃,纳华胥。徽再振,恩重濡。无今无古,不倾不欹。德与神灵共耀,功与天壤俱丕。大夫曰:"元哉,至矣!尽矣,蔑以加矣!"

于是客乃倒玉壶,饮金露。墨染濑水之鱼,笔罄中山之兔。引彼赫蹄,遂书之而为赋。

异桂赋并序　国朝·林古度

溧水城东,爰有古桂,树形大异,一本九歧。参错纵横,龙拏虎跛。传自唐宋,罔知岁年。饱历风霜,沃承雨露。昔居原野,今属院庭。微令君之风流,邀兹宴赏,岂游子之云集,得以咏歌?是骇目惊心,希闻罕见者也。昔相如卢橘,子云玉树,靡弗侈述珍怪,润色土风。予何人斯?敢颂所见!谬裁短赋,用纪异观。

出濑城之东郭,倚河岸之平冈。有连卷之古桂,形怪诞而异常。植根株其屈曲,挺柯干其扰攘。类人手之骈指,肖猿臂之奋扬。婆娑飞舞,交加低昂。肢体解拆,皮骨崛强。一本俨尔万树,四散疑夫千章。产实超乎皋涂,种尤迈乎桂阳。

历岁年以莫纪,经世代而弗彰。受雨露之润泽,蔽天日之辉光。肃穆昼静,萧森夏凉。叶随时以恒色,花未秋而先香。并孔桧于岱岳,齐欧梨于峡乡。影流苔鲜,气凛风霜。蠹莫侵而荣茂,鸟争栖而郁苍。陋秦松与汉柏,即潘花与召棠。可匝绕乎(鸟)〔乌〕鹊,堪来仪乎凤凰。既名楼以拔萃,亦号(穆)〔樏〕而屑芳。荫欲移而等槭,怦不改而共姜。岂番禺之八树,匪窦燕之五郎。持玉杯兮翁左,操铁斧兮吴刚。思承露兮可得,欲斫月兮奚将。不成林而独盛,信在木而称良。

既攒且簇,欲弛还张。如戈如戟,如楼如房。可登可坐,可正可旁。攀援含思,淹留勿忘。舟楫莫用,药饵难尝。匪樗栎而得寿,免摧枯而损戕。处时地之幽僻,辞材具于栋梁。丛密鹭岭之地,势覆西园之墙。拂使者之旌旆,临令君之壶觞。聚饮仙之群态,集社老于各方。去山岩之险侧,假署廨以卫防。子亦生而亦落,蕊或丹而或黄。游人无采折之患,骚客有咏歌之狂。

若夫禅寂魁伟之文杏，天兴幻象之人桑，虽鼎足以甲乙，莫输心与颉颃。吾独写斯桂之状貌，惧丽则之未臧。女合欢而连理，士比肩而同堂。其庶几乎得似，匪藻饰乎祯祥。冀观采以辨物，呈珍怪之灵长。幸结邻于白庙，胜招隐于淮王。

神灯赋　国朝·蔡书绅

琛山在溧水县西，有三茅真君观。每岁春分，夜有圆光百十点如灯状，从句容茅山浮空而来，至观则隐。土人目为茅君神灯，即峨嵋五台佛光之类也。异而赋之。

何碧落之有融，值黄昏而不夜。吐彩焰于璇楼，袅新烟于琼榭。若欲往而复来，亦凌高而倏下。依稀珠斗灿烂云间，仿佛瑶枢辉煌天罅。惟灯火之迷离，乃茅君之幻化。

尔其翠旆丽簇，红盖飘飘。鸾歌琪树，鹿梦蘅皋。窥华阳之奥窔，望句曲之岧峣。芳菲菲兮蕙帐，形穆穆兮螭坳。俨仙真自闾阖，历尘劫若昏朝。玉友金昆，此乐不减天上；疏钟晚磬，余音直透林梢。寻盟青帝，命驾良宵。岁岁年年，象老人之见于丁位；明明暗暗，类法善之步夫烟霄。翻霓裳于月地，鸣璐佩于星桥。岂向余杭沽酒，而唤麻姑斟酌；曾还缑氏吹笙，而跨鹤背由敖。

得也其真，非耶则是。错落长空，晶莹千里。紫电掣而飞绡，丹霞散而剪绮。白榆历历，疑火树之将侵；碧汉溶溶，讶明珠之乍徙。谅自调夫玉烛，艳过银（缸）[钉]；诚何借乎兰膏，香生花蕊。爰麾绛节，乃展青旗。江妃缅瑟，织女吹簾。太乙之藜来导，灌顶之钵相随。簇九枝而霞举，联千盏而累垂。葡萄横亘以延蔓，菡萏倒折以悬丝。乍消融乎凤脑，复灼烁乎蚖脂。照历乱之桃鬟，云真舍利；醒朦胧之柳眼，曰圣琉璃。

鸿将归而屡顾，燕才宿而惊飞。千丈雄虹，贯高平而有耀；九斿含誉，指琛岭而流辉。

何泉石之多姿，伊云烟之变色。凝眸而火齐纷投，俯首而珊瑚遥集。纱裁蝉翼，露寒而朱烬犹荧；草折明茎，雾薄而瑶华可挹。鳌山来海岛，宁须乌柏之油;仙曲奏天街,如入水晶之域。漫语赤城,罔夸东壁。觌胜迹于韶阳,尚怡情于漏刻。

驱车林麓,拂座高冈。濯清尘于沆瀣,听疏籁于松篁。何处桐孙,谱《梅花》之韵;谁家宝鸭,煎玉髓之香。懒唱《乌啼》于雉堞,忘追蝶梦于池塘。斗仰神灯之的皪,忽觉身世之苍茫。尽道冰轮可长圆于此夕,岂知春色已半去于一方。笑太史之登台,详书云物;观羽人之纪历,妙合天章。

则知梵王呈瑞于峨嵋,器之明征于白社。天池窈窕,弄影于岩岫;宝塔玲珑,流光于兰若。或隐现之无常,亦去住之未果。维兹灵气,爇莲炬而滚青峰;畴似神工,挑晶笼而游绿野。零雨兮何残,冲飙兮何堕。助若木兮增妍,对姮娥兮姚冶。岂特大块之美谈哉,实亦清都之盛事也。

韩熙载读书台赋　　国朝·潘遇莘

磬响敲云,岚光宿雨。杨柳外几声幽韵,野鸟能歌;断陇头一派诗思,流泉似语。访五季之词人,问读书之台宇。嗟旧砌其已平,痛荒凉于自古。若乃月自残,风自晓。草怨王孙不游,山敷螺黛未了。无主幽篁,依沙废沼,春在粉蝶香须,秋入碧梧枝杪。呜呼! 李毂既去,零落芳樽,萧条。是而今,白昼寂寞,耐此地黄昏! 到处苔龛,惟余佛火;满庭蝌蚪,不似书痕。惟有指几点虫穴,约略问当日篱根。

歌曰:无想邀名客,南唐号将家。废台若问人间恨,荒荠年年二月花。

又歌曰:极目兮青山不老,徘徊兮旧迹如扫。感千秋之代谢兮,伤逝者之草草。盼吟魂而不归兮,恧恻怆于怀抱。

塔山渡守圩歌　　陈泰庸

鼓不停锣不歇,圩上圩下声不绝。昼夜酸风送凄切,使人骨惊心为折。清和已过天正热,大雨时行此其节。暑气蒸云助滂渤,山水奔腾涧水溢。如雷如霆势飘瞥,阳侯卷作一团雪,直走高圩恣冲突。溧水迢迢上元接,鸡犬桑麻互阡陌。耕田凿井无虺蜺,总恃此圩为扞隔。长波滚滚来无竭,回旋动荡不得越。全力翻从地底发,如锥四出钻土脉。一缕涓涓开细隙,湍流仰漱成大穴。下陷上倾声响捷，千村立化鼋鼍窟。此时安危分旦夕，此际存亡在眉睫。自救救人均一辙，同力不劳官督责。塔山去圩只寻尺，我适住兹理书策。民如鹅鸭泥水汩，目见耳闻不可说。私念当今天子哲，河清海晏岁逾百。八荒九有皆枕席，此方宁独遭横决。果然兼旬出大厄，虽则劬劳究安宅。爰作长歌志欢悦，二十四年夏五月。

游丹阳湖　唐·李　白

湖与元气连，风波浩难止。天外贾客归，云间片帆起。龟游莲叶上，鸟入芦花里。少妇棹轻舟，歌声逐流水。

自溧水道中哭王炎三首

白杨双行行，白马悲路傍。晨兴见晓月，更似发云阳。溧水通吴关，逝川去未央。故人万化尽，闭骨茅山冈。天上坠玉棺，泉中掩龙章。名飞日月上，义与风云翔。逸气竟莫展，英图俄夭伤。楚国两老人，来嗟龚胜亡。有言不可道，雪泣忆兰芳。

王公希代宝，弃世亦何早。吊死不及哀，殡宫已秋草。悲来欲脱剑，挂向何枝好？哭向茅山虽未摧，一生泪尽丹阳道。

王家碧瑶树，一树忽先摧。海内故人泣，天涯吊鹤来。未成霖雨用，先失济川材。一罢广陵散，鸣琴更不开。

过上方寺题孙钟种瓜井　宋·史弥巩

孙钟原是栽瓜圃，客至尝瓜固其所。不应司命降从天，至今人指种瓜处。

钓鳌亭　赵杰之

天地分来万古多，鳌鱼背隐驾山河。亭前见说高人钓，池上那闻渔父歌。四面青峰环秀色，一湾绿水漾晴波。谁能掣断黄金索，终日持竿怎奈何。

白府真君　宋·赵杰之

卓茂当年政术优,治声终不似贤侯。显幽一致施仁化,庙食中山卒未休。

竹节亭　张　琦

结构华亭岁月深,形如竹节俯山阴。规模自壮中山色,基业犹存万古心。窗外岂无猿鹤唳,檐前时有凤凰吟。夜深神鬼惊闻处,月下谁弹一曲琴。

楚平王庙　周邦彦

奸臣乱国纪,伍奢思结缨。杀贤恐遗种,巢卵同时倾。健雏脱身去,口血流吴廷。达士见几微,楚郊忧苦辛。十年军入郢,势如波卷萍。贤亡国婴难,王死尸受刑。将隳七世庙,先坏百里城。子胥虽捐江,素车驾长鲸。惊涛寄怒余,遗庙罗千楹。王祠何其微,破屋风冷冷。蛰虫陷香案,饥鼠悬灯檠。淫俗敬魑魅,何人顾威灵?臣冤不雠主,况乃锄邱茔。报应苦不直,吾将问冥冥。

竹　城

竹城何檀栾,层翠分雉堞。王封尽四堙,同有岁寒节。

庐　山　元·袁良所

洗洗生寒袭苎袍,笋舆一步一升高。好山好水应追谢,新酒新诗拟和陶。梅雨多情犹借润,松风尽力不辞劳。东庐重见浑如旧,惟有霜华点鬓毛。

适固城湖

北风猎猎响黄芦,高挂征风疾似驱。一片好山看未了,扁舟又过固城湖。

过方正学故宅　明·魏　泽

笋舆冲雨过侯城，抚景偏令感慨生。黄鸟向人空百啭，孤猿堕泪只三声。山中自可全高节，天下难居是令名。却忆令威千载后，重归华表不胜情。

寄庐山　王　良

薄宦风尘东复西，江山憔悴敝征衣。邮亭春色他乡过，戎马刀头破镜飞。双节门高慈母逝，三槐堂旧故人非。相看不厌庐山面，头白归来已忘机。

题开福寺筠香堂

玉立亭亭映画栏，氤氲日日报平安。秋风鸾凤音千里，夜月龙蛇影万竿。四望眼空淇澳水，数间心有渭川宽。摇金缕玉清如许，冰雪相看度岁寒。

寻藕花道人

泉鸣知宿雨，木落见秋山。避世纫兰佩，寻僧扣竹关。无心移物表，有道托身闲。高节能如此，忘形谈笑间。

东汉碑　姚崇文

七尺贞珉奠厚坤，中郎绝笔校官文。龟趺负载千钧重，燕尾横斜八体分。荡漾不缘沉野水，摩挲重见立斜曛。由来吾道天同永，十丈磨厓岂足云。

涵碧池

一镜天开入望遥，百工疏凿岂徒劳。秋风泛藻元纹细，春雨飞花绿涨高。乌兔有辉涵日月，蛟龙无计作波涛。我来醉倚阑干曲，俯仰苍旻散郁陶。

徽恩阁

古溧城边水倒流，崇墉（蚩）［鸱］吻矗云头。华林胜地星霜换，白府祠前草木幽。高阁西风双秃鬓，断云斜雁数行秋。洞庭只在阑干外，乞得黄金便买舟。

钓鳌亭　蔡孔昭

八面轩窗爽垲多，绿帘朱槛压秦河。持竿（谩）［漫］学任公钓，倚柱频听孺子歌。杨柳暖烟浮鹭渚，芙蕖凉雨涨鸥波。三山负戴相传久，一举其如努力何。

显应阁　柳　全

遥遥胜地最堪夸，海底金乌望处赊。有意群峰朝凤阁，无边一水绕鸥沙。参差嫩绿长堤柳，艳冶娇红上苑花。却叹层楼值兵火，鸟啼人去几年华。

显应阁秋蟾

明月东升浩气浮，杖藜何处足清游。光摇宝殿三千界，影落华林几百秋。龙起碧潭人寂寂，鹤归华表夜悠悠。胡床独据多清兴，何日重登庾亮楼。

送赵居仁参政山东　刘三吾

至尊晨御华盖殿，我时侍班在东面。琴鹤清风世有人，素以忠勤被恩眷。炉烟两袖迎天风，使华一骑之山东。要知方面旬宣寄，尽在天语丁宁中。芰荷香，梅子雨，行人在道黄鹂语。旧家好访谪仙踪，饥人有待富翁哺。同寅契友如芝兰，是昔春坊洗马官。六府所资为柱石，两贤相视如肺肝。因公为我一道甫，还记临分相嘱否？倘无冷家芦雁图，幸寄尔家裴氏虎。

送袁缙还中山

艮所山人儒者医，前朝作手称能诗。残稿在人犹脍炙，何况当时亲见之。山人有孙承世学，满头霜雪垂须眉。手持家集来相访，清论令人双解颐。自言家住中山下，东至王城近三舍。一从太祖渡东来，百载于今荷陶冶。儿孙只解识牛羊，乡里何曾见兵马。森森乔木故园居，翳翳桑麻遍平野。老来忽忆帝王州，藜杖素琴寻旧游。旧游人物已非昔，昔日朱颜今白头。都门三月莺花簇，又想故园芳草绿。蹇驴席帽且归与，此去中山酒应熟。

寄巇山端木孝思　　朱润祖

巇山才子多年别，高士南来话起居。儒席久珍珊瑚琏器，太阿今现斗牛区。诗因骨蜕无人敌，书到天然足自娱。衰老何由见颜色，沧江渺渺倍愁予。

送端木孝思还溧水　　曾　棨

早年江右仰芳名，阙下逢君白发生。栗里风光归去乐，兰亭画法老来精。玉堂金马留真迹，白石清泉有旧盟。此去江山殊不远，好将消息到神京。

送孝思弟使朝鲜　　端木孝文

我曾持节往朝鲜，汝亦承恩下九天。手足情深当此日，君臣义重报何年。云笼鸭绿江船月，风拂鸡翎土炕烟。奉使若无冰蘖操，才如班马也徒然。

溧水秋咏　　端木孝思

暂停车盖驻轻舟，此日湖山属暮秋。灿灿黄花登几席，离离红树散汀洲。倾壶绿蚁杯频转，下箸鲜鳞网乍收。莫向钱塘夸往事，白苏未许擅风流。

过天生桥　王　弼

千峰飞峙若龙门,乱石巉岩似虎蹲。凿后定应元气泄,看来竟觉地维分。两崖空溅奸臣血,一派长流圣主恩。今日扬舻泛秋色,败芦残菊自黄昏。

赠袁济　罗　伦

人心似浮云,一日几变易。吾友山下松,颜色坚如石。

韩熙载读书台　夏　鉴

纷纷五季总(兵)〔丘〕墟,之子藏修尚有庐。不为三冬勤博学,何缘百世富清誉。已无故老询遗事,惟有青山见读书。不尽登临怀古意,西风落日重欷歔。

重过兴化寺

十年不到延安寺,今日重来感旧游。门锁白云千古意,窗含红叶万山秋。庖厨冷淡家风别,楼阁晴明宿雨收。吟罢夕阳归路晚,据鞍慵上紫骅骝。

赠丁孝子澡　刘　戬

天末悠悠一寸心,百年子道与官箴。攀余枯柏曾双泪,酌罢贪泉更一吟。地老有情行避石,夜间无客暗怀金。为君赋罢多惆怅,古道西风棘正深。

题俞氏插竹亭　曾　彦

护花曾插竹,竹盛任花衰。不假栽培妙,何应造化私。先茔分露种,老圃带烟移。数亩云欺渭,千竿雨胜淇。此君终正直,稚子更清奇。始兆三公显,今开百世基。每惊龙变化,快睹凤来仪。谁识亭中趣,清风我独知。

中山观古桂　许　锐

老干秋风粒粒金，清香寒影吊人心。霜台坐久烹山茗，长是黄昏秉烛寻。

次前韵　冀　绮

开向霜台细缕金，摘来煮茗解尘心。有时移入青霄上，留得清香满地寻。

徽恩阁　陈凤梧

乌台东畔起高楼，俯视乾坤寄远游。百里山川开曙色，五更风雨送清秋。手攀飞栋云凝目，足踏层梯日在头。直北钟峰长缥缈，金陵自古帝王州。

过石臼湖次李白韵　方　豪

风高石臼湖，扁舟行且止。寒鱼潜何深，冻云飞不起。龙潭嘘吸间，塔子苍茫里。推篷听晚桡，新月摇烟水。

题三忠祠　茆　钦

草庐接语便倾心，鱼水君臣感惠深。一代忠贞归二表，百年兴废负孤吟。管萧事业相前后，伊吕声华共古今。功盖三分今已矣，仰瞻遗像欲沾襟。

当时忠佞苦难分，今日祠堂继茂勋。长剑欲诛秦相国，黄金思铸岳将军。王畿岂是豺狼窟，人道难同鸟兽群。独有精忠知此理，竟无和议到燕云。

宋室倾颓已不支，独揽丹悃佐孤儿。从容就死原无愧，慷慨勤王欲有为。英爽尚存今日庙，遗功犹载昔年碑。忠贞事业应如昨，青史班班万古垂。

题节寿堂扁　范　祺

彭家节妇清且贤,三十夫亡当盛年。膝下孤儿甫三岁,顾影伶仃恒自怜。铅华不理卸膏饰,灯火寒窗事机织。买书闭户教遗孤,一片贞心凛如石。翼翼高堂宛水滨,名题节寿表词诚。伤心还忆当年事,回首俄惊六十春。儿今长成亲已老,愿得慈颜长寿考。阿儿有子子森森,春酒年年共倾倒。

登徽恩阁二首　黄志达

登临应喜出尘寰,犹憾天高不可攀。一带源流沿汉派,万家烟火接钟山。凭虚思爽苍茫外,计胜吟便指顾间。舒啸肯辞终日醉,鹤骖夜伴月明还。

酷怜风景贮名楼,载酒重过续旧游。对面奇峰凝翠晚,谁家长笛弄清秋。一川绿派沿江口,七雄金城壮石头。登眺剩偿行乐趣,腰缠何必鹤扬州。

次冷二守游寺诗韵　张　宏

野寺萧萧草色侵,时闻鸟韵出深林。云开夜半池中月,物感年来镜里心。道谊从今期白发,声名自此重南金。无弦琴阁虚窗久,流水高山独赏音。

丛桂轩　陈道亨

小亭新构柏台中,六桂森然似卧龙。秋露广寒香气远,薰风长夏绿阴浓。间披招隐山中卷,静听徽恩阁上钟。却恨停车才半日,咨询民隐未从容。

溧水道中四首　叶　观

周遭山献丽,迢递水呈清。松柏四时翠,稻(梁)[粱]今岁成。村稠烟火续,望远海云横。奉使初经此,北风寒正生。

蔓草引荒道,轻车上古坡。群峰排邃阁,万树列长戈。渭北杜陵宅,江东李白艖。那能一聚首,此地共高歌。

半夜广陵梦,朝寻溧水行。旧知民讼省,新识令名清。曲上山蹊阻,平临石磴晴。万峰回首处,咫尺是神京。

道历重坡上,嵯峨山更蛇。平生爱幽隐,今日度清奇。吾道驰驱日,民风浇薄时。羡君抱高致,此地正相宜。

徽恩阁　甘永昂

凌空突兀一危楼,点缀星辰屋角头。奔湃汉江趋上国,周遭嵩岳拥皇州。八窗气彻天如坠,万里光浮地欲流。直向此中同客醉,那知更有世间愁。

可即堂春兴　方　彦

一天春景到春台,入眼光华次第开。面面野容环径绕,重重山色送诗来。风轻霜淡啼声巧,草细池香午梦回。马首明朝又南北,笑登江阁听风雷。

秋日省敛于郊次,至寿国寺,和端木内翰韵四首　王从善

朝来观省出东闉,惭愧当年有脚春。绕盖岚光秋竞爽,隔林枫叶午逾新。衣冠仪矩青云末,鸥鹭情怀白水滨。若向中山问消息,太平官对太平民。

萧然天地此虚舟,出宰中山已暮秋。麋鹿未辞桃柳县,鱼虾空负荻芦洲。丈夫勋业风霜计,平世桑榆岁月收。半醉倚门且搔首,青山无语白云流。

林皋周折有人家,老兴临风次第加。斜日碧梧双径色,秋香残雨一篱花。已多松蚁闲迷蝶,未许茆龙共点鸦。我是懒残旧知(已)〔己〕,山僧尘土浪相夸。

门外衣冠礼数多,眼中白鹭映清波。山人远出冲风雨,游子忘归厌芰

荷。雁塔岂能长寂寞,龟章应愧近讴歌。丈夫眉宇云霄器,试举吴钩再
一磨。

仲春雨后省荒宿上方寺

绿鉴轻霜扫鬓毛,出门流涕尽逋逃。孙钟井在瓜非昔,吴主陵荒柏自
号。素食已知重负愧,省民何敢更辞劳。阜财解愠无消息,千古南风思
正高。

无功亭省斋限韵

虚堂高拱值花辰,宰邑无功愧小臣。白雪是今还是古,青山宜主又宜
宾。放怀天地杯中笑,握手云霄席上珍。一笑河阳正寥落,斜阳芳草不
胜春。

九日登吾与亭

劬劬病尹误三期,百里弦歌愧口碑。江色又更秋意思,山容常带古声
诗。菊添楚兴深杯尽,云阁吴霜老树知。一片归心对吾与,故园千里月
明时。

登吾与亭　杨　觐

小筑亭台倚頖宫,眼中吾与尽英雄。剪开荒秽平涂见,说到高明俗虑
空。春暖池塘沂水在,风清松竹舞雩同。凭君只作寻常看,红日西沉皓
魄东。

送谢侯廷□　何　昱

石臼湖边千万舸,民因仁隐荐溪毛。长空目断孤鸿影,夜雨孤篷读
楚骚。

明觉寺　栾尚约

几向江村问草庐,每来山寺息肩舆。乍明佛像原非有,顿觉尘缘尽是虚。修竹绕池春色净,老松栖鹤月轮初。波罗有路何能到,五蕴从今着力除。

登东庐山　武　曷

东庐山色翠屏深,马上频兴望岳心。偶藉高僧为伴侣,适逢长至挈登临。路盘树杪窥吴越,寺隐山腰历古今。亟欲攀崖纪名姓,诗成不觉夕阳沉。

徽恩阁　许　洪

华林自古有高楼,此日登临足胜游。一目览穷吴地景,八窗纳尽楚天秋。更无绿树来边际,只有青天在上头。何地再能牵望眼,五云深处是皇州。

徽恩阁　张　垈邑人

溧上亭亭百尺楼,贤侯公暇作清游。八窗月到夜疑昼,四面风来夏亦秋。最爱好山堪注目,何须矮屋叹低头。谁能作记追王勃,雄冠东南百二州。

重登徽恩阁　陈子贞

昔鸣溧水琴,时眺层楼上。今过溧水城,辀车苦鞅掌。层楼犹旧楼,今游非昔游。会喜我氓歌且舞,旱蝗水火百不忧。百不忧,白侯之庇仍千秋。我昔为侯饰庙貌,蒸之孤阁岿然峭。四角峥嵘如鬼工,楼居时有仙人笑。西望长江一杯水,秣陵宫殿烟云里。日月东西度跳丸,下看高鸟飞无底。呜呼!此阁一望郁以苍,白侯之神何洋洋。旧游愧尔唱《甘棠》,愿为我氓奠椒浆。侯之来兮两螭翔,憩此阁兮绥一方。驱逐妖厉氓无殃,巍巍此阁天与长。

登徽恩阁　龚文选

崔巍高阁五云端，千古乾坤属大观。万叠芙蓉供玉案，半空河汉出雕栏。楼头月挂中山晓，槛外风清洞府寒。六代烟光何处是，石城隐隐大江干。

徽恩阁怀陈子贞

陈侯遗泽见岑楼，此日儿童说并州。铁鹜崚嶒摇日月，金龟缥缈隐云邱。好楼仙子诸天静，问景游人一笑收。指点青郊棠树树，柏台仍看五云浮。

过明觉寺

再度招提揽辔东，新花飞雨湿行骢。两岐喜见渔阳瑞，一榻还看鹫岭风。佛日高春悬几阁，优昙缥缈散崆峒。静中都是阎浮界，觉破应知世味空。

杜明府邀饮徽恩阁　张　程

层楼百尺俯凌歊，宴听铜壶暑气消。梁上飞尘因曲绕，香中闻桂自天飘。如油酒味夸千日，似锦风光惜六朝。惨淡秋容非故里，不堪王粲意无聊。

游无想寺　武　昜

野步趁春晴，行行入化城。泉穿石罅出，竹嵌柏身生。草色侵阶绿，溪光泼眼明。老僧禅诵罢，闲坐听松声。

石柱庵次韵

土沃禾先熟，山深径曲通。高林阴午日，落叶响秋风。世远衣冠古，年登俎豆丰。壶倾车未返，夕照爱丹枫。

重游乳山院

十年不到远公林,此日重来感慨深。落魄几人还纵饮,扶疏万木已交阴。横空山色晴看画,转壑泉声夜听琴。为报长安旧知己,浮云名利好相寻。

登白莲山　武尚耕

巍哉白莲峰,上有白莲池。试问栽者谁？相传忍大师。清净出世间,千瓣吐奇姿。结庐忆当年,妙法良在兹。我来跻其巅,鸟道迥且危。五老峙天外,江光渺无涯。俯瞰楼阁小,一览众山卑。岩扉即古干,禅关间茅茨。摩空挺修竹,蕉覆清涟漪。而我观此莲,岂其爱葳蕤。洗脱六根尘,断离善恶思。老僧一以叩,机锋疾如驰。何必证大满,面目本无疑。嗟嗟风尘客,重来讵可期。兀坐日已暝,欲下犹迟迟。

游石臼湖三首

百里晴湖掌样平,参差山影浸空明。扁舟来往斜阳里,一任青尊笑语倾。

湖上风光自不同,更逢落日暮烟中。青山西望惊人眼,绝似镕金跃冶红。

三湖鼎足势相连,最爱君家石臼边。北去横山浑不远,烟村只在片帆前。

登快观

几年此地废登临,满壁云烟护竹阴。避暑偶同佳客至,一帘秋雨过前林。

开福寺　徐　敦

皈依从汉代,封建自萧梁。法惠中山久,僧流濑水长。天花飘玉彩,古像散金光。终日孤城听,钟声送夕阳。

宿明觉寺二首　骆骎曾

少年山寺听寒鸡,一入风尘路欲迷。犹有清缘无恙在,行骢依旧入招提。

野寺寒云驻客频,绣衣偏借宠光新。埋轮莫讶何多事,恐有豺狼解笑人。

风雨宿明觉寺次壁间韵　傅淑训

冲泥投止叹无庐,古寺逢僧此下车。千里风尘缘底事,一春莺燕又成虚。人家寒食黄昏后,客梦梨花夜雨初。何似皈依莲座去,却将尘虑尽蠲除。

过明觉寺次壁间韵　顾元镜

冲炎何处问君庐,偶到禅林试卸车。万事蜗名将不去,百龄驹隙总成虚。逍遥自昔通齐物,止足何年望遂初。此去前途犹汗漫,且将烦恼暂消除。

重宿明觉寺

寂寞招提路,炎氛两度披。山僧犹识面,旧句已陈碑。蹢躅空形役,揶揄有梦知。故园三径在,为我寄凉飔。

三言诗有引　姚希孟

溧水无想寺比丘募造观音像,余以三言诗颂之,中多订讹,未免葛藤,复自忏也。

闻既空,迹何碍。舍须弥,入一芥。是法身,常不坏。像法兴,名实背。造大士,多舛讹。绣凌波,施螺黛。使女人,生敬爱。此破村妇认观音为女人之误。历南询,童子拜。能解脱,各流派。(肓)[盲]绘师,强作解。一慈眼,同昤睐。此订五十三参皆参观音之讹。绘师又以目睛无二为妙手。此误以三十二,应为善知识也。龙女因,何共昧。两导师,不相贷。此订龙女乃文殊所度。正法明,亿万代。出山相，真捏怪。三大士皆古佛也，梵相何出？ 诸如此，种种态。若鱼篮，乘鳌类。了义经，所不载。或杂藏，或史稗。惭渺劣，识未迨。夏虫惊，蜀犬骇。况菩萨，神力大。岭上云，空中籁。难系住，绝粘带。号圆通，总不害。勿自招，妄语债。有比丘，遇自濑。提铃柝，号阛阓。祝檀那，勤施赉。莫踌躇，希等待。办肯心，不相给。如聚沙，功无外。闻思修，定慧戒。仗胜因，越尘界。宝珠衣，璎珞盖。补怛陀，观自在。

石梁吟有引

千崖嵽岹，万壑（啥呀）［岭岈］，国初望气者言地灵异，又言溧方巽位，独无朝宗之水，于是，上命崇山侯李新督六郡人民穷日夜凿之，烧苘炼石，破块成河，引石臼湖水过此，落胭脂河以趋金陵。迨劳夫枕藉，李侯支解，而工乃竣。石梁嵌空，地灵遂泄。余家西去十里许耳，至今人文寥落，户口食贫，说者［谓］穿凿所致也。吟以哀之。

高山激水訇雷霆，巨灵铁鞭役五丁。阴崖洞凿石梁横，蜿蜒天堑悬窈冥。古藤累垂风洒洒，鸺鹠蝙蝠啼昏夜。古血惊魂石上痕，时闻鬼哭寒松下。

菱水歌为黄时化题

昔游瑯琊山，箕（倨）［踞］菱溪石。溪声滴雨石齿齿，枕流漱石山环碧。晨兴点捡周籀策，又见菱水古踪迹。伍君过溧买渡时，石臼湖天菱水白。渔父扬舲难问津，菱花菱叶湖水春。搜奇访古我所好，且付湖头淡荡人。

固城湖放歌

固城湖水净于蓝，舴艋风帆带晓岚。囚服凭谁开铁锁，挈壶且自趁春婪。蓼花芦叶诗堪写，翠屿沧州趣所耽。惭愧四年尘点涴，漫将吾足濯清潭。

香山观听陈元卿弹琴

香山小道士,头挽双丫髻。玉案太古桐,《猗兰》写真意。我吹紫鸾笙,缑山足游戏。

石柱庵同金峰上人话旧　武光宸

十载别山屋,重来景不殊。千林霞色满,一径石苔纡。竹韵依尊酒,芜香殢客襦。相看话畴昔,触念起长吁。

登望湖山次方伯叔韵

积阴怀转郁,新霁喜空明。翠嶂看孤耸,青藜约共行。云随芒履破,风逐薜衣轻。未有烟霞癖,聊舒邱壑情。

登乳山庵环翠楼

崇峦迥与碧云齐,倚杖还惊隔岁跻。杰阁新传莲社赋,幽轩元是远公栖。分泉煮茗情偏惬,抚景兴怀手自题。极目凭高无限思,悲风忽振石林西。

乳　山　武光会

苍岩深处有灵泉,径绕松篁浥露鲜。远岫山童归晚牧,斜阳村犬吠炊烟。身闲莫漫歌苌楚,用拙无劳画蓟燕。清茗一瓯倾玉乳,支颐半醉枕书眠。

同人登怀白亭　陈文昭

欲尽登临兴,相携陟此亭。遥山围四座,古柏近千龄。稻坂霜前白,蔬畦日暮青。苍茫无限意,吾欲叩真灵。

过华胜寺

出郭才三里,秋光入眼繁。青山仍绕寺,黄叶渐成村。桐乳随秋老,松阴覆殿昏。低徊残照里,归去欲消魂。

九日过华胜寺

乘兴偶过山寺,西风叶满长廊。卷帘不见香篆,闭户应修睡方。远岫微添紫绿,霜花半作红黄。龙山有约无及,空负此日萸囊。

过石臼湖

买得一舟才似叶,凌风晓涉波千叠。镜里沿回景固幽,杯中浮渡心还憎。败荷枯苇但愁霜,银鳊金鲤争晱日。曲岸凫鹭傍暖飞,晴滩网罟如蚁密。归心已自箭离弦,残年更令游人戚。指点疏林数问人,斜阳怕听洲中笛。

华胜寺逢友人　　刘　楚

偶来云宿处,独寺雅无邻。僧空潜龙钵,窗多读《易》人。绿阴堪避夏,黄鸟尚留春。地与朋俱胜,孤筇不厌频。

游乳山次壁闲韵二首

寻诗载酒兴俱齐,玉乳泉边几度跻。登阁云随双舄入,凭栏身在半空栖。泉鸣绿竹千崖泻,笔走龙蛇四壁题。吟卧不知归去晚,钟声来自石门西。

登临身与白云齐,霄汉平扪近可跻。万里乾坤容睥睨,数椽楼阁遂幽栖。酒移黄菊篱边酌,诗向苍苔石上题。放鹤归时人滥醉,一钩新月挂林西。

寄溧水张人龙处士　　吴　甡

昔在杨林结耦耕,中山把臂见君情。授书数赴桥边约,卜易能逃世上名。松菊宛然陶处士,弦歌依旧鲁诸生。相思欲采芙蓉寄,岁晚风霜怅远行。

九日何僚友招饮徽恩阁　余士奇

览胜同登百尺台,峥嵘楼阁倚天开。沾衣不堕牛山泪,作赋空渐宋玉才。白日风尘惊荏苒,青霄家国望徘徊。忻逢令节宜深兴,莫惜尊前数举杯。

雪夜登徽恩阁同杜明府、谢寅丈　梁鹤鸣

危楼百尺背城幽,有客登临竟夕留。天畔药兰孤剑倚,望中烟树万家收。朱弦韵绕欢声合,白雪花飞瑞气浮。乘兴未能追谢句,且随词客杜陵游。

为节妇赵氏题《高节图》　王名登

丛竹翛翛历岁寒,苍梧洒泪遍琅玕。清风振俗声流远,劲节凌霜世所难。风吹参差惊偶失,龙孙夭娇作行看。阴连泽国湘妃瑟,翠映瑶池阿母桑。玉质比心宁有改,(斑)[斑]衣如箨日承欢。叶浮燕喜樽罍色,实可明时鸑鷟餐。素行千秋辉汗竹,真仙何处下青鸾。观风在在飞旌檄,彤管从兹属史官。

女萝篇为节妇张氏作　陈　琯

女萝生千丈,上与乔松齐。结根中道萎,缠绵安所施。缠绵固未已,下有雏凤悲。凤翮翔四海,蔚然明时仪。含哺口啾啾,玉芝以疗饥。乃识女萝心,岁入严霜期。不争桃李荣,自抱琼瑶姿。修洁而寿考,变易何可为。

入无想寺　国朝·周亮工

阴森栝柏疑无路,到听钟鸣有佛场。欲踏高岩看石臼,休扪古碣话齐梁。敝庐响滴千山雨,破衲新缝九月霜。莫指寒花留客宿,暮云哀壑易心伤。

偕周栎园侍郎游无想寺　释祖琳

客心淡荡一相招，十里松杉入路遥。丰草露沾先去马，长林风送暮归樵。湖波净钦秋容远，山寺寒遮古木高。回首尘劳应自谢，不须溪石更饶饶。

仙桂篇有引　王应昌

瀬水行署中桂，大可合抱，茂美异常。名之以老，而枝叶扶疏；名之以古，而皮肤润泽；题之以仙，庶几近之。

蜿蜒苍虬，本达于源。结脉月窟，匪比王孙。苔封已久，毓厥灵根。得天独厚，宁容分改。吴斧不加，已难柯烂。腹大于末，植此丰干。郁郁远扬，婆娑其委。条达日延，广寒之姿。既坚且老，又发柔枝。枝头横斜，纤纤可捻。乱影缤纷，灵比元笈。其气实昌，乃蔚繁华。秋色将分，斯吐黄芽。香满濑渚，知是奇葩。摩天拂云，上苑仙花。花馨而辛，与兰同美。宁知槐黄，秋期相比。有雄有雌，离离其子。

古　桂　何　平

古桂起何年，松楸两交错。桂老形若缠，松枯矫如攫。盘曲虬龙眠，阴森风雨作。桂横插松顶，松欹未常弱。枝干相抱持，同清不同乐。翻见桂花开，贤愚争斧削。松柏郁朝烟，过者每相略。松且笑桂愚，庞然何太灼。幽芳徒事人，爱汝反受斫。何如广漠樗，一顾不汝掠。桂亦泠然惧，苏苏花且落。亭空月未来，松桂交相谑。

秋杪同诸生过无想寺访马采臣读书处，八子联句　王应期

秋山深处隐琳宫，<small>王应期</small>枫叶萧萧过眼红。<small>毛之麒</small>石壁雨收残照吐，<small>任其宠</small>岩楼云净碧天空。<small>朱玉</small>棋敲林下惊藏鸟，<small>徐汲</small>酒吸溪前下渴虹。<small>萧秉晋</small>此日登临频极目，<small>马采臣</small>风光尽入画图中。<small>王待旦</small>

谒白侯庙　闵派鲁

郁郁华林地,崇祠肃远望。灵旗辉夕照,神幄映朝阳。庙貌春秋古,楼
阴竹柏凉。拂碑看异迹,登级觐威光。六代高门阀,群书辑缥缃。素鳞双
梦叶,紫气竟宵翔。继绪戎韬谙,贻谋相业煌。淮西劳战伐,江表问农桑。
行志《香山集》,交盟绿野堂。仁风延四邑,壮烈翊中唐。绯袋恩方佩,黄衣
诏忽将。庇民消燹潦,清境逐螽蝗。未究生平志,仍弭没后殃。重褒荣衮
服,累锡焕纶章。菌阁周雕槛,苔墙拥画廊。衣冠严柏寝,俎豆过桐乡。俗
朴追思远,年丰恃德长。春祈千社聚,岁祝四郊扬。铙管迎神曲,椒兰献赛
觞。骖虬来肃肃,驭鹤下跄跄。共颂灵如响,长能福此方。维侯称卓异,瞻
拜愧循良。

无想寺

杜城山中无想寺,春秋于今凡几易。携客探奇试一至,壁间犹有北齐
字。老僧为说古战场,往往天阴泣国殇。读书台上明月光,风泉大土石骨
香。石壁千仞色积铁,溪流冷向夕阳咽。千章老树如戟列,遐瞩幽听多曲
折。坐久不觉生向往,自悔平生多卤莽。暮钟一声果何想,空堂灯明佛露
掌。晚烟数点起山隈,归骑频催犹徘徊。笑问红叶几时开,为听秋声还
再来。

登琛峰望石臼湖三首

孤径悬云际,登临意惘然。浮生又半日,何处望飞仙。殿影摇松冷,钟
声唤鸟旋。渐看渔艇暮,点破一湖烟。

胡为湖水侧,偏著此佳山。眼以凭高阔,身因命酒闲。看花从马上,听
树在溪间。立爱同支遁,幽踪未易攀。

登啸深怀白也篇,一端游态亦悠然。湖光近槛寒如月,树色停云碧到
天。鹤瘦足供贫吏傲,山青未许故人偏。相欢此际何闻见,琛岭残钟石
臼烟。

楼桑馆诗

中山有若木,枝叶何扶疏。清阴十亩间,可以恣啸舒。平生爱闲静,诛茅成我居。南窗东其户,花竹种阶除。既用延嘉宾,亦以贮琴书。多谢二三子,时来醲饮余。婆娑舞其下,树影纷翳如。赋诗足清欢,醉后还踟蹰。眷彼亭亭姿,阅历几居诸。宾主咸幻寄,即此岂吾庐！所贵惜目前,晨夕乐徐徐。风月皆为主,贤者能不虚。今兹欢易逝,后其慎厥初。自愧诚多事,何用表其间。去住渺难凭,且复食甚余。

怀白亭　　闵　述

帘卷峰青浮远碧,虚楞习习扶双腋。北眺秦淮高问天,东涵紫气列群仙。群仙霞氅宵难识,问天空忆铜驼棘。惟有华林轩垲亭,蜿蜒虬柏犹青青。闲凭能令饥眼醒,杜宇一声洗清听。极目苍烟睫底宽,睥睨千山上画阑。阑外溪流不回首,奔湃江涯黄钟吼。野屿晴岚一望收,月明似挂珊瑚钩。珊瑚皓魄濯云雾,赏心空忆丽华墓。自是真君神赫更炳灵,到处景光皆精英。遥昀琛阜郁茏葱,秋深还看血丹枫。作赋由来登高者,倚亭搔首头如童。

楼桑馆诗　　闵　衍

负性多疏慵,世事不自砥。偶来中山游,高轩风靡靡。坐之远俗尘,图书凝素几。披卷怀古人,空阶飘兰芷。长松盖鸣鹤,柔桑多驯雉。虽非山阳坐,足友天下士。士集咸雍容,名言时倾耳。把酒晨夕欢,杯映春山紫。科头闲月旦,送暑赖稗史。何须慕习池,即此白云里。幽凉为谁构,云是伯氏起。伯氏性萧疏,襟怀照秋水。眷言采芙蓉,赠我二三子。相期千载名,人生贵知己。宁独醉春风,令图维厥始。

谒溧水白候庙　　颜友筠

昔日驱车历汴京,曾谒孝肃包先生。庙模烜炳气峥嵘,歌讴弗替声铮铮。孝肃魄毅人鬼惊,真君子字褓群婴。弭灾百禩普帱帲,如依仆射为父兕。赫耀琛峰薄云霙，晶光逼水石湖清。碣颂于今煜令名，禴烝岁岁荐芳蘅。璘彬翚彩骞雕甍，灿熠霄雯郁檐楹。涂蒇丹臒皆民情，嵯峨殿角总精英。谒者见墙祀见羹，额阶叩沥赍思成。余乡房侯亦著声，(盻)[肸]蚃春秋肃兕觥。有怀贞洁更慈明，尸祝岂无桐乡民。维神玉质万古莹，赢得灵威亘溧城。

怀白亭

竹色松风四壁虚，空亭啸傲等蘧庐。窗轩六月寒犹薄，檐挂千山青自余。如坐吹台堪泛醁，因酣图画共牵裾。还看青嶂云收处，吴月来时影不疏。

题巢云庵

幽舍分遥岫，香台揖众峰。树交阴洞合，鸟哢石楼空。岩险苔含碧，岚深翠扑囱。檐铃明月语，涧户野烟封。修竹藏僧榻，悬萝罥客筇。山迷黄鹄梦，霞散杜鹃红。谡谡松声沸，悠悠樵径通。回身临狖窟，入眼破鸿濛。更欲探奇绝，云深未易穷。

游禅寂寺排律二十韵

曳履元晖资胜游，相携快侣陟山头。翠清入肺峰衔瀑，冷碧浮眉竹蔽篝。非为谭禅搜野刹，只因寄兴入林邱。松颜初媚笼轻黛，湖滟遥澄狎素鸥。偶以闲情追太傅，未须浮白贯鹴裘。老僧旬日忘窥涧，清磬一声始下楼。指点苍崖皆入目，盘纡危磴却攀樛。读书空忆韩熙载，跃马还思孙仲谋。缃帙于今沦岫壑，征鞍岂复挂松楸。空余风水涵苞彩，长韵虬枝响石湫。界入槃遖宽日月，风回玉版度篁篌。三吴绿涨看来碧，六代青山此亦遒。古树奔涛春带雨，悬流嘘气暑还秋。苾刍一饭霞心乞，罨画千峰白眼收。赖有使君千日酒，如酣清景百花洲。维摩偶处惭禅寂，韵友惟三作好逑。静听莺声传鼓吹，相邀野色上吴钩。坐来莫袖山云去，移屐惟看涧水流。他日重游应有约，还期六月共探幽。

楼桑馆诗

松乔挺孤干,荫不蔽林邱。月柳姿濯濯,疏枝拂道周。何如饶蓊蔚,葆盖美桑柔。昼静蝉争寂,鹤归舞影留。树杪能吐月,风递响飕飕。金期工结构,坐消晚凉秋。使君嗜清峻,雅敦简素谋。程材无雕斫,藻缋等浮沤。南牖被朝爽,陆屋似居舟。焚香夜漏永,藏书半榻稠。时听黄鹂声,拂羽看鸣鸠。不觉在朝市,差添野色幽。公余拈韵事,我友得好述。每当良夜永,挑灯绿蚁浮。触景多成句,理咏乐悠游。浑忘身是客,栖托好禁愁。良会贵及时,猗嗟岁月流。蓬庐嗤天地,桑轩亦置邮。今昔窅难问,去住总蜉蝣。谁识中山客,明州有晋俦。

登琛峰望石臼湖二首 唐 堂

把酒狂歌谢朓篇,凭高幽韵自翛然。山间倦马驱残月,湖外孤禽没远天。既许白云留客赠,不知清景独谁偏。临风偶有苏门兴,长啸春城散碧烟。

有此一湖水,长留月在山。亭空思鹤放,寺僻累僧闲。晚磬霏微外,夕阳苍翠间。谢公有雅兴,携屐与登攀。

初春游禅寂寺 罗 耀

上月晴光明碧山,遥遥芳草连郊关。暖入梅花蜂乍扰,香飞马首微风酣。远道看山如列障,逶迤从之劳盼望。狰狞怪石罗殊形,寻蹊转仄抱鞍行。山阿翠隐何年寺,蔽空万木敷长阴。登阶振衣礼石佛,巧匠破山琢古玉。为谁沉藏为谁现,因缘千载那能辩。欲将此旨叩山僧,松风忽度泉泠泠。喷珠戛玉千岩注,流到韩生读书处。韩生龌龊何足云,读书万卷徒能文。独有英雄存旧垒,至今犹识杜将军。引觞吊古聊同醉,日暮挥鞭出寒翠。

题徽恩阁

丹楼高峙碧城隈,深殿神鸦下古槐。香霭乍凝云幕静,灵风欲动羽旗开。朝乘元鹤朝天去，暮挟苍龙请雨来。秀蔚华林春色迥，凭虚环眺久徘徊。

楼桑馆诗

大道革颓季，濑水流清淳。鸣弦多余燕，徘徊顾中庭。中庭有桑木，孤干参高旻。杰然俯群卉，黝黝敷广阴。美荫良可借，鸠工伐荒榛。结宇傍树侧，所尚在虚明。棼橑鲜华缋，垣砌无雕珉。质俭既易就，不日事以竣。主人为选晷，曰以速予宾。紫酒醴甚实，殽蔌陈纵横。笑言坐弥日，雅咏杂高论。南荣起微飙，周轩旷延清。陶然共忘暑，豫章何足矜。举酒诵攸芋，还思蟋蟀吟。

登怀白亭　朱　璆

即境成灵异，孤岑阁外亭。莓痕侵古瓦，松雨湿闲棂。湖影空林阔，琛峰落照青。濑源澄远硐，湍响更宜听。

登徽恩阁　刘挺立

高阁何年起碧霄，登临此日觉身遥。满城花落天涯雨，万岭松声夜半潮。听月闲来客面冷，御风归去旅魂消。道人不作沧桑梦，极目秦淮忆六朝。

芝　山　萧秉乾

造化蕴神秀，多奇乃此山。入探穴自异，火瞔石何斑。枰留思坐隐，像现竦尘颜。长嗟仙境隔，一水日潺潺。

无想寺二首　王芝藻

胜游何必远，春至树皆花。静扫瞿昙室，相迎太史车。野棠穿石出，新竹压溪斜。日暮无穷意，归鞍过浅沙。

山深甘淡寂，客到愧招携。罍倩泉充酿，盘倾蕨与藜。凭高晴甸绿，话久夕阳低。幽径闲花送,依依就品题。

礼无想寺大士石像有引　毛之麒

姚孟长太史有三言诗颂,之麒益以二字,故其中间引及前语。

我游无想山,稽首礼大士。一尊青琅玕,真如月在水。执作此伎俩,云是造化使。像教未兴时,此像已在矣。兹山名无想,闻思王所止。思而复无思,应名无想耳。石质固幻相,况更勤雕梓。三十二感应,等无有二视。如有二视者,见月失标指。宴坐与接引,何烦分彼此。谁其切婆心,庄严相好美。天衣与璎珞,见者尽欢喜。太史订谬讹,博士砭浮诡。安得解脱人,出相超生死。即此无想山,水流与云起。阳春二三月,花发殷红紫。门有千岁柏,中含西来旨。圆通真法身,劫光烧不毁。种种诸变相,谁非复谁是。

登琛峰望石臼湖　萧秉晋

平生盛有登临志,恨无骏足走昆仑。归来岱巅望沧海,洪涛万里供吐吞。如今蜷身一邑里,辜负生年弧与矢。笛罢愁来唤奈何,一拳一勺劳展齿。风景邑中何处佳,琛山山色石湖水。迷迷照眼千林青,渺渺浮天万顷白。远航睇似蜻蜓飞,侧岫狞如虎豹蹄。岚气空胜陇上烟,波光遥向杯中射。兴酣到处成快游,何事更驾九州轭。一声长啸岭上寒,神走苍茫天地窄。

怀白亭　马采臣

翘首疑天近,悠然送远眸。群山同几伏,一水趁淮流。巧峤出晴树,轻烟淼绿畴。乐之永日夕,羞与稻粱谋。

正显庙　林古度

高深古庙气森森,唐代威灵显至今。为吏为神原自正,封侯封伯更相钦。规模映带山河壮,日月光明树木阴。肃穆敬恭来拜谒,敢将形胜作登临。

徽恩阁

凌空一阁起岧峣,长庆年来历几朝。初到客如游赤县,同登人尽坐青霄。中山缥缈檐前落,濑水萦回槛外遥。不信此身是尘世,归途仙气欲飘飘。

游无想寺

山名无想寺因之,寺抱山中境实奇。侧足深秋欣竟日,游心上古问何时。百围文杏骈诸干,万叠寒泉落一池。天许老人犹济胜,穷探还有后来期。

巢云庵

山北过山南,艰危始入庵。地高云自碍,松密石相参。应客僧惟一,携儿友共三。不知劳顿苦,只觉性情甘。

楼桑馆诗

武城昔有室,单父亦有堂。何如此高馆,嘉名锡楼桑。依树以为栋,相地而度方。数楹若华构,轩窗明且光。朝日叶影下,暮阴被檐廊。翘材目堪拟,文林额可当。公余退食际,坐起多疏凉。覆盖以披拂,尘鞅俱已忘。客至类庞统,兴废谈靡常。胜彼集驯雉,人拱云谷祥。不作传舍观,遗荫即召棠。沈约铭优游,陆机赋条长。愧我兹吟咏,无足为表扬。

蒲村访武士可、勋甫、惟美诸先生一首

到来观第宅,不信是山村。美自为仁里,高应重德门。历多朝与代,对罕弟同昆。老我衰迟久,今方获讨论。

闲吟次武士可韵

不倒金樽把玉卮,村醪蒲勺醉乘时。四围山在日携杖,一片花飞春减诗。乡里罕闻无米籴,邻家多见有薪炊。浑同上古升平世,独异神农与伏羲。

乳山饮泉歌

朝饮泉,暮饮泉,泉生一勺非偶然。仙山灵气吐玉液,乾坤开辟随渊泔。世人但知饮泉水,不辨是蒙还是氿。只可适口与沁心,不许浴身及下体。物有轻重贵贱分,江河湖海多泥滓。我何人斯得乳泉,剑州天阶名可比。员邱顶上更胜之,饮之不老从此始。

四月新月

隐舍树周环,月新枝叶间。未能冲眼出,如欲碍眉弯。光少难临地,影轻先过山。一年俄四度,明暗最相关。

林那子先生见访步韵　　武可勋

甘隐栖岩宅,扶筇过小村。清风披栗里,瑞色映蓬门。德业光前代,文章泽后昆。愿言趋侍久,对榻细评论。

乳山和林那子韵　　武维英

碧落一轩满,清香乳数壶。好诗传竞席,高步送登涂。君转只依竹,我归仍望梧。一春连晤别,何次不西晡。

过琛峰

扫地归来拜阙初,尚疑丹气馥阶除。灵飞一道浃天下,香合诸方朝紫虚。多少林光清野眺,更饶湖水洗尘裾。程高不恨人人到,好读仙厨辟谷书。

读林那子《交情集》二首　武令仪

无计将愁去,梅花送影来。推窗邀月坐,命酒酌灯陪。足醉行歌懒,眸昏待眼开。《交情》读未竟,思绕碧山隈。

读遍松坡集,方知耐久心。道当今日贱,情比旧来深。为国生幽愤,怀人发壮吟。遥将诗共酒,胜鼓伯牙琴。

林那子重隐乳山,次勔甫韵

眠云高枕石如拳,散发眸空百代贤。世事几能从我法,功名端不借人传。游岩好遁终成市,和靖耽山只一巅。八面横峰饶胜概,东南尤住最高仙。

暮春与杨师三、王拙庵、曹启元、萧肆野游天生桥,联句而别

低头穿石出,武举足傍云飞。王策杖分芝草,武携壶赏翠微。王水光天外接,萧山色日边围。杨既醉商联句,曹东西跨鹤归。武

杯光摇日影,武石窦驻仙车。席地盘盂列,杨临泉笑语哗。莺来声报好,萧雁去阵飞斜。午后残肠热,王将归更喜茶。曹

赠林那子　武令绪

和靖高名压九州,耽奇晚为乳泉留。半龛灯火同僧定,一径枫林共客愁。闽海人存文献叟,中山鹤伴雪霜头。闲来睡起抛诗卷,村北村南任意游。

游乳山　武和声

山行次第见梅开,庵挂萝衣石覆苔。香气欲高惊蝶舞,风声如坠带蜂来。地将玉乳滋茶碗,天与湖光映酒罍。坐此不知尘自远,恍疑身已入蓬莱。

中秋日登小茅山　武孔墙

知微天柱久荒唐,此日琛山按实详。万树萧疏方解绿,千畦错落渐呈黄。登虬直上广寒境,搦管吟成丹桂香。南望湖光天样碧,虚舟不泛也茫洋。

登凤栖山

石湖南岸岭如拳,种竹周围不辨天。一榻竹风兼竹韵,盈眸湖水共湖烟。已传威凤来丹穴,应有潜龙濯紫渊。竹影湖光辉映处,凭高诗思愈悠然。

神　灯　汤旌三

造物由来征应奇,神灯先发杏花时。按候流辉燃太乙,千林焜耀影葳蕤。春光九十中分半,月轮才起灯初焕。轻红数点系春阿,须臾什百色倍灿。乍明乍没出天中,层峦变作蕊珠宫。春到深山翠欲滴,一时尽护绛纱笼。山灵有瑞不敢匿,气吐虹霓明不熄。蜿蜒自东复自西,夜色熹微灯影逼。遥望数丈如有芒,九天星斗值文昌。累累贯珠随上下,万家灯火艳春阳。君不见,龙宫之光光最怪,夜舞深潭灼鳞介。斟得隋宫不夜珍,遍布冈陵蒸法界。君不见,东海之市有蜃楼,曙光初旦晓烟浮。羽楚蜉蝣任灭没,畴复岁岁相沿流。我闻南海慧灯见,隐隐笼笼如掣电。菱水百里半明霞,吐纳风云光片片。又闻文殊说法台,时有慈光自往来。明昧无时疑是幻,谁与列岫争崔嵬。江南选佛场称盛,长干舍利塔光靓。腊日每现青莲华,如来妙明差与并。钟山间气郁琛山,昔日茅君曾驻颜。炯炯智灯常不昧,云軿此夜获追扳。

神　灯二首　刘维运

理数难测事最奇,琛山灯至春分时。薄暮一二点山坳,荧若明珠浮苏蕤。嘻彼在东将及半,灯比星稠光始焕。神运鬼输转瞬间,忽辟天阙流星灿。星桥横驾丹霞中,火树移来祝融宫。光焰煌溅交错处,疑是六丁剔绛笼。太乙藜照不隐匿，升沈代谢无违熄。迢遥烜著良夜间，良夜愈深明愈逼。欻然赤帜闪光芒，文曲藻鉴时克昌。察变化成应天人，出震齐巽乘青阳。始信为祥不为怪，九天九地合一介。大似乌兔小列宿，并垂法象新世界。玲珑峰翠作殿楼，银烛星球燎彩浮。东渐西被罗经纬，煌煌一带任去留。君不见，石火泡影偶尔见，奄忽寂灭似奔电。孰如年年慧照开千眼，光印水心明一片。灵山晃朗明镜台，自在彰往即知来。色色空空生化里，智灯巍焕悬彼嵬。从来积厚流光盛，火藻中含金丹靓。此时诸曜俱敛采，皓月一轮始堪并。传说茅君寓仙山，因瞻宝炬想赭颜。仿佛霓旌护飙车，清辉时挹复欲扳。

　　噫嘻中山毫光发，岁岁仲春黄昏起。闪烁遥望山麓边，逦迤联辉数十里。贲象初升彩芒芒，赤飙乱簇色煌煌。宝炬几层随隐现，星辰错落任低昂。点缀佳丽真殊绝，化工神巧难穷揭。萤光映近不映远，鬼火乍明即乍灭。海市奇幻无常时，景云虽祥讵按节。神灯春分不愆期，龙膏万盏竞传说。还是地灵开物华，峰腰湖岸蒸红霞。鹑火偏兆文明宇，奎光烂漫作绛纱。萦转春林璇赤珠，影射江波泛星槎。炯如照城夜光璧，焕似莲台雨天花。久视恍惚流虹电，灼灼煨煨目几眩。开辟及今诚奇见，亿万斯年照赤县。

神　灯　刘　申

登高望远日初曛，目击神光验所闻。几点明珠星伴月，乱悬红炬火翻云。祥浮濑水流虹气，彩耀琛山焕赤文。不必按图知节候，年年灯到是春分。

白龙潭祷雨　李作楫

中山夏云如纸薄，澄江赤日烁欲涸。禾黍半焦农叹息，狂走田头盼云脚。县官蒿目失所为，挟币仓皇事祷祈。仰告山灵俯海若，西南报道有龙池。池水左流有石臼，右行更入胭脂口。传说白龙窟此中，往事曾将旱魃救。殷勤走步祝龙神，上帝生生本至仁。县官有罪无关民，龙乎龙乎胡勿陈？吁嗟，龙乎龙乎胡勿陈！

游无想寺　刘登科

幽寻烟景隔人寰，松柏苍苍隐石关。翠壁龛中金像古，白云深处野僧闲。夜来峡口月常满，岁久碑阴字已斑。遥想捡书韩学士，应留诗句在名山。

巢云庵看桂，限香字　刘企向

振衣千仞俯遐荒，四望山光与水光。水际孤帆如点墨，山头乱石类群羊。老僧磬引云巢路，丛桂花传月殿香。独喜村村香稻熟，何妨人笑使君狂。

寿国寺

梵宇东庐下，盘回石径幽。入林方见寺，退步即登楼。鸟语空阶晚，霜飘古木秋。偷闲虽片刻，吾意已悠悠。

表忠祠吊齐司马

懿文殂后兵机兆，太祖生前眷顾频。莫谓削藩非至计，燕王终不老人臣。

甘将颈血报君恩，忠义从无计子孙。骨肉公然争土地，那知泰伯在吴门。

日讲周官事本迁，果教月影落江湖。让宗《新月》诗，"影落江湖里，蛟龙不敢吞。"表忠即是文皇后，公论谁言在道途。

过溧水永寿寺寿上人丈室　史正义

寂历禅门逐水开，雨余扶屐踏苍苔。佛香一缕风前散，谷鸟数声窗外来。问偈欲醒浮世梦，寻幽宜上夕阳台。岿然古塔知谁建，闲与山僧话劫灰。

自上兴埠肩舆至中山，宿圆通禅院

亭午别上兴，肩舆中山中。所行无百里，幽意浩难穷。潺潺溪水注，寂寂岩花红。野雉鸣丛竹，苍鼠走枯松。前山暝色敛，落日浮云封。苔径湿微雨，佛窟来远钟。投宿寻僧舍，古寺号圆通。入门俗虑失，爱客春桲供。饱饭就高枕，梦越三茅峰。茅君若旧识，伫立待琼宫。话久怜缪辖，愀然有忧容。饮我玉壶酒，劝我住崆峒。予曰有老母，未能即相从。长揖下山去，惊醒一林风。终当谢尘网，来此觅仙踪。

芝山雨燕　毛一鸣

峭壁凌空翠黛浮，迷离烟景雨中收。断崖苔滑人踪少，古洞云霾鸟语幽。不向雕梁勤拂拭，常依石垒共绸缪。当年仙尉归何处，山有梅仙洞。却喜翩翩纪旧游。

早发中山　黄尊素

早发中山睡眼初，长堤浓柳隐征车。病多合为侵风起，马涩终因带雨余。陇麦已收怡妇子，村田正绿苦耘锄。况逢缺饷增输日，天意将何慰蔀居。

芝峰绝顶　周岐生

蜡屐寻山径，蓬瀛此地开。岩花藏磊石，溪竹扫深苔。湖色云拖练，风声树吼雷。汗游归意懒，雨势向人催。

堆霞洞　底有溪水一派，相传过此便可成仙。

灵斧谁雕斫，堆成五色霞。苍茫岚滴翠，磊砢石生花。伏翼鸣仙籁，翳萝长露芽。溪流通弱水，一棹可浮槎。

徽阁晴云　萧枝菁

高阁晴空丽，闲看出岫云。色当新霁碧，光映日华熏。画栋依朝浦，疏窗笼夕氛。灵旗无定所，神爽复氤氲。

游骆山即事四十韵，赠杨殿人　何志倬

臼湖波撼骆山阳，卧游几度意徬徨。清和晓景晃扶桑，轻车襆被度层冈。麦铺绣陌区青黄，有年庆叶千斯仓。客心不共飞云忙，投辖佁儗清白堂。人文济济列圭璋，模范四知奕世昌。不将白眼瞩嵇康，许游名园坐东廊。奇花古木岁月长，碧池幽榭含芬芳。竹径花墀未就荒，起靡振衰前有光。景行不远文峰昂，笑余先出为民望。松涛飒飒薄轻裳，共豁双眸渺溟沧。凤栖雀垒势颉颃，东风徐来披襟当。缘觉因果泛慈航，谈禅一切空锋芒。旷怀真欲逼羲皇，晚烟初起暮云飏。不可久留兹道场，归窠宿鸟鸣锵锵。耿耿一星缀(酉商)[西商]，魂消选胜罗酒浆。肥鱼春后胜鲈鲙，兴酣儿席烛辉煌。秩秩威仪薄轻狂，五斗卓然夜未央。向来浩气湖山旁，上侵云汉横东洋。洗涤俗胃砭尘肠，先忧后乐古人量。何时风雨更对床，关外七贤图李唐。

出中山县署　袁　枚

秣陵关外动征尘，士女壶浆款碧轮。两月清风离此土，十年心事恋斯民。来春麦草知无恙，他日儿童尽故人。策马夕阳风渐紧，方山回首亦沾巾。

永寿寺补秋堂感旧　章　泓

廿年不到补秋堂，今日来临感益怆。绀宇年深颓古寺，园林草长没修篁。惟闻天柱鸣风铎，不见澌流泛客航。门临大河，通秦淮。立久问名寻旧识，病僧丛野卧匡床。立久、丛野，皆僧名。

登怀白亭　陈世振

暂避炎天暑，优游到此亭。东流千涧绿，西壑万松青。时雨滋新稼，凉风入旧棂。华林称最处，怀白至如今。

琛岭神灯　卢文弨

圣灯岩事足遗文,濑水而今证所闻。共道候当元鸟至,依期送自大茅君。初由石臼微微出,俄向琛山簇簇分。好景匪遥空想像,夜深珠缀岭头云。

东庐叠□

若处能教眼界宽,东庐绝顶出云端。青垂天盖斜斜倚,翠列山屏曲曲蟠。足底渐成堆众皱,杖头早已拄高寒。何当貌入鹅溪绢,悬向斋中自在看。

芝山石燕

旧闻石燕出零陵,今日芝山更足矜。铺地肯偕虫并蛰,贺堂堪与雀同升。呢喃可待雷声启,下上还如雨气蒸。欲遣乌衣递消息,俾知薛洞富高朋。

洞壁琴音

郊原迤逦接青洪,恍有琴声到耳中。觅迹不辞涂荦确,得泉争转石玲珑。悠扬细响云牵絮,激烈清音松受风。妙境可怜僧早占,枉教坡老咏丁东。

观峰耸翠

百丈危峦俯一泓,玻璃倒插青芙蓉。四围怒笋竦而立,中藏大厦宽能容。何时兀坐穷变态,饱看落日呈奇踪。直须暝色促归驾,收拾金碧罗心胸。

金井涌泉

就下渟深性所便,翻成仰出亦天然。明侔魏野千金玉,势耸华山十丈莲。疏勒用祈徒局促,安丰待叫费周旋。向来品目真相称,白雪楼旁趵突泉。

龙潭烟雨

乍讶烟丝袅翠鬟，须臾云势卷狮山。随风幻作冈峦险，送雨宽将稼穑艰。但有三时敷广泽，从无一掬守孤悭。笑他炭谷湫如镜，林叶严驱鸟为删。

臼湖渔歌

湖光月色两匀和，夜静风柔水不波。万籁齐收声寂寂，一苇徐泛影娑娑。凄清入听消尘想，断续中流起棹歌。此景此情何处有，可无宫赞写渔蓑。唐段宫赞采郑谷"江上晚来堪画处，渔人披得一蓑归"之句，为图赠谷，谷钦领之。见宋郭若虚《图画见闻志》。

琛岭神灯　　严长明

琛山亦有神，竟受大茅馈。春分湖夜明，络绎灯光遗。由十遂至千，观之每忘睡。于此验年丰，休哉可为瑞。

东庐叠□

众山皆拱立，罗列如儿孙。太华始如此，兹山堪比尊。欲小江南地，宁辞萝葛扪。百丈巉岩处，云中吾道存。

芝山石燕

仙人昔已去，石燕至今留。仰视群飞久，仍归守故邱。升沈宁有为，动静亦无求。弈局悠然意，千秋尚目谋。

洞壁琴音

伯牙久不见，琴韵何悠然。流泉出石罅，相激声潺湲。不藉断枯桐，不待安七弦。闲来一静听，顿使尘想捐。

观峰耸翠

岩岩数十丈,怪石还嶔崎。虎豹相撑拄,蠢落水之湄。水光得山影,夕阳弥渺渺。何当入石屋,坐卧白云陲。

金井涌泉

剔鲜读古碣,唐诗字字真。仙家自有道,李诗复有神。一为拂白石,窅然怀古人。精神爱藻雪,到此长逡巡。

龙潭烟雨

群山绕大泽,故有神龙变。气蒸波撼中,其谁掣雷电。风伯已先驱,雨师未垂线。仰观复四顾,早卜甘霖遍。

臼湖渔歌

浩浩不可望,何人凿此湖。但许藏蛟龙,不许生蒲菇。渔舟何荡漾,鼓枻随鸥凫。如能借一叶,皓月宁忍辜。

琛山神灯　王士佐

春色平分花满枝,夜来灯火灿瑶池。光横云岭如珠贯,焰绕琛山似月移。未许六街争巧拙,应知九转见神奇。他年肯示青囊录,愿得相随一问师。

琛山怀古　陆　球

天开鹫岭郁崔嵬,杖策登临旷八垓。千树桃花和露种,数声渔唱逐波来。凌霄鹤影寻无迹,匝地珠光若有胎。往事仙踪何处访,望湖石上重徘徊。

陆贞女诗　周仪凤

双栖未得比河洲,慷慨殉身志已酬。一缕柔肠坚铁石,千年贞骨托松楸。菱花不镜冰霜面,连理空牵草木愁。惟有养姑犹抱恨,丹心并作九泉流。

雨中坐怀白亭,同尹景周用刘侯韵,即次和　章耀奎

泥滑登高敞,翘然坐古亭。溪烟浮野碧,山雨洗林青。树老阴连栋,霾深黯接桱。同人有杜甫,云黑腕先灵。

次齐紫临、甘清涟《游乌山登石船峰》原韵

岭逼明霞迥,峰侵碧汉幽。胜游趺石磴,狂啸踞仙舟。乌谷风声滑,鸡林树影流。天空不可问,搔首最高头。

鬼斧何年劈,丹成不记秋。乘空泛槎斗,向夜渡牵牛。松扰涛方壮,云移帆自悠。此间波浪静,奚羡望洋投。

寻宋驸马璎飱堂遗址

摇落西风树影低,空山惟见乱乌栖。荒陵贵主魂如在,应向颓堂魈夜啼。

半山瓦砾没尘埃,形影犹存古墓台。今日凄凉万条树,昔年金碧抗云隈。

金枝玉叶好神仙,泉下长眠三百年。往事只今无可述,诗成千古吊寒烟。

宿兴教寺督赈　陈文煋

素爱禅房静,安然一觉眠。琉璃辉宝阁,璀璨耀诸天。佛力驱魔瘴,皇恩结世缘。眼前诸衲子,坐证有灯传。

咏芝山　张天鸿

突兀嶙峋造化工,洞分七十路潜通。丹湖西漾横飞白,旭日东曛直染红。望去游龙如破浪,看来石燕不因风。仙家未识今何往,棋局空留幻

境中。

东庐叠□　尹如升

为溯秦淮水，言登东庐峰。半陟境未豁，直上开心胸。苍茫接霄汉，四顾冈峦重。有如蹲虎豹，狐兔纷遐踪。又如列几案，饾饤盘筵供。迤延钟阜翠，远控良常封。晴空浮众皱，天绘青芙蓉。出云降时雨，幽涧鸣淙淙。大江趋滇渤，归壑称朝宗。

琛岭神灯

仙踪何事访蓬莱，琛岭刚逢烟雾开。降魄光融舍利子，传灯映照雨花台。儿童笑指层峦外，野叟心知淑气催。共道丰年今有兆，春分应候见如来。

东庐叠□　萧　霆

闲步东皋林树幽，辉生曲径望中收。千峰滴翠开新嶂，四面浮青豁远眸。鸟逐岚光飞欲倦，神藏石阁迹还留。放宽眼界搜佳境，不见匡庐意不休。

芝山石燕

飞峰耸翠逞芳姿，白燕瑶光振翮迟。风助竹声音下上，苔生春色羽差池。千年北向无虚日，二月南栖岂应时。恐厌故巢学化履，涂泥吐尽啄仙芝。

洞壁琴音　王名标

高山自昔引知音，洞里伊谁鼓玉琴。断续声从云表落，悠扬韵向壁间侵。响催野鹤来翔舞，气洽清霜共写心。莫倩坡翁成小记，石钟疑案到于今。

观峰耸翠

旭日明霞荡碧波,观山峦岫郁嵯峨。溪花灿灿飞黄蝶,石笋亭亭挂绿萝。古洞路敧俗客少,悬崖峰仄素云多。应知松柏林边屋,暂许游人抱瑟过。

金井涌泉　王正学

十二时中涌玉泉,清流井养自年年。一泓寒碧喷来碎,万斛明珠溅处圆。声漱银床新雨夜,色分红片落花天。瑶浆汲饮消烦虑,太白留题味共鲜。

龙潭烟雨　严肇象

深沉潭底隐潜龙,欲雨先看烟雾浓。疏影乍迷古树色,繁阴渐没晓山容。迎风舒卷翻千壑,触石参差遍万峰。鹏翼鱼鳞谁拟似,老农扶杖谢元功。

臼湖渔歌　严肇万

臼湖波泛碧摩天,水色晴光卷宿烟。山晓四围环翠带,月明千顷散红莲。非关货利垂香饵,却爱丝纶下钓船。芦笛一声渔唱也,元音谱就小神仙。

洞壁琴音　甘清涟

千仞青洪耸碧岑,玉龙垂处引登临。池翻白雪金波映,峦锁层云竹树深。流水淙淙吟洞壁,空山寂寂奏琴音。剧怜幽趣题苔石,四字常留万古心。

卷十五

古　迹
遗迹　碑碣　坟基　摭拾

　　昔人谓有迹不如无迹,此言圣贤所历,其风自足动人也。若夫过大梁而问夷门,对岘山而思羊杜,俯仰之情宁有既哉!至于光和骨立,足当墨王之号,金石流传,于今为烈。他或遥遥上世,零落山邱,萧条刍牧,间有父老咨嗟道之,亦足资怀古者之尚论也。志古迹。

遗　迹

　　圣游山县南六十里,旧名游子山。孔子适楚经此,有憩息石坛尚存。周益公《南归录》云,"游子山儒童院,盖孔子游历之地。"

　　古固城在今高淳县界。《乾道志》云,"县西南九十里。"绍兴中,溧水尉喻居中于固城湖得东汉溧阳长潘乾校官碑,盖其地乃汉之溧阳也。

　　卞和泣玉处在荆山。

　　严光结庐处在东庐山。

　　黄初平牧羊处西三十七里,石羊山。有牧羊洞。

　　葛仙翁修道处在浮山,有朝阳洞。

　　孙钟瓜田在上方寺前。

　　竹城在县东南七十里。周美成有诗。

　　开化城县南九十里。《寰宇记》云"开化城在固城东",即溧水旧地也。

　　岳城有岳飞题句。

凤凰井在西门外四里。传有凤栖此,故名。

董永读书台在县治西,今废。

蔡邕读书台在县治西,今废。

翠微亭吴渊有记,今亡。

插竹亭故址在县学东南,今废。

韩熙载读书台在无想寺,今存石址。

忆李亭在旧尉廨舍后。详见前《图考》,今废。

宋孟良宅西二十五里,石㳇坝王墙村。地有孟家井,故老相传井至除夕水竭,元旦复涌。事甚奇。

宋焦赞宅西四十五里。

上方寺银杏唐时所植。

古槐在南门外由寺冈。南宋陈显植,根干盘拿夭娇,有龙蛇形。树心开裂,用铁作带围,土人呼为铁箍槐。今尚在。

仙人迹在无想寺。

丹井在仙杏山。

明端学士宅西北二十三里,澜泥塘李园地,其故址也。学士详《乡贤》。

朝元观在大西门内。今儒学即其故址也。

新兴寺址在小东门外,即古禅心寺。明嘉靖间知县王从善以寺僧无行,遂废。邑人夏鉴有《新兴寺》诗三首,又尝有"幽树雨晴啼鸟滑,闲斋风定落花深"之句。

显应阁在城隍庙,今废。咸淳间县令周成之有记,见《庙志》。

二君子堂在旧学西南。明嘉靖间县令王从善尝植竹、莲于此,构堂其中,而扁之曰"二君子堂"。自为记,取义于竹莲之可久可爱、不曲不污者以勉诸生,而首曰,"自科目之制兴,而天下遂无意于圣贤之学",旨亦甚伟。

阅星亭在望京街。

无功亭在香山观。

吾与亭在寻仙门。俱知县王从善建,今废。

楼桑馆在县署。今桑尚存,拿攫云表,真数百年物也。

碑碣

汉溧阳长潘元卓校官碑光和四年立，今在儒学。

盖汉三百八十有七载，阙三字于阙四字铭工，著斯金石。畀讠某曰：

溧阳长潘君，讳乾，字元卓。陈国长平人，盖楚太傅潘崇之末绪也。君禀资南阙一字之阙四字德之绝操。髫髦阙一字敏，阙一字学典谟，祖讲诗易，剖演奥艺，外览百家。众阙一字契圣，抱不测之谋，秉高世之介。屈私趋公，即仕，佐上郡。位既重，孔武赴著，疾恶义形。从风征暴，执讯获首。除曲阿尉，禽奸划猾，寇息善欢。履菰竹之廉，蹈公仪之絜。察廉除兹，初厉清肃。赋仁义之风，阙三字之迹。垂化放乎岐周，流爱双乎阙二字。亲贤宝智，进直退阙一字。布政优优，令仪令色。狱无吁嗟之冤，野无叩匋之结。矜孤颐老，表孝贞节，重义轻利。制户六百，省无正繇，不责自毕。百姓心欢，官不失实。于是远人聆声景附，乐受一廛。既来安之，阙一字役三年。惟泮宫之教，反阙一字俗之礼。构修学宫，宗懿招德。既安以宁，干侯用张，笾豆用陈。发彼有的，雅容阙一字闲。钟磬县矣，于胥乐焉。乃作叙曰：

翼翼圣慈，惠我黎烝。贻我潘君，平兹溧阳。彬文赴武，扶弱抑强。阙一字刘髋雄，流恶显忠。咨疑元老，师贤作朋。修学童冠，琢质绣章。实天生德，有汉将兴。尚旦在昔，我君存今。阙一字此龟艾，遂尹三梁。永世支百，民人所彰。子子孙孙，俾尔炽昌。

丞沛国铨赵勖字蔓伯、左尉河内汲董并字公房、右尉豫章南昌程阳字孝遂。

时将作吏名：户曹掾杨淮、议曹掾李就、议曹掾桓桧、户曹史贺阙一字。

从掾位侯祖、主记史吴超、门下史吴训、门下史吴翔、门下史时球。

光和四年十月己丑朔廿一日己酉造。

释文碑今在儒学。

汉校官碑，宋绍兴十一年溧水尉喻仲远得于固城湖滨，置之官舍，今在孔庙之大门右。长乐陈长方虽尝碑其所得本末，释文则未之见。碑以灵帝光和四年岁在辛酉造，距今凡一千一百五十三年。番阳洪景伯先生出字为之释，谓"挈"为"契"，"藜"为"黎"，"畀"为"俾"，"楸"为"野"，"责"为"责"，

"剚"去其"刀"，"贤"去其"贝"，"干侯"与"豻侯"通，"尚旦"谓"大公、周公"，可谓精审有据。其余不可辨者尚有二十七字。

今观首行自"三百"字以下，止"斯"字，凡十有六字，比之洪氏作释文时又皆不可考。且如第三行"之"字之下是"祷"字，"祷"下阙一字，有"天"字，"敏"之上是"克"字，"众"之下是"俊"字，"退"之下是"嚚"字，"役"之上为"复"，"反"之下为"失"，"此"之上为"即"，皆隐隐可见，洪则悉以为阙。又如"既安且宁"则以为"目宁"，"梅桧"则以为"桓桧"，岂当时误于墨本而然耶？《溧阳志》至谓"元卓"为"元贞"，是又以名"乾"而傅会也。

禧承乏于兹，暇日与士友曹国杰摩莎久之，得其二三。因以洪先生释文列于上，僭附所见于其下。勒诸乐石，以补前修之所偶未及者，余尚俟博雅君子云。

至顺四年龙在癸酉夏五月，文学掾济阴单禧谨识。

顾炎武《金石文字记》曰："宋赵彦卫《云麓漫钞》曰，'范晔《后汉书》永平十年闰月甲午，南巡狩。幸南阳，祠章陵日，北至又祠旧宅，礼毕，召校官弟子作雅乐，奏《鹿鸣》，帝自御埙箎和之，以娱嘉宾'。则东汉时县有校官矣。"

都穆《金薤琳琅》曰："碑在今南畿溧水县学，溧水即汉溧阳地也。有元至顺四年，单禧释文考正碑文与隶释不同者十余字，碑辞末云'永世支百，民人所彰。子子孙孙，俾尔炽昌'。宋吴棫《韵补》引之，作'民人所瞻'，以证《诗·桑柔》'瞻'字可读为'彰'，今此碑正作'彰'字。不知才老何所据而改为'瞻'也。单禧跋云，'宋绍兴十一年，溧水尉喻仲远得于固城湖滨，置之官舍。'才老时此碑未出，或据《类文》才老自注云，'三十卷，本朝陶内翰毂所编。'录之耳。"

碑高四尺五寸，阔二尺三寸五分。上有一大孔，径三寸五分。顾炎武曰，"汉碑多如此。《檀弓》'公室视丰碑'注云，'斫大木为之，形如石碑，穿中于间为鹿卢，下棺以绋绕。'《聘礼》注云，'宫必有碑，识日景引阴阳也。宗庙则丽牲焉。'丽，系也。牲入庙，系著中庭碑也。今则失穿中之制，名同而体异矣。"

韩昌黎《石鼓歌》曰："公从何处得此本，毫发尽备无差讹。"东坡则云，"模糊半已似蚶疯，屈曲犹能辨跟肘。"二公相去几二百年，而所见已不同如此。今去至顺时又五百余年矣，刓泐过半，循释文读之，波磔仅隐隐可辨，则过此以往又当何如？由斯推之，兰台秘简、天禄逸字，其剥蚀于后者可胜数哉！兹犹幸得摩挲古物，以想见其瘦硬通神之意，特置于文庙右庑。昌黎云，"大厦深檐与盖覆，经历久远期无他"，其亦此志也夫。

唐颜鲁公送刘太冲断碑今在儒学。

城之华望者也。自开府垂明于宋室泽州，考绩于国朝，道素相承，世传儒雅，尚矣！夫其果行修洁，斯文彪蔚，鄂不昭乎栘华。龙骧骧乎云路，则公山正礼策高足于前，冲与太真嗣家声于后，有日矣。昔余作郡平原，拒胡羯，而清与从事；掌铨吏部，第甲乙而超升等第。尔来蹉跎，犹屑卑位，虽才不偶命，而德其无邻。故冲之西游，斯有望矣！江月弦魄，秦淮预潮，君行句溪，正及春水。勖哉之子，道在何居！鲁郡公颜真卿叙。

右颜鲁公帖。按番本，乃《送刘太冲叙》也。并及其仲氏太真，新旧《唐史·文艺》有太真传，不纪其与伯氏继登天宝上第。文集三十卷，见《馆阁书目》。墓在县北，号柘塘神。市人月有祭，祷必应，溧阳人尤神之。《神道碑》，裴度撰，蒋潼书。昔曾易置丞廨，旋转县斋。援到官，初得之县庑下，仅存三百七十有九字。同郡李兼经从相与起敬乡贤，出其家藏《颜帖》，再摹入石，并断碑匣置厅壁。《叙》言"彭城华望"，以刘于此邑为著封，《姓纂》云，"宣城、陈留是也。""开府泽州""公山正礼"，表其先世也。"平原从事""铨部甲乙"，颜常汲引冲也。"蹉跎卑位"，悼其穷也。"句溪春水"，此邑时属宛陵也。郑薰《北望楼记》言，元载贬颜夷陵别驾，后迁庐陵刺史，道出莆塘，有《左伯桃》诗。第序脑亡"太冲彭"三字，考汝越帖亦然，莫可补阙云。庆元己未上巳，宣城戴援跋。邑人秦埙书额。

宋敕封广惠侯诰碑在城隍庙。

碑有秦桧名，以其时桧在中书省也，人因误谓秦桧书。今观其字遒紧，精彩宛似苏文忠。当南渡后思陵极重苏书，人皆摹仿，而此更逼肖耳。

元招云亭碑在无想寺，谢瑛书。

字极似赵松雪，特微少精紧。

罗汉碑俗名放光碑，得之老庵地中。

邑人尹世清记曰：人为万物之灵，而物则否。然物亦有时而灵，非物之灵，有至灵者以附于物，而物始灵也。

老庵僻处县北二十五里，栋宇摧败，佛相剥落。康熙间有高僧阒堂飞锡于此，道行超卓，文章、诗赋、书法皆绝伦。每至夜分见殿后光焰直起，劚地得缺角石碑。一面刻迦诺迦伐蹉尊者梵相，左旁有"武洞清笔"暨"庐陵欧阳"小楷八字，右旁有"能仁禅寺"四字；一面下方刻黄山谷书《题郭熙画秋山诗》，题字残缺，上方刻"劫在迷津，省这个意，修行徒苦辛"十三字，似梵像跋语。余断缺碑高二尺许，宽尺余。石质坚致如灵璧。

噫，碑能自显于世，碑其灵矣哉！或曰，此尊者精英使然，洞清、山谷不与焉。余曰不然。夫世之精于绘与精于书者，皆得天地山川之秀，竭磨砻砥砺之功而成者也，又宁甘久湮没与？或又曰，隐伏多年而今始出，何也？余曰，碑为阒堂出也。阒堂为浙右名孝廉，一旦有悟，视功名如敝屣，归心乾竺，得禅宗顿义，或即为尊者再来，未可知欤！

邑侯凌公置之高平书院，以山谷行书圆劲，成就入晋人堂奥，便诸生临抚也。像白描精绝，得龙眠笔意。

邑中各庙宋元碑尚多，字皆粗恶，不足观采。今又于邑庙内拓得宋《正显庙记》，王端朝隶书古雅秀劲，非后代可及。若周成之《显应阁记》，赵卯发正书，虽同为宋代石刻，字迹远不逮矣。

坟 墓

春秋

左伯桃墓

羊角哀墓并在县西南四十五里孔家镇。角哀常梦伯桃语之曰："吾近为荆将军所苦，子以兵威我墓前，我庶几借宠哉！"角哀寤而悲曰："几负吾死友矣！"乃备兵以身从墓中。今二墓傍有荆将军墓。

荆将军墓

汉

昭仪将军墓西十里天生桥。未详将军为何人。

晋

王导墓西门外,兴教寺后。

梁州刺史甘公墓南甘泉里。土人掘地得石,上题曰"梁州刺史甘公之墓"。

唐

礼部侍郎刘太(贞)[真]墓县北柘塘市,四十五里刘墓村。俗名相公墩。

宋

宣抚使狄青墓东北十二里,梁山冈狄王村。明万历间水洗墓,棺见,长丈许,朱色鲜明。士人开取物得墓铭,知为青墓,随即掩之。国朝知县石为艺为立碑墓前。

秘书丞王端朝墓东南五里陈沛桥。

俞资政墓东南二十五里。

尚书俞栗墓西一十五里,琛山麓。

参知政事魏良臣墓南九十里。

兵部尚书少傅汪立信墓在都堂山。宋端明殿学士,字诚甫,六安州人。立信誓死赵家一片干净地,家人金明扶枢葬此。

太尉杨业墓在东北十里牌。俗呼老虎墩,有虎眼坑,是其穴也。

句容男赵鉴墓南二十五里,蒲塘。

元

解元秦国鼎墓西三十里秦墙村。碑为大德三年立。

司徒上柱国容国公、容国夫人墓在韦家山。大碑可据。

明

左通政赵居仁墓西三十五里埭东。

尚书端木以善墓北十五里金山下。

○宋濂《墓志铭》曰:予友端君以善,既卒之一年,其子智衰经踵门,泣拜而请曰:"智也罪衅深重,祸延先公,以洪武癸丑三月乙卯卒于南京之官舍,寿仅五十又三。遂以是年某月某日葬于巘山东村之原。窃惟先公自少有志事功,其善政在人者今多能言之,又十年则言之者或寡矣；又十年，则无人能言之矣。此无他，人远者其言湮，世易者其事晦，亦恒理尔。一念及兹，宁不使人兴怀乎？然而托名文辞者，可以垂之无穷，千百岁犹夫一日也。此为人子者所恃以无恐，愿先生进之。"

按学子刘刚状：君讳复初，以善其字也，姓端木氏。其先为卫人，出于孔门弟子子贡之裔，今独以端称氏者，从省文也。一迁于大梁，再迁金陵乌衣巷，三迁于溧水县之嵫山。其详备见谱图记中。曾祖时中，祖安，父邦逵，妣某氏。

君有远志，不肯寂寂落人后。至正初以儒试吏江南行御史台，同列多贵游子弟，争事表襮，君独泰然不失其恒行，久咸畏服之。俄迁书吏右宪部，君佐部使者行州县，彰善瘅恶，威声独著闻。会四方兵动，东南为尤甚，君袖策言时政之急，"如此则可守，如此则可战，否则，有敛手就降而已。"上官闻之，皆落落不合，君仰天叹曰："彼以吾发狂言耶！时事从可知矣。"于是怅然有乡土之思。溧水道绝不能归，侨居金华，日以书史自娱。

至正己亥，皇上亲御六军取金华，命常忠武王镇之，王聘君至幕下，未几君辞去。会有言于朝者，癸卯三月召为徽州府经历。徽为江东大郡，政繁而赋殷，君悉力佐治，百废具举，功则归于其长。田赋久不均，民不堪命。君即城东建局，使民自实田，集为图籍，核盈朒，验虚实，而定科徭。吏民阴为欺弊，痛谪之。不数月而毕，由是民无逋租，官无横敛。三皇孔子庙皆筑台门，旅馆之制亦废，君或葺或建，咸中程式。赋不及民，皆若不知者。

丙午冬，改通判吉州府。吉俗尚哗讦，素号难治。君召父老子弟戒之曰："予闻尔民尚豪侈，乐讼斗。朝廷子惠元元，春雨秋露无不沾濡，尔曷为良民，以报上德？宁梗化以自戕耶！梗化弗祥，天刑所不贷，尔其识之！"民皆惴惴，无敢执牒妄诉者。

丁内艰，服除，洪武辛亥春被召赴京，除磨勘司丞。时官新署立，凡泉粟之出纳、刑法之是非、货物之变易，无所不当谳。君从本达支，自流徂源，勾稽隐微，纤芥轩露。每一奏对，上辄廷誉之。未几，升为令。君严于限域，人见辄畏，不敢有所请托。俄僚属皆以贪墨败，磔首东市，惟君能独存，清白之行益表见朝宁间。冬十一月超授嘉议大夫、刑部尚书。君之用刑本诸法律而持以平恕，老于议法者咸以为允。杭州马甲飞粮事觉，逮系者百余人，诏君往治其狱。分群囚别所，人各鞫之，合其辞参焉。同多者情真，否则伪。郡守以下皆服罪。

壬子春三月，拜湖广等处参知政事，阶中奉大夫。湖广素号重镇，属兵戈蹂践之余，土旷民稀。君首下属州，民复业者复其赋一年；次阅官书，凡粮储转输、钱帛出入与夫军装工役，皆预为计画。且会官属，问事不集者其故何由，皆曰："一省所辖府、州、县二百有余，远者在千里外，每官多阙，其事因不集。"君奏请于朝，择在职贤良吏摄其政。不数月，无事不举，民惊以为神。既而以事召还京师，俄以疾卒。

先配石氏，前卒，继王氏。子四：仁、义、礼、智，皆石产也。仁先卒。

君天性甚孝，自游宦四方，不能奉欢膝下，心常欲欲然。所得禄赐恒归以娱亲，其奉己则泊如也。母既卒，一念及之辄潜然泣下。居官能守贫，尝著座右铭曰："为官实难，贫然后安。事有不可，急中存宽。"又曰，"心契上天，脚践实地。"人谓其能自警云。

君状貌秀伟，美须髯，音吐鸿畅。或治政弗释休，夜则焚膏，命诸子环侍，取书之嘉言善行历历训戒，至夜分乃止。故翰林学士朱升尝谓君为人，"其谦退似懦夫，其专谨似腐儒，瞻视精悍似侠客，掀髯谈世事似辨士，而其精神超越又似逸神仙者。"君子谓为实录。

予托交于君颇久，而著勋焯能固后死者之责，铭乌乎辞！然而，年日已迈，文日已衰，无以应四方之求，近因燔毁笔砚，一切谢绝之，而中心犹以为未慊也。虽然，智之所请则有不得而忘情者，遂备采刚之所录，而系之以铭。铭曰：

惟士也良，有志则刚，如挟干将。始晦而夷，出遇而熙，一跃而飞。筮仕府僚，因赋定徭，功而不骄。转佐方州，革俗以偷，训言茧抽。磨勘设曹，蚕丝牛毛，孰得而逃。进领秋卿，邦宪是经，中乎准绳。往莅大藩，以执政原，江汉乂安。材长如何，寿则弗多，其如命何！有子治经，足继簪缨，纵死犹生。巇山之原，木古泉寒，铭在不刊。

赠兵部尚书齐仲荣墓北十五里，磨罗山下。

翰林院修撰端木孝文墓

兵部尚书齐泰墓南十五里，青丝洞。乾隆四十一年，知县凌世御命其后裔培护茔圹，立墓碑。

七贤墓北十八里甘家村。

西宁侯宋瑛墓北二十里，乌山。瑛为西宁侯宋晟次子，以驸马都尉袭侯爵。正统中卒于边，追封郓国公，谥忠顺。

义民任义墓在柯涧桥。有碑亭，载明正统六年敕曰："国家施仁，养民为首。尔能出稻谷二千一十石，用助赈济，有司以闻，朕用嘉之。今特赐敕奖谕，劳以羊酒，旌为义民，仍免本户杂派差役五年。尚允蹈忠厚，表励乡俗，用副朝廷褒嘉之意。钦哉！故敕。"

○礼部尚书王英墓表曰：距圻甸东南四舍，邑为溧水。挈广袤二百里，衍为平陆，汇为大川。厥壤沃若，所植繁芜，贡税倍旁县，实京之殷辅也。户繁而民伙，其淑慝宜莫之齐。不有世族重望足以表励一世，何以使之观感而知乡哉？

其著姓曰任，系梁新安守昉，由兵燹谱逸。可推者几世，其最著者曰云石翁，生前元至正戊子，卒大明宣德戊申，寿八十一。配陈氏，邑大族荣卿女，静嘉维则，后翁九年卒，寿八十六，合葬赞贤乡柯涧桥之原。迄今四十余年。孙瓒谋表其墓，手前司训何惟贤状，赘余公署以请,辞未获,乃撮其要。

　　叙曰:翁讳义,字叔礼。幼端静,不为市井儇薄态。家素封,元末扰乱,考友仁,金以德望推为长。乃聚其党,盟以保闾障,故四方风动,一区按堵。洪武初,以讹误谪戍秦,翁食寝不宁,喟曰:"有父弗养,乌子为?"遂徒步五千里迎还。复以余资中盐八千引,暨诸子壮,勉以奉国法趋公,期(每)[毋]涉非义。时法吕数密,故家大族多不免,翁和怡容默,与物无忤,卒赖以完。子尝以陶砖墼其墉,翁见怒逐,遽命垩之。凡少弗可意者,据案索杖,诸子震恐,丐邻叟慰解乃已。故齐家斩绝,其下闻謦欬声栗如也。或遇会心,即命觞独酌,子辈趋侍,更进为寿。平居自奉甚约,饭粝衣鹑,浩乎其有余。语及华腴事,辄掩聪弗闻。然其自奉虽廉,而于赈施不吝也,故里中通济桥、新兴寺,若诸祠宇皆其所建。尝与教谕唐进、开士照庭、羽士竹轩交相善,后唐解职去,二士卒,赙赗一由于翁,其于生死始终如此。翁素习知国初法制、吏蠹民隐,时宰朱必暄踵门询请,翁不避嫌,缕析之,朱比满得全名而去。后是,十无一免者。府治中郄,素暴悍,闻翁名召见,曰"是真德人也",由是亦杀其焰。嗟乎,仁人之言其利博哉!翁尝以耆德属群望,首宾乡饮,礼度闲雅,众所瞻挹。

　　又按,曾祖贵和,祖子通,泊考皆寿八十余,七子亦寿八九十,是何一家繁盛若是?而寿考又若是?其必有所本矣!盖自其先所积非一世,至保集离民,德不尤大哉!绍厥休美,联书不绝者,又于翁也。逮其子孙,或登仕籍,或出粟赈济,旌门阀、荣冠带者,相续而起,天之予善益可征矣!使其后善善相继,不惟振耀厥宗,而一邑所取则焉者,世世在是矣!故既以旌义玉敕表诸墓道,复节其素行于碑阴,俾来者有所征云。

大理寺卿茆钦墓西十五里,琛山。

副使范祺墓城北二十五里。

都御史丁沂墓城北,句容县界。

孝子梅洪墓城北。

赠太仆寺丞武晖墓西三十里,横山中陇之原。

游公墓南门五里,戴家桥。公名应龙,溧水令。见《流寓》。

赠布政武扆墓西四十五里,薛家凹。上元县界。

湖广左布政武尚耕墓西三十里,雪庵。

卷十六

摭拾

《易》之为书也,说卦后有《杂卦传》。杂,零也,畸也,赅而存之也。纂辑家有丛书、类函等,所采载者不必皆事理之常。夫天地广矣,大矣,理所无,事之有也,今古外篇未可更仆数。兹所辑非敢妄逞无稽,盖以广闻见,仿外篇云尔。志摭拾。

溧水、溧阳旧多蛊毒,丞相韩滉之为浙西观察使,欲绝其源,不可得。时有竹林寺僧,每绢一匹易药一丸,远近中蛊者多获济。值滉小女有恶疾,浴于镇之温汤即愈。乃尽舍女之妆奁,造浮图庙于汤之右,(翼)〔冀〕得名僧以守。有以竹林市药僧应者,滉欣然迎置,且求其药方。久之,僧始献,乃刻石于二县之市。唐末丧乱,石不存,镇之夏氏世传其法。药以温汤为名,志其所自也。用五月初生桃皮末、二钱,生用。盘蝥末、一钱。先以麦麸炒,去翅足。大戟末一钱,生用。三味,以米泔淀为丸,如枣核形。中一切蛊毒,食前用米泔下一丸。修合时于净室中,忌一切妇人、孝子、猫犬。见《金陵志》。

白居易撰叔父《溧水府君墓志铭》曰:公讳季康,太原人,秦武安君起之裔胄,北齐兵部尚书建之五代孙也。曾祖讳士通,皇朝利州都督。祖讳志善,尚医奉御。父讳麟,扬州录事参军。

公历华州下邽尉、怀州河内丞、徐州彭城令、江州浔阳令、宿州虹县令、宣州溧水令,殁于官舍。明年某月某日归葬下邽某乡某原,享年若干。呜呼!公为人温恭信厚,为官贞白严重,友于弟兄,慈于子侄,乡党推其行,交游让其才。自尉下邦至宰溧水，皆以廉洁通济见知于郡守，流誉于朋僚。才不偶时，道屈于位，而徒于州县，竟不致于青云，命矣夫。哀哉！

公前夫人薛氏，先公若干年而殁，生二子，一女号鉴虚，未笄出家。长子某，杭州于潜尉；次子某，睦州遂安尉。后夫人高阳敬氏，父讳某，某官。生一子，二女皆早殁。子曰敏中，进士出身，前试大理评事，历河东、郑滑、邠宁三府掌记。

夫人在室，以孝敬奉亲为淑女；既嫁，以和柔从夫为顺妇；及主家，以慈正训子为贤母。故敏中遵其教，饬其身，声名甲科，历聘公府，以文称于众，以禄养荣于亲，虽自有奇材，然亦有夫人诲导之所致也。夫人以泰和七年正月寝疾，终于下邦别墅，享年若干，明年某月某日启溧水府君、薛夫人宅兆而合祔焉，礼也。时诸子尽殁，独敏中号泣丧事，托从祖兄居易志于墓石。铭曰：

繄我叔父，溧水府君。治本于家，政施于民。繄我叔母，高阳夫人。德修于室，积庆闺门。训著趋庭，善彰卜邻。故其嗣子，休有令闻。

唐文宗开成二年丁巳春三月，邑掾翟畋督工市民乡庶于县治园中大树下筑土坛，创茅祠奉白府神号，忽有白鹤巢于屋上，紫芝生于阶前。

唐武宗会昌四年甲子，二月庚申朔旦，翟畋入白府祠焚香，祥云腾绕，瑞气绸缪，见一金甲士立于坛前，自言，"吾乃定波侯李贵，掌管江湖河海，息风平浪救护舟航。奉上天玉敕，命吾来为白府君督庙。"言迄，畋遂遍谒邑中士庶，至而仰之，遂失所在。以其事上闻，奉旨，即将县治改建为庙，移治于街西酒坊。邑民父老不惮千里赍香往下邦，迎请府君神主入庙。凡遇水旱民患，诣祠祷之，速有感应。《城隍庙志》。

张俊者，宣州溧水县尉元淡庄客也。其妻为虎所取，乃挟矢入山，于近虎穴上大树伺之。见其妻已死，为虎所禁，尸自起，拜虎讫，自解其衣，裸而复僵。虎又于穴中引四子，皆大如狸，掉尾欢跃，以舌舐其妻，虎子竞来争食。俊连射毙之，截虎头并杀四子，负妻尸归。陈眉公《虎荟》。

南唐升元六年壬寅，十一月，溧水天兴寺桑树生木人。长六尺，状如僧，右袒左跪，衣袜皆备，色如纯漆可鉴。

溧水人俞集，宣和中赴泰州兴化尉，挈家舟行。淮上多蚌蛤，舟人日买以食，集见必辄买放诸江。他日，得一篮甚重，众欲烹食，倍价偿之，坚不可，遂置诸釜中。忽大声从釜起，光焰相属，舟人大恐。熟视之，一大蚌裂开，现大士像于壳间，旁有竹两竿，挺如生。菩萨相好端严，冠衣、璎珞及竹叶、枝干皆细真珠缀成者。集令舟中皆诵佛悔罪，而取其壳以归。

汉溧阳长潘乾元卓校官碑，灵帝光和四年所立，时岁在辛酉，杜少陵所谓"骨立通神"者，盖此类也。石沦于固城湖中，绍兴十三年溧水县尉喻仲远得之，辇置厅事之侧，盖相距九百六十二年矣。时时见光采，弓兵宿直，或以亵衣顿于跌上，必梦大龟逐而啮之。乾道戊子，有官告院吏出职为尉，顾碑字多阙蚀，以为无用，且厌人之来，呼隶史曹彦与谋，将沉之宅后废沼内。一寓客素好古，闻其说往诘止之。邑宰陈容之为徙诸县圃，作屋覆焉。至辛卯岁，金陵守唐琢作文一篇，欲识石阴，遣匠来，甫镌两字，遭碎屑激入目，旋易他匠皆然，竟不能施工。洪迈《（彝）［夷］坚志》。

溧水道上天生桥，两山壁立，中一河如带，其桥乃开河时所留石栈，故名天生。乃明太祖时崇山侯李新所开也。土人传侯虐人甚，受剥肤之刑。考之《实录》，侯以开河受赏，殊无其说。

端司寇名以善，溧水人。在元为小吏，居金华好书画，明初召为徽州府经历，累官刑部尚书。偶见其小相，学士朱升赞云："其人谦退似懦夫，专谨似腐儒，瞻视精悍似侠客，撅髯谈世事似谈士，而其精神超越又似逸民隐者。"孙承泽《庚子销夏记》。

明世宗嘉靖四年，重修溧水城隍庙殿阁。　夕风雷大作，东北一柱神自竖立。《庙志》。

隆庆乙巳秋日，周吉甫同诸友人酾钱沽酒，夜登雨花台，席地赏月。有溧水韦操者，觉一石炙手，遂取归。次日，将冷水一盂，投石浸之，水温而石之热不减。雨花台出热石，前此未闻。

万历十五年，一船过天生桥下，约有十数人。忽见河中一大鱼如三十斤者，跃而上山，舟人竞上索之，而山上大石忽坠，击船遂沉，至今水道竟塞。《漱石闲谈》。

白龙潭，万历三十二年五月十七日，有龙在潭吸水，全身皆现。傍瓦屋一所，被风揭去无踪，又有小舟从空而坠。

万历三十三年，担夫杨凤于溧水县涂中拾银一锭，重二十五两，即于涂次剪银边买米二斗，暗将银包藏米中负回家。次日发包，视之乃一缺边纸锭，疑其嫂窃去。嫂誓天自明，因怒掷纸银于空园地。后见邻人李义来乞火，即于地欣然拾之，依然真银也。杨知非己财，遂不与争，惟浩叹而已。《金陵琐事》。

天启元年辛酉，释长白游溧水道上，见一牛背上生人掌，五指分明，但有毛耳。

姚守元者，少读书至"士不可以不弘毅"，慨然叹曰："士贵有为也，不徒章句以了生平。"每见当为之事，即猛于行。道有殣者，施棺以瘗，至百余木。守元艰嗣，祈城隍，见庙池宜梁，独力造之，不计费。经始于明天启癸亥三月之朔，次年以是日得子。

徐学忠，字敬所。生平乐善好施，里人德之。早丧妻，终身不娶，以崇祯己卯无病坐化。停枢在堂，延僧礼忏，忽缘烛光现影堂壁，须眉宛然，顷之，灯烛息而影亦灭。及出葬时，异香凝室不散，道路皆闻，人共异之。

仪凤乡杨修，生九月，卧床坠地，闻有呼其母曰："跌坏封君矣！"语人以为妄。后子公翰贵，果赠河南左布政。

武曷橙墩，家金陵。有族人负一王孙千金，王孙禁之别室，而邀曷饮，佯令仆泄其语。曷投袂起曰："族人被禁索逋，而曷高坐欢饮，岂有人理乎？即代偿亦易易耳，何见辱之深也！"乃纵其族人去，归谋诸妇，尽以簪珥之属与王孙，曰，"此可值八百金，余续完纳。"闻者义之。尝宴客，失金杯一只，诸仆惊索，曷妾苏氏曰："无容觅，已收入矣。"客去，谓曷曰："杯实亡去，然公平日好客，岂可以一杯之故而使座不欢乎？"曷善其言。

邰善生，仙坛乡人。精吹箫，偶于月夜独吹大树下，曲未终，风飒飒然，二虎猝至。有一大人逐之去，谕善生曰："勿吹，吹则复来。"

王礼之者，赞贤乡人。多勇力，能搏虎。暇则持短锤入山，搜虎格杀之，身负而归。乡中无虎患。

贞女俞氏,赞贤乡人,周辂妻。纺绩造神山庵,殁后有神附人言曰:"俞今为闪电娘娘矣,各村宜虔祀。"

周家庆,已入《孝子传》。旧志又曰,母沈氏病笃,庆祈斗愿以身代。恍惚梦有人骑白象而来,曰:"尔心可嘉,增母寿一纪。"又梦一女人以盏水喂母面,又喂庆面,曰:"令汝母子同寿。"觉而母忽清凉,沉疴立起。庆自忖曰,梦乘象者必五台山文殊佛也,誓往谒谢。冒险至山,时有夜台禅师,名重朝野,每夜必周游五台,一见庆至,摩顶受记曰:"汝一点孩心,来得清净,子母俱全。"同人数百,一无所语。庆又忖曰,以水沃面者,或南海观音耶。即乘筏渡南海,黑夜至舍身岩,跪祀海神曰:"庆远历山海者,为祈母寿耳,愿见海灯兆母寿数。"跪至丙夜,果见波涛上灯大如月者七。庆又叩曰:"岂母寿止七十耶? 愿求其余。"后又见灯小如星者九,因拜谢之。母果七十九龄无疾而终。于是庆日究佛道,后亦七十九龄无疾而逝,正应梦中母子同寿之数。

顺治三年,山阳乡民家有雏鸡出壳即啼。

顺治四年,天生桥土人初建土地祠,适脂湖村有神降于树,云:"余乃胡相公也,今为神,天生桥树吾像也。"耕者异之,舁至庙。为首者惊曰:"昨夜梦神曰余非土地,何用泥土为? 自有送木来者。今果符矣。"神,曹村人,姓周,名瑚,字文卿。生有异征,长而聪颖,笃行孝友,年七十四卒。卒时其妻武氏遥见有衣冠伟人拱手迓之,其子亦梦父俯伏阶下若迎诏状。后庙邻具道所梦于其子,因出父遗像示之,与梦所见宛合,然后知向之称胡相公者,乃其讳也。共尸祝之,颇著灵应云。*给事姚文然碑记。*

顺治七年,山阳乡武姓家仓稻一宿飞出,如蚊聚成球,农人荷锄见而格收之,顷刻落地至数石。

陈百史,溧阳人。来溧水大桥庵,天已昏黑,疲倦遂卧庵外茶亭。是夜僧闻神鬼往来不绝,且闻交相语曰,"大贵人在此。"及晓起,见一少年,款以礼,具告以夜来所闻。后官大学士。

谢天开,名文运。八九岁随父往乡分稻,卧地铺。有神呼佃责之曰:"无礼甚,两榜令地卧乎!"后登康熙丁未进士。

李仲勋，生平乐善好施。康熙元年九月无疾而逝，次年正月即显灵于溧阳之七里山中。居民同时梦一神语之曰："我芝山李仲勋也，今为本山都土地，可立祠祀我。"因共相惊异，为醵金建祠，至今崇祀弗替云。

康熙四年十一月，溧水崇贤乡古秦淮河水涸，乡民顾起龙等掘地取土，得玉玺一方，蟠螭纽，色苍碧，高二寸许，围一尺六寸，上镌"人心惟危，道心惟微，惟精惟一，允执厥中"一十六字。知县冯泰运具文报府，知府陈开虞转报督抚，献入京师。

朱正观，赞贤乡人。通文墨，有田庐。家居则病，行乞乃安。人呼曰呆子，亦自称朱呆子。凡至人家见有器皿在外，必呼其家收之，故人亦不厌其乞。一日至典铺，见有布包，拾之。典与饭食之，不去，叱之亦不去。少顷有匆匆来者，向典索争不已，呆子问包中之物，符合还之。见后生读书者，举先正明文叩其读。代人作书，明白条畅。得酒食，浩歌而归，亦异人也。

洪蓝埠都土地神降乩，自撰传曰：予姓洪，名蓝，字万青，贯广德州。生北宋仁宗四年八月十五日。家故购木于山，贸迁在溧，结篷胥河之涯。予承其业，河涨无桥，设渡以济。有同乡布客陈姓者，相订合业，携四百余金寄予处，中途遇心疾卒。予得问，赍原银还其家。其家疑有昧心，纷争涉讼，诬服还银，准将木抵。予至木篷，气忿赴水死。阴魂抱屈，会水神朝天，具以情告代申。天帝鉴予生平实行，敕为土地。于是尸逆流上，止于建庙之所。其所旧有佛庵，即今名龙潜庵者。予感动庵僧，收而葬诸庵侧，植柏为志，柏今尚存。备显威灵，土人崇信，建庙事在仁宗四十三年。庙成，捍卫路西一社，历宋元至明。辛亥洪武四年，太祖幸溧视河，赴河接驾，奉敕为都土地，配蔡夫人。先是，本地民居四散，地未有主名。惟此胥河之水，上通宣歙，商贩于溧者舟行至此，沿河就便为交易，而予之木篷适扼其冲，往来息肩，茶汤供给，间有止宿者，由是洪蓝之称远近交驰，咸以予姓名名其地。迨后，河岸东西望衡对宇，百货云集，阛阓比连，渐次成埠，至今仍予名也。代远年湮，居人无从考信，传闻异辞。今刘子振理、尹子启荣因纂修邑乘，思欲得予故实，蠲洁来庙申请，予感其诚，即案头降乩述其原委云。

邑人尹正位《溧水县勘河纪略》曰：乾隆九年十一月十三日，奉宪檄，议开溧水引河。诸士人以指日阅河使者降临,必当询问颠末,非预将本河故道原委、地势高卑险易、河身浅深广狭通塞之处,遂一循次查勘,趾履目击了然于胸,何以上答宪问?

用是,详看得此河自南渡桥抵洪蓝埠,共计长十五六里,今时水道南北分流,北流自西王村抵南渡桥,约八九里;南流自庙塘铺抵洪蓝埠约四五里;中间西王村抵庙塘铺约及二里,河道淤塞在此。其自西王村抵南渡桥者,河身依然尚在,水道通流,惟宽窄不等,两旁所有淤地,扩而大之为工不难。其自庙塘铺抵洪蓝埠者,河身甚广,今改为塘,为坝,民间各据所有,通塞不一,浚而通之为力亦易。惟西王村抵庙塘铺二里许,地势颇高,水流不通,向时河身已没,居民尽垦为田,至今名为河田。河虽为田,按而视之,仍然水道也。喜两岸相距不越二三丈,为田无多,倘欲挑浚成河,验契给价,似亦无难。此其原委、高卑、通塞之大致也。

而尤不可不详慎者,捧读宪檄有"有无妨碍田舍"等语。田则已如前说,不过数十亩之多,河可为田,田亦可复为河,而此十五六里中并无庐舍、坟墓,盖原系水流故道,湮废虽久,设遇岁涝,急流汹猛,河中之田未尝不被淹没也。

惟是此河南北两低,中路独高,如屋之有脊,无源之水涸可立待。是故,工程之难在西王村抵庙塘铺二里之地。虽喜无高山峻石、艰险难开之处,而欲使南北分流之水并合一道,中间河身必倍深于两头。又恐高卑相去仍远,中纵极深,尚不及两头之浅,则水道虽通,其流不能不断。此际量工程以计经费之多寡,测高下以定水势之归注,制浅深以令河流之不涸,或建闸以司四时之启闭,非熟悉水利之君子,难以悬断。

至此河一开,上通宣歙,下达苏杭,中抵省会,水泉灌溉之利,便于田亩;商贾往来之多,资于货贿;舟行者避江涛之险,乐安澜之庆;百货云集,国家兼可榷税,此其公私交利也。

而群议之徒或谓南北通流,则水涝之年恐有妨于北方诸圩。殊不知水逆行则泛滥于中国,江淮河汉既通,则洪水之患息,盖泄之使有所归,则横溢者循流而下,分之使非一道,则滥漫者不至壅滞不行也。盖闻有河不通而水能为患者矣，未闻有河通而反为患者也。且此河既通，水大之年南北分泄，一自洪蓝埠入石臼湖出江，一自秦淮河通省会出江，南水大则北分之，北水大则南分之，即南北俱大，仍各彼此分流，何至独害，所谓有妨祟、长诸圩者，乃浮游之谈，非事实之言也。若夫住居洪蓝埠者恐此河既开，舟通省会，则贾客不停，难据一方之利。独不思省会既通，则商贾往来甚众，四方货物益多，欲往省会发卖者，自往省会，不往省会者洪蓝埠仍可发卖，何必独据一方以为利。譬诸得一钱以一人专之，其利甚小；得百钱与十人分之，其利较大，今不务大而务小，此又不明于逐利之方者也。愚等所疑者，惟西王村抵庙塘铺二里之地势处高阜，南北难通，其开浚之方、需用之数、督工任事之人，非审计详尽，确有成识，未敢妄议轻量臆度。倘既通之后，有利无害，此固若烛照，数计而龟卜者又何必为纷纷之议，以淆乱公事也哉。

邑人尹世清《县基龙脉山水今昔异同考》曰：《经》曰，"木华于春，谷芽于室；铜山西崩，灵钟东应"，谓地脉一气感通盛衰，因之不爽也。说形家者或不知而作，伤其元气，或厌故喜新，轻于更变，非徒无益，而又害之，此溧邑县基所以不能无今昔之感焉。

考县基，祖杜城而宗荆塘，落脉起官星于芮塘村后，翻身逆势顾祖于秧塘冲，屈曲盘旋，穿田过峡，开帐于杨神保中心，出脉于南门外，此城南之所以无濠，为龙脉入手之地，不可濠也。进城分支劈脉于南仓，蜿蜒结穴于今所，名为倒骑寅。午戌会成火局，号为离龙。山势虽小，砂环水抱，形体端凝，尊坐中央，四山拱卫，形胜可观，故建县堂于此，为一邑之宗祖也。惜西北诸山稍远，下方空缺，昔人建浮屠于永寿寺右，所以补其空也。香山观自南仓分支，乃支中之干，形如金钩倒挂，方位居县堂之寅，艮火生在寅，聚冠带，临官帝，旺水于生方，清奇秀丽，明净端圆，真吉地也。昔人建文庙于此，可谓位置得宜。大凤冈为西金星催官之所，金鸣则官显，昔人建庵亭于冈上，名曰催官，良有以也。庐山水由东绕县，杜城山水由南绕县，俱与县龙水会合于小西门外，夹送西流归戌库，由秦淮入江，此自然之水法也。第东南地势高阜，西北地势过低，倾泻急流，不能停蓄耳，昔人建坝于永寿寺前以收之，诚精于形家者也。

由今溯昔，历宋元明，县基龙脉健旺，气象峥嵘，城南未掘濠也；县主易于升迁者，大凤冈有催官亭也；文风盛而士气伸者，文庙位置得宜也；家足户饶，野多盖藏者罗星，有坝以收其水也，此昔之溧水所以盛也。自明末流贼为乱，掘南濠以御寇，龙脉伤而县气馁矣；移催官亭于冈下，为待凤庵，官此土而升迁者少矣；迁文庙于他所，而士风颓矣；去永寿寺坝易以桥，水不停蓄，而士民穷矣，凡此皆言形家者不知而作，轻于更变也，故今之溧水如此。如伤者培之，移者复之，不合者变置之，倾泻者仍使之停蓄，安见将来之溧水不如宋元明之溧水乎？

旧志有掘南濠于县不利之说，斯言是也。至塞其下流恐东南水涨有碍于城，见则左矣。昔之城，土城也，土见水崩，势所必至。后易以石，历二百余年东南水涨者屡矣，未见为城害也。论城损坏之故，缘外石裹土，久经淫雨，土崩石虚；牛羊骡马又从而践踏之，是以倾塌耳。司牧者严禁纵畜上城，饬令总甲营伍不时巡查，稍有崩坏即加营筑，自可永保无虞，则塞其下流亦何碍城之有？且坝亦无庸过高，惟将城河浚深，就其故趾而略为增广，大水仍由坝过，水缓使有所止，以荣县龙之气足矣。盖水者，山之血也。脉者，山之气也。脉断则气绝，无血则体枯。是筑坝收水与填补南濠当为先务，而不可缓也。

然言之则易，行之难，欲趋功于一时不能也，是必有望于后之君子。而后之君子或不知也，即今日知而不言者之罪矣。而不笔之于书，后之君子又何由见而知也？不揣愚昧，略抒鄙见，使后之君子观于此而知所考核，次第施为，允观厥成焉。岂非今日司牧者之深仁厚泽也哉！

后　记

《[乾隆]溧水县志》(以下简称《乾隆志》)作为溧水区志办第四部旧志点校成果,现在与读者见面了。

2018年5月,傅章伟先生在完成《[万历]溧水县志》点校整理后,又再接再厉,以南京出版社《金陵全书》系列丛书之《乾隆志》为工作底本,于当年12月完成《乾隆志》的点校。后傅先生又爬梳史料,撰写前言初稿,解析本志内容、修纂特点,对一波三折的《乾隆志》修纂过程做了全面注解。2019年2月《乾隆志》点校本一校稿排出,5月份傅先生完成一校稿校对;11月,上海社会科学院历史研究所研究员承载先生不辞微末、审慎如初,对点校本二校稿进行审订,并对傅先生撰写的前言初稿进行审读。今年7月,傅先生对《乾隆志》三校稿进行出版前的把关。区教育局江文宏先生帮助校对《乾隆志》二校稿,其功可嘉,专此致谢。

旧志整理是保护地方文化典籍、发掘地方文化资源的重要举措,区委、区政府在经费方面给予了充分的保障,在此谨表衷心感谢!

鉴于旧志内容繁杂,语多晦涩,以及整理者学识所限,疏漏之处在所难免,诚望读者批评,方家匡正。

南京市溧水区地方志编纂委员会办公室

[乾隆]溧水县志整理工作组

2020年8月